개정판

생산운영관리

김 명 호 저

도서출판 두남

머리말

원시시대의 인류는 생활에서 식량을 조금이라도 더 마련하기 위해서, 석기나 골기 그리고 다른 도구를 사용하여 노획물을 처리하였다. 이것이 이른바 생산의 시작이다. 그 후 농기구의 발명이나 청동기, 철기 등의 출현을 거쳐 편리한 도구가 만들어져 사용되었고, 생산의 내용도 점점 풍부해졌다. 또, 처음에는 도구를 쓰는 사람이 그것을 직접 가공 처리하였지만, 생산이 활발해질수록, 전문 업종으로 분화하게 되었다. 그리고 더 좋은 도구를 보다 능률적으로 만들기 위해서, 설비와 기계의 측면에서 여러 가지 방법이 개발되었다.

이렇게 인간의 사용할 물품들이 점점 복잡화·다양화하고 그 수가 많아지면, 한 개인의 손으로는 수요를 충족하지 못하므로, 많은 사람들의 손에 의해서 대량으로 물건을 만들어 낼 필요성이 발생함에 따라 공장이 생겨났으며, 동시에 기업도 생겨났다.

현대는 신산업 혁명의 시대라고도 불리고, 과학 기술의 비약적인 발전에 의하여 종래의 상식을 넘어서는 많은 신기술과 신제품이 잇달아 출현되고 있다.

이와 같이 현대에서 생산 활동을 치르는 데는 단순히 개인이 갖는 기능과 기술뿐만 아니라, 집단의 조직과 능률을 어떻게 할지? 또, 그에 따른 관리나 정보 처리를 어떻게 할지? 등 제조 기술 이외의 여러 가지 문제가 발생하였으며, 이것들을 합리적으로 처리하기 위해서, 생산관리의 다양한 기법들이 개발되었다.

이와 같은 필요에 의하여 탄생된 생산운영관리(production and operations management)는 유형의 재화와 무형의 서비스를 모두 창출해 내는 활동이다. 즉, 투입된 자원이 변형되어 어떤 가치를 부가하고, 재화나 서비스를 산출하는 통제활동이라고 할 수 있다.

생산운영관리자들은 은행·병원·공장·정부 등 각 부서에서 시스템을 설계하고, 품질을 보증하고, 물건을 생산하고, 서비스를 제공한다. 그리고 그들은 고객·공급자·글로벌 파트너들과 함께 일하며, 기업에 발생한 문제를 해결하고, 과정을 개량하고, 또 혁신한다. 그러므로 운영은 계획이나 통제 그 이상의 영역, 즉 실행이다. 한편, 제품의 우수한 품질·시장출시 시기·고객화·저가격화·공정의 우수성 등은 기업의 성공에 결정적인 영향을 미친다.

따라서 생산운영관리는 생산활동을 효과적으로 진행하기 위한 관리로, 공급이 제한된 투입물(입력자원)을 이용하여 특정한 제품을 만들어내기 위한, 생산활동에 관한 모든 활동프로세스를 조절하는 것이라고 할 수 있다.

그리고 생산운영활동은 공장의 라인이나 생산설비 등 특정한 생산환경에서 투입물을 사용하여 목적하는 제품이나 서비스를 만들어내지만, 그 부차적인 결과물로서 CO_2 배출 등 생산목적 이외의 결과도 만들어낸다. 또한, 생산운영시스템의 과정은 생산하고자하는 재화 및 서비스에 따라 다양하게 이루어지는 특징이 있다.

본서는 이 취지에 따라 생산운영관리는 무엇인가? 또 어떤 활동을 하는가? 그러자면 무엇이 소중한가? 등 생산운영관리의 기본적인 사항 전반에 대한 쉬운 설명으로, 생산의 실행에 필요한 중요한 기능들을 제시하였다. 따라서 본서는 생산운영관리의 목적에 입각하여 대학의 학부생, 대학원생 그리고 생산부서의 담당자들의 교재용으로 집필된 것이다.

본서는 모두 3부 16장으로 구성되었다. 1부는 서론 부분으로 생산운영관리의 개념, 생산운영조직, 역사, 의사결정을 다루었다. 그리고 2부는 생산운영시스템의 설계 부분으로 제품과 서비스의 개발, 공정의 개발, 생산능력 계획, 시설입지와 설비 배치, 작업측정을 다루었다. 또, 3부는 생산운영시스템의 운영 및 개선으로 수요예측, 총괄생산계획, 일정계획 및 통제, MRP와 ERP, 재고관리, 품질관리, 구매관리를 다루었다. 특히, 구매관리는 생산운영관리에서는 잘 다루지 않는 부분이지만, 기업의 재무회계에서 재료 외주비가 차지하는 비중이 높은 기업에서는 70% 정도로 매우 중요하기 때문에 구매관리를 심도있게 다루었다.

이와 같이 본서는 필자가 지난 30여년간 생산운영관리의 강의를 하면서 반드시 필요하다고 생각했던 지식들을 체계화하여 엮은 것이다. 그러므로 새로운 생산운영관리 이론의 제시 보다는 생산운영시스템의 운영에 있어 필요한 기초부분들을 많이 다루었으며, 계량경영학의 일부 내용들을 보론 형식으로 해당 부분에 첨부하여 기초적인 개념까지 쉽게 이해할 수 있도록 집필하였다.

여러 가지로 어려웠던 시기에 힘이 되어준 강릉원주대학의 많은 교수님들의 따뜻한 대화와 격려, 그리고 도움을 주신 분들께 감사의 말씀을 전한다. 또한, 사랑스런 가족, 특히 손주 주환이, 송하와 함께 이 기쁨을 같이 하고 싶다.

끝으로 오랫동안 본서의 출간을 기다리면서 정성껏 편집과 제작을 도와준 도서출판 두남의 전두표 사장님과 편집부원들께 깊은 감사를 드린다.

2017년 8월
사기막에서 저자 씀

Contents

차례

PART 1 생산운영관리의 개념

PART 3 생산운영시스템의 운영 및 개선

Chapter 11 총괄생산계획 282

Chapter 12 일정계획 및 통제 313

Chapter 13 MRP와 ERP 342

PART

01

생산운영관리의 개념

Chapter 1 생산운영관리의 의의

제1절 생산운영관리의 개념

1. 생산운영관리의 정의

생산운영관리(production and operations management)는 유형의 재화와 무형의 서비스를 모두 창조하는 활동이다. 즉, 투입된 자원이 변형되어 어떤 가치를 부가시키고, 재화나 서비스를 산출시키는 통제활동이라고 정의할 수 있다.

그러므로 생산운영관리자들은 은행, 병원, 공장, 정부 등 각처에서 찾아 볼 수 있으며, 그들은 시스템을 설계하고, 품질을 보증하고, 물건을 생산하고, 서비스를 제공한다. 그리고 생산운영관리자들은 고객, 공급자, 글로벌 파트너들과 함께 일하며, 기업에 발생한 문제를 해결하고, 과정을 개량하고, 혁신한다. 그러므로 운영은 계획과 통제 그 이상이며, 바로 실행이다. 그리고 제품의 우수한 품질, 시장출시 시기, 고객화 또는 저가격화, 공정의 우수성 등은 기업의 성공에 결정적인 영향을 미친다.

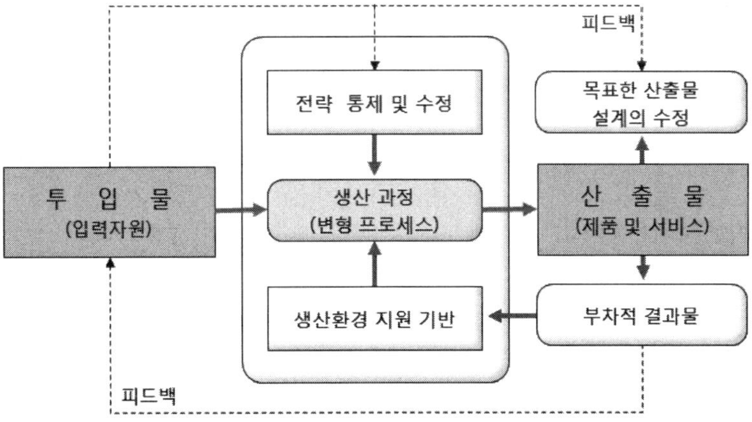

〈그림 1-1〉 생산운영활동의 단순한 개념도

<그림 1-1>은 생산운영활동의 가장 단순한 개념을 나타낸 것이다. 생산활동을 간단히 설명하면, 어떤 투입물(입력자원으로 재료, 설비, 노동, 경영, 자본 등)을, 특정 산출물(제품이나 서비스)로 변형하는 프로세스라고 생각할 수 있다.

그러므로 생산운영관리는 생산활동을 효과적으로 진행하기 위한 관리로, 공급이 제한된 투입물(입력자원)을 이용하여, 특정한 제품을 만들어내기 위한, 생산활동에 관한 모든 활동프로세스를 조절하는 것이라고도 말할 수 있다.

그리고 생산운영활동은, 공장의 라인이나 생산설비 등 특정한 생산환경에서 투입물을 사용하여, 목적하는 제품이나 서비스를 만들어내지만, 그 부차적인 결과물로서, 여러 개선 효과를 내는 동시에, CO_2 배출 등 생산목적 이외의 결과도 만들어낸다. 이 부차적인 결과는 다시 생산환경의 지원기반에 영향을 주게 된다.

또한, 생산운영시스템의 과정은 생산하고자하는 재화 및 서비스에 따라 다양하게 이루어지는 특징이 있다. 예를 들면, 자동차 공장에서 얇은 강철판은 여러 가지 다른 모양으로 만들어져서 채색되고 마무리되어, 자동차 제조를 위한 수천 개의 구성요소로 조립되어진다. 그리고 병원의 환자는 진료, 간호, 식사, 투약, 수술 등을 통하여 환자가 더욱 건강해질 수 있도록 도움을 받는다. 그러므로 생산운영이란 다양한 형태로 나타날 수 있다.

따라서 생산운영관리의 목적은 '인류의 지속적인 성장·발전을 향하여 살아가기 위해 필요한 가치, 즉 품질이 좋은 제품 및 서비스를 효율적으로 만들어 내기 위한 관리'를 행하는 것이다.

2. 생산운영관리의 구분

생산운영관리는 '특정 품질의 제품을, 특정 기간에, 특정 수량만큼, 기대할 수 있는 원가로 생산하도록, 판매수량을 예측하고, 활동을 계획하고, 통제·조정하여, 생산활동 전체의 최적화를 꾀하는 것으로, 다음과 같이 협의의 생산운영관리와 광의의 생산운영관리로 구분한다.

① 협의의 생산운영관리

생산의 계획과 통제는 생산목표를 효율적으로 달성하기 위한 관리
- 생산계획의 입안
- 계획을 토대로 한 생산과정의 통제
- 공정관리는 계획과 실적의 차이분석과 문제점의 시정

② 광의의 생산운영관리

- 사업전략과 일치하고, 생산활동의 투입물, 관리 프로세스, 산출물의 전체를 최적화하기 위한 전략입안과 계획·통제기능
- 실현을 위한 조직, 제도, 시스템의 정비 및 토털 라이프 사이클의 관리 등

구분	내용
생산의 의미	1) 종래 . 생활에 필요한 물자 등을 만들어 내는 것. . 인간이 농사일을 하고, 물건·서비스를 창출하거나 자연물을 채취·육성하는 활동 2) 최근 . 인간에게 필요한 여러 가치 제품과 서비스를 만들어내는 것
생산운영관리	. 생산활동을 최적화하기 위한 관리활동 . 경영기능의 하나이며, 시장, 고객으로부터의 요구에 응하여, 좋은 기능과 품질을 가진 제품을 경제적으로 싸게, 납기일 대로 만드는 것 . 일정의 품질과 수량의 제품을, 소정의 기일까지 생산하기 위해, 기업의 자원, 즉 인적노력, 기계설비, 재료 등을 경제적으로 운용시키는 것

〈그림 1-2〉 생산운영관리의 개념

<그림 1-2>에 나타낸 것처럼 종래의 생산이란, 인간의 생활에 필요한 농작물이나 도구 등의 '물품 제조'의 일을 가리켰지만, 앞으로의 사회변화에 대응하기 위해, 생산의 의미를 좀 더 넓은 의미로 다시 파악하고, '가치 창조'의 개념으로 생각하여야 할 것이다.

최근, 제품의 개념은, 종래의 하드웨어제품(물건)에서, 소프트웨어제품이나 시스템제품, 서비스 등으로 확장되어 있다. 지구자원 에너지의 소비를 동반한 하드웨어제품의 생산에서 자원의 소비를 동반하지 않는 소프트웨어제품이나 서비스로도 확장하는 취급방식은 시대의 요청에도 합당한 것이라고 생각된다.

제2절 생산운영관리의 프레임

1. 생산운영관리의 활동

생산운영관리의 활동은 제품 선정, 시스템 설계, 설비 배치, 직무 설계, 생산계획, 성

과 측정, 품질관리, 일정 계획, 재고관리 등의 다양한 영역을 포함한다. 그러므로 생산운영관리자들은 사람, 기술, 그리고 일정을 다루게 되며, 관리자의 활동은 기업의 다른 기술 분야와 밀접하게 서로 연관되어진다.

기업의 중요한 4가지 영역은 공급자, 마케팅, 재무/회계 그리고 인적자원이다. <그림 1-3>과 같이 대부분의 기업에서 생산운영은 고객들을 위하여 공급자에게 자재를 주문하고, 품질수준, 디자인 및 제품시방 등을 전달한다. 동시에 공급자는 품질정보, 납품일정 등을 생사운영관리자에게 전달한다.

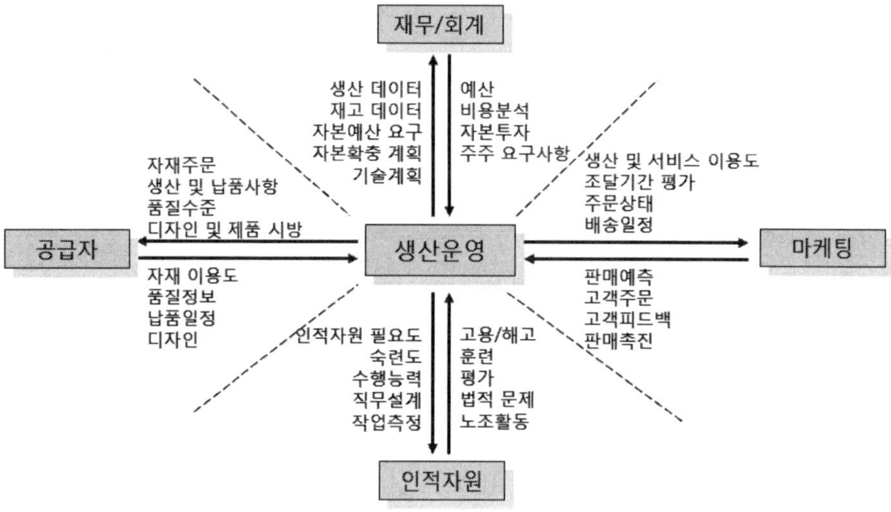

〈그림 1-3〉 기술적 핵심으로의 생산운영관리

예를 들어, 제조부서에 대한 재정지원을 얻기 위하여 생산운영관리자는 생산 데이터, 재고 데이터, 자본예산 요구, 자본 확충 계획, 기술 계획 등을 재무/회계부서에 제공한다. 재무/회계부서는 근로자와 공급자에게 돈을 지급하며, 비용 분석을 수행하고, 자본 투자를 승인하며, 주주와 금융시장의 요구사항을 전달한다.

마케팅부서는 판매예측, 고객 주문, 고객 피드백, 판매촉진 그리고 제품발전 정보를 생산운영관리자에 제공한다.

생산운영관리자는 생산과 서비스 이용도, 조달기간 평가, 주문 상태 그리고 배송일정에 대한 정보를 마케팅부서에 차례대로 제공한다. 그리고 생산운영관리자는 인적자원의 고용 및 해직, 훈련, 평가, 보상 그리고 법적 문제, 직무설계, 노조활동과 같은 인사업무의 처리를 위해서 인적자원부서에 의존한다.

외부적으로 생산운영관리는 자재 또는 서비스를 주문하고, 생산과 납품 요구사항을 통보하고, 품질 수준을 증명하고, 계약들을 교섭하고, 설계명세서를 완성하기 위하여 공급업자(또는 제조부서)와 상호 작용한다.

따라서 학문의 한 분야로서 생산운영관리는 많은 학문분야를 포함하고 있으며, 비즈니스 조직의 통합적인 관점을 제공한다.

대학 졸업생들을 위한 전형적인 직업은 비즈니스 프로세스 분석가, 재고품 분석가, 프로젝트 코디네이터, 한 단위의 감독자, 연쇄점 공급 분석가, 재료 관리자, 품질 보증 전문가, 생산일정 계획가, 그리고 물류 계획가 등을 포함한다. 비록 졸업생들이 운영과 관련된 직업을 갖지 않는다고 하더라도, 졸업생들은 업무를 조직하고, 품질을 보증하고, 프로세스를 관리하기 위해 이 과정에서 배운 아이디어를 적극적으로 활용할 수 있다. 그러므로 전공과 관계없이 자신의 미래 직업을 위한 생산운영관리의 몇몇 양상을 적용할 수 있다.

2. 생산운영활동 프로세스

생산운영활동은 산출물과 프로세스로 이루어져 있다. 그리고 생산운영활동에 포함되는 모든 개별관리 프로세스에도 각각 투입물과 산출물이 존재한다.

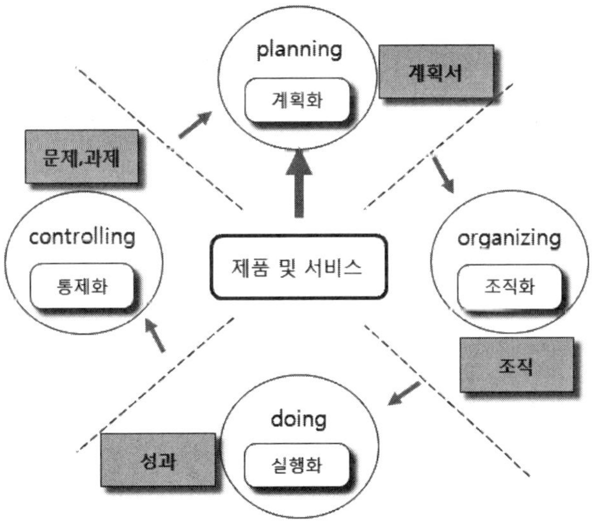

〈그림 1-4〉 PODC사이클 모델

개별관리 프로세스는 PODC사이클로서, 계획(planning) 프로세스 → 조직(organizing) 프로세스 → 실행(doing) 프로세스 → 통제(controlling) 프로세스의 반복으로 성립되어 있고, 앞의 프로세스 산출물이 뒤의 프로세스에 입력된다.

계획화(planning)는 산출하고자 하는 제품 및 서비스에 대한 계획을 수립하는 단계이다. 즉, 계획화는 현재의 위치에서 바람직한 미래의 위치까지의 거리를 메우는 가교 역할을 한다.

그리고 조직화(organizing)란 산출하고자 하는 제품 및 서비스에 대한 계획을 달성하기 위하여 조직의 구성원이 수립된 계획을 실천하여, 목적을 달성할 수 있는 체계의 틀을 짜 맞추는 것을 말한다.

실행화(doing)란 산출하고자 하는 제품 및 서비스에 대한 변형하는 프로세스를 말한다. 물론 기업의 구성원들로 하여금 조직화에 따라 맡겨진 그들의 임무를 수행하도록 이끄는 것이다. 그리고 통제화(controlling)란 기업의 목표나 계획에 대한 성과를 측정하여 어디에 편차가 있는지를 찾아 수정함으로써 계획한 대로 성취하려는 것이다.

이것은 모든 관리 프로세스가, 전체 공정의 관리 프로세스의 산출 효과의 품질, 즉 각 프로세스의 입력품질의 영향을 받고, 프로세스 산출의 품질이 후공정 프로세스에 영향을 준다.

따라서 모든 관리프로세스는 각각 단독으로는 존재할 수 없고, 앞의 프로세스의 활동품질에 의존하고, 뒤의 프로세스의 활동품질에 영향을 준다.

3. 생산운영활동의 구체적 개념

<그림 1-5>는 생산운영활동의 단순한 개념인 투입물, 산출물, 각 관리프로세스를 더욱 구체화하고, 각 개별관리 프로세스의 상호관계를 보다 상세하게 나타낸 것이다.

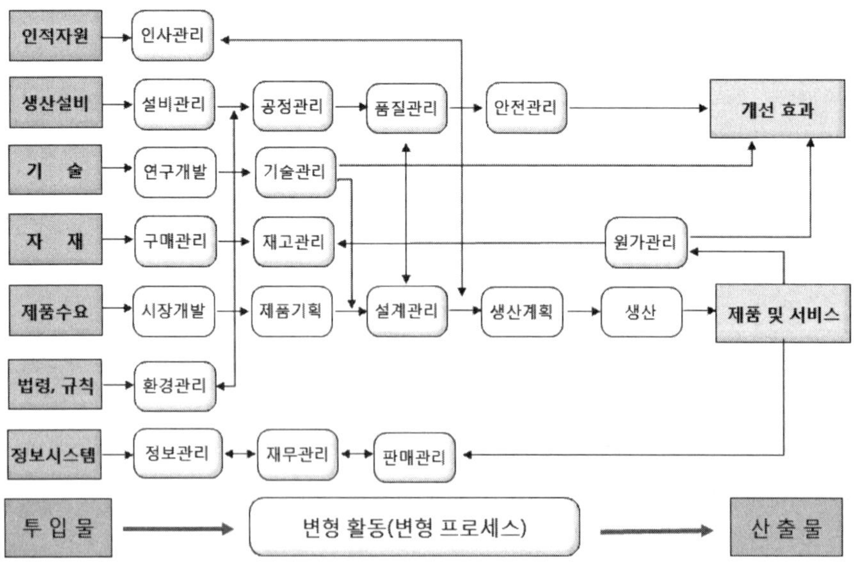

〈그림 1-5〉 생산운영활동의 구체적 개념

1) 투입물

생산운영관리의 투입물은 생산환경 및 지원기반을 포함하며, ①인적자원, ②생산설비, ③기술, ④자재, ⑤제품 수요, ⑥법령·규칙, ⑦정보시스템 등의 7개 범주를 포함한다.

2) 산출물

산출물은 생산운영활동의 직접적인 결과로서의 '제품 및 서비스'와 부차적인 효과인 '개선효과' 라는 2개의 범주를 포함한다.

3) 각 개별관리 프로세스

생산운영관리의 전체 프레임에는 <그림 1-5>에서 보는 바와 같이 ①인사관리, ②설비관리, ③공정관리, ④품질관리, ⑤안전관리, ⑥연구개발, ⑦기술관리, ⑧구매관리, ⑨재고관리, ⑩원가관리, ⑪설계관리, ⑫생산계획, ⑬환경관리, ⑭정보관리, ⑮재무관리, ⑯판매관리 등의 개별관리 프로세스가 있다.

제3절 생산운영관리의 투입물과 산출물

1. 생산운영관리의 투입물

생산운영관리의 전체 프레임에서 보이는 7개의 투입물에 대하여, 그 목적과 의미를 설명하면 다음과 같다.

1) 인적자원

인적자원은 생산활동의 주체이다. 생산활동의 품질향상과 효율화는 인적자원의 질·양에 크게 의존한다.

인적자원은 '의지를 갖고 가치를 만들 수 있는 유일의 존재'이고, 직원에 의하여 구성되는 조직이다. 조직은 '뭔가의 존재이념을 토대로 하여 형성된 인적자원의 집합'이다.

인적자원의 속성에는 직원 고유의 속성과 소속하는 조직에서 부여된 속성, 조직의 속성 등이 있다.

생산운영관리의 모든 프로세스에서 그 프로세스에 적합한 능력이나 전문성을 가진 인적자원이 요구된다. 생산활동의 필요한 시기에 필요한 만큼의 인적자원이 투입하지 않으면 안 되고, 생산계획을 토대로 한 계획적인 조달과 유지·관리나 육성이 필요하게 된다.

① **직원 고유의 속성** : 성별, 연령, 자질, 지식, 경험, 창조력, 건강상태, 모티베이션 등이 있다.

② **부여된 속성** : 기업의 외부에서 부여된 직원의 속성으로서 국적, 국가자격, 학위, 기업간의 계약을 토대로 하는 일괄청부, 위탁, 파견 등의 구별이 있다. 또, 소속하는 기업에서 부여되는 속성으로서 부서나 기업과의 계약형태를 토대로 하는 정사원, 준사원 등의 구별, 직위, 직제, 자격, 직능, 책임과 권한 등이 있다.

③ **조직의 속성** : 조직의 속성에는 다음과 같은 구분이 있다.

- 조직형태로서의 중앙집권식, 분권식, 전제식, 연방식
- 조직구조로서 부문, 프로젝트, 매트릭스(격자모양으로 나란히 구성한 배열상태), 네트워크 조직
- 조직실태로서 외부조직, 내부조직, 공식적 조직, 비공식적 조직
- 기업형태로서 사업부제, 관련회사, 관계회사, 자회사, 협력회사, 거래처

2) 생산설비

생산설비는 생산활동의 품질향상이나 효율화를 목적으로 도입된다. 즉, 생산설비는 '생산활동의 효율화를 지원하기 위한 프로젝트'이다. 그리고 생산설비는 지원대상이 된 개별관리 프로세스를 지원한다. 예를 들면, 연구개발이나 설계프로세스에서는 3차원 CAD, 제조에서는 공작기계, 공구, 품질관리 및 보수에서는 검사설비나 측정기 등이 있다. 또 생산라인 전체를 포함하는 플랜트(공장설비)나 공장의 건설, 생산관리를 목적으로 한 정보시스템이나 지식 데이터베이스 등도 광의의 설비에 포함된다. 그러므로 생산형태나 생산관리방식에 적합한 설비의 최적의 운용을 위해서는 생산계획을 토대로 하는 계획적인 설비의 도입과 유지·관리가 필요하다.

3) 기술

기술은 생산활동의 품질향상이나 효율화를 목적으로 활용된다. 기술은 '특정의 목적을 달성하기 위해 환경조건이 같으면 객관적, 보편적인 재현성이 있는 원리·원칙'이다. 적용하는 제품, 설비, 관리프로세스 등에 의해 다르기 때문에 연구·개발 및 설계

단계에서 필요한 것을 특별히 정하고 도입한다.

4) 자재

자재는 제품의 일부를 구성하기 위해 사용된다. 자재는 '제품의 구성요소로서 공급자로부터 조달하는 부품(부분품)'이다. 자재의 속성은 편성하는 제품에 의해 다르고 ① 제품형태로서의 재료, 부품, 반제품, 완성품 ②제품의 형질로서의 유형물, 무형물, 유기물, 무기물, 고체, 액체, 기체 ③생산형태로서의 표준품, 주문품, 가공품 ④제품품종으로서의 공업제품, 농산물, 축산물 등으로 구별된다. 그리고 각 제품에 필요한 재료는 제품에 의해 다르기 때문에 생산계획을 토대로 한 계획적인 조달, 가공 등이 필요하게 된다.

5) 제품 수요

제품 수요의 파악은 고객들이 특정 제품에 관해 요구하는 특정의 규정(형상, 구조, 치수, 성분, 정밀도, 성능, 제조법, 시험방법 등), 생산시기를 확정하기 위해 필요하다.

그리고 수요는 '고객이 요구하는 제품이나 서비스의 질·양과 납기'이다. 수요에는 고객과의 사이에서 합의가 끝난 '확정수요'와 특정 고객의 조건 없는 '예측수요'가 있다.

① 확정수요 : 주문생산의 제품 규정과 수량의 결정근거가 된다.

② 예측수요 : 시장조사나 과거의 생산·납입실적에서 추정되어 예측생산에 있어서의 생산계획의 근거가 된다.

수요에는 고객자신이 무엇을 원하는지를 명확히 의식하고 있는 요구와, 막연하게 반드시 명확하게 의식하지 않은 암묵적인 요구가 있다. 더욱이 고객의 요구가 모두 옳다고는 한정되지 않는다. 그것은 아마 암환자가 의사에게 감기약을 달라고 하는 것과 같은 것이다. 그러므로 생산자는 시장이나 고객에게 필요한 암묵적인 수요를 연구·개발로 발굴할 필요가 있다.

6) 법령과 규칙

법령과 규칙은 생산활동의 제품과 관리 프로세스를 통제하기 위해 적용된다. 법령과 규칙은 '생산활동에서 준수해야하는 법률 및 법규, 제품규격, 국제표준, 사내규정' 등이다. 적용하는 법령과 규칙은 각 관리 프로세스로 다르고, 연구개발과 설계로는 환경관련법이랑 제조물책임법, 공정관리로는 노동안전위생이랑 노동기준법, 생산라인 전체에 적용하는 ISO 9000 및 ISO 14000, 환경기본법, 부정경쟁방지법 등이 있고, 이를 적용해야하는 법률과 규칙을 충분히 인식하고, 확실하게 준수하여야 한다.

7) 정보시스템

정보시스템은 생산활동의 품질향상이나 효율화를 목적으로 도입된다. 정보는 '데이터 및 지식의 집합'이고, 정보시스템은 '생산활동에 필요한 정보를 수집·관리하고, 생산관리에 도움이 되는 정보를 시기적절하게 제공하는 것'이다. 정보는 무형자산으로서의 속성을 갖고, 그 생성단계에서 데이터, 정보, 지식, 지혜, 노하우의 구별이 있다. 한편, 정보시스템은 연구·개발, 설계, 제조, 구매, 재고, 검사, 보수의 각 프로세스를 지원한다. 구체적으로 예를 들면, 연구개발 및 설계로는 PDM(Product Data Management system), 생산계획으로는 MRP(Material Resource Planning), 공정관리로는 스케줄 관리소프트가 있다. 또 생산라인 전체를 포함하는 PLM(Product Life cycle Management system) 등도 광의의 정보시스템에 포함된다.

2. 생산운영관리의 산출물

생산운영관리의 전체프레임으로 나타낸 ①제품, ②개선 효과 등 2개의 산출물에 대하여 간단하게 설명하면 다음과 같다.

1) 제품

제품과 서비스의 목적은 시장 및 고객의 수요를 충족시키는 것이다. 제품은 '가치가 세상에 받아들여지고 수익을 얻을 수 있는 것'이다. 제품은 고객의 요구에 대응하여 기능과 품질이 다르다. 제품에는 제품 고유의 속성과 제품에 부여된 속성이 있고, 고유의 속성은 다음과 같이 구분된다.

① **제품형태** : 일반소비재, 재료, 부품, 반제품, 완성품
② **제품형질** : 유형물, 무형물, 유기물, 무기물, 고체, 액체, 기체, 하드웨어, 소프트웨어, 시스템, 서비스 등
③ **제품종별** : 공업제품, 농산물, 축산물, 식료, 의료, 기계, 전기화학제품, 시스템, 주택, 플랜트 등
④ **생산형태** : 표준품, 주문품, 가공품 등
⑤ **제품에 부여된 속성** : 제품가격, 제품의 제공처로서 특정, 불특정의 고객 등

2) 개선 효과

개선의 목적은 투입물과 생산된 제품 및 서비스의 품질 및 각 개별관리프로세스의 효율성 향상을 꾀하는 것이다. 즉, 개선은 '생산활동의 투입물과 산출물의 품질 및 프로세스의 효율을 어느 정도 향상시키는가?'이다. 개선대상에는 제품과 프로세스가 있다.

① **제품의 개선** : 생산활동에 의해 제품 품질과 제품 이용 시의 품질(가치)에 어느 정도 개선이 가능했는지 나타난다.

② **프로세스의 개선** : 생산활동에 의해 생산활동의 각 프로세스의 품질 및 효율을 얼마만큼 향상이 가능했는지 나타난다.

③ **프로세스의 효율** : '프로세스의 효율 = 산출물 결과의 품질 / 투입물의 품질'로 나타나고, 개선전과 개선후의 프로세스의 품질을 비교하는 것뿐만 아니라 투입물의 품질에 대해 산출물의 품질이 얼마만큼 향상했는가의 상대적인 비율을 평가할 필요가 있다.

3. 개별관리 프로세스의 개요

생산운영관리의 전체 프레임 <그림 1-5>에서 나타난 개별관리 프로세스에 대해 그 개요를 간단하게 설명하면 다음과 같다.

1) 인사관리

인사관리는 '제품의 품질을 결정한 납기와 비용으로 생산할 수 있도록 인적자원의 확보를 계획하고, 생산활동에 대비하여 작업프로세스를 통제하는 것'이다. 그러므로 인사관리는 기업의 경영 비즈니스 및 생산관리 전체의 목표달성의 근간을 차지하는 것으로 직원이 만들어내는 부가가치의 최대화, 조직의 분위기가 해이함이 없는 방향으로 추구될 수 있다.

2) 설비관리

설비관리는 '제품을 결정한 납기와 비용으로 생산할 수 있도록 설비를 유효하게 활용하기 위한 설비의 도입 및 유지·관리의 계획 및 통제 프로세스의 품질을 관리하는 것'이다. 그리고 설비계획을 확정하고, 이 계획을 토대로 하여 설비를 도입하고, 설비의 라이프 사이클 전체에 걸쳐 관리된 상태를 유지하며, 효율적으로 활용하여 생산성 향상과 이익의 증대를 꾀할 수 있도록 지원한다.

3) 공정관리

공정은 생산활동의 흐름이다. 그러므로 공정관리는 '좋은 품질, 저렴한 원가, 적합한 수량의 제품을 정해진 납기에 맞추어 생산하기 위해 공장 내의 생산자원을 총합적으로 통제하고, 경제적으로 생산을 실시하기 위한 활동'을 말한다.

4) 품질관리

품질은 '고객의 요구를 충족시키는 제품 및 생산 프로세스의 좋고 나쁨'을 말하며, 품질관리는 '여러 요구를 충족시키기 위해 제품의 품질 및 생산 프로세스의 품질과 효율을 확보하고 향상시키는 것'이다. 품질관리에서는 생산활동의 직접적인 산출물 및 부차적인 성과의 품질을 확보하고 품질향상을 위한 개선을 진행한다.

그리고 제품의 품질에 영향을 미치는 생산활동의 투입물, 생산활동과 관련되는 개별 프로세스의 품질향상과 효율의 개선 등을 포함한다.

5) 안전관리

안전관리에서는 '위생관리를 포함하여 직원의 보건 및 위생의 유지향상을 꾀하기 위해 공장·직장의 작업환경·노동조건을 개선하며, 생산설비를 개선하고, 노동력의 파손과 노동재해를 미연에 방지하고, 생산성과 도덕성의 향상을 추진하기 위한 일련의 관리'를 수행한다.

6) 연구개발

연구개발은 '새로운 기술 및 그 기술을 토대로 하는 신제품 및 서비스, 인류에 보다 나은 가치를 만들어낸다'는 것이다.

사회나 기업의 계속적인 발전에 있어서 연구개발은 필수불가결하고, 최근에 세계적으로 일어나고 있는 여러 어려운 문제나 과제를 해결하고, 다가올 경제사회를 창조해 가기 위해서는 사회와의 협력을 이루면서 전략적으로 나아갈 필요가 있다.

7) 기술관리

기술관리는 '생산활동의 제품과 프로세스의 품질을 확보하고 개선하기 위해 필요한 기술을 구사하기 위한 기술의 취득·축적·관리와 적용의 촉진'이다. 그리고 기술관리에서는 '기술의 관리, 공유화를 위한 기반 시스템의 정비와 운용' 등도 병행하게 된다.

8) 구매관리

구매는 '설계목표를 실현하기 위해 제품을 구성하는 자재(재료, 반제품이나 부품 등)를 사외에서 조달하는 행위'이고, 구매관리는 '설계관리를 충족시키기 위한 제품을 고객과 약속한 납기, 가격으로 제공할 수 있도록 조달의 품질, 원가, 납기를 관리하는 것'이다.

9) 재고관리

재고는 '제품을 납기대로 제공하기 위해 보관된 재료나 부품, 반제품, 제품' 등이다. 또 재고관리는 '제품대로 제공할 수 있도록 재고의 품질·양·원가를 적정하게 유지·관리·개선하는 것'이다.

10) 원가관리

원가관리는 '생산활동의 모든 프로세스에서 발생하는 원가를 파악하고 계속적으로 개선하는 것에 의해 제품의 품질, 가격을 적정화하고 제품의 경쟁력을 유지하는 것과 함께 계속적인 수익의 개선을 진행한다'는 것이다.

원가관리는 생산운영관리의 모든 개별 프로세스의 원가를 대상으로 하여 원가의 계획, 목표를 명확히 하고, 실제로 발생한 원가와 목표치의 차이를 분석하는 것에 의해 원가의 적정화 계속적인 개선을 진행한다.

11) 설계관리

설계는 '수요를 충족시키기 위한 제품(가치)의 기능과 품질을 정의하고 실현하기 위한 수단을 가시화하는 것'이다. 즉, 설계관리는 '수요를 충족시키기 위한 제품을 계약한 납기와 원가로 생산할 수 있도록 설계의 품질을 관리하는 것'이다.

설계관리는 품질·원가·납기에 추가하여 다음의 사항을 고려하여야 한다.

- 설계한 제품의 표준화, 공통화의 정도와 재이용의 가능성
- 설계작업의 효율과 원가 및 납기준수의 비율
- 설계직원의 도덕성 및 기술력 향상의 정도
- 지구환경에 대한 배려

12) 생산계획

생산계획은 '고객의 요구를 충족시키기 위한 제품을 계약한 가격과 수량을, 약속한 납기까지 고객에게 제공할 수 있도록 조달 및 공정을 계획하고 필요한 재고량과 직원의 부담을 가시화하는 것'이다.

생산계획에서는 '확정수요' 및 '예측수요'의 정보와 생산의 각관리 프로세스에서 발생하는 여러 정보를 제때에 파악하고 생산활동의 품질향상과 효율화를 지원하기 위한 정확한 계획, 자재의 조달, 제조 지시정보 등을 제공하겠다.

13) 환경관리

환경관리는 '생산활동의 모든 개별 프로세스에서 배출되는 환경부담(CO_2)을 대상으로 하여 환경의 계획, 목표를 명확히 하고, 실제로 발생한 환경 부담과 목표치의 차이를 분석하는 것에 의해 환경부담의 적정화, 계속적인 개선'을 진행한다.

14) 정보관리

정보관리에서는 '생산활동을 가시화하고 효율화를 지원하기 위한 필요정보의 수집·축적·관리와 개개의 관리 프로세스에서 필요한 때에 맞추어 이용할 수 있도록 하기 위한 정보관리기반 시스템의 도입과 유지·관리'를 행한다.

기업의 계속적인 발전을 뒷받침하는 생산운영관리를 실현해 가기 위해 생산활동의 모든 장면에서 발생한 정보를 가시화하고 계획과 실적의 차이분석을 행하는 것에 의해 PDCA 사이클을 돌리고, 계속적인 제품의 품질향상과 생산효율의 개선을 지원한다.

제4절 다양한 부문의 생산운영관리

1. 서비스부문의 생산운영관리

생산운영관리는 제조업에서처럼 서비스업에서도 적용 가능하다. 서비스는 조직관리, 품질 보증, 자원 할당 그리고 작업자의 일정 등이 있다. 비록 서비스의 무형성, 소멸성, 높은 고객접점들은 운영을 조금 어렵게 만들지만, 많은 서비스 아울렛, 운영의 유연성 그리고 분산된 결정은 신속한 공정의 개선을 위한 수많은 기회들을 창출해낸다.

생산과 서비스 사이의 구분이 조금씩 흐려지는 것을 보는 것은 매우 흥미로운 일이다. 왜냐하면 PC와 인터넷 서비스처럼 생산과 서비스는 함께 묶여져 있고, 식당에서의 식사는 일반식당과 take out 식당으로 구분되어 서비스의 비중이 달라지게된다.

<그림 1-6>은 제조된 제품에서 순수 서비스까지의 연속성을 보여준다.

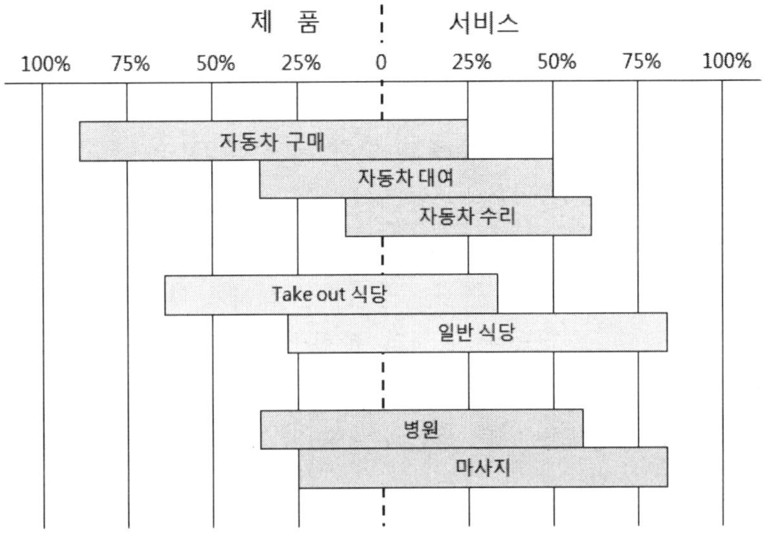

〈그림 1-6〉 제품에서 서비스까지의 연속성

2. e-비즈니스 환경의 생산운영관리

인터넷상에서 발생하는 거래를 전자상거래, 또는 e-비즈니스라고 부른다. 전자상거래는 기업들 사이, 고객들 사이, 또는 기업과 고객 사이의 거래 형태를 취할 수 있다.

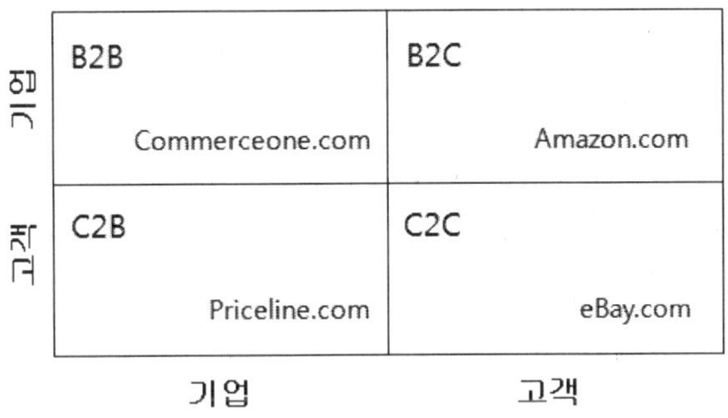

〈그림 1-7〉 전자상거래의 범주

기업간 거래(B2B)의 좋은 예로 General Electric의 거래 회사와 부품공급업자들이 있다. B2B거래는 전자상거래 규모의 약 90%를 차지할 정도로 비중이 크다.

기업과 고객간의 거래(B2C)는 아마존이나 온라인 주식중계와 같은 온라인 소매업의 형태를 가질 수 있다. 고객과 기업간의 거래(C2B)는 고객이 원하는 것에 고객지점을 가짐으로써 그리고 그들의 제안을 받아들이거나 거절하는 사업을 가짐으로써 거래의 전형적인 흐름을 전환한다.

Priceline은 고객에게 비행기 좌석을 입찰할 수 있는 기회를 제공함으로써 새로운 거래 형태를 개척하였다. 고객과 고객간의 거래는 eBay와 같은 고객 경매 사이트가 있다.

몇몇 기업들은 자신들의 고객과 함께 비즈니스를 직접적으로 이끌기 위해 우선적으로 인터넷을 사용하지만(B2C), 다른 기업들은 그들의 공급자와 판매자와 함께 비즈니스를 이끌기 위해 인터넷을 사용하는데 더 초점을 맞춘다(B2B). 그들의 운영 구조와 공동 전략으로 e-비즈니스의 양쪽 형태를 통합하는 회사는 완전히 통합된 가치사슬을 가지고 있다고 말한다. 인터넷은 고객의 주문이 제품의 제조를 착수하게 하는 build-to-order(BTO)환경을 촉진한다. 이 시점으로 볼 때, 투입흐름(고객 주문 정보의 흐름)과 산출흐름(주문 이행을 위한 생산의 흐름)의 두 가지 가치사슬을 가진다.

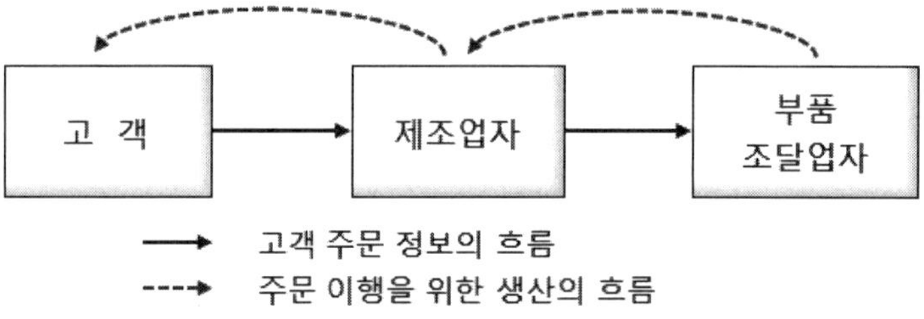

〈그림 1-8〉 통합된 가치사슬

위의 그림은 간단한 가치사슬을 나타낸 것으로, Dell, Cisco, IBM 그리고 Ford는 가치 사슬 측면의 투입과 산출 모두 인터넷을 이용할 수 있는 기업의 좋은 예이다.

인터넷은 운영기능의 범위와 기업경쟁에서 그것의 중요성을 강조한다. 주문 이행, 창고업, 물류 그리고 분배의 생산운영관리 기술은 B2C 거래를 가능하게 하였으며, 동시에 B2B 거래는 제품 디자인, 조달 그리고 공급사슬경영(SCM; supply chain management)과 같은 분야의 생산운영관리 기능을 합리화하는데 있어서 중요한 임무를 수행한다.

〈표 1-1〉 생산운영관리에서 e-비즈니스의 영향

e-비즈니스의 이점	생산운영관리의 영향
1. 고객들에 의한 비교 쇼핑	- 고객 기대 점차 상승 - 품질은 지속되고 비용은 낮춰야
2. 고객과의 직접적인 접촉	- 더 이상 수요에 대해 추측하지 않음 - 재고목록 비용 감소, 생산과 서비스 설계 향상 - build-to-order(BTO)생산과 서비스 가능
3. e-비즈니스 프로세스	- 거래비용 감소, 고객 지원비용 감소, e-조달은 거액
4. 세계적인 고객들의 접근	- 수요 증가, 주문이행과 물류는 주요한 이슈 - 생산의 해외 이동
5. 중개인들이 사라짐	- 물류는 상점이나 분배 센터로 배달하는 것부터 개인집으로 배달하는 것까지 변화 - 소비자 수요는 기업수요보다 더 색다르고 예측할 수 없음
6. 세계적인 공급자들의 접근	- 아웃소싱 증가 - 기업사이의 더 많은 연립과 파트너십 형성 - 불확실한 정보로 세계적인 공급사슬 이슈들이 발생
7. 온라인 경매와 e-시장	- 경쟁입찰은 물자의 비용을 낮춤 - 공급 욕구는 하나의 위치 안에서 발견됨
8. 더 좋고 더 빠른 의사결정	- 시기적절한 정보는 의사결정 프로세스 안의 모든 이해관계자들에 의한 즉각적인 접근이 유효 - 고객 주문생산 설계들은 전자적으로 가능 - 전자회의 개최로 상호협력 용이
9. IT시니지	- 정보기술로 생산성 증가를 유도 - 기업과 거래 파트너들 사이에서 능률적으로 공유
10. 확장된 공급 사슬	- 주문 이행, 물류, 창고업, 수송, 배달은 생산운영관리의 초점 - 위험은 외부로 퍼지며, 거래 장애물은 감소

기업사례

만능밥솥 쿠쿠

1. 초라한 시작

경상남도 양산시에 자리한 쿠쿠전자, 보기에도 작은 건물이지만 전기압력밥솥 하나로 세상을 놀라게 한 쿠쿠전자의 본거지다. 한 달에 출고되는 밥솥만 20만여 대, 또 다섯 개의 컨베어벨트가 전부인 이 작은 공장에서 국내제품은 물론 전세계 24개국에 수출되는 제품까지 한 달에 203억 원이 넘는 매출을 올리고 있다.

작지만 내실있는 기업의 비결은 기술개발에 대한 아낌없는 투자다. 전기보온밥솥에서 전기압력밥솥까지 현재 보유하고 있는 특허만 32개, 실용신안도 69건에 이른다. 또 일본은 물론 중국, 유럽, 호주 등에서 전기제품안전관련 인증서를 받았다. 세계가 한국의 전기압력밥솥 기술을 공식적으로 인정한 것이다. 불과 30년 전만해도 상상할 수 없는 일이었다.

전기밥솥이 붐을 이루던 1978년, 쿠쿠전자의 전신인 성광전자는 대기업으로부터 주문을 받고, 대기업 이름으로 제품을 생산해 내는 OEM 업체였다. 이른바 하청업체로 직원 수가 100여 명에 불과하였다.

2. 자체 브랜드의 개발

자체 브랜드일 경우에는 OEM보다 두 배나 많은 수익을 남길 수 있기 때문에 더 이상 하청업체로 남아있을 수 없었다. 자체 브랜드 개발팀은 곧 신제품 개발에 돌입하였으며, 신제품 개발은 실용제품의 문제점을 파악하는 일부터 시작하였다. 기존의 전기보온밥솥은 취사버튼만 누르면, 밥을 손쉽게 지을 수 있지만 밥맛이 떨어졌다. 이 때, 연구진이 주목한 것은 가스압력밥솥이었다. 밥을 차지고 맛있게 만드는 가스압력밥솥처럼 자동으로 취사가 가능한 전기압력밥솥으로 만들어 보자는 것이었다. 전기밥솥은 최고 130도까지 온도를 올린 후 취사하고 70도 이상을 유지해 보온을 한다. 고압력을 이용하면, 온도를 155도까지 끌어올릴 수 있어 쌀이 골고루 익어 밥맛이 좋아지는 원리를 응용한 것이었다.

1993년 3월, 전기압력밥솥 연구가 재개됐다. 경쟁사의 신제품이 출시된 지 5개월이 지난 시점이었다. 먼저 밥의 차진정도를 결정하는 적정한 압력 조절에 돌입했다. 최적의 압력 조절 연구는 압력밥솥에 있어서의 기본적 연구로 밥의 차진정도를 결정하는 중요한 기준이 된다. 압력밥솥의 연구가 전무한 상황이기에 모든 연구과정은 시행착오의 연속이었다.

적정한 압력을 조사하기 위해서는 압력을 달리해 밥을 지어 맛보는 방법밖에 없었다. 일단 압력을 0.5에서 1.5까지 크기를 바꿔가며 밥을 한 다음, 어떤 밥이 가장 맛있는지 일일이 확인해봤다. 50가마니에 달하는 밥을 지어 먹어보는 것을 반복하는 과정이 계속되었다. 드디어 취사시 적정압력이 0.7~ 0.9 이하임을 확인했다. 전기압력밥솥 개발의 첫 단계였다.

적정압력을 알아낸 연구팀은 전기압력밥솥에 사용될 내솥 연구에 들어갔다. 전기압력밥솥의 내솥에는 높은 압력이 가해지기 때문에 일반 내솥보다 두꺼운 내솥이 필요했다. 연구팀은 곧바로 프레스 공장으로 갔다. 일반 전기밥솥 내솥 중에서 가장 두꺼운 1.8mm보다 단단한 내솥을 제작해야 했다. 우선 1.8mm보다 두꺼운 2mm의 내솥을 만들어 내압력 실험을 하였다. 그러나 실패로 끝났다. 다시 일반전기밥솥 내솥의 두 배에 해당하는 3.5mm의 내솥을 만들기로 결정했다. 워낙 내솥이 두꺼워 프레스기로 찍어내는 일조차 쉽지 않았다. 몇 번의 시도 끝에 연구진은 3.5mm의 내솥을 완성해 냈다. 내압력 실험을 실시했다. 이번엔 변형이 나타나지 않았다. 성공이었다.

그러나 연구원들이 개발해낸 내솥으로 지은 밥맛이 만족스럽지 못했다. 밥맛이 좋기로 소문난 식당을 찾아다니며 하나씩 정보를 수집해 나갔다. 하지만 쌀 자체의 조건을 비롯하여 밥물 양까지, 비결들은 모두 제각각이었다. 신제품을 완성하고 싶은 마음은 조급했지만, 연구과정은 더디기만 했다.

그러던 어느 날, 연구팀은 해답의 실마리를 발견한다. 바로 가마솥이었다. 연구진들도 여러 밥을 먹어봤지만, 가마솥밥맛을 따를 만한 것이 없었다. 가마솥밥맛의 비결은 바로 가마솥 뚜껑과 둥근 바닥에 있었다. 가마솥의 무거운 뚜껑은 적당한 압력을 유지해주고, 불길이 직접 닿는 둥근 밑바닥은 밥물이 위아래로 빠르게 순환하는 대류현상기능을 갖고 있어 쌀을 골고루 익혀준다. 연구진은 곧바로 가마솥의 원리를 전기압력밥솥에 적용시켰다.

우선, 가마솥처럼 볼록한 모양의 내솥으로 교체하였다. 기존의 전기밥솥은 바닥만 가열하던 방식이었다. 가마솥처럼 볼록한 내솥은 주변까지 온도를 높여주는 방식이라서 예상대로 열전도율이 1.5배 이상 높아졌다. 신제품의 출시 여부를 결정하는 안전성 확인 작업에 돌입했다. 그런데 밥솥이 폭발한 것이다. 뜨거운 밥풀에 화상을 입은 연구팀장은 3주간 병원에서 치료를 받아야 했다.

연구진에게 새로운 안전장치 개발임무가 주어졌다. 막히기 쉬운 증기배출장치의 단점을 보완하고, 기본적인 안전장치인 압력추와 자동증기배출장치가 동시에 작동하지 않을 때를 대비한 안전장치가 필요했다. 이어서 연구팀은 이상과열 방지기, 잔류압력제거기 등 수평압력장치 개발에 들어갔다. 연구를 시작한 지 4년만에 이뤄낸 결과였다. 이 결과, 연구진들은 1.7기압 이상으로 밥을 짓는 전기압력밥솥을 완성하게 되었다. 보통 0.1기압이 상승할 때마다 약 40kg의 힘이 더해지게 된다. 즉, 1.7기압이면 270kg정도의 강한 힘이 작용하게 되는 것이다.

3. 쿠쿠의 일본시장 공략전

드디어 최고의 밥맛과 안전성에 자신 있는 제품이 탄생되었다. 1997년, 외환위기에 직원들은 할 일이 없어서 마당에 풀이나 뽑을 정도였지만, 감원은 커녕 오히려 연구에 대한 투자를 늘려갔다.

하루가 멀게 대기업들의 도산 소식이 들려오는 최악의 상황 속에서 선택의 여지는 없었다. 그동안 제품을 개발해 놓고도 출시하지 못하는 성광전자의 밥솥에 마침내 '쿠쿠'라는 이름이 붙여졌다.

2000년, 처음으로 일본의 전기밥솥 전문업체의 문을 두드렸다. 전기밥솥 종주국인 일본에서도 전기압력밥솥은 새로운 제품이었다.

막상 밥을 지어 시식을 하자 반응이 좋지 못했다. 일본사람들이 좋아하는 밥맛과 다르다는 것이었다. 시작부터 난관에 부딪힌 이들은 본격적인 시장조사에 나섰다. 일본의 밥은 한국의 밥과 차이가 있었다. 쌀 품종이 다르며, 밥을 먹는 식문화가 달랐다. 한국인들은 차진 밥을 즐겨먹지만, 일본인들은 초밥이나 주먹밥을 즐겨먹는다. 초밥이나 주먹밥 만들기에는 손에 들러붙는 차진 밥은 적당하지 않았다.

그리고 일본의 전기밥솥은 고기나 생선 등의 찜요리에도 사용되고 있었다. 일본인들의 식생활에 대해 조사한 후, 단순한 취사기의 기능만을 가진 밥솥이 아닌 다양한 요리가 가능한 조리기 밥솥으로 제품 방향이 바뀌었다.

2000년 9월, 본격적으로 일본수출용 제품이 기획되었다. 가장 중요한 것은 일본인이 좋아하는 메뉴를 조리할 수 있는 제품을 개발하는 것이었다. 일본인들이 가스압력밥솥에 즐겨 해먹는 요리부터 시도해보았다. 전기압력밥솥에 맞는 조리방법을 찾아내기 위해 일일이 만들어 봐야 했다.

일본인의 기호를 고려하여 취사 기능도 새롭게 추가하였다. 초밥과 주먹밥을 만들기에 적당하게 물의 양을 100cc정도 줄인 제품도 만들었다. 그러나 한국인이 일본인의 기호를 맞추는 것은 쉽지 않은 일이었다. 시행착오를 거듭할 수밖에 없었다. 100여 가지가 넘는 요리를 반복하여 만들어 본 기간이 6개월, 일본 소비자를 겨냥한 디자인은 물론이고 20가지 요리기능 추가 등 일본인의 밥맛 기호에 맞는 취사와 압력기능, 그리고 요리 종류에 따른 시간과 압력기능까지 기존의 밥솥과는 전혀 다른 밥솥이 완성되었다. 그리하여 만능밥솥 쿠쿠는 일본시장 진출에 성공할 수 있었다.

김명호. (2014). 『기업사례경영학』 개정2판. 도서출판 두남.

연습문제

1-1 생산운영관리의 의의와 목적을 설명하라.

1-2 생산활동의 단순한 개념도를 그리고, 그 내용을 설명하라.

1-3 PDCA사이클 모델을 설명하라.

1-4 생산운영관리의 전체 프레임을 설명하라.

1-5 생산운영관리의 입력자원을 설명하라.

1-6 생산운영관리의 출력을 설명하라.

1-7 생산운영관리의 전체 프레임에서 나타난 개별관리 프로세스에 대하여 설명하라.

1-8 서비스부문의 생산운영관리를 설명하라.

1-9 e-비즈니스의 이점을 설명하라.

Chapter 2 생산운영조직의 구조와 설계

제1절 기업의 조직

1. 조직이란?

조직이란 일정한 목표를 가장 효과적으로 달성하기 위해서 지위와 역할 그리고 그것에 따른 책임을 분명히 받는 사람들의 활동하는 집합체이며, 또 그것을 구성한다. 그리고 기업의 조직에서 각 개인이 맡은 일이나 임무를 직무라고 하며, 그 조직상의 지위나 부서를 직위라고 한다. 또, 그 직위에 할당하는 책임을 직책이라고 한다.

기업의 운영은 그 규모가 작을 때는 기업주가 중심이 되어 직접 할 수 있지만, 기업 규모가 커지고 그 내용도 복잡하게 되면, 기업주가 기업의 모든 것을 운영하기는 어렵기 때문에, 조직을 만들어 직무에 책임과 권한을 부여해야 한다.

기업 규모가 거대화하면, 조직은 복잡화하고 입체적인 구조가 되어 인간의 경험이나 직감 혹은 능력만으로는 미흡하게 된다. 그러므로 거대 기업은 사업부제를 채용하거나 컴퓨터를 이용하여 정보의 수집과 판단에 의지할 필요가 있다.

2. 조직의 원칙

조직을 유효·적절하게 편성하고 이를 합리적으로 운용하려면, 조직에서 원칙을 적용할 필요가 있다. 그 주요한 내용을 살펴보면, 다음과 같다.

1) 명령의 통일

명령은 최고경영자부터 말단 직원에 이르기까지 일관된 계통을 가지고, 같은 직무에서, 1명의 종업원에게, 원칙적으로 2명 이상의 명령자가 존재하여서는 안 된다.

2) 분업과 협업

일의 복잡화에 부응하여 그 활동을 나누는 것을 분업이라고 한다. 분업화로 편성되던 부(部), 계(係), 과(課)는 세로 계열로 구성되어 있으므로, 조직 전체를 통솔하기 위하여 관계하는 부(部), 계(係), 과(課)의 부문과 업무 협조를 도모하지 않으면 안 된다.

3) 직책과 권한

각 직위에 대해서 맡은 직무의 내용을 밝히고, 그 직무에 대응하는 직책을 가지고, 직무 수행에 필요한 권한을 주는 것이다. 직책과 권한을 밝히는 것은, 권한 다툼과 같은 혼란을 제거하고, 상위자가 하위자에게 직책을 다하기 위한 상호 관계를 위해서도 필요하다.

4) 권한의 위임

조직의 규모가 커져 상위자의 업무량이 늘어난 경우, 상위권은 일상 반복적으로 발생하는 직무를 표준화하여 이를 하위자에게 맡기고, 상위자는 새로운 계획과 조정을 필요로 하는 다른 일을 수행할 수 있다. 이 경우, 상위자가 하위자에게 권한을 맡겨도 감독 책임은 계속 가져야 한다.

5) 조정의 책임

권한 위임이 이뤄지면 이루어질수록, 위임을 받은 각 종업원의 상호 관계가 복잡하고, 이해의 충돌 등이 일어날 수 있다. 이 경우, 위임한 상위자는 각 종업원의 직무를 조정할 책임이 있다. 그러나 이 조정의 권리를 하위자에게 위임할 수는 없다.

6) 관리의 한계

한 관리자가 관리 감독할 수 있는 부하의 수를 관리의 한계라고 한다. 관리의 한계는 관리자가 가진 전문 지식, 직무를 맡은 시간, 소재하는 부하와의 거리 등 각종 영향에 의해서 생겨난다. 그러므로 직접 감독할 수 있는 부하의 수는 관리한계 이하로 정해야 하며, 일반적으로 관리효과가 있는 인원은 3~7명으로 알려졌다.

제2절 공장관리조직

공장관리조직은 공장의 종류, 규모의 대소, 작업 조건 등으로 다양하게 생각할 수 있지만, 조직 편성에 있어서는 조직의 원칙에 따라 행하는 것이 중요하다. 먼저, 라인과 스탭에 대하여 알아보도록 하자.

1. 라인과 스탭의 개념

라인과 스탭은 조직에서 다음과 같은 의미를 가지고 있다. 라인(line)이란 구매, 제조, 운반, 판매 등 기업의 기본이 되는 부문을 말하며, 그 기업의 주류로, 생산작업을 일정한 책임과 권한을 가지고 실행한다. 그리고 스탭(staff)은 경영자나 라인 부문의 활동이 충분히 수행될 수 있도록 조언·권고·입안 등을 측면에서 지원하는 사람 또는 부문을 말한다. 즉, 스탭은 기업 조직이 커지고 경영 활동이 복잡해지면서 생긴 것으로, 경리, 감사, 기술, 기획, 조사 등이 이에 해당한다.

2. 조직의 종류

1) 라인조직

<그림 2-1>과 같이 공장장, 직장, 작업자의 순서에, 상위에서 하위 계층까지 명령과 권한이 선으로 연결되는 조직을 '라인조직'(line organization) 또는 '직계조직'이라고 한다. 군대의 편성 조직에 닮은 점에서, '군대조직'으로 불리기도 한다.

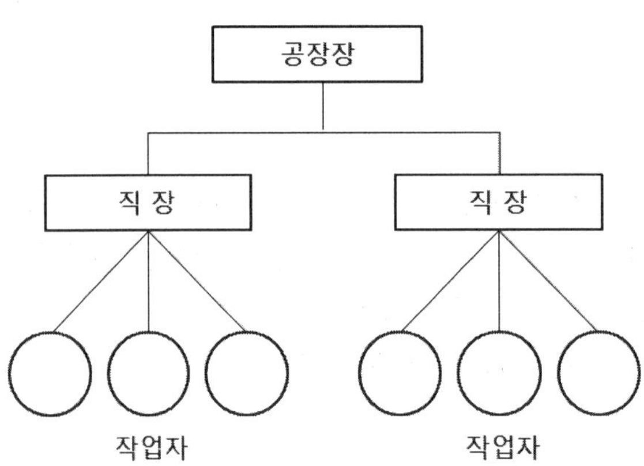

〈그림 2-1〉 라인조직의 예

라인조직의 장단점을 나타내면, 다음과 같다.

[장점]

① 명령 계통이 단순하고 알기 쉬우므로, 명령이나 지시가 철저하다.
② 지휘 권한이 잘 관철되고, 일의 조정이 쉽다.
③ 교육과 훈련이 자상하고, 직장 규율을 제대로 유지할 수 있다.

[단점]

① 가로 방향 계열간의 연락 및 협조가 어렵고, 일이 독선적이다.
② 기업 규모가 커지고 일이 복잡화하면, 상위자는 일의 기획·지도의 전부를 맡기 때문에 부담이 커진다.
② 기술이 고도화·복잡화 할수록, 감독자에게는 관리 능력 이외에 광범위한 전문지식이 요구되므로, 이러한 만능의 감독자를 양성하는 것이 어려워진다.

라인조직은 이상의 특징으로, 특히 소규모 기업이나 다른 조직과 병용할 때 적용된다.

2) 기능조직

기능조직(functional organization)은 라인조직의 단점을 배제하고, 관리의 직무를 복수의 전문분야로 나누어 각각에 전문지식과 경험을 가진 직장(職長)을 배치하고, 작업자들을 지휘 감독하도록 구성된 조직으로, '기능적 조직' 또는 '지능조직'이라고도 한다.

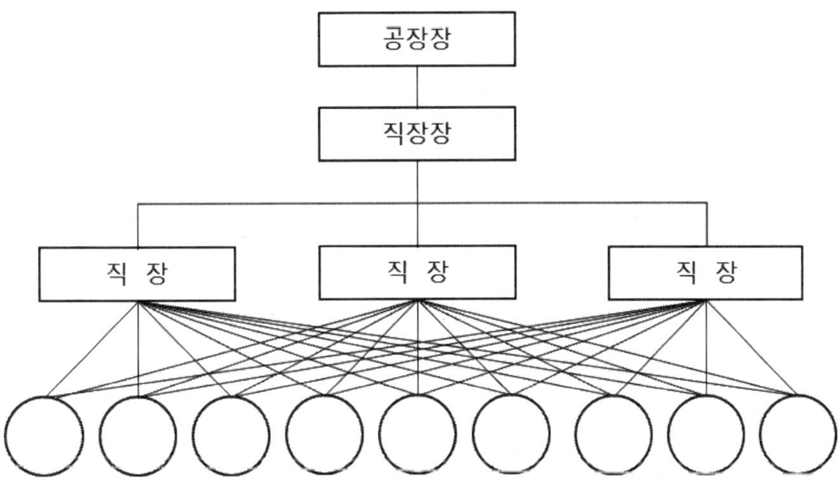

〈그림 2-2〉 기능조직의 예

이 조직은 미국의 테일러에 의해서, 기업화, 복잡화에 대처하기 위해서 창안된 것이다. 위의 <그림 2-2>는 기능조직의 한 예를 나타낸 것으로, 각 작업자는 하나의 작업에 대해서 여러 직장(職長)의 지도·감독을 받게 된다.

기능조직의 장단점을 설명하면, 다음과 같다.

[장점]

① 작업원의 전문 기능이 향상된다.
② 직장의 부담을 덜어주어, 고도의 전문 능력을 살릴 수 있다.
③ 직장의 맡은 직무가 분업화되어, 후계자 육성이 용이하다.

[단점]

① 각 작업자는, 복수의 직장(職長)으로부터 지휘·감독을 받아, 혼란이 생길 수도 있다.
② 직장(職長)이 부재 시, 대신 맡을 사람이 없다.
③ 각 직장의 담당 직무를 명확히 정하지 않으면, 권한이 중복되어 직장(職長) 사이에 마찰이 생겨난다.

이와 같은 테일러의 기능조직은 한 작업자에 대해서 여러 직장(職長)들이 지휘·감독하는 것은, 조직의 원칙에도 어긋나고 치명적인 단점이 되어 조직의 형태로는 이용되지 않지만, 다른 조직과 병용하거나 혹은 기업 전체 관리조직으로서, <그림 2-3>과 같은 기능부문별 조직의 형태로 응용되기도 한다.

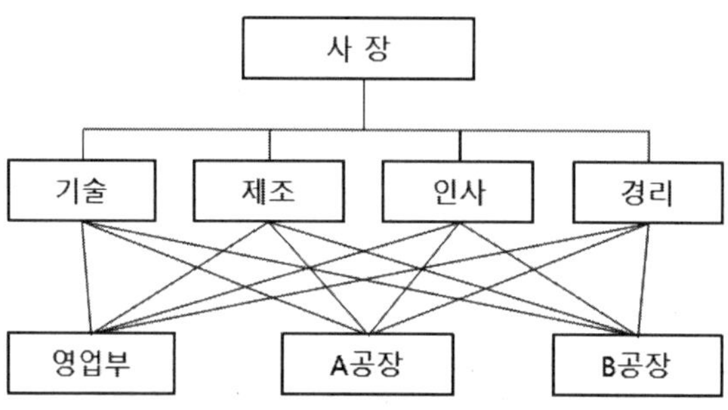

〈그림 2-3〉 기능부문별 조직의 예

3) 라인스탭조직

라인조직에 기능조직의 전문 집단이 스탭으로 지원하는 조직을 '라인스탭조직'(line staff organization)이라고 한다.

라인조직은 지휘·명령을 통하여 조직의 규율과 안정을 도모하며, 스탭은 기획, 연구, 조사, 조정 등 전문적인 기술 정보의 제공이나 조언을 맡고 있다. 그러므로 라인조직의 장점을 살리고, 그 단점을 스탭의 채용에 의해서 보완한 관리조직이다. 즉, 명령과 권한의 위임 등 조직의 원칙을 효과적으로 도입한 것으로, 현재 많은 기업들이 채용하고 있다.

아래의 <그림 2-4>는 라인스탭조직의 예를 든 것이다.

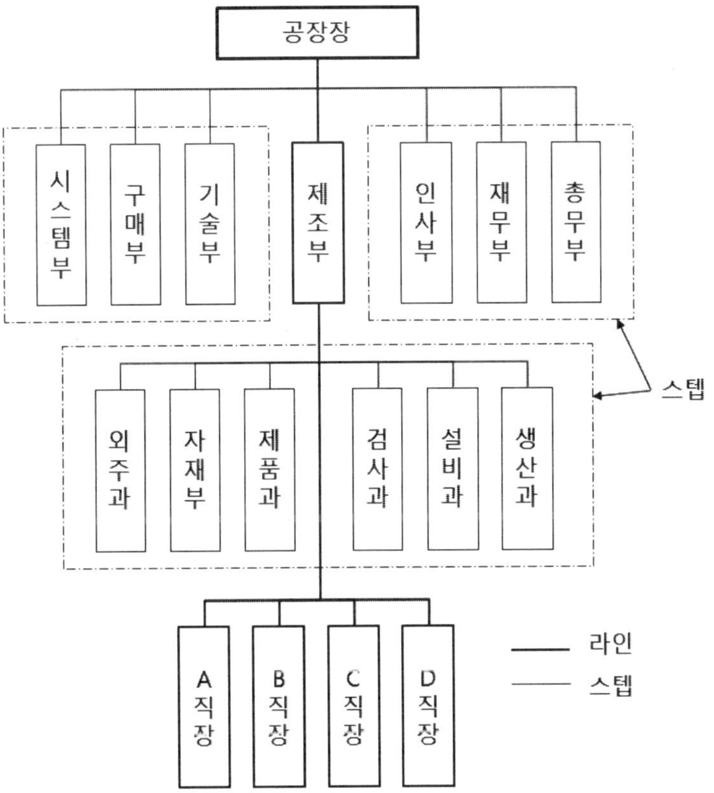

〈그림 2-4〉 라인스탭조직의 사례

라인스탭조직의 장점과 단점을 나열하면, 다음과 같다.

[장점]

① 기업의 능률이 안정적으로 상승한다.

② 라인 담당자는 관리 업무에 전념할 수 있다.

③ 숙달된 전문가의 지식을 크게 이용할 수 있다.

④ 직책과 권한을 분산시키지 않고, 전문화된 조직을 얻을 수 있다.

[단점]

① 직무와 책임이 분명히 규정되지 않으면, 라인 사이에 마찰이 생기고 혼란을 일으킬 수 있다.

② 라인의 작업자들이 스탭의 조언을 이해하는 능력이 결여되어 있으면, 라인과 스탭 간에 마찰이 생기거나 작업자에 대한 잘못된 지시가 있을 수 있다.

③ 스탭의 조사·연구가 한쪽으로 치우치거나 그 기능을 수행할 권한이 결여되어 있으면, 충분한 효과가 나타나지 않는다.

4) 사업부제조직

대기업에서 2종류 이상의 제품을 대량 생산하는 경우, 각 제품마다 하나의 사업부를 만들어 생산부터 판매까지 관리의 책임과 권한을 가진 독립 부문조직을 '사업부제조직'이라고 한다. 즉, 사업부제조직은 전통적인 기능적·집권적 조직형태와는 달리 단위적 분화의 원리에 따라 사업부 단위를 편성하고, 각 단위에 대하여 독자적인 생산, 마케팅, 관리권한 등을 부여함으로써 제품별·시장별·지역별로 이익중심점을 설정하여 독립채산제를 실시할 수 있도록 분권적 조직의 원리를 이용한다.

그러므로 사업부제조직은 제품별, 시장별, 지역별로 각각의 사업부에 따라 스스로 생산계획을 세우고, 원가를 낮추거나 매출 증진을 도모하며, 이익에 대한 책임을 진다.

아래의 <그림 2-5>는 사업부제조직의 사례를 든 것이다.

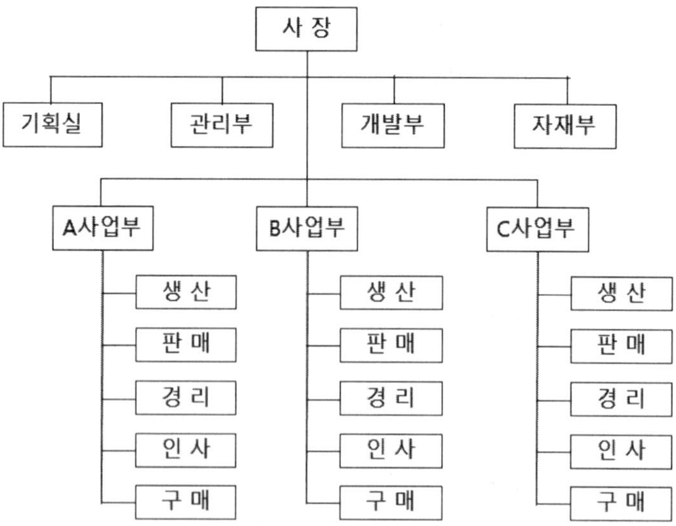

〈그림 2-5〉 사업부제조직의 사례

그리고 사업부제조직의 장점과 단점을 나열하면, 다음과 같다.

[장점]

① 관리에 대한 의욕을 향상시키고, 책임감이 왕성하다.
② 최고경영자의 부담을 덜어주며, 경영관리에 유능한 간부 육성이 가능하다.
③ 권한이 하부에 위임되어 있기 때문에, 업무상의 결정이나 처리가 빨라져서 각종 변화에 신속히 대처할 수 있다.

[단점]

① 사업부의 부장을 양성하지 않으면, 인재 부족으로 운영에 어려움을 겪을 수 있다.
② 각 사업부만의 이익을 추구하게 되어, 회사 전체의 이익에 대한 배려가 없을 수 있다.
③ 사업부 의식이 너무 강해져서, 사업부간의 경쟁의식이 너무 크게 되어 회사 전체의 협조성이 상실될 수 있다.

5) 소집단 조직

기업이 확대되어 조직이 복잡화하면 각 부문의 연대감과 책임감이 감소한 의견이나 해석 차이와 연락 미달로 마찰이 생기거나 개인의 창조적 의욕이 상실되는 경향이 생겨난다. 그러므로 이들에 대해서, 다음과 같은 소집단을 두고, 부문 간 조정 및 활력 향상을 꾀하고 있다.

(1) 위원회 조직

라인이나 스탭 등 각 부문에서 대표가 모여서 제안된 문제들에 대한 정보와 의견을 교환하고, 최선의 해답을 구하기 위해, 회의를 행하는 조직을 '위원회 조직'이라고 하며, 회의 결과는 여러 문제에 대한 조정과 권고 등으로 진행된다.

공장의 위원회의 종류에는 직장 연락회, 공장 연락회, 생산 위원회, 기술 위원회, 설비 위원회, 안전 위원회 등이 있다. 이 조직의 장단점을 나열하면, 다음과 같다.

[장점]

① 많은 관계 부문의 전문가들로 이루어져 중요한 계획과 실행의 과제에 대한 조율이 잘 된다.
② 많은 사람들의 다른 경험과 지식을 모으는 것으로, 시야가 넓은 결과를 도출할 수 있다.

③ 문제 해결을 위한 중요한 상담에 참여함으로써 협력의 의욕을 높인다.
④ 위원회 참여에 의해서 기업 전체의 활동이 나타나므로, 관리자의 양성에 도움이 된다.

[단점]

① 집단에서 이루어지므로, 회의 방식이 나쁘면 시간 낭비가 된다.
② 많은 위원들이 운영하므로 책임과 권한을 명확히 해놓지 않으면, 책임 회피의 터전이 된다.
③ 회의를 위한 준비와 출석 등 라인스탭조직에 비해서 많은 시간과 비용의 희생을 치르게 된다.

(2) 프로젝트 조직

연구 개발이나 생산 등 관리 활동의 새로운 특별한 계획이나 과제를 '프로젝트'(project)라고 하며, 이 프로젝트를 효과적으로 해결하기 위해서 문제 해결에 적합한 능력을 지닌 인재들을 각 전문 분야로부터 차출하여 팀을 만들고, 문제가 해결되면 해산한다. 이러한 일시적인 조직을 '프로젝트 조직'이라고 한다.

프로젝트 조직은 ① 신기술 신제품 연구개발, ② 신제품의 양산 개시까지 준비와 작업, ③ 전체 기업에 걸친 조직과 제도의 개혁, ④ 새로운 정보 시스템의 도입, ⑤ 건물, 시설, 도로, 철도 등의 건설공사 등에 적용된다.

프로젝트 조직이 갖추어야 할 조건은 다음과 같다.

① 명쾌하고 간결한 구조
② 의사결정의 계층화
③ 관리업무의 간략화
④ 책임분담의 명확화
⑤ 협력체제의 확립
⑥ 작업의 권한과 책임
⑦ 작업간 인터페이스의 명확화

[장점]

① 전문가 Pool에 의해 전문성과 전문가 활용의 유용성이 높다.
② 기업의 조직체계는 변경이 없다.
③ 부서내에 명확하게 정의된 책임과 역할이 있다.

[단점]

① 부서간 책임분산으로 통합 기능의 부재와 갈등이 발생할 가능성이 있다.
② 부서관점의 편협된 의사결정을 할 수 있다.
③ 동기부여가 부족하다.
④ 요구사항에 대한 대응이 느리다.

(3) ZD 운동

ZD 운동은 무결점(Zero Defects)운동으로, 일종의 품질관리의 행동과학적 접근방법이다. 사실, 무결점운동이라고 하여 결점이 하나도 없는 재화나 용역을 산출한다는 것은 아니다. 왜냐하면, 기업경영의 경제적 측면에서 그렇게 한다는 것은 비효율적이기 때문이다. ZD 운동은 오히려 제품을 생산하는데 이바지하는 개개인의 기여도가 매우 크고, 중요하다는 사실을 종업원들에게 일깨워 주려는 의도하에 그 사실이 종업원들에게 널리 전파되도록 하는데 목적을 두고 있다.

따라서 종업원들은 될 수 있는 대로 자기의 최선을 다하여야 하겠다는 사명감을 느끼게 되고, 결국 그들이 만드는 최종제품은 결점이 거의 없는 우수한 품질이 될 수 있다는 것이다. 그러므로 이 ZD 운동은 곧 작업환경 속에서 성취감을 달성할 수 있고, 인정을 받을 수 있는 직무를 누구나 원하고 있다는 사실, 즉 매슬로우(Abraham Maslow)의 높은 수준의 욕구와 허즈버그(F. Herzberg)의 동기유발 이론을 적용시킨 것이다.

ZD 운동을 운영하기 위한 기본적인 소식으로는 경영층, 관리지, 직원들이 참여하는 추진 위원회, 관리 위원회, ZD 그룹의 조직 조정 또는 문제 해결을 도모하는 조정 위원회 등이 있다.

ZD 운동 추진의 요점을 나열하면, 다음과 같다.

① 작업의 의미를 이해 : 언제나 정확하고 만족스런 작업을 하도록 표준화를 마련하고, 교육·훈련·지도가 효율적으로 추진되도록 한다.
② 직원의 품질의식과 도덕성 강화 : 결점의 원인을 제거하기 위하여 직원에게서 개선 안을 제안하도록 유도한다.
③ 제품에 대한 인식을 높이기 : 특히 최종 작업을 담당하는 직원에 대하여, 해당 업무와 최종 제품 간의 관계를 설명한다.
④ 그룹의 목표 설정 및 달성 : 최종 목표는 결점을 영(zero)으로 하는 것이며, 단계적인 목표를 설정하고, 일정 기간 내에 달성하기 위하여 협력한다.
⑤ 활동 실적의 평가와 시상 : 우수한 실적의 개인 및 그룹에게 표창하여 사기를 진작시킨다.

(4) QC 서클

QC 서클(Quality Control Circle)은 품질관리 분임조를 지칭하는 것으로, 이 활동 역시 ZD 운동과 마찬가지로 품질관리의 행동과학적 접근방법에 토대를 두고 있다. QC 서클의 기본개념은 기업 내 각 작업장 단위로 5인 내지 20인의 자치적 집단을 구성하여, 상부 관리자들의 통제나 간섭없이 자체 내에서 분임조장을 중심으로 작업 후나 점심시간에 모여 자기 부서에서 해야 할 일 등을 규정하고, 여기서 해결할 문제들을 찾고, 그 원인을 분석하고, 대책을 마련하여, 이를 실천에 옮길 방법을 분담처리하는, 일련의 문제해결 및 의사결정기능을 자치적으로 수행하는 것이다. 즉, 이 작은 그룹은 기업 협력에 대한 QC 활동의 일환으로, 자기 계발, 상호 계발을 지휘하고, QC에 대한 다양한 방법을 활용하여, 회사의 관리, 개선을 기업의 전 부서가 참여하여 지속적으로 시행하는 것이다.

QC 서클 활동에 의한 아이디어의 발상은 다음과 같은 효과가 있다.

① 기업의 체질 개선과 발전에 기여한다.

② 인간성을 존중하고, 명랑하고, 밝은 직장을 만든다.

③ 인간 능력을 발휘하고, 무한한 가능성을 갖는다.

QC 서클 그룹 활동의 특징 중 하나는, 활동 결과보고로 'QC 스토리'라는 표제가 붙은 개선 활동의 과정에 대한 발표를 하는 것으로, 소그룹의 대표가 회의 형식으로 진행한다.

ZD 운동이나 QC 서클의 기본철학은 동일하다. 다만, ZD 운동은 미국에서 생성되었는데 그 뿌리를 내리지 못했으나, QC 서클은 1960년대 일본에서 생성되어 크게 발전하였으며, 우리나라에서도 그 활동이 활발하게 전개되고 있다.

기업사례

불황을 모르는 메이난 제작소

1. 하세가와 사장의 어린 시절과 메이난 제작소의 탄생

1) 어린 시절

메이난 제작소의 하세가와 사장은 1927년 2월 2일, 가난한 가정의 둘째로 태어났다. 하세가와 소년은 15세에 고등소학교를 졸업하고, 목공 합판 기계제작소에 취직하였다. 동시에 시립 공예학교에 입학하였다. 4년 뒤, 학교를 졸업하고, '나고야탄코'라는 비행기 부품공장에 취직하였지만, 회사가 문을 닫는 바람에 여러 공장을 전전하게 되었다. 문을 닫았던 나고야탄코 공장이 축음기 부품회사로 재기되어 하세가와는 다시 취직하게 된다.

2) 경영이념의 구축과 자신감

혈기왕성한 청년 하세가와는 노조를 결성하고 노조위원장으로 활동하였지만, 경영자의 방만한 회사운영으로 나고야탄코는 다시 폐업되어 하세가와도 거리로 내몰렸다. 이 경험을 통해 좋은 의도에서 노조를 설립하고 투쟁하여도 회사가 망해버리면 이자는 커녕 본전도 못 챙긴다는 것을 하세가와는 뼈저리게 깨우치게 된다. 훗날 하세가와가 경영자가 되었을 때, 이 경험이 자신의 경영이념을 구축하는 기반이 되었다고 고백했다.

한때, 하세가와는 사장 혼자 설계부터 영업까지 모두 책임지는, 소규모 철공회사에서 일하게 되었다. 다행히 하세가와가 개발한 특수 대패판이 성공하여, 50~60대만 팔려도 대성공이라고 여겼는데, 무려 10만 대가 넘게 팔렸다. 그러나 사장의 경영방식에 회의를 느끼고 스스로 회사를 만들기로 결심하게 된다.

3) 메이난 제작소의 탄생

1953년, '메이난 기계연구소'라는 간판을 걸고 독립하였다. 처음 반년은 혼자 일하였고, 반년 후에 '메이난 제작소'로 상호를 바꾸고 직원 5명의 회사로 출발하였다.

처음에는 숙부가 경영하던 '메이난 산업'에서 하세가와는 사무실에 책상 하나를 빌려 사업을 시작하였다. 시간이 갈수록 숙부의 사업은 되지 않고, 하세가와의 사업은 성장을 거듭하였다. 결국 숙부의 회사를 매입하면서 숙부를 비롯한 메이난 산업의 직원들을 모두 받아들였다.

5년차에 직원이 25명으로 늘어났으나 여전히 영세공장에 불과하였다. 회사가 발전하기 위해서는 기술적인 인재가 필요하다고 생각하여 나고야 대학과 나고야 공과대학에 인재추천을 부탁하였으나 거절당하였다. 그래서 하세가와는 "내가 직업교육을 시키겠다. 그 전에 나부터 교육을 받겠다." 이것이 메이난 제작소의 신화가 탄생하게 된 배경이다.

4) 10주년의 메이난 제작소

10주년을 맞아 하세가와 사장은 반성하게 되고, 메이난의 이상이 구체화되었다. “10주년을 맞아 우리 회사는 종업원 56명, 연간 매출 2억7천만 엔의 벨트샌드 전문 제조업체로 성장했습니다. 우리가 성장할수록 다른 회사들과 비슷해졌고, 나는 그것이 두려워졌습니다. 과연 우리가 일하는 일터에서 직원들은 삶의 보람을 느끼고 있을까? 그렇지 못하다면 우리의 체제가 어떻게 바뀌어야 되는가? 이제 전 사원을 대상으로 교육에 착수할까 합니다.”

이렇게 하여 전 직원에게 사내 교육을 실시하고 있다. 사장의 꿈은 종합적인 능력을 갖춘 능력을 갖춘 인재, 스스로 설비하고 제작하는 엔지니어의 육성 때문이다.

2. 메이난 제작소는 ‘21세기의 대장간’

4층 대형 홀에 있는 큰 칠판에 사장이 직접 써놓은 ‘구애받지 않는 마음 – 구애받는 마음 = ?’이라는 표어가 있다. 즉, 구애받지 않는 마음이 메이난을 성장시키는 원동력이라고 사장을 믿고 있다.

대장간이라는 말은 사장이 가장 좋아하는 말이다. 메이난 제작소는 옛 장인의 전통을 이어받음과 동시에 21세기를 개척하는 독창적인 기계를 만들겠다는 목표를 상징하고 있다.

메이난의 작업시스템은 개인이 90%를 책임지며, 나머지 10%는 협업으로 이루어진다. 10%의 협업은 사장을 비롯한 선배들의 충고를 받아들여 개선해 나간다. 메이난 제작소는 18세 청년에게 3천만 엔짜리 플랜트 설계가 맡겨졌고, 그 청년은 실수는 많았지만 실수를 자각하면서 크게 성장하였다. 대기업에서는 생각도 못하는 인간 성장이다.

현재 메이난에는 9개의 개발팀이 있으며, 사장도 1개의 개발팀을 이끄는 그룹원이다. 세계적 불황으로 설비투자가 둔화되어 작업량이 현저히 줄었지만 여유가 넘친다. 그 이유는 지금이 개발하기 좋은 기회라고 생각하기 때문이다.

3. 메이난 제작소의 현주소

메이난 제작소는 전국 각지에서 흔하게 볼 수 있는 소규모 기계공장에 불과하다. 작은 기업규모이지만, 50년간 연속적인 흑자로 일본 사회를 놀라게 하였다. 메이난 제작소의 연간 매출액은 무려 22억 엔, 직원 1인당 매출액은 2,700만 엔, 경상이익 8억 엔, 사내 유보금 15억 엔, 은행 또는 개인 부채 0엔이고 주주 배당은 최소 30%, 평균 50%, 최대 100%를 기록하였고 그것도 여러 번이었다. 그야말로 엄청난 성과였다.

또한, 최근 지은 최신식 신사옥은 메이난이 보유하고 있던 여유자금으로 건축하였다.

김명호. (2014). 『기업사례경영학』 개정2판. 도서출판 두남.

연습문제

2-1 조직의 원칙을 설명하라.

2-2 조직의 종류를 설명하라.

2-3 라인과 스탭의 개념을 설명하라.

2-4 기능조직의 개념과 장단점을 설명하라.

2-5 라인스탭조직의 개념과 장단점을 설명하라.

2-6 사업부제조직의 개념과 장단점을 설명하라.

2-7 프로젝트 조직의 개념과 장단점을 설명하라.

2-8 QC 서클의 개념을 설명하라.

2-9 ZD 운동의 개념을 설명하라.

Chapter 3 생산운영관리의 역사

제1절 생산운영관리의 시대적인 구분

생산운영관리의 역사는 증기기관의 발명과 더불어 시작되었으며, 산업혁명, 과학적 관리, OR(Operations Research), 품질혁명, 세계화, 인터넷 혁명 등의 시대적인 구분으로 발전하였다. 각 시대적으로 업적을 남긴 사건들을 정리하면 다음 표와 같다.

〈표 3-1〉 생산운영관리의 역사적 사건

시대 구분	사건/개념	년 도	창시자
산업혁명	증기기관	1769	James Watt
	분업	1776	Adam Smith
	호환성 부품	1790	Eli Whitney
과학적 관리	과학적 관리 원칙	1911	F.W. Taylor
	시간 및 동작연구	1911	Frank and Lillian Gilbreth
	일정계획 차트	1912	Henry Gantt
	이동조립 라인	1913	Henry Ford
인간관계론	호손 연구	1930	Elton Mayo
	동기유발 이론	1940년대	Abraham Maslow
		1950년대	Frederick Herzberg
		1960년대	Douglas McGregor
OR(operations research)	선형계획법	1947	George Dantzig
	컴퓨터개발	1951	Remington Rand
	시뮬레이션, 대기이론 의사결정론, PERT/CPM	1950년대	OR 팀

시대 구분	사건/개념	년 도	창시자
	MRP, EDI, CIM	1960년대 1970년대	Joshph, IBM 등
품질혁명	JIT(just-in-time)	1970년대	Taiichi Ohno(Toyota)
	TQM(total quality management)	1980년대	W. Edwards Deming, Joseph Juran
	전략과 운영관리		Wickham Skinner
	Business process reengineering	1990년대	Michael Hammer, James Champy
세계화	세계무역기구	1990년대	다수의 국가 및 기업
	유럽연합, 기타 국제무역기구	2000년대	
인터넷 혁명	인터넷, WWW	1990년대	ARPANET
	ERP, SCM	2000년대	SAP, i2 Technologies
	전자상거래	2000년대	아마존, 야후, 이베이, 기타

제2절 산업혁명 시대

산업혁명 이전에는 기술을 지닌 장인과 견습생에 의해 집안의 작업실에서 개인적인 고객을 위한 제품을 생산하였다. 그러므로 모든 과정은 독특하고, 수작업이었으며, 수공업생산으로 한 사람에 의해 전적으로 만들어졌다. 비록 오늘날에도 수공업생산은 여전히 존재하지만, 석탄, 철광석, 증기력의 이용은 작업을 수행하는 방법에 있어서 일련의 혁명적인 산업발명을 가져왔다.

그 결과, 생산의 중요한 요소인 노동자들은 기계로 대체되고, '공장'이라고 불리는 장소에서 '감독관'의 지시아래 작업을 수행하기 위해 공장의 중심부에 위치하게 되었다. 첫 번째 혁명은 직물 제작소, 방앗간, 금속세공업, 기계제조설비를 정착시켰다.

1. 아담 스미스

아담 스미스(Adam Smith)는 『국부론』(1776)에서 생산과정을 다른 작업자들에 의해 각각 수행되는 작은 여러 개의 과업으로 나누어야 한다는 노동의 분업을 제안하였다.

제한된 작업자와 반복적인 과업들의 전문화는 작업자들을 자신의 과업에 대하여 더욱 능숙하게 만들었으며, 전문화된 설비의 발전을 더욱 촉진시켰다. 즉, 전문화로 인한 기술 향상, 시간 절약 및 특정 기계의 발명 등의 장점으로 생산경제적인 측면에서 생산혁명을 이루었다.

2. 엘리 휘트니

엘리 휘트니(Eli Whitney)는 호환성 부품을 개발하여 조립생산을 실현함으로써 생산의 표준화에 따른 대량생산방식의 기틀을 마련하였다.

1794년, 휘트니가 특허를 취득한 조면기는 목화에서 씨를 자동으로 분리하는 기계로 미국 남부의 목화산업 생산성을 최대 1,500배까지 늘린 미국 산업혁명의 견인차 중 하나였다. 그러나 다른 한편으로는 목화 수확을 위한 노예수요의 급증을 초래함으로써 남북전쟁의 도화선으로 작용하기도 했다.

예일대에서 법학을 공부하고, 가정교사로 있다가 28세에 조면기를 개발하였지만 목화업자들이 로열티를 내지 않고 기계를 복사하여 생산함으로서 휘트니의 주머니에 돈은 들어오지 않았다.

그러나 군수산업에서는 대단한 성공을 거뒀다. 그 당시 미국에서는 총 한 자루를 만들 때 장인들이 수작업으로 총을 만들어 납품하는 방식이었다. 그러므로 이렇게 만들어진 총들은 호환성이 없어 한 총의 부품을 다른 총에 사용할 수 없었다. 또한, 총이 고장 났을 때 그 총을 제작한 장인만이 그 총을 수리할 수 있었다.

이때 휘트니는 소총의 부품을 규격화, 표준화하여 같은 종류의 다른 총에도 부품을 사용할 수 있는 호환성 부품의 개념을 도입하였다. 당시로서는 매우 혁신적인 이 방식은 휘트니가 그 해에 1만정의 소총을 연방정부에 납품하는 성과를 이루게 되었다. 이렇게 휘트니의 부품의 호환성 도입은 대량 생산의 새로운 문을 열게 되었다.

그 뒤, 휘트니에 의한 부품의 호환성 도입은 주문에 의해 한 번에 하나만 생산되어지던 소화기, 시계, 재봉틀 그리고 다른 소비재의 생산을 표준화된 부품의 대량생산으로 변환시켰다. 이것은 기업이 검사시스템, 생산의 표준화된 방법, 작업자가 만든 제품의 질에 대한 관리자의 검사를 필요로 한다는 것을 의미하였다.

제3절 과학적 관리 시대

기술의 진보는 1800년대에 계속되었다. 원가계산과 다른 통제시스템은 발달하였지만 관리이론과 실행은 실질적으로 존재하지 않았다.

1. 테일러

1900년대 초기, Midvale Steel Works의 테일러(Fredrick W. Taylor)는 진취적인 노동자로서 과학적 개념을 이용하여 과업관리에 접근하였다. 그는 관찰, 측정, 분석을 기초로 각각의 과업을 실행하는 최고의 방법을 검증하였다. 그리고 일단 결정되면, 작업방법은 모든 노동자들을 위해 표준화되어졌고, 표준을 따르는 작업자들을 격려하기 위하여 경제적 인센티브제도가 도입되었다.

테일러는 선철 운반과 기계공장에서의 단순노동 사례를 통하여 업무수행을 효율적으로 할 수 있는 과학적 방법, 즉 과학의 논리가 있다는 점을 증명해 보였다.

1) 선철운반 사례 : 과학적인 작업량 설정과 개별 노동자 설득

선철운반 작업은 사실 힘만 들지 수익은 별로 나지 않는 작업이다. 테일러는 건장한 청년을 골라 선철 운반량을 조사해보니 당시 하루 평균 작업량 12.5톤의 거의 4배에 해당하는 47~48톤이나 된다는 점을 확인하였다. 노동자 1인이 1개당 평균 43kg 정도 나가는 선철덩이를 하루 1,000여 개나 옮길 수 있는 작업을 하루 평균 300개 정도만 옮기고 있었다.

테일러는 우선 한 노동자를 설득하여 작업방식을 걷거나 정지하거나 쉬는 시간을 적정 배분시켜 하루 47.5톤의 선철운반과 함께, 이전의 임금(1.15달러)보다 60%나 높은 하루 1.85달러를 지불하는 윈윈게임(win-win game)을 보여주었다. 이처럼 노동자 스스로는 결코 하지 않으려는, 그리고 생각하지도 못한 방법으로 과학적 관리법은 성과를 엄청나게 높여준 것이다.

2) 기계공장 사례 : 노동자 집단 설득과 공정한 하루의 작업량 설정

테일러가 오랫동안 몸담고 있었던 미드베일 철강회사도 능률급 제도를 적용하고 있었지만, 작업속도와 작업량은 실제로 노동자들이 결정하고 있었다. 특히, 고참사원들은 신참사원이 들어오면 절대로 기존의 작업량보다 더 많이 일하지 않도록 주의를 주었다. 집단 따돌림을 당하지 않기 위해서는 결국 적정 작업량의 3분의 1정도만 하고 있었던 것이다. 심지어는 고의로 기계고장을 내서라도 작업량 증대를 막았다.

테일러가 연구한 공정한 하루의 작업량은 물론 개인별로 천차만별인 피로도, 작업량 및 작업속도를 3차에 걸쳐 분석한 결과, 피로도와 작업량 간에는 관계가 없으며, 작업시간과 휴식시간의 적절한 배분에 의해서 하루의 1인당 전체 작업량은 비슷하게 나온다는 점을 확인한 것이다.

테일러는 이들 사례를 통하여 과업별로 적임자를 잘 선별해야 한다는 점과 하루의 공정한 작업량을 측정하여 이를 수행하도록 하는 것이 적재적소의 인재관리 원칙임을 밝혀 주었다. 즉, 선철 덩어리를 하루에 1,156개나 운반할 수는 없으므로 이를 수행할 수 있는 사람을 선발하는 것이 중요하며, 다른 사람은 다른 적합한 과업에 맡기도록 해야 한다는 인사관리의 원칙도 제시하였다.

3) 삽질의 과학 사례 : 개인별 역량 차이를 인정한 과학적 관리

테일러는 선철운반 이외에 단순 삽질에도 과학이 있다는 점을 확인하였다. 여기에서는 건장한 사람이 한 삽의 무게가 얼마일 때 가장 많은 일을 할 수 있는가를 분석하였다. 무게가 다른 여러 종류의 삽을 실험해 본 결과, 21파운드(한 번에 옮기는 삽과 짐의 전체무게)일 때, 그리고 삽질의 속도와 경사각 등이 중요하다는 사실을 발견하였다. 특히 표준작업량을 집단전체에 강요하는 방법보다 개인차를 고려한 차별적 성과급제를 실시함으로써 3년 만에 신제도와 구제도간에 큰 성과 차이를 증명해 보였다.

실제로 테일러의 삽에 대한 과학을 베들레헴 철강회사에 적용한 결과, 당시 금액으로 년 8만 달러를 절약할 수 있었다.

따라서 테일러의 관리철학은 표준화와 전문화, 조직적인 훈련, 성과급제도 등을 내포하는 작업시스템으로 알려져 있다. 테일러는 관리의 주목적이 노사 양쪽의 이해를 일치시켜 그들에게 최대의 번영을 보장하는데 있다고 보았다. 그래서 그는 생산이 증가되지 않으면 임금이 상승하지 않으며, 생산이 최대로 증가해야만 임금도 올라간다고 주장하였다.

테일러는 과학적인 작업방법의 고안, 작업자의 조직적인 선정과 훈련방법의 제시, 그리고 임금제도의 개선 외에도 기획부 제도, 직능식 직장제도 및 작업지도표 제도 등을 제시하였다.

그 후, 테일러의 생각은 효율전문가인 길브레스 부부(Frank & Lillian Gilberth), 간트(Henry Gantt) 등에 의해 받아들여지고 확산되었다. 그러나 테일러의 가장 큰 지지

자는 포드(Henry Ford)였다.

2. 포드

테일러의 테일러 시스템과 더불어 생산관리 발전에 하나의 변혁을 이룬 것으로 포드의 포드시스템을 들 수 있다.

포드(Henry Ford, 1863-1947)는 생산능률의 향상을 도모하기 위하여 작업조직을 합리화시키는 방법으로 컨베이어 벨트를 사용하는 이동조립법을 고안하였다. 이동조립법은 컨베이어와 생산의 표준화를 주축으로 하는 것으로 조립라인을 구성하는 컨베이어와 작업자가 기계적으로 동시에 작업을 수행할 수 있게 하고, 아울러 관리도 자동적으로 이루어지게 하였다. 그리고 이동조립법을 실시하기 위해 생산의 표준화를 전제로 하였다.

① 제품의 단순화(simplification of products)
② 부품의 규격화(standardization of parts)
③ 기계, 공구의 전문화(specialization of machines and tools)
④ 작업의 단순화(simplification of work)

표준화는 호환성 부품의 생산을 가능하게 하여 대량생산체제를 확립할 수 있게 하였다. 그러므로 오늘날 대량생산의 일반원칙으로 각광을 받게 되었다.

포드는 과학적 관리를 1913년 자동차 모델 T의 생산에 적용하였고, 그 결과 자동차 조립에 요구되는 728시간을 1시간 반으로 단축시켰다. 예를 들면, 모델 T의 섀시는 바닥에 있는 부품을 조심스럽게 집어 올리고, 그것을 섀시에 맞추기 위해 컨베이이벨트 옆쪽에 있는 6명의 작업자들과 함께 컨베이이벨트를 천천히 아래로 이동하여 작업의 효율을 기하였다. 이와 같이 자동차의 짧아진 조립시간은 모델 T를 대량으로 생산되게 하였다.

포드는 이동조립법에 의한 작업조직의 개선으로 대량생산을 가능케하고, 비용을 절감할 뿐만 아니라 불필요한 동작에 소요되는 시간의 낭비를 컨베이어를 이용하여 제거함으로써 고임금 저가격이라는 경영이념을 실현시킬 수 있었다.

3. 길브레스 부부

테일러의 과학적 관리법을 신봉한 길브레스는 벽돌운반의 동작을 18개에서 5개로 줄이는 방법을 제시하였는데, 이는 작업대에 가지런히 벽돌을 쌓아 둠으로써 필요한 곳에 벽돌을 옮기는 작업을 단순화시켰다. 즉, 작업하기 편리한 위치에 벽돌하역 판을 설치하는 등 간단한 장치를 고안하여 지난 오랜 세월동안 행해온 불필요한 동작을 없앰으로써, 1인당 1시간에 120개의 벽돌을 쌓던 작업을 350개나 쌓을 수 있게 되었다.

이와 같은 연구의 결과, 프랭크 길브레스(Frank Gilbreth)는 동작연구의 아버지로 불려진다. 그는 주어진 과업을 수행하는 최선의 방법을 찾기 위해서 세분된 요소작업에 동작경제의 원칙을 적용시킬 것을 주장하였으며, 서블릭(therblig)이라는 동작연구기법을 개발하였다.

그의 부인인 릴리안 길브레스(Lillian Gilbreth)는 기업조직에서 작업자의 피로와 심리상태 등을 연구하였으며, 작업자의 인적요소를 다룬 『경영심리학』을 출판하였다.

4. 간트

당시 매년 수백만 개나 제조되고 있던 자전거용 볼베어링은 하루 10시간 반 작업하는 여공들이 맡고 있었다. 간트(H.L. Gantt)의 지도하에 톰슨(S.E. Thompson)이 연구한 시간연구의 결과는 하루 10시간 반 소요되던 작업을 10시간, 9시간 반, 9시간, 그리고 8시간 반으로 단축하면서도 동일한 임금에 산출량은 오히려 증가하는 사실을 증명해 보였다. 즉, 일할 때는 일하고, 놀 때는 놀도록 하여 이를 혼동하지 않도록 하고, 베어링의 잘못된 곳을 감지하여 반응하는데 걸리는 시간에 따라 개인계수(personal coefficient)를 측정하여 개인계수가 높은 여공을 볼베어링 작업에 투입하도록 한 것이다.

간트는 이른바 간트 차트를 개발하여 생산일정계획에 도표시스템을 개발함으로써 생산관리에 큰 공헌을 하였다. 그리고 그는 성과급 제도를 개발하였고, 사기와 관련하여 작업자의 심리상태의 중요성을 강조하였다.

5. 슈하트

생산문제에 통계이론이 적용된 것은 슈하트(W.A. Schewhart)에 의한 통계적 품질관리 방법이다. 그는 1924년 벨연구소에서 관리도란 말을 처음으로 사용하였으며, 1931년 관리도 기법의 기초적 이론을 발표하였다.

관리도는 제품 품질의 산포가 우연한 원인에 의한 것인지 아니면 이상 원인에 의한 것인지를 밝혀준다. 이때 우연한 원인이라 함은 표준화된 제조조건하에서 생산되었음에도 불구하고 작업자의 숙련의 차이·작업환경의 차이에 따른 변동과 같이 품질변동이 생기는 이른바 현재의 기술 수준으로는 피할 수 없는 원인을 말한다.

그리고 이상 원인이란 작업자의 부주의, 설비상의 문제, 공구의 마모, 작업자의 피로

나 지시 사항위반, 불량자재의 사용 등 관계자가 노력하면 피할 수 있는 원인으로, 이를 제거하면 공정을 안정상태로 돌아오게 할 수 있는 것을 말한다.

그러므로 공정이 안정상태에 있다는 것은 모든 데이터가 우연한 원인에 의한 산포범위 안에서 있는 것을 뜻하며, 이것은 관리도에서 관리도에 찍은 점의 전부가 관리한계 내에 들어가 있는 상태가 된다.

그러나 이 기법이 본격적으로 산업에 적용되기 시작한 것은 2차대전이 발발한 이후 미국에서 군수품 관련하여 통계적 샘플링 검사, 통계적 품질관리 기법을 확립하면서부터이다.

따라서 관리도의 사용 목적은 공정의 문제점을 신속하게 파악하여 불량품이 대량으로 생산되는 것을 방지하는 적절한 조치를 취하는데 있다.

우리나라는 1963년, 한국공업규격으로 KS A 3201(관리도법)이 처음으로 제정되어, 생산공장에 보급되었으며, KS A 3201은 슈하트의 3시그마 관리도법을 그대로 채택하고 있다.

제4절 인간관계론 시대

1. 메이요

1924년부터 1932년까지 약 8년간에 걸쳐 실시된 네 차례의 실험을 주도한 하버드대학의 메이요(G.E. Mayo) 교수와 레스리버거(F.J. Roethlisberger) 교수 등에 의한 호손(Hawthorne)연구는 인간관계에 대한 분석으로, 작업에 영향을 받은 생산성의 기술적 측면뿐만 아니라 노동자의 동기부여에 관한 이론을 정립하였다.

호손실험의 결과, 회사가 공식적으로 규정하는 규칙보다는 비공식적인 집단의 영향력이 중요하게 간주되고, 지금까지와 같이 권위를 갖고 명령만 하는 관리자보다는 종업원들을 배려하고 이해하려고 노력하는 관리자가 보다 효과적이라는 것을 발견하였다.

이러한 결과들을 대표하는 개념이 바로 '호손효과'인데, 종업원들은 자신들이 선택되고 또 관찰되고 있다고 생각할 때, 이러한 믿음이 그들의 행동에 변화를 가져온다는 것이다. 메이요의 실험 내용은 다음과 같다.

1) 조명실험(1924.11~1927.4)

처음에는 작업장의 조명 정도의 최적점을 밝히려는 합리적인 접근으로 시도되었다.

이러한 조명정도를 밝힘으로써 기업은 생산성을 극대화할 수 있기 때문이다. 이를 위하여 종업원들을 실험집단과 통제집단의 두 그룹으로 나누고, 실험집단에는 조명의 밝기를 변화시키고 통제집단에서 일정하게 유지함으로써 조명정도가 생산성에 미치는 영향을 밝히려고 노력하였다.

그러나 실험결과는 놀랍게도 통제집단에서도 생산성이 향상하였으며, 또한 조명의 밝기를 낮춘 후에도 실험집단의 생산성이 여전히 증가하는 놀라운 결과를 보여주었다. 그리하여 연구자들은 조명 정도가 생산성에는 직접적인 영향이 없다고 결론을 짓고 생산성에 향상에 영향을 미치는 요인을 다른 각도에서 관찰하게 되었다.

2) 계전기 조립실험(1927.4~1929.6)

6명의 여공을 대상으로 작업 능률 향상에 도움이 된다고 생각한 여러 조건에 대하여 실험하였으나, 결과는 이들 조건과 생산성은 관계가 없었다.

따라서 종업원의 개인적인 사기, 감독방법, 인간관계 등 심리적 조건이 생산성 향상에 영향을 미친다는 결론을 얻게 되었다.

3) 면접실험(1928.9~1930.5)

종업원 21,126명에 대하여 불만에 대한 면접조사를 실시한 결과 작업장의 사회적 조건(집단적 감정)과 근로자의 심리적 조건(개인적 감정)이 근로자의 근로의욕과 생산성에 영향을 미친다는 결론을 얻었다.

4) 배선 관찰 및 면접실험(1931.11~1932.5)

배전기 배선작업에 참여한 14명의 종업원을 대상으로 관찰과 면접을 병행한 결과, 회사가 정한 공식 조직과는 별도로 집단적 신념이나 감정을 기초로 하여 자연발생적인 조직, 즉 비공식조직(informal organization)이 형성된다는 결론을 얻게 되었다.

그리고 장기적인 실험의 결과, 인간은 경제적 조건 외에 심리적 조건과 사회적 조건에 의해서도 영향을 받음을 알게 되었으며, 인간관계론의 핵심인 '사기와 욕구충족이 동기부여에 직결된다'는 사실도 밝혀졌다.

이와 같이 메이요는 호손연구를 통하여 작업에서 인적 및 사회적 요인을 강조한 인간관계론을 제창하였으며, 이것은 행동과학적 접근방법의 계기가 되었다.

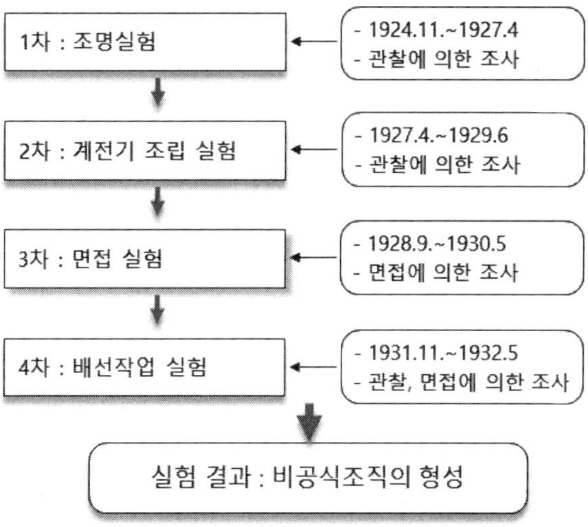

〈그림 3-1〉 호손실험의 과정

2. 허쯔버그

허쯔버그(Frederick Herzberg)는 1950년대 미국의 피츠버그에서 약 200명에 이르는 회계사와 기술자를 대상으로 직무수행중 특별히 만족스러웠던 경우와 불만족스러웠던 경우, 그리고 그에 대한 직접적인 이유가 무엇인지를 심층면접조사를 실시한 결과 전혀 다른 2가지 범주의 요인들, 즉 일에 대한 만족감을 느껴 모티베이션 정도를 높이는 요인들과 일에 대해 불만족감을 느껴 모티베이션 정도를 낮추는 요인들이 있다는 것을 알아냈다.

허쯔버그는 이를 각각 위생요인(hygiene factor), 동기요인(motivation factor)이라고 불렀다. 여기서 위생요인(불만족 요인)이란 자기가 하는 일의 주변 환경과 관련된 요인인 임금, 작업조건, 동료관계 등인데 비해 동기요인(만족요인)은 자기가 하는 일 그 자체와 관련된 요인인 승진, 인정, 성취감, 일 자체 등을 의미한다.

허쯔버그는 인간이 자신의 일에 만족감을 느끼지 못하게 되면 위생요인에 관심을 기울이게 되고, 이들에 대해 만족하지 못할 경우에는 일의 능률이 크게 저하된다고 주장했다. 또한, 위생요인은 충분히 충족된다해도 작업능률을 다소 높일 수 있는 불만은 해소되지만 자아실현을 통한 일의 성취를 기대할 수 없다는 것이다. 반면에 자신의 일 자체에 만족을 하고 있는 사람은 위생요인이 다소 충족되지 못하다 해도 이를 받아들이고 자신의 일 자체를 즐거워하고 보람되게 생각해서 일의 성취를 위해 도전한다는 것이다.

이와 같이 허쯔버그는 위생요인을 아무리 개선해도 조직구성원의 욕구는 충족되지 못하므로 장기적으로 모티베이션을 유지하여 생산성을 높이기 위해서는 동기요인의 충족에 관심을 가져야 하며, 이에 한 걸음 더 나아가 직무까지도 재설계할 것을 강조하고 있다. 이런 관점에서 허쯔버그의 이론은 매슬로우의 이론을 한 단계 발전시킨 이론이라고 할 수 있다.

3. 매슬로우

미국의 심리학자 매슬로우(Abraham Maslow)는 '욕구 5단계이론'을 1943년에 처음 발표하였으며, 인간에게 동기를 부여할 수 있는 욕구가 계층을 형성하고 있는 것으로 나타내었다. 그리고 인간의 욕구는 낮은 단계의 욕구로부터 시작하여 그것이 충족됨에 따라 차츰 상위 단계로 올라간다고 주장하였다.

그리고 매슬로우는 인간의 내부에는 단계를 이루는 다섯 가지 욕구가 존재한다는 주장하였으며, 이 논리에는 다음과 같은 내용들이 전제되고 있다.

- 충족되지 않은 욕구를 만족하기 위해서 동기가 부여된다.
- 공통적인 범위의 욕구가 있으며, 이러한 보편적인 욕구는 충족되어야 할 순서대로 계층적으로 나타난다.
- 하위 욕구가 충족되지 않으면, 다음 단계의 욕구가 동기부여하지 않는다.
- 하위욕구가 만족되면, 상위단계의 욕구를 바라게 되고, 이를 만족시키기 위한 행동을 한다. 만족된 욕구는 더 이상 동기부여하지 못한다.

[1 단계] 생리적 욕구(Physiological Needs)

인간의 생명을 유지해 가기 위해 가장 기본적으로 필요한 욕구로써, 식욕, 휴식, 잠자리 등 육체적으로 필요한 의식주에 대한 욕구를 말한다.

[2 단계] 안전에 대한 욕구(Safety Needs)

일단 생리적 욕구가 어느 정도 충족되면, 안전에 대한 욕구가 나타난다. 이 욕구는 외부로부터의 신체적인 위험에 대한 공포로부터 벗어나 안전과 보호를 유지하려는 욕구이다.

[3 단계] 사회적 욕구(Belongingness and Love Needs)

일단 생리적 욕구와 안전에 대한 욕구가 충족되면, 사회적인 욕구가 지배적으로 나타나게 된다. 즉, 여러 집단에 소속되고 싶은 욕구로써, 그것은 애정, 친분, 우정, 소속감 등의 관심으로 나타난다.

[4 단계] 존경에 대한 욕구(Esteem Needs)

어디에 속하려는 사회적 욕구가 어느 정도 만족되면, 소속된 집단에서 명예나 권력을 누리려는 욕구가 생기게 된다. 즉, 단순한 구성원 이상의 것이 되기를 원한다.

이는 내적으로 자아존중감, 성취 등을 성취하려는 욕구, 그리고 외적으로 인정을 받으며, 집단 내에서 어떤 지위를 확보하고, 관심의 대상이 되는 것 등이다.

[5 단계] 자아실현의 욕구(Self-Actualization Needs)

일단 존경의 욕구가 어느 정도 충족되기 시작하면, 자신의 재능과 잠재력을 충분히 발휘해서 자기가 이룰 수 있는 모든 것을 성취하려는 가장 높은 수준의 욕구를 갈망하게 된다. 즉, 계속적인 자기발전을 통하여 성장하고, 자신의 잠재력을 극대화하여 자아를 완성시키려는 욕구이다.

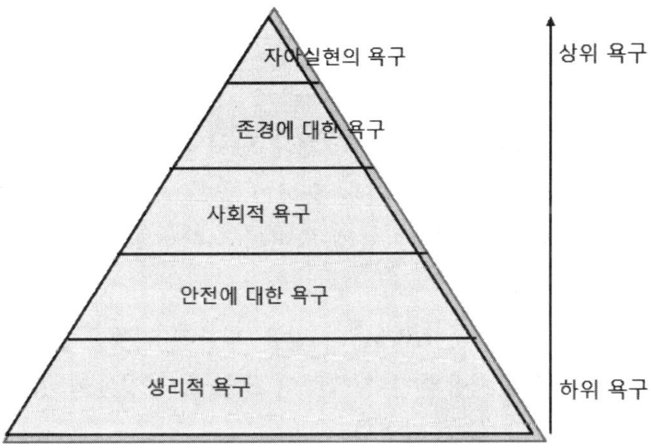

〈그림 3-2〉 매슬로우의 욕구 5단계이론

제5절 OR 시대

이전에는 경영자의 의사결정과정이 대부분 직감이나 과거의 관행을 근거로 하여 이루어졌기 때문에 새로운 형태의 의사결정문제에 유연하게 대처하지 못하였으며, 잘못된 과거의 관행이 계속 반복될 가능성이 높았다.

OR(Operations Research)의 시작은 제2차 세계대전 초기에 군대에서 시작되었다고 볼 수 있다. 그것은 제한된 자원을 최대한으로 활용하여 효과적인 방법으로 자원을 할당해야 할 필요성이 있었기 때문이었다.

OR팀의 연구에 의해 만들어진 많은 모델과 기술들은 계속 발전되었고, 제조 및 서비스에 성공적으로 적용되었으며, 컴퓨터와 자동화는 생산운영의 발전을 한 단계 올리는 계기를 만들었다.

제2차 세계대전을 통하여 확고한 기반이 구축된 OR은 정유, 철강, 제지 등 소품종 다량생산을 하는 산업체에 확대되어 엄청난 비용절감의 효과를 가져왔다. 제2차 세계대전 후에 영국은 산업의 국유화와 산업시설의 복구 등 새로운 경영 문제를 해결하는데 OR 기법들을 적용하였다.

미 공군은 계획에 참여했던 과학기술자가 다른 곳으로 분산되는 것을 막기 위해서 1,000만 달러를 투입하여 랜드연구소를 설립하였다. 랜드연구소는 정부주도의 국가정책사업을 수행하였는데, 그 대표적인 예가 인공위성개발이다. 시스템 공학기법은 인공위성 개발에 철저히 이용되었고 경영정보시스템이 창안되었으며, 인공위성에 의한 중개방송의 아이디어가 창출되기도 하였다.

따라서 OR은 기업에 유용한 기법으로 인정받게 되었으며, 효과적인 응용과학적 학문으로 기반을 다지게 되었다. OR이 경영문제에 널리 응용되자 이 분야에 대한 명칭으로 경영과학(Management Science)이라는 용어가 널리 사용되기 시작하였다. 그리고 이 추세는 점차 OR 및 확률적 모형이 보다 광범위하게 이용됨에 따라 하나의 포괄적 학문분야로 발전되어 온 것이다.

그리고 1960년대 중반 이후에는 OR/MS와 같은 제한된 명칭을 쓰지 않고, 일반적으로 계량경영분석이란 용어를 사용하기 시작하여 오늘날 경영학의 영역에서 계량경영학이라는 학문영역으로 자리 잡게 되었다.

그러므로 OR은 광의로는 계량경영분석(Quantitative Business Analysis)으로 하나의 문제해결분야로 집대성한 독립된 체계를 형성하고 있으며, 협의로는 경영과학/운영연구(MS/OR)와 동일한 개념으로 사용된다.

제6절 품질혁명 시대

산업혁명으로부터 1960년대까지 미국은 세계에서 가장 훌륭한 제품과 서비스의 생산자였을 뿐만 아니라 경영과 기술 전문지식의 중요한 근원이었다. 그러나 1970년대와 1980년대에, 일본 제조업체들의 낮은 제품 가격과 높은 품질로 인하여 미국의 제조 우위는 도전을 받게 되었다.

이미 고객들이 알고 있듯이 미국의 기업들이 품질이 떨어지는 제품을 만들어 세계 시장에서 더 이상 경쟁할 수 없다는 몇몇 연구들이 여러 해에 걸쳐 발표되었다.

제조업에서 일본의 성공이 문화적 현상이었다는 초기의 이론적 설명은 미국에 있는 일본소유의 마쯔시다의 성공에 의해 반증되어졌다. 마쯔시다의 계약서에는 1,000명의 시간제 종업원들을 계속 고용한다고 기술하고 있다. 그러나 2년 만에 동일한 작업자들과 절반의 경영진, 그리고 거의 자본투자 없이 마쯔시다는 생산을 두 배로 늘렸고, 조립부품의 수리를 130%에서 6%로 줄였으며, 품질보증 비용을 한해 1천6백만 달러에서 2백만 달러로 줄였다.

어떻게 이런 결과가 나올 수 있는가? 어떻게 20세기의 대부분을 제조업으로 독점한 나라가 갑자기 독점을 못하게 되었는가?

이러한 점에 대하여 미국의 기업들은 계속해서 주의를 기울이지 않았으며, 대량생산이 생산의 '문제'를 해결했다고 생각했다.

대량생산은 대량의 제품을 빠르게 생산할 수는 있지만, 수요의 변화에 적절하게 대응할 수는 없다. 오늘날의 소비자 시장은 제품의 급증, 짧아진 제품 수명주기, 짧아진 제품개발 시간, 기술의 변화들, 더 고객화된 제품들, 그리고 시장의 세분화로 특정 지어질 수 있다. 대량생산은 환경의 유형에 있어서 '꼭 맞는' 것이 아니다. 적시생산으로 알려진 JIT(just in time)의 개념을 사용하면서, 일본 제조업자들은 생산의 규정을 대량생산에서 린 생산시스템(lean production, 유연생산방식)으로 변화시켰다. 린 생산시스템은 능률보다는 유연성을 그리고 양보다는 질에서 높이 평가되었다. 질적 슬로건은 전 세계적으로 확산되었고, 오늘날 성공적인 운영의 근본적인 힘이 되었다.

제7절 세계화 시대

1. 세계화의 개념

오늘날 비즈니스의 2/3는 세계적으로 영향을 미친다. 세계적인 시장, 세계적인 운영, 세계적인 자금조달, 세계적인 공급사슬로 인하여, 세계화는 외국시장의 판매, 외국영

토에서의 생산, 외국 공급자들로부터의 구매 또는 외국 회사와의 파트너의 형태를 취하고 있다. 즉, 기업들은 유리한 가격을 이용하기 위해, 국제시장에 접근하기 위해, 수요변화에 더 잘 반응하기 위해, 공급의 믿을 만한 소식통을 형성하기 위해, 그리고 가장 최근의 경향과 기술에 뒤떨어지지 않도록 하기 위해 세계화를 추구한다.

낮아지는 무역 장벽은 세계화를 위한 길을 다졌다. 국가들은 거래와 투자를 위해 그들의 국경을 점점 더 열었으며, 14개의 중요한 거래 협정은 1990년대에 법제화되었다.

세계무역기구(WTO; World Trade Organization)의 창설은 대부분의 산업화된 나라를 위해 제조된 제품에 대하여 4% 이하의 관세율을 부과하였으며, 농업, 직물, 전기통신같이 엄격하게 보호한 산업들을 개방하였다. 그리고 제품뿐만 아니라 서비스까지 보호하기 위해 국제무역 규정의 범위를 확대했다. EU는 기업이 가맹국들과의 사업을 할 수 있기 전에 엄격한 질과 환경기준이 충족되길 요구하였다.

세계적인 파트너들 사이의 전략적 연합, 합작 투자, 라이센싱 협정, 연구개발 컨소시엄, 공급자 연합, 그리고 직접적인 마케팅 협약은 급격히 증가해 왔다.

2002년 기준으로, 독일의 시간 당 26.18달러의 임금률은 미국의 21.33달러에 필적할 만큼 가장 높은 임금률이다. 낮은 임금 나라들은 5.41달러의 대만, 2.38달러의 멕시코와 극히 낮은 시간 당 0.50달러의 중국이 있다. 놀랄 것도 없이, 세계의 많은 것은 그 제조업이 중국 쪽으로 움직였다. 그러나 저임금은 세계화의 유일한 이유가 아니다.

중국에도 막대한 소비자 시장이 있고, 그 산업의 기초가 있기 때문에 기계류와 기초적인 재료들을 필요로 한다. 더 많은 회사들이 중국으로 이전하는 것처럼 그들의 공급자들과 공급자들의 공급원들 또한 중국으로 움직인다. 비록 중국이 오랫동안 장난감과 직물 같은 낮은 기술 상품의 생산을 위해 선호되는 장소였지만, 첨단 기술, 세련된 제품의 생산은 더욱 최근의 현상이다.

일반적으로 우리들은 서비스보다 제품들의 세계화에 대하여 앞설 것이라고 생각할지 모르지만, 서비스도 마찬가지로 글로벌 아웃소싱의 엄청난 증가로 세계화에 앞장서고 있다. 그것은 회계처리, 고객불만 처리, 컴퓨터 프로그래밍 등과 같은 비영업부문에서 시작되었다.

그러나 지금 그것은 고객 서비스 센터들, 중개 회사들, 재무분석, 연구개발, 공학, 의료진단, 건축 디자인과 정보기술에 관한 더 진보된 연구에 확장되었다. 세계적인 서비스업은 아시아, 동유럽과 라틴 아메리카의 많은 나라들에서 실행된다. 그러나 가장 큰 참가자는 인도이다. 인도에는 선진국들의 절반 비용으로 이용할 수 있는 고도의 기술자들, 과학자들과 기술적으로 숙련된 노동자들이 있다.

세계화는 싼 임금에 의해 넓은 범위로 동기를 부여했을지도 모르지만, 그것은 새로운 시장, 기술과 노련함에 접근하는 인적자원의 능력에 의해 뒷받침된다. 더구나 제품의 디자인 작업은 더 성공적인 제품과 서비스의 제공 결과가 존재하는, 소비자가 있는 외국 시장과 계약체결을 수행한다. 생각의 다양성, 전문적 지식과 경영의 접근성은 국내외의 일 모두를 풍부하게 한다. 제품과 과정개선의 실험들을 할 수 있고, 다양한 환경들에서 시험해 볼 수 있다. 기술변화는 동서양으로 움직인다. 장소에 관계없이, 최고의 재능이 접근할 수 있는 것은 세계적인 비즈니스의 혜택이다. 그러나 이러한 이익들에도 불구하고, 세계화는 위험 없이는 존재하지 않는다.

2. 세계화의 위험

세계화의 위험들은 문화적인 차이, 공급망 물류, 안전과 안정성, 품질 문제, 기업 이미지와 능력손실 등의 문제로 기인된다.

문화적인 차이들은 다른 나라들에서 의사소통, 교섭, 작업관리를 어렵게 할 수 있다. 예를 들어, 아시아의 기업들은 아무리 불합리하다고 해도 고객의 요청을 거절한다는 것을 무례한 것으로 간주한다. 그리고 어떤 나라에서 사업을 하기 위해 인적 관계를 구축하는 것은 2년 혹은 그 이상이 걸릴 수 있다. 미국 회사들은 불필요한 접근성을 조사하고, 양보 또는 교묘한 교섭을 얻기 위한 시도의 전술을 질문한다.

글로벌 파트너들이 서로 먼 거리에 있을 때, 나라간 상품의 이동은 문제가 될 수 있다. 예를 들어, 아시아의 급속한 경제 성장은 제한된 수송기반을 늘렸지만, 항구, 도로, 철도의 병목현상 등은 아시아 시상에 득정 제품의 도칙을 지언시킬 수 있다. 그러므로 시장은 스스로 다른 언어, 습관, 무역 장벽과 발전의 수준을 국가에 따라 나누게 된다.

게다가, 지역 내의 유통경로들은 비조지적이고 비능률적이다. 특히, 중국의 수송 기반은 지나치게 비싸게 과세되고 번거롭다. 배와 철도는 느리고 변경할 수 없다.

장거리 선적들은 상당한 비용을 초래할지도 모르고, 긴 수송 시간들을 필요로 한다. 그리고 미국에서 들어가고 나가는 화물 총 톤수의 95%는 선편으로 발송된다. 매년마다 7,500대 이상의 상선들은 10년 후에 두 배가 기대되는 600만개 이상의 화물 컨테이너들을 미국 항구에서 취급된다. 그러나 수속 문제, 불완전한 문서들과 안전 문제들은 몇 주 또는 몇 달까지 처리 시간이 늦춰질 수 있다. 또한, 부두 노동자들, 수송 컨테이너들과 화물 공간의 유효성은 또한 리드타임과 대 혼잡을 유발할 수 있다. 그것은 다음 선박이 도착할 때까지 오랜 수송 시간들은 더 많은 재고품 목록을 기다려야 한다는 것을 의미하며, 이 비용은 아웃소싱 결정을 좀처럼 고려하지 않는다.

그러나 표준의 수송 컨테이너들로 구성된 화물들은 다시 재구성할 필요 없이 선박에서 트럭이나 자동차로 빠르게 옮겨질 수 있다. 상품들의 신속한 움직임은 비용과 공급의 속력을 줄이지만, 커다란 안전의 위험을 갖는다. Container Security Initiative(CSI)는 세계의 20개 이상의 항구들로부터 미국으로 향하는 컨테이너를 사전에 차단하기를 요구한다. 이것은 값비싸고 시간이 걸리는 과정이다. 반어적으로 만약 문제들이 발생하면, 수취인이 선금으로 컨테이너 내용물들의 값을 치루고, 그 가치를 보증하고, 모든 지연의 위험과 손해의 위험의 책임을 지기 때문에 수취인 회사의 문제이다.

정부 정책, 변동하는 통화 비율, 가난한 경제 상태의 불안정성은 세계화와 함께 기업의 성공에 강한 충격을 준다. 그리고 이러한 요인들은 성장하는 무역시장과 라틴 아메리카, 중동, 동유럽 등에 위치한 나라들에 대한 다국적 기업의 생산운영을 계속 억제하여왔다.

세계화의 반대자들은 풍부한 서양 경제는 가난한 나라의 경제를 이용하며, 그들의 뿌리를 지키는 것을 선호하는 나라에 서양인들의 삶의 방식을 강요한다고 주장한다. 외국인 투자에 대한 반발은 직원과 회사 자산의 안전과 보안뿐만 아니라 판매에 영향을 미칠 수 있다. 또한, 직원들을 해외로 보내는 기업들은 그들 자국의 노동자, 정부 및 소비자와 문제가 있을지도 모른다. 또한, 국가와 문화 사이에 사회적 책임의 다른 견해는 다국적 기업과 관련된 공적인 관계의 문제를 일으킬 수 있다. 회사는 공급자의 노동 훈련, 생활수준, 인권 및 환경 기준을 위한 임무가 점점 커지고 있다. 일을 외부에서 조달하는 회사는 품질 등급을 보증하는 것뿐만 아니라 작업 상태가 조건에 맞는지를 보증하는 공급자 운영에 대한 계획을 세워야 할 것이다.

제8절 인터넷 혁명 시대

질과 운영의 전략적 중요성에 대한 새로운 주안점은 미국기업들을 다시 경쟁적으로 만들었다. 정치적, 경제적 상황들과 더불어 기술은 기업들이 시장의 접근과 생산 자원을 위해 세계적으로 경쟁하는 산업의 세계화 시대를 촉진시켰다. 인터넷의 출현은 세계화로 가는 추세를 더욱 자극하였다.

오늘날 기업들은 디자인·계약·동의를 전달하기 위해서, 작업과 납품을 기재하기 위해서, 공급자로부터 사거나 팔기 위해서, 펀드를 양도하기 위해서, 지식을 공유하기 위해서, 그리고 사업을 거래하기 위해 인터넷을 사용하게 되었다.

기업사례

포드자동차의 포드시스템

1. 신입사원 채용 공고

1914년 1월 5일, '최저 임금 하루 5달러, 이익 분배금 1,000만 달러, 8시간 노동제 실시'라는 포드자동차의 신입사원 채용광고는 비난과 찬사로 미국 경제계를 들뜨게 하였다. 다른 기업들의 평균 일당(1달러)의 5배를 지불하겠다는 광고를 믿고, 포드자동차로 몰려든 12,000여 명의 근로자들이 경찰과 충돌하는 사태까지 발생하였다.

포드자동차가 노동시간을 줄이고 임금을 올려 준지 얼마 안되어, 모터는약 30%, 라디에이터는 약 80%, 흙받이는 약 30%, 가솔린 탱크는 80% 이상이나 생산성이 늘어나, 전체적으로는 생산성이 20~80% 증가하였다.

2. 가격 정책

1913년 대당 550달러였던 포드차가 1914년에는 450달러, 1916년에는 360달러로 값이 떨어졌고, 1920년에는 255달러로 인하되었다. 자동차 가격은 떨어졌지만, 포드의 순이익금은 1914년 9개월 동안에 2,500만 달러, 1916년에는 두 배가 넘는 5,700만 달러, 1921년에는 약 3배인 7,500만 달러가 되었다. 자동차의 수도 1914년 연간 28만 대에서 1921년 연간 100만 대로, 하루에 2,800대를 생산하게 되었나.

이것은 노동자에게는 충분한 휴식과 임금을 지불하면서 소비자에게는 싸고 튼튼한 차를 공급한다는 포드의 이상실현이며, 컨베이어 시스템으로 대변되는 포드 시스템의 걸자픔이라고 할 수 있다.

3. 포드와 포드자동차

포드는 1863년 7월 30일 아일랜드에서 이주한 농민의 아들로 미시간주에서 태어났다. 학교를 마친 뒤 16세 되던 1879년 12월, 디트로이트로 가서 미시간 차량 회사에서 일하게 되었다. 포드는 그 당시 1달러 10센트의 견습공이었는데, 공장장이 못 고치는 기계를 단번에 고쳐 낸 괘씸죄로 6일 만에 해고를 당한 뒤, 여러 기업들을 옮겨 다녔다.

그러던 포드에게 1902년 12월 1일 일생일대의 행운이 찾아왔다. 포드가 개발한 자동차가 미국 선수권을 가지고 있던 윈튼과의 자동차경주에서 72km/h의 신기록으로 이긴 것이다. 이를 계기로 재벌기업가인 맬컴슨의 제의를 받아들여, 포드자동차사가 탄생하였다. 이때 포드의 나이 40세, 1903년 6월 17일 마침내 기계광의 꿈이 이루어진 것이다.

자본금 10만 달러, 불입 자본금 2만 8천 달러, 주식은 모두 1,000주였는데, 그 가운데 맬컴슨이 250주를 맡아 7,000달러를 내고 사장이 되었다. 포드는 현물출자 대신 기술료로 255주를 받고, 부사장겸 감독 그리고 공장장으로 200달러의 월급을 받게 되었다.

처음 A형 자동차를 한 대 만들어 시판하였는데, 850달러에 그 즉시 판매되었다. 창립 후 1년 동안 생산한 자동차는 모두 760달러에 판매할 예정이었으나, 실제 두 배가 넘는 높은 가격에도 불구하고 물량공급이 모자랄 정도였다.

포드는 대량생산으로 가격을 낮추고 소비계층을 확대함으로써 소비자에게 봉사하고 난국을 돌파할 생각을 하였다. 그러나 포드는 자신의 생각과 맬컴슨 사장의 의견이 맞지 않아 결별하고, 포드 자동차사의 사장이 되었다. 포드는 사장에 취임하자마자 600달러의 싼값으로 자동차를 팔기 시작하였다. 전년도는 1,600대도 팔리지 않던 것이, 갑자기 5배에 달하는 8,423대가 판매되었고, 포드가 사장이 된 3년 후에는 하루 생산대수가 100대에 이를 정도로 증설을 거듭하게 되었다.

포드는 부속품을 표준화함으로써, 싸고 쓰기 편한 자동차를 만들려고 노력하였으며, 1908년 10월 1일 드디어 유명한 'T형 자동차'를 세상에 내놓았다. 그 뒤 T형 자동차는 1928년까지 19년 동안 계속 생산·판매되었다. 인류를 위해서 자동차를 만든다는 포드의 꿈은 T형 자동차로 절정에 이르게 된다.

포드는 1947년 4월 7일, 세상을 떠날 때까지 값싸고 좋은 차를 인류에게 제공하겠다는 원대한 꿈을 실현하기 위해서 노력하였다.

4. 포드의 좌우명

포드의 좌우명은 "스스로 장작을 패라. 그러면 두 배로 따뜻해질 것이다"였다. 포드는 직공들처럼 작은 집에서 살며 손수 장작을 패면서, 종업원들에게는 다른 회사의 일당보다 5배의 높은 임금을 지불하였던 것이다. 이것이 1903년부터 1953년까지 3,600만 대의 자동차를 세계 곳곳에 퍼지게 한 포드의 이상, 곧 포디즘이었던 것이다.

김명호. (2014), 『기업사례경영학』, 개정2판, 도서출판 두남

연습문제

3-1 엘리 휘트니가 개발한 호환성 부품의 개발 배경을 설명하라.

3-2 테일러가 개발한 과학적 방법의 사례를 간단히 설명하라.

3-3 포드시스템의 생산원리와 개념을 설명하라.

3-4 간트가 개발한 차트의 개념을 설명하라.

3-5 슈하트의 관리도의 개념을 설명하라.

3-6 엘톤 메이요에 의한 호손연구를 설명하라.

3-7 매슬로우의 욕구 5단계이론

3-8 OR의 개념을 설명하라.

3-9 세계화의 개념과 세계화의 위험을 설명하라.

Chapter 4 생산운영관리의 접근방법

제1절 의사결정의 개념과 과학적 접근

1. 의사결정의 개념

기업은 세계화의 추세에 따라 거대한 규모로 발전하였으며, 내부적으로 복잡한 구조를 갖게 되었고, 동시에 외부적으로 다양하게 변화하는 환경에 직면하고 있다.

이러한 상황하에서 의사결정은 기업경영의 가장 중요한 요소로 등장하게 되었으며, 오늘날 최고경영자에게 요구되는 최상의 기능은 바로 의사결정에 있다. 왜냐하면 의사결정은 최고경영자가 당면하고 있는 조직의 문제를 효율적으로 해결하는 기본 요건이기 때문이다.

따라서 현대 최고경영자의 의사결정의 필요성은 다음과 같은 경영관리 개념상의 특징에 근거를 두고 있다.

첫째, 과거 경영자의 의사결정은 시행착오적 경험론에 입각하지만, 현대 경영자의 의사결정은 사전관리를 토대로 하고 있다.

둘째, 기업은 내·외적으로 다양한 요인에 의하여 영향을 받으며, 그 변동은 동태적이며 확률적이기 때문에 그 변동요인을 체계적으로 통제하는 기법이 필요하다.

셋째, 시스템은 구성요소들의 유기적 결합을 전제로 하기 때문에 모든 경영의사결정 문제는 전체시스템을 유기적으로 파악하는 총괄시스템 관점에서 해결되어야 한다.

2. 의사결정의 과학적 접근 과정

의사결정의 과학적 접근 과정을 <그림 4-1>과 같이 ① 문제의 정의, ② 모형의 설정, ③ 모형의 타당성 검토, ④ 해의 도출, ⑤ 결과의 평가, ⑥ 모형의 적용으로 나타낼 수 있다. 그리고 그림에서 나타낸 화살표는 각 단계에서 불충분하다고 생각될 때에는 언제든지 아래 단계나 그 아래 단계에서 다시 의사결정과정을 진행해야 한다는 것을 의미한다.

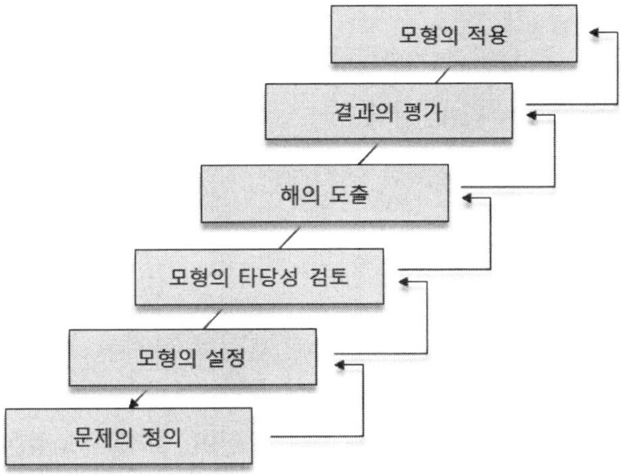

〈그림 4-1〉 의사결정의 과학적 접근 과정

1) 문제의 정의

의사결정과정의 과학적 접근방법의 제1단계는 시스템이 지니고 있는 문제를 객관적으로 파악함으로써 최적의 해결책이 무엇을 위한 것인가를 사전에 분명히 해 두는 단계이다. 그러므로 문제의 정의는 매우 중요하면서도 가장 어려운 단계이기도 하다. 그리고 문제를 계량화하기 어려울 때에는 구체적이고 측정 가능한 목적을 개발하는 것이 필요하다.

따라서 문제를 정의할 때는 ① 적절한 목표, ② 제약조건, ③ 조직의 타 분야와의 상호관계, ④ 대안, ⑤ 시스템 효과 측정을 위한 척도 등의 사항들을 포함시켜야 한다.

2) 모형의 설정

분석하여야 할 문제가 선정되면, 그 다음 단계는 문제의 핵심을 표현하는 모형을 설정한다. 그러므로 모형이란 현실의 이상적 표현으로서, 시스템의 핵심을 내포하며 구성 요소간의 상호관계를 나타내고 분석을 가능하게 한다.

실제, 경영시스템을 이용하여 경영 의사결정이나 복잡한 요소간의 관계를 파악하는 것은 너무 많은 비용이 들어 비효율적이기 때문에 실제 시스템의 기본이 되는 요건들을 토대로 추상화하여 모형을 설정한다. 그러므로 모형은 신중하게 개발하여야 하고,

현실적이며 이해하기 쉽고, 수정하기 쉬워야 한다.

따라서 경영자가 실제 시스템의 활동을 보다 잘 파악하고, 분석, 예측, 통제될 수 있도록 현실을 정확히 반영하여 모형개발을 설계하여야 하며, 다음과 같은 사항들이 모형설계과정에서 반영되어야 한다.

① 모형과 변수의 관련성

② 변수와 모수 사이의 수학적 관계

③ 변수와 모수 사이의 확률성

3) 모형의 타당성 검토

최초의 모형은 여러 개의 결함을 내포할 수 있으므로 해를 도출하기 전에 타당성을 검토하여 결함을 제거하는 작업을 선행하여야 한다. 그러므로 과학적 방법의 일반적인 요건 가운데 가장 중요한 것이 바로 타당성 검토이며, 설정된 모형이 기능적으로 타당성이 결여될 때에는 과학적 분석도구로 사용될 수 없다.

따라서 실제의 목적을 수행할 수 있는 가능성을 검토하여야 하며, 그 결과에 따라 다음 단계를 진행하여야 한다.

4) 해의 도출

해의 도출은 문제에 대한 최적해에 도달하기 위하여 모형을 조작하는 것을 포함하고 있다. 그리고 모형의 해를 구하는 것은 시스템의 효과를 극대화 또는 극소화하는 결정변수의 결합을 찾는 것으로, 대부분의 경우에는 이미 개발된 소프트웨어를 사용한다.

그러므로 모형으로부터 문제의 해를 도출하는 것은 최적해가 발견될 때까지 몇 가지 단순한 단계를 반복하는 것이며, 타당성 검증과 함께 계량적 의사결정분석에서 매우 중요하며 상호의존적 관계에 있다.

5) 결과의 평가

결과의 평가는 모형에 대한 결과를 기업 내에 적용하기 전에 정확도와 신뢰도를 검정하는 단계이다. 그리고 모형의 검증은 모형에 의하여 이용된 자료의 정확성과 완전성을 포함하며, 결과의 신뢰도는 유사한 형태의 문제에 대한 계산된 해가 일관성 있게 현실적인 결과를 제공해 주는 정도를 나타낸다.

결과의 정확도와 신뢰도가 높다는 것이 확인되면, 해를 도출하기 위하여 이용된 입력자료와 모형은 실제 시스템에서 발생하는 문제해결에 매우 유용한 정보가 된다. 그리고 모형은 현실에 관한 하나의 접근이기 때문에 모형과 입력자료의 변화에 대한 민감도는 그 결과를 분석하는데 매우 중요하다.

따라서 모형의 잘못된 적용으로 나타날 수 있는 결과를 체계적으로 평가하여야 하며, 경영자는 그 모형이 타당하게 적용될 수 있는 조건의 범위를 인식하여야 한다.

6) 모형의 적용

의사결정 과정의 최종단계는 결과를 적용하는데 있다. 즉, 경영자가 개발된 모형을 기업 내에 구체화시키는 과정으로, 이 단계가 성공적으로 수행되어야 효과를 보기 때문에 이 단계는 매우 중요하다.

그러므로 경영자는 모형의 가정과 한계 그리고 장점들을 잘 알고 있어야 그 모형을 이용할 수 있다. 경영자는 이 모형을 가지고 시뮬레이션 혹은 민감도 분석을 시행해 봄으로써 모형의 특성을 이해하고, 일상적인 경영의사결정이나 문제해결에 이용할 수 있다.

해가 실행에 옮겨진 후에도 여러 가지 변화가 있을 수 있다. 그러므로 이전의 분석 결과를 수정시킬 필요가 있으며, 긴밀한 감독이 지속적으로 필요하다.

제2절 의사결정의 계량적 분석 방법

1. 의사결정모형

1) 기본 구성요소

의사결정모형의 기본요소는 주어진 상황, 대안, 성과의 3가지로 구성된다.

① **주어진 상황**(states of nature) : 어떤 결정 대안을 택했을 때, 그 결과에 영향을 주는 일단의 발생가능한 확률 사상

② **대안**(alternatives) : 의사결정자가 택할 수 있는 가능한 대안

③ **성과**(payoffs) : 주어진 상황하에서 취해진 의사결정 대안에, 그 상황하에서 나타난 사상과의 결합으로 실현시키는 이익이나 비용

<표 4-1>은 기본 구성요소의 예를 나타낸 것으로, 현재의 상황 S_1, S_2, S_3에 따라 의사결정자가 취할 수 있는 대안에는 A_1, A_2, A_3의 3가지가 있다. 만약, 의사결정자가 3

가지 대안 가운데 A_1을 택하고, 이때 변화가능한 상황이 S_1이 된다면, 의사결정자가 얻을 수 있는 이익은 10,000원이 된다. 그러나 상황은 S_2와 S_3으로 언제든지 변화할 수 있다.

〈표 4-1〉 의사결정 행렬표의 예

주어진 상황 / 대안	S_1	S_2	S_3
A_1	10,000(원)	15,000(원)	20,000(원)
A_2	5,000	20,000	10,000
A_3	15,000	10,000	10,000

2. 의사결정의 가치척도

의사결정의 가치척도로 보편적으로 많이 쓰이는 것은 화폐로서, 주어진 상황이 일어날 확률을 알고 있을 때는 기대화폐가치(EMV : Expected Monetary Value)를 최대화하는 결정대안이 최적대안이 된다.

1) 기대화폐가치(EMV : Expected Monetary Value)

불확실성하의 기대이익을 평가하는 기준으로 기대화폐가치(EMV)를 이용하며, 다음과 같은 수식으로 나타낼 수 있다.

$$EMV_j = \sum_{i}^{n} f(x_i,\ d_j) \times p(x_i)$$

여기서, x_i : 수요량

$p(x_i)$: 수요량에 따른 확률

i : 주어진 상황

j : 결정대안

$f(x_i, d_j)$: x_i와 결정대안 d_j에 의한 조건부 이익

EMV_j : 대안별로 얻게 되는 기대이익

기대화폐가치를 기준으로 의사결정을 할 때에는 다음과 같은 과정을 거친다.

① 성과표(payoff table) 작성

② 각 대안별 확률에 따른 기대화폐가치(EMV) 계산

③ 가장 큰 기대화폐가치(EMV)의 선택

2) 기대기회손실(EOL : Expected Opportunity Loss)

기회손실은 최적결정을 하지 못함으로써 야기되는 이익과의 차이를 의미한다. 이 개념은 불확실한 상황, 즉 어떤 주어진 상황에서 최적의 대안이 어떤 것인지를 알 수 없는 경우, 이 정보를 얻는데 지불할 비용을 결정하는 기준으로 쓰이기 때문에 중요하다.

$$EOL_j = \sum_{i=1}^{n} OL(x_i,\ d_j) \times p(x_i)$$

여기서, $OL(x_{i,}\ d_j)$: 수요량 x_i, 대안 d_j를 통해서 나타난 기회손실

EOL_j : 대안별로 얻게 되는 기대기회손실

3) 완전한 정보하의 기대이익(EPPI : Expected Payoff with Perfect Information)

주어진 상황에 대한 정보를 완전하게 알고 있음으로서 최적의 결정을 내리게 되고, 이때 얻게 되는 최대이익을 말한다. 그러므로 확실성하의 기대이익(EPC : Expected Payoff With Certainty)이라고도 한다. 따라서 EPC, EOL 그리고 EMV는 다음과 같은 관계를 갖는다.

$$EPC = EMV_j + EOL_j$$

대안별 기대화폐가치(EMVj)와 기대기회손실(EOLj)의 합이 확실성하의 기대이익(EPC)이 되는 것이므로, 기대화폐가치와 기대기회손실은 상호보완적이다. 예컨대, 기대화폐가치가 최대값을 취하면 기대기회손실은 최소값을 갖게 된다.

4) 완전한 정보의 기대값(EVPI : Expected Value of Perfect Information)

불확실성을 제거하여 확실한 상황에서 의사결정을 하려면, 확실성하의 기대이익(EPC)과 기대화폐가치(EMV)의 차액만큼 정보비로 부담하여야 한다. 이 금액을 완전

한 정보의 대가로 보고, 이를 완전한 정보의 기대값(EVPI)이라 부른다. 이것은 불확실성 때문에 입게되는 기회손실과도 같은 것이라고 볼 수 있기 때문에 완전한 정보의 기대값(EVPI)은 기대기회손실(EOL)과 항상 그 금액이 같다.

$$EVPI = EOL$$

대부분의 경영자들은 상황에 따른 보다 정확한 예측을 하기 위하여 유용한 정보를 얻기 위한 투자를 한다. 따라서 경영자들이 추가된 정보를 위하여 지불해야 하는 투자액의 상한은 기대기회손실(EOL)이 되며, 어떻게 성립하는가를 알아보자.

다음은 의사결정 문제에 대한 성과표로서, 각각의 주어진 상황에 대한 확률은 0.2, 0.3, 0.5로서 대안의 기대화폐가치를 최대화하고, 또한 기대기회손실을 최소화한다는 것을 선택하고자 한다.

〈표 4-2〉 성과표

대안 \ 주어진 상황	$S_1(0.2)$	$S_2(0.3)$	$S_3(0.5)$
A_1	25	40	15
A_2	40	60	10
A_3	65	50	−10
A_4	75	40	−5

만약, 상황 S_1에서 대안 A_1을 선택하였다면 25의 이익이 기대된다. 그러나 우리가 특정상황이 발생할 것을 정확하게 알 수 있었다면, 보다 현실적인 대안을 선택할 수 있을 것이다. 예를 들어, 상황 S_2가 발생할 것을 알았다면, 이익을 최대화하는 대안 A_2를 선택하였을 것이다. 이것이 EPPI의 개념이다. 이 개념 하에서 상황의 발생을 통제할 수는 없지만, 우리는 상황이 발생할 것이라는 것을 정확히 말할 수 있다.

만약, 상황 S_1, S_2, S_3가 각각 0.2, 0.3 그리고 0.5의 확률로 발생한다면, S_2의 상황은 그때 30%로 발생하고, 이것이 발생했을 때 정확하게 알았을 것이다. 우리가 상황의 발생을 통제할 수 없기 때문에 완전한 예측하에서 그 수익의 측정치를 기대이익으로 사용하여야 한다. 따라서 각 상황하에서 최대이익을 제공하는 가치를 찾을 수 있다. 이들 가치는 <표 4-3>과 같다.

〈표 4-3〉 상황별 최대이익

상 황	상황에 대한 최대이익
S_1	75
S_2	60
S_3	15

완전한 정보하의 기대이익은 각 상황의 확률을 해당 상황에 대한 최대이익에 곱한 다음, 이 값들을 모두 더하면 구할 수 있다.

$$EPPI = 0.2 \times (75) + 0.3 \times (60) + 0.5 \times (15) = 40.5$$

40.5는 상황 S_1의 75보다 더 현실적인 가치를 나타내는데, 그것은 우리가 통제하는 그 상황들에 의존할 뿐아니라, 발생확률을 아는 것도 요구되기 때문이다. 즉, 최대이익이 된다.

최대기대이익은 각 대안의 상황에 따른 확률을 곱하여 모두 더한 값 가운데 최대값을 최대기대이익의 대안으로 선택한다.

$$A_1 : EP[A_1] = 0.2(25) + 0.3(40) + 0.5(15) = 24.5$$
$$A_2 : EP[A_2] = 0.2(40) + 0.3(60) + 0.5(10) = 31 \quad \leftarrow Maximum$$
$$A_3 : EP[A_3] = 0.2(65) + 0.3(50) + 0.5(-10) = 23$$
$$A_4 : EP[A_4] = 0.2(75) + 0.3(40) + 0.5(-5) = 24.5$$

그러므로 최대기대이익은 대안 A_2를 선택함으로서 31의 기대이익을 얻을 수 있다. 그리고 완전한 정보의 기대값(EVPI)은 완전한 정보하의 기대이익과 불완전한 정보에 의한 최대 기대이익사이의 차이값이므로 다음과 같이 산출한다.

$$EVPI = EPPI - \max EP = 40.5 - 31 = 9.5 \text{ 최대값}$$

완전한 정보의 기대값은 부가된 정보의 가치에 대한 상한선을 제공하며, 실제로 완전한 정보를 얻기는 매우 어렵지만 추가된 정보에 대하여 기꺼이 지불하고자 하는 최고 금액을 EVPI에 의하여 그 가치를 나타낸다. 그러므로 EVPI는 정보 수집의 비용을 측정하고자 표준을 제공한다.

예제 4-1

각 대안 S_1, S_2, S_3이 일어날 확률을 0.5, 0.4, 0.1이라고 할 때, 다음 성과표를 이용하여 다음 물음에 답하라.

대안 \ 주어진 상황	S_1	S_2	S_3
A_1	−10	20	25
A_2	5	15	20
A_3	10	10	− 5

1) 각 대안별 기대이익을 구하고, 최대기대이익의 대안을 찾아라.
2) 완전한 정보하의 기대이익(EPPI)을 계산하라.
3) 완전한 정보의 기대값(EVPI)을 계산하라.

풀이 1) 최적대안의 선택

A_1 : $EP[A_1] = 0.5(-10) + 0.4(20) + 0.1(25) = 5.5$

A_2 : $EP[A_2] = 0.5(\ 5) + 0.4(15) + 0.1(20) = 10.5$ ← Maximum

A_3 : $EP[A_3] = 0.5(\ 10) + 0.4(10) + 0.1(-5) = 8.5$

따라서 최대기대이익은 대안 A_2이다.

2) $EPPI = 0.5(10) + 0.4(20) + 0.1(25) = 15.5$

3) $EVPI = EPPI - maxEP = 15.5 - 10.5 = 5.0$

제3절 의사결정문제의 유형

의사결정문제의 유형은 알려져 있는 정보의 량에 따라 확실성하의 의사결정(decision making under certainty : DMUC), 불확실성하의 의사결정(decision making under uncertainty : DMUU), 위험하의 의사결정(decision making under risk : DMUR)으로 구분한다.

1. 확실성하의 의사결정

확실성하의 의사결정(decision making under certainty : DMUC)은 필요한 모든 정보가 명확하게 알려져 있다고 가정한 확정적 모형으로, 현실적으로 나타나기 어려운 상황이다. 그러나 확실성하의 의사결정은 통제가능한 변수만을 취급하며, 현실과 비교할 수 있는 객관적인 기준이 되기 때문에 필요한 문제 유형이다.

의사결정모형이 비록 이론적으로는 타당하더라도 문제의 결정기준이 분명치 못하거나, 변수가 너무 많아서 모두 수용할 수 없는 경우가 있다. 이를 기초로 한 기법에는 손익분기기법이 있다.

2. 불확실성하의 의사결정

불확실성하의 의사결정(decision making under uncertainty : DMUU)이란 주어진 상황이 어떻게 나타날 지 전혀 알 수 없는 상태에서 대안을 선택하는 경우를 말한다. 즉, 경영자에게 대안에 대한 과거의 정보가 전혀 없을 경우이다. 이때, 의사결정과정에서 중요한 단계는 최적대안을 선택하기 위한 방법을 결정하는 것으로, 대부분의 경영자는 주어진 상황에서 주로 주관적으로 대안 중의 하나를 선택하게 된다.

1) 최대최대기준 : 낙관적 기준

최대최대기준(maximax criterion)은 각각의 다양한 대안들 가운데 최대의 전략을 극대화시키기 위한 대안을 선택하는 것으로, 매우 낙관적인 접근이다. 즉, 최대최대기준은 가능한 가장 큰 이익을 성취하기 위하여 각 대안별로 최대의 이익을 선택하고, 그 기운데 다시 최대의 이익을 내는 대안(Maxinum valuc)을 최적대안으로 결정하는 방법이다.

예제 4-2

K씨는 투자 브로커이며, 그는 지금 이용할 수 있는 3개의 증권 A_1, A_2, A_3에 투자하기 위한 선택에 직면해 있다. 주어진 상황은 'S_1 : 증권시장의 약세', 'S_2 : 증권시장의 안정', 'S_3 : 증권시장은 적당하게 팽창', 'S_4 : 증권시장은 상당히 팽창'의 4가지로 나타난다.

K씨는 각각의 대안과 주어진 상황에 대한 이익을 측정하여 다음과 같이 나타내었다. 최대최대기준에 의하여 최적대안을 결정하라.

(단위 : 천만 원)

주어진 상황 / 대안	S_1	S_2	S_3	S_4
A_1	−1	−2	4	2
A_2	−3	0	5	6
A_3	−2	−5	2	8

풀이 먼저 각 대안별로 최대이익을 구한다. 그 다음 최대이익을 가진 대안을 최적대안으로 선택한다.

대 안	기 대 이 익
A_1	4
A_2	6
A_3	8 ← 최대이익의 최적대안

따라서 K씨는 기대이익을 비교하여 최대 기대이익인 세 번째 대안 A_3를 선택할 것이다.

최대최대기준은 매우 낙관적인 의사결정의 방법으로 위험을 좋아하는 경영자에게 나타날 수 있으나 실제로 좋지 못한 의사결정을 유도할 수도 있다.

2) 최대최소기준

최대최소기준(maximin criterion)은 의사결정자가 최적의 대안을 선택하기 위하여 먼저 각각 대안에 대한 최소이익을 찾고, 최소이익 중 최대값을 주는 대안을 선택하는 방법으로, 월드기준(Wald criterion)이라고도 한다.

예제 4-3

다음 성과표를 이용하여 최대최소기준에 의하여 최적대안을 선택하라.

주어진 상황 / 대안	S_1	S_2	S_3	S_4
A_1	-1	-2	4	2
A_2	-3	0	5	6
A_3	-2	-5	2	8

풀이 각 대안별로 먼저 최소이익을 구하고, 그 값 가운데 최대이익을 갖는 대안을 선택한다.

대 안	기 대 이 익
A_1	-2 ← 최소이익 가운데 최대값
A_2	-3
A_3	-5

K씨는 이익을 최대화하기 위하여 대안 A_1을 선택할 것이다. 이것은 의사결정의 매우 소극적인 접근이다.

최대최대기준은 너무 낙관적이고, 최대최소기준은 너무 소극적이며 비관론적이다. 만약, 하나의 대안이 '아무것도 하지 않는다'라고 한다면, 대부분의 경영자들은 최대최소기준에 의하여 이 대안을 선택하고, 다른 모든 경영활동과 관련된 위험을 가능한 피하려고 할 것이다.

3) 최소최대후회기준

최소최대후회기준(minimax regret criterion)은 상황을 알았더라면 택했을 대안의 청산액(최대이익 또는 최소비용)과 현 청산액의 차이, 즉 의사결정자가 선택한 결과에 대하여 후회를 최소화하려고 기회손실의 개념을 이용한 기준으로, 세베이지 기준(Savage criterion)이라고도 한다.

최소최대후회기준의 적용과정은 다음과 같다.

① 성과표를 이용하여 기회손실표를 작성한다.
② 각 대안별 기대기회손실의 최대값을 찾는다.
③ 최대 손실의 대안 가운데 가장 작은 대안을 선택한다.

예제 4-4

다음 성과표를 이용하여 최소최대후회기준에 의한 최적대안을 결정하라.

주어진 상황 / 대안	S_1	S_2	S_3	S_4
A_1	-1	-2	4	2
A_2	-3	0	5	6
A_3	-2	-5	2	8

풀이 a. 기회손실표의 작성

각 주어진 상황에 대하여 최고의 성과를 나타내는 값에서 다른 값을 뺀다. 이때 값이 크면 클수록 기대기회손실이 크게 되며, 최고의 성과는 0으로 나타나 기회손실이 전혀 없게 된다.

대안 \ 주어진 상황	S_1	S_2	S_3	S_4
A_1	0	2	1	6
A_2	2	0	0	2
A_3	1	5	3	0

b. 대안별 기대기회손실의 최대값 탐색

각 대안의 최대손실 중 가장 작은 값을 가진 대안을 선택한다.

대 안	기 대 이 익
A_1	6
A_2	2 ← 최대손실 중 가장 작은 값
A_3	5

c. 최적대안 선택

따라서 두번째 대안 A_2에 투자를 할 것이다.

최소최대후회기준은 잠재이익과 손실사이의 더 나은 차액으로 보다 현실적인 의사결정을 이끌어 내기도 한다.

4) 후르빅츠기준

후르빅츠기준(hurwicz criterion)은 의사결정자의 낙관적인 사고와 비관적인 사고를 절충시킨 현실적 절충기준이다. 즉, 각 대안별 최대이익과 최소이익 그리고 낙관계수를 이용하여, 최대이익을 내는 대안을 선택하는 방법이다. 후르빅츠기준을 사용하면, 주어진 전략에 대하여 각 대안별 최대값에 낙관계수를 곱하고, 최소값에 '1 − 낙관계수'를 곱한 다음, 얻어진 결과를 더하여 구한다.

각 대안별 이익 = 최대값 × 낙관계수 + 최소값 × (1 − 낙관계수)

즉, 이 방법은 가중평균을 산출하는 것으로 대안 가운데 최대값을 갖는 전략을 선택하는 방법이지만, 실행상에 있어 그 결정방법은 좋은 것으로 나타나지 않는다. 그 주된 한계는 가치가 상황의 출현가능성을 적용한 것이 아니고, 또 낙관계수를 선정하는 것이 어렵기 때문이다.

예제 4-5

다음 성과표를 이용하여, 후르빅츠기준에 의한 최적대안을 결정하라. 낙관계수의 의미를 설명하고, 낙관계수는 0.8을 적용하라.

대안 \ 주어진 상황	S_1	S_2	S_3	S_4
A_1	-1	-2	4	2
A_2	-3	0	5	6
A_3	-2	-5	2	8

풀이 a. 각 대안별로 최대이익과 최소이익을 찾는다.

대 안	최대이익	최소이익
A_1	4	-2
A_2	6	-3
A_3	8	-5

b. 낙관계수를 이용하여 대안별 기대이익을 계산한다.

대 안	가중이익(weighted payoff)
A_1	$(4)\times0.8+(-2)\times(1-0.8)$ = 3.2-0.4 = 2.8
A_2	$(6)\times0.8+(-3)\times(1-0.8)$ = 4.8-0.6 = 4.2
A_3	$(8)\times0.8+(-5)\times(1-0.8)$ = 6.3-1.0 = 5.4 ← 최대값

따라서 대안 A_3을 선택한다.

낙관계수 0.8은 이 회사가 행운을 얻거나 최대이익을 성취할 80%의 가능성이 있다는 것을 의미한다.

5) 라플라스기준

라플라스기준(laplace criterion)은 일명 균등가능기준(equally likely criterion)라고도 하는데, 주어진 상황의 출현가능성에 대해 아무런 정보도 갖고 있지 않기 때문에 나타낼 확률을 동일하게 가정해야만 한다는데 근거를 둔다. 그러므로 각 대안별 이익을 가중평균하여 가장 큰 값을 선택하면 된다.

예제 4-6

다음 성과표를 이용하여 라플라스기준에 의한 최적대안을 결정하라.

대안 \ 주어진 상황	S_1	S_2	S_3	S_4
A_1	-1	-2	4	2
A_2	-3	0	5	6
A_3	-2	-5	2	8

풀이

대 안	계산(산정수치)
A_1	1/4(-1) + 1/4(-2) + 1/4(4) + 1/4(2) = 0.75
A_2	1/4(-3) + 1/4(0) + 1/4(5) + 1/4(6) = 2.00 ← 최대값
A_3	1/4(-2) + 1/4(-5) + 1/4(2) + 1/4(8) = 0.75

따라서 대안 A_2가 최적대안으로 선택된다.

예제 4-7

지방 체인점의 K씨는 물개 모피로 만든 장화를 몇 켤레 준비하는 것이 좋은가 하는 문제에 직면해 있다.

K씨는 제품에 대한 수요가 0단위와 3단위 사이에 있을 것이라고 생각하였다. 장화는 1 단위당 15,000원에 구입하여, 단위당 20,000원에 판매하며, 만약 팔리지 않을 경우, 특별히 2,000원에 판매한다. 그리고 장화를 구입하고자 하는 고객이 왔지만 물건이 없을 경우, 고객에 대한 보답으로 고객에게 1,000원의 주차비를 지불한다.

1) 주어진 정보에 대한 성과표를 작성하라.
2) 최대최대기준에 의한 최적대안을 결정하라.
3) 최대최소기준에 의한 최적대안을 결정하라.
4) 최소최대후회기준에 의한 최적대안을 결정하라.
5) 0.75의 낙관계수를 이용해서 후르빅츠기준에 의한 최적대안을 결정하라.
6) 라플라스기준에 의한 최적대안을 결정하라.

풀이 1) 성과표 작성

주문량 \ 수요량	0개	1개	2개	3개
0개	0	-1,000	-2,000	-3,000
1개	-13,000	5,000	4,000	3,000
2개	-26,000	-8,000	10,000	9,000
3개	-39,000	-21,000	-3,000	15,000

2) 최대최대기준
각 대안별로 최대이익을 찾고, 그 가운데 최대이익을 가진 대안을 선택한다.

대 안	최대이익
0개	0
1개	5,000
2개	10,000
3개	15,000 ← 최대이익 가운데 최대값

따라서 주문량을 3개로 한다.

3) 최대최소기준
각 대안별로 최소이익을 찾고, 그 가운데 최대이익을 가진 대안을 선택한다.

대 안	최대이익
0개	- 3,000 ← 최소이익 가운데 최대값
1개	-13,000
2개	-26,000
3개	-39,000

따라서 주문을 하나도 하지 않는다.

4) 최소최대후회기준
a. 먼저 기회손실표를 작성한다.

주문량 \ 수요량	0개	1개	2개	3개
0개	0	6,000	12,000	18,000
1개	13,000	0	6,000	12,000
2개	26,000	13,000	0	6,000
3개	39,000	26,000	13,000	0

b. 각 대안별로 최대 기회손실을 찾고, 그 가운데 최소의 기회손실을 가진 대안을 선택한다.

대 안	최대 기회손실
0개	18,000
1개	13,000 ← 최소 기회손실
2개	26,000
3개	39,000

따라서 1개를 주문한다.

5) 후르빅츠기준

각 대안별로 최대이익과 최소이익을 찾고, 낙관계수를 이용하여 대안별 기대이익을 계산한다.

대 안	가중이익(weighted payoff)
0개	(0)×0.75+(- 3,000)×(1-0.75) = -750
1개	(5,000)×0.75+(-13,000)×(1-0.75) = 500
2개	(10,000)×0.75+(-26,000)×(1-0.75) = 1000
3개	(15,000)×0.75+(-39,000)×(1-0.75) = 1,500 ← 최대값

따라서 대안으로 3개를 주문한다.

6) 라플라스기준

각 대안별 기대이익의 평균치를 구한다.

대 안	계 산 가 중 치
0개	(0 - 1,000- 2,000- 3,000)×1/4 = -1,500
1개	(-13,000+ 5,000+ 4,000+ 3,000)×1/4 = -250 ← 최대값
2개	(-26,000- 8,000+10,000+ 9,000)×1/4 = -3,750
3개	(-39,000-21,000- 3,000+15,000)×1/4 = -12,000

따라서 대안으로 1개를 주문한다.

3. 위험하의 의사결정

위험하의 의사결정(decision making under risk : DMUR)은 DMUC와 DMUU의 중간단계로서 주어진 상황에 대한 정보를 부분적으로 알고 있는 경우, 즉 어느 정도의 발생 가능성을 확률로 나타낼 수 있는 경우의 의사결정을 말한다.

예제 4-8

S꽃가게에서는 장미꽃을 한 송이에 20원에 받아와서 40원에 판매한다. 만약 팔리지 않고 시들 경우 그냥 버리고, 부족한 경우에는 인접한 가게에서 40원에 구입하여 부족량을 보충한다. 이 꽃가게의 지난 한 달간 장미꽃의 수요량과 확률은 다음과 같다. 이때 최대이익을 올리기 위하여 장미꽃을 몇 송이 준비하는 것이 좋겠는가?

X_i 수요량	확률 $P(X_i)$
X_1 = 250	0.60
X_2 = 300	0.30
X_3 = 350	0.10
	1.00

풀이

1) EMV : 각 대안별로 조건부 이익에 확률을 곱하여 얻은 총 기대값을 계산한다.

수요량 X_i	확률 $p(X_i)$	d_1=250 $f(X_i,P(X_i))$		d_2=300 $f(X_i,P(X_i))$		d_3=350 $f(X_i,P(X_i))$	
		d_1	$f \cdot p$	d_2	$f \cdot p$	d_3	$f \cdot p$
250	0.60	5,000	3,000	4,000	2,400	3,000	1,800
300	0.30	4,000	1,200	6,000	1,800	5,000	1,500
350	0.10	3,000	300	5,000	500	7,000	700
	1.00	EMV_1=4,500		EMV_2=4,700		EMV_3=4,000	

만일 수요량이 250송이일 때 장미꽃 구매량을 250송이로 하였다면, 이때 조건부이익은,

$f(X_i$=250, d_1=250) = 20원(송이당 이익) × 250송이 = 5,000원

이 된다. 그리고 수요량이 250송이인데 300송이를 구매할 경우,

$f(X_i$=250, d_2=300) = 20원(송이당 이익) × 250송이
− 20원 × 50송이(팔리지 않은 장미송이 수)
= 5,000 − 1,000 = 4,000원

이 조건부이익이 된다. 또한, 수요량이 300송이인데 250송이를 구매하여 재고부족이 발생할 때,

$f(X_2$=300, d_1=250) = 20원 × 250송이 − 20원 × 50송이
= 5,000 − 1,000 = 4,000원

이 조건부이익이 된다. 여기서 기회비용 20원은 부족한 장미를 40원씩에 추가 구입할 때 생기는 장미 한 송이당 이익의 희생을 뜻한다.
따라서 EMV가 가장 큰 값인 대안 2의 300송이를 준비하는 것이 최적대안이다.

2) EOL : 주어진 상황하에서 최적결정대안을 택했을 때 얻을 수 있는 이익과 최적이 아닌 대안을 택했을 때 기대되는 이익과의 차를 말한다.

수요량 X_i	확률 $p(X_i)$	d_1=250		d_2=300		d_3=350	
		$f(X_i,P(X_i))$		$f(X_i,P(X_i))$		$f(X_i,P(X_i))$	
		d_1	$f \cdot p$	d_2	$f \cdot p$	d_3	$f \cdot p$
250	0.60	0	0	1,000	600	2,000	1,200
300	0.30	2,000	600	0	0	1,000	300
350	0.10	4,000	400	2,000	200	0	0
	1.00	EOL_1=1,000		EOL_2= 800		EOL_3=1,500	

3) EPC : 주어진 상황(수요량)별 최적이익을 이들이 출현할 각각의 확률로 곱하여 더한 것.

수요량 X_i	확률 $P(X_i)$	최적이익	기대값
250	0.60	5,000	3,000
300	0.30	6,000	1,800
350	0.10	7,000	700

EPC = 5,500

따라서 EVPI = EPC − max EMV
= 5,500 − 4,700
= 800 = EOL

예제 4-9

식품점을 하는 김씨는 두부 한 모에 100원에 받아와서 150원에 팔고 있다. 두부가 팔리지 않는 경우에는 버리게 되고 부족한 경우에 옆 식품점에서 150원에 사와서 판매하며, 기회손실은 없는 것으로 한다. 지난 3개월 동안의 영업실적은 다음과 같다. 고객을 위한 적정량으로 얼마만큼의 두부를 보유하여야 하겠는가? 그리고 완전한 정보하의 기대값을 구하라.

수 요 량	확 률 $P(X_i)$
X_1 = 20	0.10
X_2 = 25	0.30
X_3 = 30	0.40
X_4 = 35	0.20
	1.00

풀이 이 예제는 앞의 [예제 4-7], [예제 4-8]과는 기회손실의 개념에서 근본적인 차이가 있다. 즉, 부족한 수요에 대한 손실은 없는 것으로 함으로서 기회손실의 개념을 적용하지 않는다는 의미이다. 그러므로 성과를 계산하는 과정에서 기회손실을 고려하지 않으며, 나머지 계산과정은 앞의 예제와 동일하다.

1) EMV를 구한다.

수요량 X_i	확률 $P(X_i)$	d_1=20		d_2=25		d_3=30		d_4=35	
		$f(X_i, P(X_i))$		$f(X_i, P(X_i))$		$f(X_i, P(X_i))$		$f(X_i, P(X_i))$	
		d_1	$f \cdot p$	d_2	$f \cdot p$	d_3	$f \cdot p$	d_4	$f \cdot p$
20	0.10	1000	100	500	50	0	0	−500	−50
25	0.30	1000	300	1250	375	750	225	250	75
30	0.40	1000	400	1250	500	1500	600	1000	400
35	0.20	1000	200	1250	250	1500	300	1750	350
	1.00	EMV_1=1,000		*EMV_2=1,175		EMV_3=1,125		EMV_4=775	

위의 표에서 보듯이 EMV가 가장 큰 값인 대안 2가 최적대안으로 채택된다. 또한, EPC = 100 + 375 + 600 + 350 = 1,425가 된다.

2) EOL은 나음과 길이 구한다.

EOL_1 : 1425 − 1000 = 425

*EOL_2 : 1425 − 1175 = 250

EOL_3 : 1425 − 1125 = 300

EOL_4 : 1425 − 775 = 650

위의 식에서처럼 EOL이 가장 작은 대안 2가 채택된다.

3) EVPI는 EOL과 같으므로 250이 된다.

4) EPC = 250 + 1175 = 1,425가 된다.

제4절 의사결정체계도

의사결정 문제를 나타내는 다른 편리한 방법으로 의사결정체계도(decision tree)를 사용하는데, 이것은 문제를 구조적으로 나타내는 편리한 표현방법이다. 특히, 복잡한 환경하일 때와 순차적 의사결정을 수반할 때, 의사결정체계도를 만드는 전형적인 방법은 갈라진 나뭇가지처럼 각 행동을 나타내는 것이다. 그리고 주어진 상황은 나뭇가지처럼 나타낸다. 여러 가지들의 교차점은 의사결정체계도 위에 분기점을 형성한다.

의사결정체계도의 구성요소는 일반적인 의사결정 모형과 같이 주어진 상황, 대안, 대안별 성과를 포함한다. 그리고 선택적 대안을 나타내는 분기점들과 선택적 환경들을 구별하기 위하여, 결정 분기단계는 네모(□, decision node)를, 그리고 상황 분기단계는 동그라미(○, chance node)를 사용하여 나타낸다. 그리고 의사결정체계도의 기본원칙은 사건의 흐름이 왼쪽에서 오른쪽으로 이동하게 되며, 각 대안은 주어진 상황하에서 대안이 착수된 후부터 오른쪽 끝까지 하나의 가지로 나타내어진다.

의사결정체계도를 통한 각 대안에 대한 결과는 각 대안의 경로 끝에 나타내고, 대안과 상황의 배합에 대한 성과가치를 나타낸다.

<그림 4-2>는 <표 4-4>의 성과표를 의사결정체계도로 나타낸 것이다. 그러므로 3개의 가지를 가진 맨 처음의 네모로부터 선택할 수 있는 대안은 A_1, A_2, A_3 세 가지이다. 이러한 대안들은 세 상황 중 하나의 상황에서 서로 다른 영향을 미칠 수 있다. 각 대안의 가지들로부터 각각 세 가지 상황 S_1, S_2, S_3의 가지를 갖는다. 이러한 가능성에 대응하는 성과들은 숫자의 오른쪽에 제시된다.

〈표 4-4〉 성과표

(단위: 억원)

대안 \ 주어진 상황	$S_1(0.5)$	$S_2(0.4)$	$S_3(0.1)$
A_1	-10	20	25
A_2	0	15	20
A_3	10	10	-5

만약, 의사결정자가 대안 A_1을 선택하고 S_1의 상황이 발생한다면, -10억 원의 성과가 나타날 것이다. 동일한 해석이 다른 8개의 가지에도 적용될 수 있다. 이처럼 <그림

4-2>는 <표 4-4>와 같이 똑같은 정보를 제공하지만, 구조적으로 대안들을 보기 쉽게 나타내어 준다.

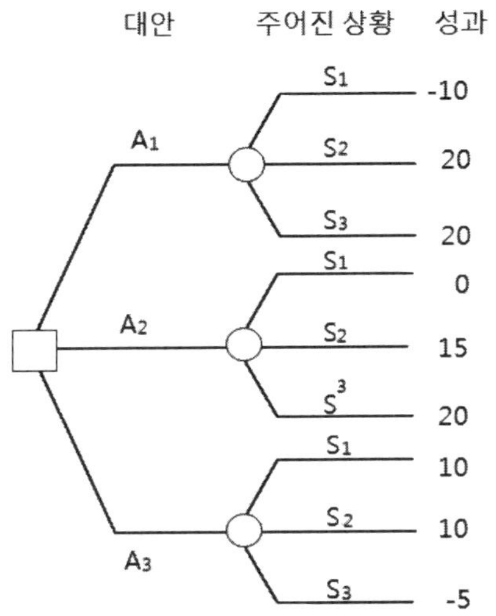

〈그림 4-2〉 의사결정체계도의 예

의사결정체계도에서 각각의 가지에 대한 기대이익을 찾기 위해서, 간단히 그 가지에 있는 각 상황별 이익을 함께 더한다. 따라서 대안 A_1에서 가중된 가치는 총 5.0이 된다.

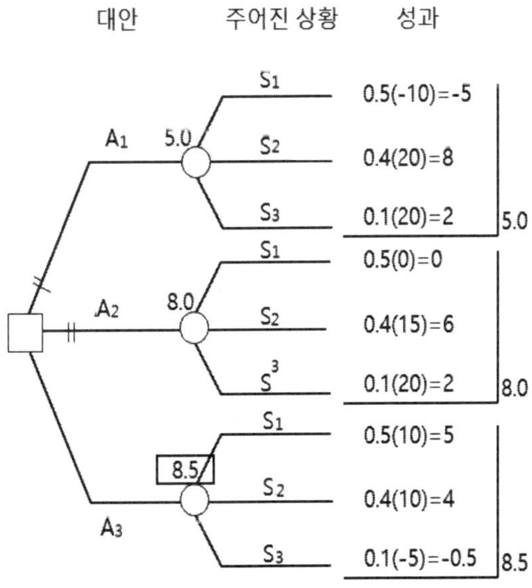

〈그림 4-3〉 의사결정체계도에 의한 의사결정

그러면 가장 높은 기대이익을 갖는 가지를 쉽게 고를 수 있다. 이 경우에 대안 A_3에 대응하는 가지가 8.5의 가장 높은 기대이익을 가진다. 대안 A_1, A_2의 가지를 선택하지 않을 것임을 알리기 위해 double slash(//)를 가지에 그려 넣는다. 이러한 과정을 <그림 4-3>에 나타내었다.

예제 4-10

K사는 사업의 결정문제에 직면해 있다. K사는 장비를 사거나 C사로부터 장비를 빌릴 계획이다. 이러한 선택은 의사결정환경에 영향을 미치는 세가지 상황중의 하나에 영향을 받을 것이다. 처음 김사장은 사업의 규모가 작거나, 중간 또는 크게 확대될 것이라고 생각하였으며, 각 대안과 상황 결합의 성과를 결정할 수 있었다. 그리고 장비를 구입하는 대안(A_1)에 대한 기대이익은 저가로 살 경우 500만 원, 중가로 살 경우 700만 원, 고가로 살 경우 1,500만 원, 그리고 장비를 임대하는 대안(A_2)에서 저가로 빌릴 경우 500만 원, 중가로 빌릴 경우 500만 원, 고가로 빌릴 경우 1,000만 원이다. 각 상황 S_1, S_2, S_3가 일어날 확률은 0.3, 0.5, 0.2이다. 의사결정체계도를 이용하여 최적대안을 결정하라.

풀이 위의 내용을 바탕으로 성과표를 작성하면 다음과 같다.

주어진 상황 / 대안	$S_1(0.3)$ 저 가	$S_2(0.5)$ 중 가	$S_2(0.2)$ 고 가
장비 구입(A_1)	500만 원	700만 원	1,500만 원
장비 임대(A_2)	500만 원	500만 원	1,000만 원

그리고 성과표를 이용하여 K사의 상황을 의사결정체계도로 나타내면, 다음과 같다.

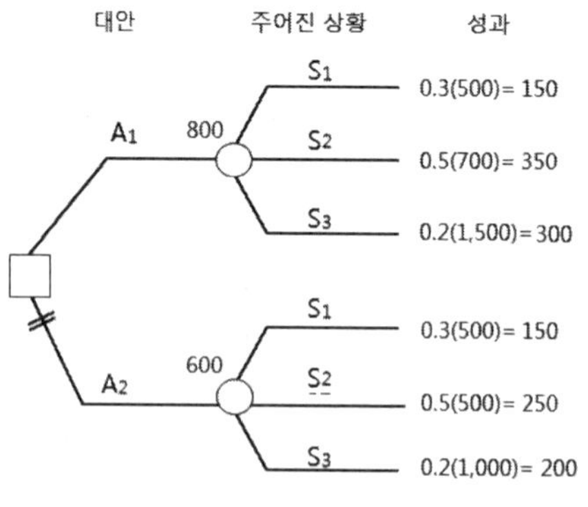

따라서 장비를 구입하는 A_1이 최적대안이라 할 수 있다.

의사결정체계도는 최대 기대이익을 산출하는 대안을 결정하는데 사용될 수 있다. 따라서 의사결정체계도의 가지에 각각의 상황에 대한 확률가치를 부여해야 한다.

[예제 4-10]의 주어진 상황 S_1, S_2, S_3의 발생가능성이 각각 0.7, 0.2, 0.1의 확률로 정해졌다고 가정하자. 그러면 먼저 <그림 4-4>의 의사결정체계도에 이 확률값을 첨가하고, 의사결정체계도에 대안별 기대이익을 곱한다. 이것은 각각의 가능한 결과에 대한 가치를 알려준다.

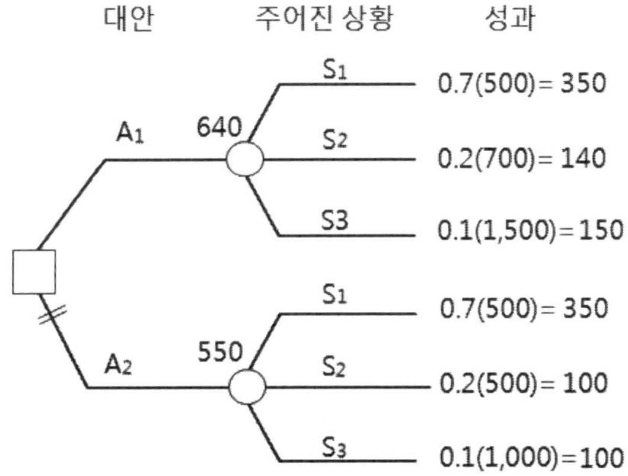

〈그림 4-4〉 확률에 따른 결과

의사결정체계도 접근방법이 성과표를 사용하는 것보다 더 복잡하게 보일지 모르나, 사실 복잡한 문제에서는 매우 유용하다. 의사결정체계도는 의사결정자가 문제를 좀더 완전히 볼 수 있도록 하고 또, 큰 문제에 있어서는 좀 더 직관적 접근을 갖도록 해준다. 의사결정체계도는 기회손실 문제에도 사용될 수 있다. 단지, 기회손실가치가 계산과정에서 이익가치 대신 사용되어지는 것이 차이일 뿐이다.

기업사례

일하는 방식이 다른 구글

1. 구글의 구글 방식

구글(Google)은 1990년대 초 캘리포니아 실리콘벨리에서 인터넷 경제라는 특별한 환경 속에서 탄생하였다. 구글의 공동창업자이자 스탠포드대학의 절친한 친구 사이인 래리 페이지(Larry Page)와 세르게이 브린(Sergey Brin)은 세상을 변화시키고 싶어 하였고, 인터넷에서 검색기능을 향상 시키고 싶은 뜨거운 열정을 함께 나누었다. 자유로운 사고를 가진 이 청년들은 기존의 경영관행에 어긋나는 결정도 거침없이 하였다.

구글의 새로운 조직운영 방법으로 잘 알려진 마사지 서비스, 무료 점심, 수영장, 배구코트 등이 구글의 공동창업자인 래리 페이지와 세르게이 브린에게 관심의 대상이 된 것은 아니다.

구글이 이전의 기업과 다른 새로운 기업형태라고 할 수 있는 이유는 인적 자원관리, 제품과 서비스의 개념, 조직 구성, 경영 측정도구와 모니터링 분야에서 혁신의 방해가 되는 모든 장벽들을 제거해 왔으며, 특히 일하는 방식에서 혁신적인 시도를 계속하였기 때문이다.

2. 구글의 기본 경영 방침의 틀

1) 끊임없는 학문적인 열정

구글의 공동창업자인 래리 페이지와 세르게이 브린은 컴퓨터와 프로그램을 개발할 수 있는 능력으로 기업을 설립할 자신감을 갖게 되었다. 그들의 아이디어는 반세기 동안 개발되어 왔던 인공지능의 개념을 발전시킨 것이었다.

그리고 구글의 핵심강점 중 하나가 학문적인 커뮤니티와의 관계를 통해 연구 활동을 유지해온 것이다. 그것은 회사 창립자들이 가지고 있던 연구자로서의 특성에 의한 것이다.

2) 독립적인 경영 방식

구글에 초기 투자자금을 지원한 벤처 캐피털리스트인 앤디 벡톨샤임(Andy Bechtolsheim)은 구글의 창업자들을 만나서 불과 몇 시간의 대화로 십만 달러 수표를 써 주었다. 이것은 그들에게 성공의 확신을 심어준 것이었으나, 그 대신 벤처 캐피털리스트는 기업의 대한 투자자금을 회수하기 위하여 수익이 가장 높은 비즈니스 활동을 강요했다.

그러나 래이와 세르게이는 "벤처 캐피털리스트들이 마음대로 회사 경영에 개입하게 하고 특허를 내어 한 분야를 전문화하라는 그들의 압력에 굴복하였다면, 지금의 구글은 없었을 것이다."라고 말한다.

구글의 창업자들이 공통적으로 가지고 있는 특징은 독립과 자율을 향한 갈망이었다. 그래서 기업을 공개할 때 '독립'에 대한 그들의 의지를 다시 명확히 하였다. 래이와 세르게이는 독립적으로 경영하겠다는 의지의 글을 잠재투자자들에게 공개하였다. 이 글은 "구글은 지금까지 여러분이 알고 있는 회사와 다릅니다. 우리는 그렇게 할 생각이 추호도 없습니다"로 시작되며, 금융시장에 대한 불신과 돈만 벌 목적으로 행해지는 월스트리트의 횡포를 비난하는 내용이었다.

3) 영업사원이 없는 광고영업 방식

전통적인 대중매체의 광고가 소비자를 브랜드로 유인하고 설득하여 충성심을 얻어내는 것과 달리, 구글은 메인 홈페이지에는 광고를 게재하지 않는다. 즉, 광고에 대한 게임의 법칙을 완전히 바꾸어 놓았다.

구글은 사용자가 입력한 질문어가 특정 지역 광고주의 키워드와 맞을 경우에 나타나는 광고 디스플레이에 모델을 결합하고, 클릭당 지불비용을 광고주가 결정하게 하였다. 그 결과, 구글이 광고 노출당 벌어들이는 수익은 야후보다 30% 이상 많다.

그리고 구글이 다른 기업들이 사용하던 광고영업 방식에 따라 영업사원을 채용하지 않는다. 만일 그렇게 하면 엄청난 돈이 들 것이다. 그러나 구글이 성공할 수 있었던 것은 영업사원을 두지 않고, 광고를 배치하는 과정을 자동으로 처리하여 판매에 소요되는 비용을 급격히 감소시켰기 때문이다. 그러므로 마케팅부 사이에 흔히 일어나는 갈등을 줄였으며, 사용자 행동에 대한 풍부한 정보도 직접 얻게 되있다.

4) 서로 견제하는 3인 경영체제

래리와 세르게이는 노벨(Novell, Inc)에서 회장겸 CEO였던 에릭 슈미트(Eric Emerson Schmidt)를 2001년 영입하였으며, 3인 경영체제로 회사를 이끌어가면서 권력을 분산하고 서로 균형을 잡아주는 구글만의 독특한 3인 경영체제의 이사회를 만들었다. 어느 한 사람이 마음대로 하려고 할 경우, 다른 두 사람의 견제와 균형을 통해 재빨리 바로잡아 놓았다. 그리고 3인 경영체제는 모든 책임을 나누기 때문에 1인 경영체제에서 나타날 수 있는 강박관념을 최대한 줄일 수 있다. 또한, 세 사람의 경영진은 한 사람의 경영주에 비하여 주주와 투자자들의 압력으로부터 더욱 잘 견딜 수 있다. 실제로 투자자나 자문가들의 간섭이나 통제로부터 벗어나 있다.

3. 인재 채용과 관리 전략

1) 최고의 인재 채용

구글과 일해 본 기업의 경영자들은 일류대학의 박사학위, 적어도 석사학위가 없으면 구글에 들어갈 수 없다고 말한다. 이러한 엘리트주의는 구글에만 해당되는 것이 아니며, 아마존닷컴과 마이크로소프트도 마찬가지이다.

구글의 인사부서는 거의 임시직원들로 구성되어 있다. 채용기구는 얼핏 보기에는 공장 같지만, 필요할 때 언제든지 직원에게 도움을 요청할 수 있는 유연한 체제로 운영되고 있다. 기술직에 지원한 사람들은 구글의 실험실 적성검사를 거치게 된다. 지원자들에게 난이도가 높은 문제 해결의 능력과 업무환경에 응용할 수 있는 기술과 관련된 질문을 한다. 그리고 후보자가 가지고 있는 독창성과 유머를 보는 것이 검사의 특징이다.

구글 채용 전략의 또 다른 특징은 채용담당자를 전문화하는 것이다. 어떤 채용담당자는 신입직원만 상대하고, 또 어떤 사람은 기술직이나 관리자만 상대하고 또 다른 사람은 해외채용만 담당한다. 그 결과, 각 채용담당자는 아주 세분화된 영역에서 후보자들을 아주 자세히 확인해 볼 수 있다.

2) 20% 정책

구글은 엔지니어와 개발자의 근무시간을 둘로 나누어, 80%는 월급 받는 프로젝트에, 나머지 20%는 개인연구에 투자하게 하였다. 이것이 구글의 '20% 정책'이다. 물론 엔지니어들은 원하는 연구 분야를 마음대로 선택할 수 있지만, 구글은 그들이 선택하는 연구 분야가 회사의 목표에 부합되어야 한다는 것을 전제로 한다.

이 방법은 엔지니어들이 회사를 떠나는 것을 막기 위하여 3M에서 고안된 방법이며, 구글의 20% 정책은 신제품 개발과 최근의 비즈니스 환경에도 도움이 되는 장점을 가지고 있어 '오픈 소스 커뮤니티(open source community)'에서 개발에 참여하던 자원봉사자들도 구글로 끌어들일 수 있었다.

3) 동료들간의 명예를 위한 경쟁

20% 정책에 의해 우수한 프로젝트를 낸 팀은 다른 부서의 평가를 받기 위하여 프로젝트를 발표하게 된다. 그리고 이에 대한 평가는 그 동료들이 맡게 된다. 동료평가는 기술 분야에서 전문지식을 충분히 확보하고 있는 개인의 명성을 토대로 이루어지기 때문에, 기존의 수직적인 조직구조와는 다른 병렬적인 계층구조를 만들어 낸다.

이 '명예를 위한 경쟁'은 아주 숙련된 전문가를 필요로 하는 회사들에게 명쾌한 해법을 준다.

김명호. (2014). 『기업사례경영학』 개정2판. 도서출판 두남.

연습문제

4-1 의사결정의 과학적 접근 과정을 설명하라.

4-2 의사결정모형의 기본 구성요소를 설명하라.

4-3 의사결정 상황에 영향을 주는 주요 요소는 무엇이며, 이에 따른 의사결정의 유형을 설명하라.

4-4 S컴퓨터社는 기존에 제작하던 586컴퓨터의 생산을 중단시키고 다음과 같은 새로운 686 기종 3가지를 제작하여 판매하고자 한다. 시장에 조사결과 다음과 같은 보고서를 얻었으며, 'A_1 : 686 SX_1', 'A_2 : 686 SX_2', 'A_3 : 686 SX_3'의 판매성과는 시장 환경의 변화와 크게 관련이 있다. 시장의 환경변화 요인은 다음과 같다.

S_1 : 국제 컴퓨터 시장의 개방
S_2 : 초등학교 컴퓨터 교육 실시
S_3 : 윈도우즈 프로그램의 시장확대

(단위 : 천만원)

주어진 상황 / 대안	S_1	S_2	S_3
A_1	-7	15	2
A_2	-2	6	5
A_3	5	1	16

1) 최대최대기준에 의한 최적대안 결정하라.
2) 최대최소기준에 의한 최적대안을 결정하라.
3) 최소최대후회기준에 의한 최적대안을 결정하라.
4) 후르빅츠기준에 의한 최적대안을 결정하라.(낙관계수 = 0.7)
5) 라플라스기준에 의한 대안을 선택하라.

4-5 P건설회사는 동해안 쪽의 경관이 좋은 곳에 대지를 매입하여 콘도미니엄을 지으려고 한다. 회사 경영진에서는 콘도미니엄의 규모에 대하여 세 가지 대안 즉 소규모, 중규모, 대규모를 놓고 의사결정을 하려고 한다. 각 대안에 대하여 예상되는 수요가 낮을 경우 S_1, 보통일 경우 S_2, 그리고 높을 경우 S_3의 기대되는 이익은 다음과 같다.

대안 \ 주어진 상황	S_1	S_2	S_3
A_1 : 소규모	50	50	50
A_2 : 중규모	20	70	70
A_3 : 대규모	−40	40	100

1) 최대최대기준에 의한 최적대안을 결정하여라
2) 최대최소기준에 의한 최적대안을 결정하여라.
3) 최소최대후회기준에 의한 최적대안을 결정하여라.
4) 0.8의 낙관계수를 이용해서 후르빅츠기준에 의한 최적대안을 결정하라.
5) 라플라스가준에 의한 최적대안을 결정하라.

4-6 다음 성과표를 이용하여 각 문항에 답하라.

대안 \ 주어진 상황	S_1	S_2	S_3
A_1	20	20	15
A_2	25	40	20
A_3	40	60	10
A_4	65	50	−10
A_5	75	40	−5

1) 항상 지배되는 대안(dominated act)은 어느 것인가?
2) maximax criterion은?
3) maximin criterion은?
4) minimax regret criterion은?
5) Hurwicz criterion은? (단, α=0.4)
6) Laplace criterion은?

4-7 S꽃집에서는 장미 한송이를 300원에 받아와서 500원에 판매하고 있다. 이 꽃집에서는 만약 장미가 팔리지 않을 경우에는 그냥 폐기처분하고 모자란 경우에는 옆집에서 500원씩 구입하여 수요량을 충족시킨다. 이 꽃집의 지난 1년간의 장미 수요량은 다음과 같다. 최적대안을 결정하라.

수 요 량(송이)	확률 $P(X_i)$
X_1 = 10	0.05
X_2 = 20	0.20
X_3 = 30	0.35
X_4 = 40	0.25
X_5 = 50	0.15
	1.00

4-8 극동 피혁은 우피를 직접 만들어 벨트를 생산할 것이냐, 아니면 납품받아 생산할 것인가의 선택을 하려한다. 우피를 직접 만들 경우에 대한 기대이익은 우피를 고가로 살 경우 100만 원, 중가로 살경우 200만 원, 저가로 살 경우 300만 원이며 납품받을 경우에 대한 기대이익은 고가로 납품받으면 100만 원, 중가로 납품받으면 150만 원, 저가로 납품받으면 400만 원이다. 각 상황이 일어날 확률이 0.5, 0.3, 0.2라고 할 때, 의사결정체계도를 이용하여 최적대안을 결정하라.

4-9 K씨는 새로운 사업으로 피자전문점(A_1)과 케쥬얼의류전문점(A_2), 커피숍(A_3) 중 하나를 선택하고자 한다. 이 사업장을 세웠을 경우 나타날 수 있는 상황은 고객의 수가 동종의 다른 사업체와 비교하여 '평균정도', '조금 많아진다.', '아주 많아질 것이다.'라고 생각하고 있으며 각각의 상황이 발생할 확률은 0.3, 0.45, 0.25이다. 각각의 상황에서 기대이익은 다음의 성과표와 같다.

(단위 : 만원/월)

상황 / 대안	S_1(0.25) 평균정도	S_2(0.45) 조금 많다	S_3(0.30) 아주 많다.
피자전문점(A_1)	300	400	600
케쥬얼의류(A_2)	200	400	700
커 피 숍(A_3)	300	450	500

의사결정체계도를 이용하여 최적대안을 결정하라.

PART 02

생산운영시스템의 설계

Chapter 5 제품 및 서비스의 개발

제1절 제품개발의 개념

1. 제품개발의 필요성

제품(product)이란 고객의 소비를 위해 시장에 제시될 수 있는 물품, 서비스, 인격, 장소, 조직, 아이디어 등 모든 것을 말한다. 즉, 제품은 시장을 전제로 한 기업의 생산 기능의 궁극적인 산물이다.

그리고 제품은 고객 욕구의 충족, 소유, 사용, 소비를 위해 시장에 제공된다. 그러므로 제품계획은 고객이 스스로의 욕구를 충족시키기 위해 제품이 가져오는 이익 및 효용을 산다는 시점에서 고객만족을 목표로 하여 입안하여야 한다. 그렇지만 사업화 및 지속된 산업화에 도달하지 않으면 안되고, 그것을 가능하게 하는 기술개발, 사업개발도 요구된다.

그러므로 제품개발(product development)이란 모방이나 혁신을 통하여 기존제품의 개량이나 새로운 제품을 창안해 내는 것을 말한다. 그리고 기업이 성장 발전하기 위해서는 지속적인 제품개발이 필요하다. 이러한 제품개발의 이유는 우리 인간과 같이 모든 제품에도 수명주기가 있기 때문이다.

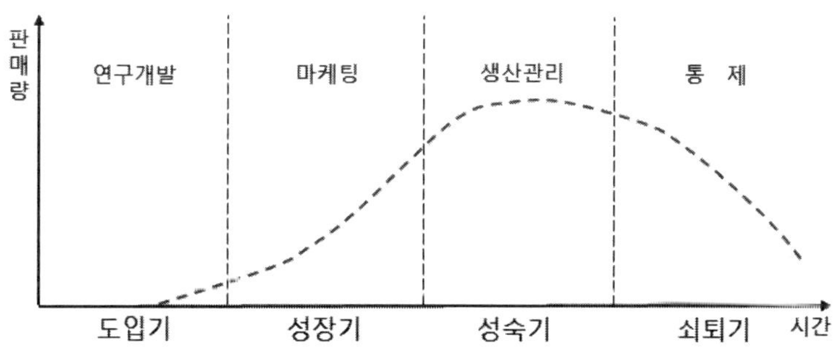

〈그림 5-1〉 제품수명주기

<그림 5-1>의 제품수명주기에서 보는 바와 같이, 제품의 판매량은 처음 도입기에서 성장기에 이르기까지 계속 커지다가 성숙기와 쇠퇴기로 접어들면서 줄어들게 된다. 그러므로 기업은 적절한 신제품을 꾸준히 개발하여 제품수명주기(product life cycle)에 효율적으로 대처하여야 한다.

그러나 제품개발에 실패하는 이유는 아이디어의 빈곤, 경쟁기업과의 경쟁, 사회 및 정부의 제약, 연구개발비의 과중, 제품수명주기의 단축 등 여러 가지가 있다.

2. 제품개발의 과정

제품개발의 첫 단계는 제품 아이디어의 창출로부터 시작된다. 제품 아이디어란 기업이 시장에 낼 수 있는 가능한 제품에 대한 발상을 말한다. 그리고 아이디어의 실현가능성 검토, 제품설계, 공정설계 등 일련의 과정은 관리적 차원에서 뿐만 아니라 기술적 차원에서의 의사결정을 요구한다.

제품 아이디어로부터 제품 및 공정설계에 이르기까지의 과정은 다음 그림과 같다.

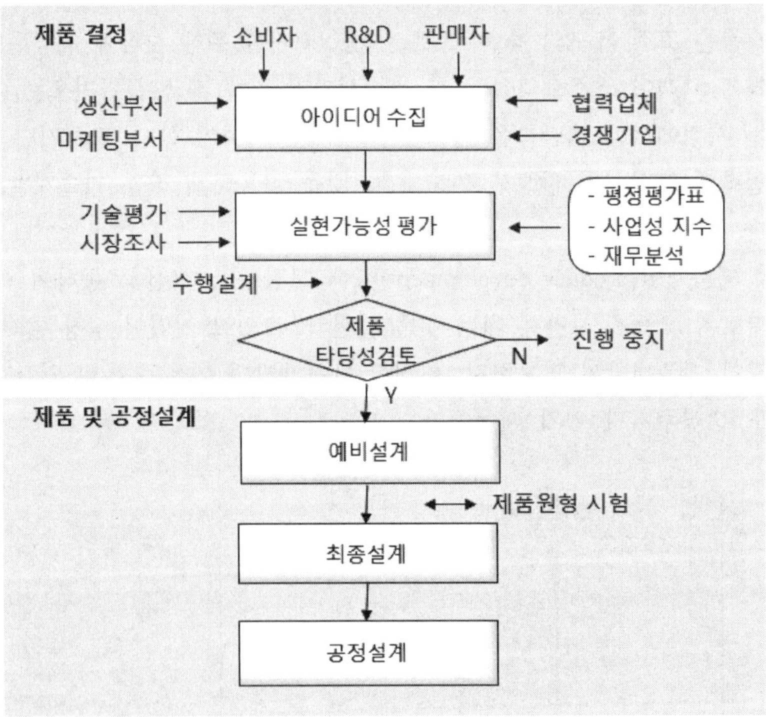

〈그림 5-2〉 제품개발 과정

1) 제품 아이디어의 수집

제품 아이디어는 기업의 R&D 부서, 생산 부서 및 마케팅 부서 등 기업 현장, 소비자들의 불만과 제안, 부품 공급자 등 협력업체, 판매자 등에서 나올 수 있다. 그리고 경쟁기업 또한 신제품과 새로운 서비스 아이디어의 원천이 된다.

소비자들은 신제품의 보다 나은 기술과 아이디어에 매료된다. 그러므로 기업의 연구·개발은 신제품 아이디어의 우선적인 원천이다. 그러나 기업의 연구·개발에 대한 투자는 그 규모가 엄청나며(코닥은 연구·개발비로 하루에 2백만 달러를 지출하며, 삼성은 매출액의 8%를 지출), 아무 결과가 없는 위험한 투자일 수도 있다. 즉, 20개의 아이디어 중에 1개가 제품이 되고, 10개의 새로운 제품 가운데 시장에서는 1개가 성공한다. 이와 같이 연구·개발에 의해 발생된 아이디어를 제품화하는 과정은 매우 길고 어렵다.

따라서 제품 아이디어는 다음과 같은 요구에 의하여 나타나게 된다.

① 소비자의 불만과 제안, 경쟁기업의 도전

② 기업의 연구·개발(R&D)시스템

③ 마케팅·생산 및 기술 등 기능간의 협조와 조정

2) 실현가능성의 평가

수집된 제품 아이디어를 모두 제품으로 생산할 수는 없으므로 이들에 대한 선택이 필요하다. 즉, 아이디어의 실현가능성 평가는 그 제품이 기업의 목적과 자원에 적합한지의 여부를 결정하여야 한다.

제품 아이디어의 효과적 평가와 심사를 위해서 객관적인 평가기준이 필요하다. 그러나 이러한 평가기준이 기업의 전략적 목표를 고려하여야 하므로 항상 동일할 수는 없나.

제품 아이디어의 평가는 ① 평정평가표에 의한 평가, ② 사업성 지수에 의한 평가, ③ 재무분석에 의한 평가 등 보통 3단계를 거치게 된다.

[1단계] 평정평가표에 의한 평가 :

확실하게 부적합한 아이디어를 제거하는 방법으로, 이용하기가 쉽고 비교적 비용도 적게 드는 경제적인 평가방법이다.

[2단계] 사업성 지수에 의한 평가 :

비용 및 수입 상황을 분석하는 보다 엄격한 심사로, 사업성 지수를 이용하여 각 제품별 우선순위가 매겨진다. 기술성공률과 판매성공률은 0에서 10까지의 평점을 각 제품별로 부여하지만, 관리자의 주관적 판단에 치우칠 우려가 있다.

사업성 지수 =

$$\frac{\text{기술성공률} \times \text{판매성공률} \times \text{연간판매량} \times \text{단위당이익} \times \sqrt{\text{제품수명기간}}}{\text{총투자액}}$$

[3단계] 재무분석에 의한 심사 :

보다 정밀한 평가단계로, 각 제품별 개발비와 판매비를 고정비와 변동비로 구분하여 분석하는 손익분기법을 비롯하여, 순현재가치법, 내부수익률법 등과 같은 재무분석 기법이 이용된다.

3. 제품의 설계

제품 아이디어 가운데 개발대상으로 선정된 제품은 제품의 기술적, 기능적 디자인을 구체적으로 규정하는 제품설계가 필요하며, 설계명세서에 구체적으로 나타낸다. 그리고 설계명세서에는 재료 구입, 설비 선정, 작업자 배정, 생산설비의 규모와 배치 등을 포함하여 일련의 의사결정사항을 제시한다.

제품의 기능과 형태를 규정하는 제품설계는 다음과 같은 단계를 거친다.

1) 예비설계

예비설계(preliminary design)는 선정된 제품의 개념과 관념적 특성을 충족시키는 여러 가지 설계안을 예비적으로 개발하는 단계이다. 즉, 아이디어의 선택은 제품의 뼈대만을 결정한 것이기 때문에 예비설계 단계에서는 제품의 속성을 세밀하게 구체화하는 것이다. 그러므로 이 단계에는 신뢰성, 보전성, 내구성과 같은 제품의 중요한 속성을 규정하는 것이 일반적이다.

이와 같이 예비설계는 규모, 색상, 수명 등과 같은 제품의 개략적인 윤곽을 설계하는 단계로서, 고객이 요구하는 기능상의 요건들을 갖춘 제품을 생산할 수 있도록 설계하는 일종의 기능설계라고 할 수 있다.

기능성은 제품의 기능적 역할과 작용효과의 정도를 말하는 것으로, 고객들은 제품을 구입할 때, 기능성을 고려한다. 그러므로 기업들은 "이 제품은 기능성이 뛰어나다, 이 유니폼은 아름다움보다는 기능성을 강조해서 만들었다." 등의 표현으로 자사 제품의 기능성에 대한 특징을 나타낸다.

예를 들면, 기능성 스포츠 웨어는 미적 기능, 인간의 신체 보호 기능, 경기력 향상 등을 고려하여 만들어져야 한다. 고어텍스(Gore-Tex)는 미국 고어사(Gore Co.)가 생산한 방수·투습 소재로서, 비와 눈 등의 외부 습기를 완전히 막아주고, 내부의 땀과 같은 수분은 밖으로 배출하여 쾌적한 상태를 유지하는 기능성 원단으로 1제곱인치당 90억 개의 구멍이 나 있다.

2) 제품원형 시험

제품원형(prototype)의 뜻은 원형, 초기 형태 등을 가리키는 것이지만, 흔히 공학에서 말하는 제품원형이란 어떤 구조물이나 장비에 대하여, 형상이나 설계, 적합성, 성능 등을 평가하기 위해 만든 실물 크기의 모형을 말한다.

그러므로 예비설계가 이루어지면, 본격적인 생산에 앞서 제품원형을 만들어 현실적인 상황에서 제품을 시험하여야 한다.

제품시험에는 실제 시험을 하기 위해서 몇몇 선정된 소비자에게 제품원형을 실제로 사용하게 하는 경우도 있다. 즉, 자동차의 경우, 일정한 조건을 갖춘 도로에서 주행시험을 한다.

3) 최종설계

최종설계(final design) 단계는 제품원형을 개발하여 이를 여러 조건하에서 시험을 하면서 기술적인 관점에서 완전무결한 제품이 나오도록 설계하는 과정이다. 그러므로 최종설계 단계는 제품과 그 부품의 명세서와 조립도면을 확정함으로써 실제 생산과정으로 들어갈 수 있는 바탕을 마련하는 것이다.

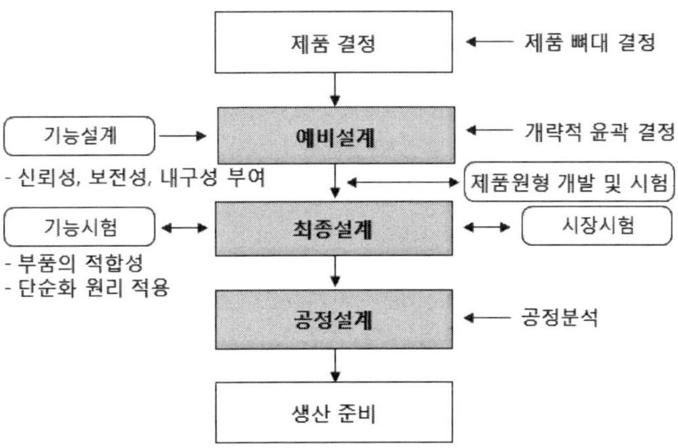

〈그림 5-3〉 제품설계 과정

부품 명세서에 기록된 기준은 제품에 따라 다르지만, 자동차 생산을 위하여 차체 철판의 인장력, 엔진부품의 내구력 등에 대한 상세하고 구체적인 설명이 최종설계에서 필요하다.

그리고 최종설계에는 설계의 효과를 높이고 비용을 절감하기 위하여 부품의 적합성과 단순화의 원리를 설계에 반영시킨다.

제품의 기능시험과 시장시험 과정에서 완벽한 최종설계가 끝나면, 비로소 시판을 위한 공정설계 등 생산에 들어갈 준비를 하게 된다.

제2절 제품설계의 원칙과 방법

1. 표준화

표준화(standardization)란 표준을 설정하여 이를 활용하는 조직적 행위이다. 그러므로 기업은 제품과 부품의 표준화를 통하여 호환성을 꾀함으로서, 비용을 줄이고, 조립의 어려움도 해소하여야 한다.

그리고 표준화는 제품에 적용되는 특정 재료와 공정을 다루는 것으로, 다음과 같은 효과를 얻을 수 있다.

① 자재를 절약할 수 있다.
② 품질의 향상과 균일성을 유지할 수 있다.
③ 생산능률이 증진되어 생산원가가 절감된다.
④ 수리보전 및 서비스 문제를 줄일 수 있다.

그러나 표준화는 다음과 같은 단점도 있다.

① 초기 고정비에 대한 투자가 과다하다.
② 소비자들의 다양한 욕구에 맞는 제품의 다양화가 어렵다.

기업이 합리적인 제품설계의 표준화를 전개하기 위해서는 먼저 사외표준을 검토하고, 사내표준과 합리적인 조화를 이루도록 하여야 한다.

2. 모듈러 설계

소비자들의 다양한 수요를 충족시키고 생산원가를 절감하기 위해서는 가능한 한 적은 종류의 부분품으로 많은 종류의 제품을 생산하는 것도 방법이다.

이러한 개념은 제품설계에도 영향을 미치게 되었고, 기업은 소품종다량생산의 이점을 살리면서 소비자의 다양한 욕구에 부응한 다품종 생산방식인 모듈러 설계(modular design)를 통하여 제품의 종류를 다양하게 할 수 있다.

전통적인 대량생산에서는 부분품의 호환성을 주요 요건으로 대량생산을 하였지만, 모듈러 생산은 부분품의 호환성을 다른 품종에까지 확장시킨 점에서 차이가 있다. 그러므로 모듈러 설계는 여러 가지의 서로 다른 제품조립에 널리 사용할 수 있는 기본부품, 즉 모듈로 설계를 표준화하고, 최종소비자의 요구조건에 따라 원하는 모듈들을 조립하여 판매하는 것이다.

3. 가치분석의 적용

가치분석(VA; Value Analysis)은 1947년 미국 GE사의 구매담당이었던 L.D. Miles에 의하여 시작되었으며, 원가절감과 가치 개선을 목적으로 도입되어 체계화되었다.

기업의 생산능력을 감소시키는 주요 요인으로 원자재의 부족, 자본의 핍박 및 에너지 위기 등이 나타나자, 기업은 제품혁신을 통한 경쟁력 강화를 위하여 여러 가지 대책을 내놓게 되었는데, 그 가운데 가치분석 기법이 제품설계에 광범위하게 이용되고 있다.

그러므로 가치분석은 불필요한 비용을 찾아내어 제거하는 문제해결기법으로, 소비자가 요구하는 다양한 기능들을 효과적으로 설계에 반영할 수 있다.

그리고 가치분석은 설계의 변경, 제조방법의 효율화, 제조공정의 개선, 구매자재의 변경, 사무절차의 개선, 서비스의 개선 등 기업 활동의 모든 분야에 적용이 가능하다.

가치분석은 가치보증(Value Assurance), 가치 서비스(Value Service), 가치공학(Value Engineering), 가치개선(Value Improvement) 등 비슷한 개념으로 많이 개발되었다. 경우에 따라 가치분석을 구매부서에서 행하는 경제적 사고방식에 의한 구매품의 구매분석으로, 가치공학(VE; Value Engineering)을 설계나 연구개발부서에서 행하는 신제품이나 부분품에 대한 기술적 사고방식에 의한 설계분석으로 구분하기도 한다.

제3절 신제품의 개발전략

1. 신제품의 준비와 조달 방식

기업은 제품의 일부가 쇠퇴기에 들어서기 전에, 신제품의 개발을 시작할 필요가 있다. 왜냐하면, 고객들은 신제품을 원하며, 경쟁기업은 그것에 대응할 만한 공세를 펼쳐올 것이기 때문이다. 그러므로 신제품을 준비하기 위해서는 기업내에서의 신제품개발과 사외에서의 매수 가운데 1개의 방법을 선택하여야 한다.

자사의 기술개발에는 2개의 방식이 있으며, 하나는 사내 기술개발방식이고, 다른 하나는 계약 기술개발방식으로 외부연구자나 신제품개발회사와 계약을 맺고, 자사용으로 특정제품을 개발하는 것이다.

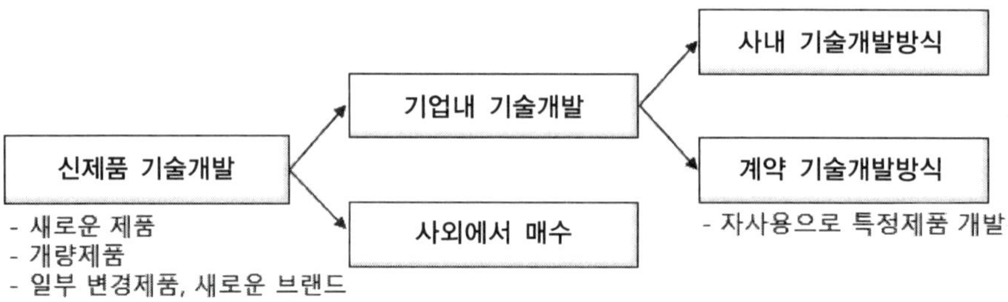

〈그림 5-4〉 신제품의 기술개발 방식

여기서 신제품이란 사내의 연구개발을 토대로 한 완전히 새로운 제품, 개량제품, 일부 변경제품이나 새로운 브랜드 등이며, 소비자가 새로운 물품이라고 판단하는 것도 중요하다.

신제품은 기업이나 시장에 의해 기존제품의 재평가, 또는 기존제품의 개량형이 대부분이며, 진짜 신제품은 약 20% 정도라는 보고서도 있다.

2. 신제품개발의 어려움

신제품과 신기술 개발의 위험은 높고, 많은 신제품 개발이 실패하고 있는 것은 주지하고 있는 사실이다. 특히, 소비재의 신제품 개발은 약 80%가 실패하고 있다고 한다. 신제품의 개발이 성공하지 못하는 이유는 다음과 같다.

① 획기적인 신제품의 아이디어 부족

② 경쟁격화에 따른 시장의 세분화 진행

③ 신기술이 넘지 않으면 안되는 '죽음의 계곡'과 '다윈의 바다'라는 방벽 존재

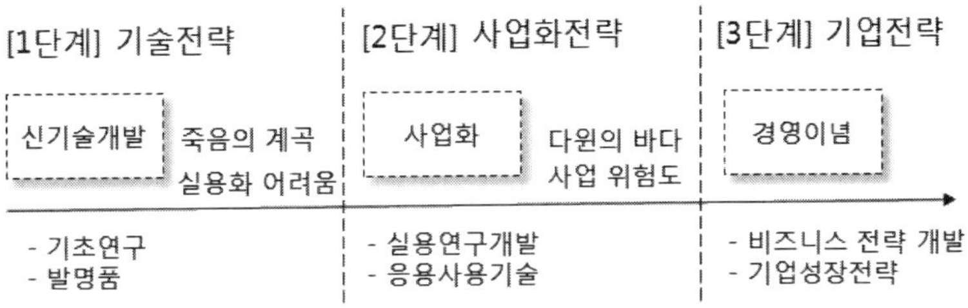

〈그림 5-5〉 신제품개발의 단계별 전략

더욱이 최근에는 제품의 안전성이나 환경문제의 배려 등 사회적 제약이나 규제가 증대하고, 신제품의 설계나 광고 선전의 복잡함, 개발 비용의 증대, 개발자금의 부족 등도 신제품의 개발을 한층 더 어렵게 한다.

그리고 많은 기업이 유사한 아이디어를 동시에 보유하는 일이 많고, 개발기간의 단축에 의한 앞선 개발경쟁에 따라 개발기간의 단축도 강요된다. 또, 신제품의 사업화에서는 소비자 기호변화의 빠름, 경쟁기업의 참가, 신제품의 수명이 짧은 것도 개발의 어려움으로 연결된다.

신제품개발에 경영자원의 투입노력을 행하고 있음에도 불구하고, 개발이 부드럽게 진행되지 않고, 히트 상품이 나오지 않는 등 초기의 효과를 거두어들이지 못하는 경우가 많고, 특히 개발도중의 재평가로 뒷걸음질 치는 오류도 볼 수 있다. 이러한 경우는,

- 경영관리층의 전략적, 조직적인 문제의 도출
- 개발 리더의 의식부족이나 리더십의 결여
- 인적자원의 유연한 배분이 결여되는 등 프로젝트 관리의 문제

등이 있다. 이와 같은 상황에서 신제품개발에서는 경영자가 최종적인 책임을 지는 형태로 되지 않으면 안된다. 경영자는 기업이 강화해야 하는 사업영역과 제품분야를 명확히 하는 동시에 신제품이나 아이디어의 승인에 관한 구체적인 기준을 결정해 둘 필요가 있다.

3. 신제품개발의 방법과 조직

최근, 제품수명주기의 단축화 경향으로, 신속하고 유연한 신제품개발의 장점이 신속한 개발의 위험을 상회하고 있다. 또한, 동시 제품개발방식에 의한 개발의 신속화가 주류가 되어 있다는 것에 유의해야 한다.

1) 제품개발방식에 의한 개발 신속화

일반적으로 신제품개발에서는 <그림 5-6>과 같은 일련의 절차를 밟은 이른바 '수행적 개발'이 행해진다. 릴레이식이라고도 하며, 각 부문이 수직적으로 개발의 각 요소업무를 담당하고 다음 공정으로 이어져 간다.

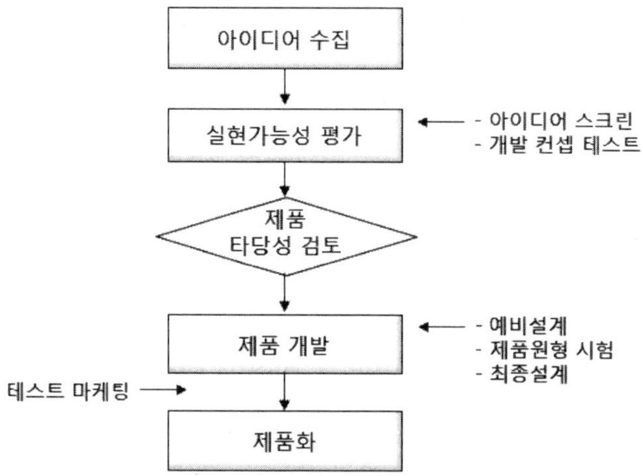

〈그림 5-6〉 신제품개발의 수행적 개발 절차

이 방식의 잇점은 복잡하고 위험이 큰 프로젝트의 관리가 용이하게 행할 수 있는 것이다. 그리고 늦지만, 착실한 제품개발의 촉진은 변화가 많은 경쟁시장에서의 판매나 이익을 놓치고, 시장에서의 위치 상실 등을 일으킬 위험도 있다.

이에 대해 '조정방식'이라 불리는 개발절차가 있다. 각 부문사이에 제품개발 개념에 의문이 발생하였을 때, 각 부문을 왕래하여 컨셉을 조정하여 진행하는 방식이다. 컨셉의 충분한 의견조정이 가능하다는 이점이 있는 한편, 제품개발의 기간이 길어지는 것을 조정하는데 노력이 드는 등의 단점이 있다.

최근, '동시(팀형) 제품개발', 다른 명칭으로 '럭비방식'이라고 불리는 방식이 성행하게 되었다. 이것은 팀의 기호에 의한 신제품개발 방식으로 기업내의 여러 부문이 복수의 개발과정을 동시에 거치는 형태이다.

이 방식에서는 서로 밀접하게 협력하여 제품개발공정을 진행시킨다. 결성된 팀은 신제품개발의 최초에서 마지막까지 관계되지만, 이 구성은 마케팅, 재무, 설계, 제조, 법률 등의 부문이나 공급업자, 하청기업 등도 추가되어 행해지는 일종의 연구개발이다. 이 방식의 한계는 개발비용이 높아지는 것과 개발품질의 저하를 초래하기 쉽다는 점이다.

2) 벤처형 연구개발체제

미국에서 왕성하게 행해지고 있는 연구개발의 진행방식으로, 그 특징은 크게 나누어 3개가 있다.

① 비즈니스 경험이 없는 대학관계자가 주체가 되어 소수인원으로 행해진다.

② 연구개발에 있어서의 기술의 계보가 보이고, 이단의 발상에 의해 소프트면에서 독자성을 발휘하고 있다.

③ 목적은 수익에 있지만, 독자성이 높고, 정부나 대기업과의 조건부(배후)관계가 없으며 지원에 의존하지 않는다.

중소기업청의 창업 지원 부서에서는 ①에서 일할 만한 우수한 인재가 갖추어져 있고, ②에서 색다르지만, 발전성이 있는 유망한 아이템을 갖고, ③에서 자유도가 높고 거대한 가능성을 감춘 벤처기업을 우수한 연구개발체제로 평가한다.

3) 연구개발의 실행계획

연구개발의 실행계획은 다음 7개의 시점에서 입안한다. 즉, ①목표·목적, ②연구의 범위와 대상 결정, ③추진조직 체제의 정비, ④책임자와 역할 분담, ⑤추진 방법 및 절차 결정, ⑥실시계획공정표의 작성, ⑦실행예산의 작성이다.

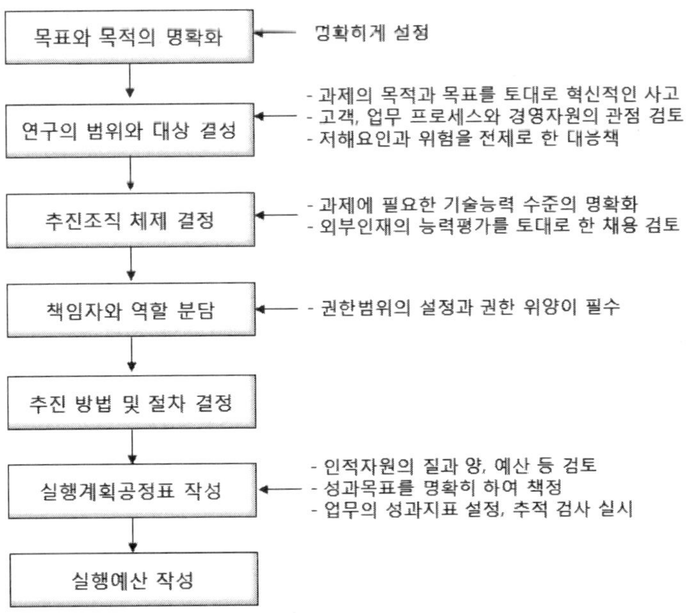

〈그림 5-7〉 연구개발의 실행계획입안 절차

실행계획입안의 절차는 다음과 같다.

① 목표와 목적을 명확하게 한다.
② 연구개발의 범위, 대상을 명확히 한다.
③ 정해진 추진조직과 맞춘다.
④ 책임자와 그 역할 분담을 정하고, 기반표를 작성한다.
⑤ 연구개발의 절차를 전개한다.
⑥ 실행계획공정표를 작성한다.
⑦ 실행예산을 작성한다.

이상의 실행계획입안의 각 절차를 결정할 때의 요점을 <표 5-1>에 나타내었다. 즉, 연구개발의 범위와 대상을 결정할 때는 ①과제의 목적과 목표를 토대로 혁신적인 사고, ②고객, 업무 프로세스와 경영자원의 관점에서 검토, ③저해요인과 위험을 전제로 한 대응책 등을 고려하여야 한다.

〈표 5-1〉 각 절차 결정시의 요점

연구개발의 범위와 대상	- 과제의 목적과 목표를 토대로 혁신적인 사고 - 고객, 업무 프로세스와 경영자원의 관점에서 검토 - 저해요인과 위험을 전제로 한 대응책
추진조직 체제 결정	- 과제에 필요한 기술능력 수준의 명확화 - 외부인재의 능력평가를 토대로 한 채용을 검토
책임자와 역할 분담	- 권한범위의 설정과 권한 위양이 필수
실행계획공정표 작성	- 인적자원의 질과 양, 예산 등을 검토 - 성과목표를 명확히 하여 책정 - 업무마다 성과지표를 설정하고 추적 검사 실시
실행예산 작성	- 과제에 따른 필요한 경영자원의 설정

제4절 서비스의 설계

1. 서비스의 특징

서비스는 다음과 같은 특징에 의해 제품과 구별된다. 비록 모든 서비스가 이 특징을 모두 가진 것은 아니지만, 적어도 이 가운데 몇 가지의 특징을 포함하고 있다.

1) 서비스의 무형성

자신이 보고, 만지고, 입어볼 수 없는 어떤 것을 설계한다는 것은 어렵다. 즉, 서비스는 경험이며, 소비자의 개인적인 경험은 모두 다를 것이다. 그러므로 서비스를 설계하는 것은 고객이 좋게 느끼고, 좋게 느낀 경험들을 정형화하는 것이다. 설계자는 사람들이 생각하고 느끼고 행동하는 것에 대한 심리학적인 정보를 모음으로써 서비스 설계에 착수하게 된다.

그리고 서비스의 무형성 때문에, 소비자는 서비스가 제품보다 더 위험하다고 생각한다. 물질적인 환경, 제공자의 태도, 서비스의 보증 등으로 서비스 경험의 정확한 지각을 강화하기 위해 서비스 설계에 포함시켜 고객의 위험을 줄이는 것이 필요하다.

서비스 경험의 품질은 주로 고객의 서비스 경험에 달려있다. 그러므로 서비스 결과에 대한 평가는 소비자의 지식, 경험 등에 따라 다르게 나타날 수 있다.

또한, 소비자는 다양한 형태의 서비스 제공자 때문에, 보다 나은 서비스를 기대하게 된다. 예를 들면, 할인점보다 백화점에서 보다 좋은 서비스를 기대하고, 또 일반 자동차 수리점보다 자동차 딜러의 서비스 센터가 보다 나은 서비스를 해 줄 것으로 기대한다.

따라서 고객의 기대를 이해하는 것은 좋은 서비스를 디자인하기 위해 필수적인 요건이다.

2) 서비스 산출물의 다양성

다양한 서비스 담당 직원과 서비스를 제공받는 다양한 고객들 때문에 서비스 산출물은 다양한 것이 사실이다. 그러나 소비자의 욕구가 다양할지라도 소비자에게 서비스 경험은 일관된 기억으로 남게 된다.

최근 설문조사에 따르면, 소비자에게 가장 중요한 서비스 품질의 측정도구는 신뢰성과 지속성이다. 그리고 서비스 설계는 예측가능성이나 인내에 대하여 노력해야 한다. 일관성으로 알려진 서비스의 예로는 맥도날드, 홀리데이 인 호텔, 서비스 마스터 등이 있다. 일관성을 증가시키기 위해 기업들은 광범위한 고용훈련, 운영에 대한 진행, 표준재료, 설비, 물질적인 환경 등이 사용된다.

3) 소비자 접촉의 증대

대부분의 서비스가 서비스 제공자와 소비자 사이의 접점 서비스이므로, 접점을 확실시 하는 것은 서비스 설계의 명백한 한 부분이다. 이것은 서비스 제공자에게 성공적으로 고객거래를 완성시키기 위한 기술과 필요한 권위를 주는 것을 포함한다.

높은 소비자 접촉은 서비스의 효율을 방해할 수 있고, 품질관리를 어렵게 만들 수도 있지만, 소비자와의 직접 접촉은 서비스의 장점일 수도 있다. 그러므로 서비스를 경험한 고객에게 주의를 기울이는 것은 새로운 서비스를 만들고, 현존하는 서비스의 개선을 위한 피드백을 용이하게 한다.

4) 서비스의 소멸성

서비스는 재고로 가질 수 없기 때문에, 운송 시간과 지역이 중요하다. 그러므로 서비스 설계는 배달되는 것뿐만 아니라 '어디서'와 '언제'도 역시 정의하여야 한다.

5) 서비스 매장의 다양화, 분산화

많은 서비스 종업원들은 당황스러운 상황에 대하여 그들 스스로 결정을 한다. 그러므로 주의 깊은 새로운 서비스의 설계는 종업원들이 뜻밖의 사고를 성공적으로 다루는데 도움을 줄 것이다.

그리고 다양한 서비스 매장은 새로운 서비스 설계에 의하여 도움을 받게 되며, 각 서비스 매장은 운영의 실제 실험무대가 될 것이다. 맥도날드는 새로운 아이디어를 위해 각각의 매장을 '실험실'로 여겼다.

6) 서비스는 제품보다 더 빨리 소모

서비스는 제품보다 더 빨리 소모되기 때문에, 소비자들로부터 성공하거나 실패할 여지가 더 빨리 나타나게 된다. SAS 항공사의 전 대표였던 Jan Carlzon은 이 기회를 '진실의 순간'이라고 불렀다. 서비스는 매일 수 천 가지의 진실의 순간에 직면한다. 서비스의 새로운 설계는 각각의 서비스에 대한 진실의 순간을 긍정적인 경험으로 만들 것이다.

7) 서비스의 쉬운 경쟁성

경쟁자는 새롭거나 개선된 서비스를 빨리 복사할 수 있다. 그러므로 새로운 아이디어 개발은 끊임없이 경쟁자 보다 앞서야 한다. 그 결과, 새로운 서비스 소개와 서비스 개선은 새로운 제품 소개보다 좀 더 빨리 나타나게 된다.

이러한 서비스의 특징을 그림으로 나타내면, 다음과 같다.

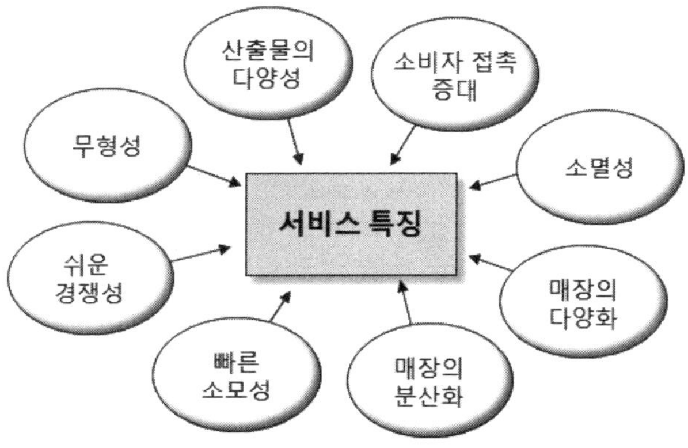

〈그림 5-8〉 서비스의 특징

2. 서비스 설계 과정

서비스의 특징에서 살펴본 것과 같이, 서비스 설계가 제품설계보다 더 포괄적이고, 더 자주 발생하는 것은 명백하다. 그러므로 서비스 과정에서 요구되는 변화성은 서비스 시스템을 디자인할 때 보다 신중히 디자인 하는 것이 필요하다.

<그림 5-9>는 서비스 개념으로 시작하여 서비스 전달로 끝나는 서비스 설계의 과정을 보여준다.

서비스의 개념은 목표 고객과 이상적인 고객의 경험으로 정의되며, 그것은 자사의 서비스가 다른 기업과 어떻게 다른지, 시장에서 어떻게 경쟁할 것인지를 정의한다.

그러므로 기업의 서비스 컨셉이 사전에 점유되지 않은 틈새를 채우거나 운영에서 일반적으로 인정된 방법이 다르기 때문에, 때때로 서비스는 성공적이 될 수 있다. 예를 들면, 아마존은 온라인 주문에 대한 소비자 서비스에 뛰어나며, 세계적인 이베이는 판매자와 구매자의 거대한 커뮤니티를 통해 생생한 경매를 창조한다.

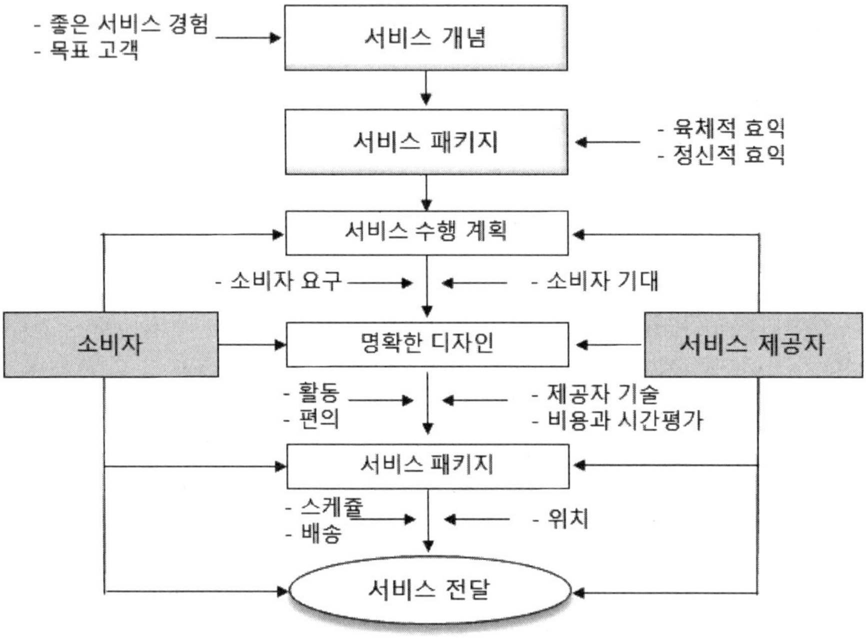

〈그림 5-9〉 서비스 설계의 과정

Shouldice병원은 오직 탈장 수술만 수행한다. 그러므로 이 병원 의사들은 매우 경험이 많고, 편의시설은 정성들여 디자인되었으며, 국소 마취가 사용된다. 환자는 그들 자신의 힘으로 수술방에 들어가고 나간다. 그리고 전화와 텔레비전, 식사 시설은 병실로부터 같은 거리의 공공장소에 위치해 있다. 그 결과, 환자는 빨리 움직일 수 있고, 시간 내에 퇴원하며, 수술비는 다른 병원에 비해 ⅓ 정도 저렴하다.

서비스 개념으로부터 도출된 서비스 패키지는 고객의 욕구를 충족시키기 위해 창조된다. 서비스 패키지는 물질적 아이템의 조합, 물질적 이익, 심리학적 이익으로 구성되어 있다.

예를 들면, 식당에서의 물질적 아이템은 편의시설, 음식, 음료, 식기, 냅킨 등 접촉되는 다른 상품들로 구성되어 있다. 그리고 물질적 이익은 음식의 맛과 향기, 사람들의 광경과 소리가 포함되어 있다. 또한, 심리학적 이익은 휴식과 기분전환, 위안, 지위, 웰빙에 대한 감각 등을 나타낸다.

제5절 제품의 배합

제품배합(product mix)은 생산시스템의 운영단계에서 제품별 생산수량계획을 수립할 때 결정하여야 하는 사항으로 선형계획법(LP; Linear Programming)이 이용되고 있다. 즉, 기업에서 생산 가능한 제품들이지만, 기업의 한정된 자원으로 모두 생산할 수는 없는 것이다.

그러므로 제품배합의 기준은 기업내 여러 제품들 가운데 수익성이 높은 제품들을 선정하는 것으로, 제품개발 단계에서 신제품 아이디어의 타당성을 검토하여 신제품을 개발하기로 결정하는 제품선정과는 구별된다.

제품배합의 결정은 주로 마케팅의 측면과 관련을 가지고 있으나 마케팅 문제가 우선적 기준이 아닌 경우에는 선형계획법이 제품배합 결정에 도움을 주는 매우 유용한 기법이다. 기업이 생산할 수 있는 2가지 이상의 제품이 얼마든지 시장에서 받아들여지고 있는 경우에 제품배합 결정이 이용되며, 몇 가지 이용가능한 원재료나 공정 중에서 가장 값싼 재료나 공정의 배합을 선정하는 문제도 제품배합의 예라고 볼 수 있다.

보론 선형계획법

1. 선형계획모형의 의의

선형계획모형은 현대 경영자에게 요구되는 가장 중요한 기능인 기업의 의사결정에 도움을 준다. 그리고 경영자의 의사결정을 도와주는 계량의사결정의 여러 기법들 가운데 가장 널리 이용되고 있는 선형계획법(linear programming)은 매우 유용한 의사결정 기법이라 할 수 있다. 즉, 작업자 수, 조업시간, 보유 자재량, 자금 등의 주어진 여건을 최대한 활용하여 기업의 최대이익을 가져오는 방안을 찾는 기법이다.

선형계획법은 1947년 처음 발표된 이래, 기업운영에서부터 공공부문의 문제에까지 경비절감을 위한 방법으로 널리 이용되어 오고 있다.

2. 선형계획모형의 개발

기업은 이익 추구의 목적을 가진 조직이며, 작업자 수, 조업시간, 보유 자재량, 자금 그리고 여러 정치·경제적 제약들이, 기업의 목표이익 달성을 저해하는 요인으로 작용할 수 있다. 그러므로 선형계획모형은 목적함수식, 제약조건식, 비음조건의 3가지가 기본 요소로 구성된다.

① **목적함수식**(objective function) : 기업이 추구하고자 하는 이익이나 비용의 목표를 식으로 나타낸 것이다. 즉, 기업의 이익과 관련된 문제는 기업의 이익을 최대화시키기 위하여 최대화문제를 이용하며, 기업의 비용측면을 다루는 문제는 비용최소화를 위하여 최소화문제를 이용한다.

② **제약조건식**(side constraints) : 기업의 목표를 달성하는데 제약이 되는 여러 조건을 말한다. 즉, 보유설비, 기술 인력의 수준, 시장 경기동향, 정치 분위기, 공해문제 등 현실적인 문제가 제약조건으로 작용한다.

③ **비음조건**(nonnegativity condition) : 각 제품의 생산량은 생산하지 않으면 0이 되며, 적어도 0보다 커야 한다는 조건이다.

예제 5s-1

P사는 3개의 제품을 생산하여 판매하는 기업이다. 제품 A의 표준작업시간은 공정 Ⅰ에서 4시간, 공정 Ⅱ에서 2시간이며, 제품 B의 경우 각각 2시간, 10시간이라 한다. 그리고 제품 C의 단위당 표준시간은 공정 Ⅰ에서 1시간, 공정 Ⅱ에서 2시간이 소요되며, 제품 단위당 공헌이익을 A는 5,000원, B는 4,000원, C는 2,000원, 조업 가능시간은 공정 Ⅰ이 7,000시간, 공정 Ⅱ는 6,000시간으로 추정할 때, 최대이익을 내는 제품생산계획을 세우기 위한 선형계획모형을 나타내어라.

풀이 P사와 관련된 위의 내용을 간단하게 표로 작성하면 다음과 같다.

제품	단위당 표준 작업시간		단위이익(원)
	공정 Ⅰ(시간)	공정 Ⅱ(시간)	
A	4	2	5,000
B	2	10	4,000
C	1	2	2,000
가용시간	7,000	6,000	

제품 A, B, C의 생산량을 x_1, x_2, x_3라 하면, 제품 A의 단위이익이 5,000원이므로 x_1개를 생산하면 $5,000x_1$의 이익이 발생한다. 그러므로 제품 B와 C의 이익을 모두 합하면, $Z = 5,000x_1 + 4,000x_2 + 2,000x_3$가 K사의 목적, 즉 목적함수식이 된다.

그리고 공정 Ⅰ에 대한 제품 A의 표준작업시간은 $4x_1$ 시간이 소요되며, 제품 B는 $2x_2$ 시간, 제품 C는 $1x_3$ 시간이 소요된다. 그러나 공정 Ⅰ의 가용시간이 7,000시간이므로 제품생산에 소요되는 총시간은 7,000 시간을 초과하면 안 된다.

그러므로 $4x_1 + 2x_2 + 1x_3 \leq 7,000$이라는 제약조건식이 성립된다.

따라서 K사의 목적함수식과 제약조건식을 정리하여 제품생산을 위한 선형계획모형으로 나타내면 다음과 같다.

$$\begin{aligned}
\text{Max} &: Z = 5,000x_1 + 4,000x_2 + 2,000x_3 \\
\text{s.t.} &: 4x_1 + 2x_2 + x_3 \leq 7,000 \\
& \quad 2x_1 + 10x_2 + 2x_3 \leq 6,000 \\
& \quad x_1,\ x_2,\ x_3 \geq 0
\end{aligned}$$

예제 5s-2

다음은 S농장에서 사용하는 돼지 사료의 종류, 각 사료의 영양분, 사료의 구입가격 그리고 필요한 최소 필수영양분을 나타낸 것이다. 돼지의 최저 필수영양분을 충족시키면서 사료의 구입비용을 최소화할 수 있는 방법을 선형계획모형으로 나타내어라.

	사료 Ⅰ	사료 Ⅱ	최저 필수영양분(칼로리)
영양분 A	3	2	5
영양분 B	2	8	4
영양분 C	3	3	2
단위 중량당 구입비용(원)	5,000	4,000	

풀이 사료 Ⅰ과 사료 Ⅱ의 구입량을 각각 x_1, x_2라고 하면, 단위 중량당 구입가격이 사료 Ⅰ이 5,000원, 사료 Ⅱ가 4,000원이므로 사료 구입비용은 $Z = 5{,}000x_1 + 4{,}000x_2$가 된다.
S농장의 목적은 총사료 구입비용을 최소화하는 것이기 때문에 최소화 문제가 되며, 목적함수식의 앞에 Min을 붙인다. 그리고 섭취하여야 할 영양분 A의 최저 필수영양분이 5칼로리이므로, $3x_1 + 2x_2 \ \geq \ 5$의 제약조건식이 만들어진다.
따라서 이 문제를 선형계획모형으로 나타내면 다음과 같다.

$$
\begin{aligned}
\text{Max} \ : \ Z &= 5{,}000x_1 + 4{,}000x_2 \\
\text{s.t.} \ : \ 3x_1 + 2x_2 &\geq 5 \\
2x_1 + 8x_2 &\geq 4 \\
3x_1 + 3x_2 &\geq 2 \\
x_1, \ x_2 &\geq 0
\end{aligned}
$$

3. 선형계획모형의 일반 형태

선형계획모형에서 최대화문제의 일반 형태는 다음과 같이 전개할 수 있다.

$$\text{Max} \ : \ Z = c_1x_1 + c_2x_2 + \ \cdots\cdots \ + c_nx_n$$

$$
\begin{aligned}
\text{s.t.} \ : \ & a_{11}x_1 + a_{12}x_2 + \cdots\cdots\cdots + a_{1n}x_n \le b_1 \\
& a_{21}x_1 + a_{22}x_2 + \cdots\cdots\cdots + a_{2n}x_n \le b_2 \\
& \cdots\cdots + \cdots\cdots\cdots\cdots\cdots + \cdots\cdots \le \cdots \\
& a_{m1}x_1 + a_{m2}x_2 + \cdots\cdots + a_{mn}x_n \le b_m \\
& \qquad\qquad x_j \ \ge \ 0 \ (j = 1, 2, 3, \cdots, n)
\end{aligned}
$$

여기서, c_i는 단위이익, a_{ij}는 기술계수, x_j는 생산량, b_j는 가용량을 나타낸다. 위의 식을 보다 간략하게 단순화하면, 다음과 같이 나타낼 수 있다.

$$
\begin{aligned}
\text{Max} \ : \ & Z = \sum_{j=1}^{n} c_j x_j \\
\text{s.t.} \ : \ & \sum_{j=1}^{n} a_{ij}x_j \ (\le, =, \ge) \ b_i \ (i = 1, 2, \cdots, m) \\
& x_j \ \ge \ 0 \ (j = 1, 2, \cdots, n)
\end{aligned}
$$

제약조건식의 부등호는 항상 '≤'의 부등호만을 갖는 것이 아니고, '=' 혹은 '≥'부등호가 사용될 수 있다. 그리고 최소화문제는 다음과 같이 간단히 나타낼 수 있다.

$$
\begin{aligned}
\text{Max} \ : \ & Z = \sum_{j=1}^{n} c_j x_j \\
\text{s.t.} \ : \ & \sum_{j=1}^{n} a_{ij}x_j \ (\le, =, \ge) \ b_i \ (i = 1, 2, \cdots, m) \\
& x_j \ \ge \ 0 \ (j = 1, 2, \cdots, n)
\end{aligned}
$$

4. 선형계획모형의 풀이 방법

1) 도해적 해법

도해적 해법(graphic method)은 선형계획모형을 그래프를 이용하여 해결하는 방법으로, 속성상 변수가 2개일 경우에 사용할 수 있다. 즉, 도해적 해법은 2차원의 그래프 상에 나타낼 수 있는 2개의 결정변수를 갖는 모형으로 한정된다.

결정변수가 3개 이상 증가하면, 해의 도출과정은 복잡해지고, 결정변수가 4개 이상

될 경우 그래프 상에서 모형의 해를 얻는 것은 불가능하다.

그러나 도해적 해법이 해를 얻는 접근방법으로서 제한이 있을지라도, 어떻게 모형의 해가 도출되는가를 제시해 준다는 점에서 매우 유용한 방법이라고 할 수 있다.

예제 5s-3

S사는 제품 X, Y를 생산하며, 이 제품들은 3개의 공정을 거치게 된다. 각 공정의 제품 X와 Y에 대한 작업소요시간 및 월간 조업능력은 다음과 같다.

제조부문	작업소요시간		월간 조업가능시간
	제품 X	제품 Y	
Ⅰ	2	3	120
Ⅱ	3	4	120
Ⅲ	2	1	50

제품 X의 단위당 이익은 10원, 제품 Y는 단위당 12원이다. 두 제품을 판매하는 데는 제한이 없다고 가정하고, 도해적 해법을 이용하여 최대이익을 구하라.

풀이 제품 X, Y의 생산량을 x_1, x_2라 하면,

Max : $Z = 10x_1 + 12x_2$

s.t. : $2x_1 + 3x_2 \leq 120$ → (식 1)

$3x_1 + 4x_2 \leq 120$ → (식 2)

$2x_1 + x_2 \leq 50$ → (식 3)

$x_1,\ x_2 \geq 0$

위의 식을 x_2에 대한 식으로 정리하면 다음과 같다.

$x_2 \leq -\dfrac{2}{3}x_1 + 40$ → (식 1)

$x_2 \leq -\dfrac{3}{4}x_1 + 30$ → (식 2)

$x_2 \leq -2x_1 + 50$ → (식 3)

$x_1,\ x_2 \geq 0$

따라서 제1사분면에 (식 1), (식 2), (식 3)의 그래프를 먼저 그린다.

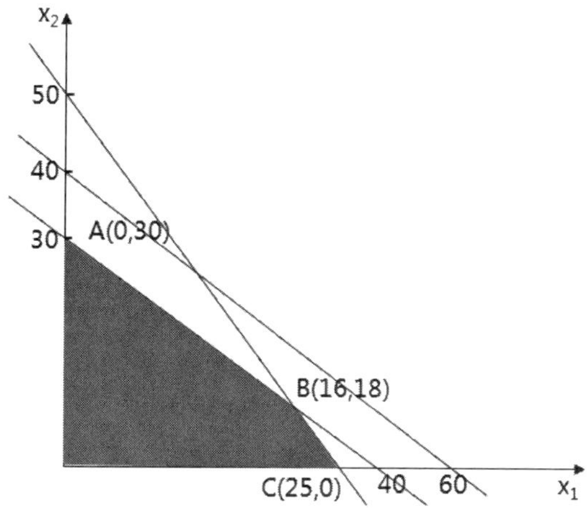

각 교점에 대한 목적함수 값의 변화를 살펴보기 위하여 교점의 좌표를 목적함수식에 대입하면 다음과 같다.

A(0, 30) : 10 × 0 + 12 × 30 = 360

B(16, 18) : 10 × 16 + 12 × 18 = 376

C(25, 0) : 10 × 25 + 12 × 0 = 250

따라서 제품 X를 16개, 제품 Y를 18개 생산할 때, S사는 376원의 최대이익을 얻을 수 있다.

2) 심플렉스해법

심플렉스해법(simplex method)은 1947년 단찌히(George B. Dantzig)가 개발한 반복연산기법으로, 선형계획모형 문제를 풀이하는 여러 가지 기법 중에서 가장 일반적이고 유용한 기법이다.

이 기법은 원점을 출발점으로 하여 실행가능영역을 형성하는 꼭지점에서의 목적함수 값, 즉 실행가능기저해를 순차적으로 계산해 나가면서 상호 비교하여 이 중에서 최적해를 찾는 절차를 취하는 방법이다.

예제 5s-4

다음 선형계획모형을 심플렉스해법을 이용하여 풀어라.

$$\text{Max} \ : \ Z = 4x_1 + 3x_2 + 2x_3$$

s.t. : $2x_1 + 4x_2 + x_3 \leq 48$

$3x_1 + 2x_2 + 2x_3 \leq 60$

$x_1,\ x_2,\ x_3 \geq 0$

풀이 a. 선형계획모형을 정규형식으로 작성 : 목적함수식에서 모든 변수를 좌측으로 이동하고, 우측에 상수가 오게 한다. 그리고 제약조건식에 여유변수를 도입한다.

Max : Z

s.t. : $Z - 4x_1 - 3x_2 - 2x_3 = 0$

$2x_1 + 4x_2 + x_3 \leq 48 \rightarrow 2x_1 + 4x_2 + x_3 + s_1 = 48$

$3x_1 + 2x_2 + 2x_3 \leq 60 \rightarrow 3x_1 + 2x_2 + 2x_3 + s_2 = 60$

$x_1,\ x_2,\ x_3 \geq 0 \rightarrow x_1,\ x_2,\ x_3,\ s_1,\ s_2 \geq 0$

b. 심플렉스표에 정규형식 작성

기저변수	x_1	x_2	x_3	s_1	s_2	상 수	비 율
Z	-4	-3	-2	0	0	0	
s_1	2	4	1	1	0	48	
s_2	3	2	2	0	1	60	

c. 진입기저변수와 탈락기저변수의 선정

① 진입기저변수의 선정 : 진입기저변수는 목적함수식에서 단위당 이익이 가장 큰 값의 변수를 진입기저변수로 결정한다. 즉, 심플렉스표에서는 - 부호를 가진 값 가운데 절대값이 가장 큰 변수인 x_1이 진입기저변수로 선택된다.

② 탈락기저변수의 선정 : 진입기저변수의 기술계수를 우측상수에 나누어 그 값이 적은 값을 탈락기저변수로 선택한다. 이 문제에서는 공정 Ⅰ의 48/2와 공정 Ⅱ의 60/3을 비교할 때, 공정 2의 값이 적으므로 s_2가 탈락기저변수로 선택된다.

기저변수	x_1↓	x_2	x_3	s_1	s_2	상 수	비 율
Z	-4	-3	-2	0	0	0	
s_1	2	4	1	1	0	48	48/2
←s_2	③	2	2	0	1	60	60/3

③ 새로운 관계등식의 유도 : 진입기저변수와 탈락기저변수를 중심으로 1차 결합을 통해서 새로운 관계등식을 유도한다. 즉, x_1과 s_2가 만나는 3의 값

이 피보트원이 되며, 피보트원의 값은 반드시 1이 되고, 나머지 값은 0으로 만든다.

기저변수	x_1	x_2	x_3	s_1	s_2	상 수	비 율
Z	0	-1/3	2/3	0	4/3	80	
s_1	0	8/3	-1/3	1	-2/3	8	
x_1	1	2/3	2/3	0	1/3	20	

d. 목적함수식을 제약조건화한 식의 계수 가운데 (-) 부호를 가진 값이 없을 때까지, c(단계 3)의 과정을 되풀이한다.

기저변수	x_1	x_2↓	x_3	s_1	s_2	상 수	비 율
Z	0	-1/3	2/3	0	4/3	80	
←s_1	0	(8/3)	-1/3	1	-2/3	8	8/(8/3)
x_1	1	2/3	2/3	0	1/3	20	20/(2/3)

다음 표는 목적함수식을 제약조건화한 식의 계수 가운데 (-) 부호를 가진 값이 없기 때문에 최적해의 형태라고 할 수 있다.

기저변수	x_1	x_2	x_3	s_1	s_2	상 수	비 율
Z	0	0	5/8	1/8	5/4	81	
x_2	0	1	-1/8	3/8	-1/4	3	
x_1	1	0	3/4	-1/4	1/2	18	

따라서 최적해는 $x_2 = 3, x_1 = 18$, $Z = 81$이 되며, 비기저변수인 s_1, s_2, x_3는 0이 된다.($s_1 = s_2 = x_3 = 0$) 이 과정은 연속적인 표로 나타내면 다음과 같다.

기저변수	x_1	x_2	x_3	s_1	s_2	상 수	비 율
Z	-4↓	-3	-2	0	0	0	
s_1	2	4	1	1	0	48	48/2
←s_2	③	2	2	0	1	60	60/3
Z	0	-1/3↓	2/3	0	4/3	80	
←s_1	0	(8/3)	-1/3	1	-2/3	8	8/(8/3)
x_2	1	2/3	2/3	0	1/3	20	20/(2/3)
Z	0	0	5/8	1/8	5/4	81	
x_2	0	1	-1/8	3/8	-1/4	3	
x_1	1	0	3/4	-1/4	1/2	18	

연습문제

5-1 제품개발의 필요성과 과정을 설명하라.

5-2 제품설계의 원칙과 방법, 과정을 설명하라.

5-3 가치분석의 개념을 설명하라.

5-4 서비스의 특징을 설명하라.

5-5 서비스 설계 과정을 설명하라.

5-6 신제품의 개발전략을 설명하라.

5-7 신제품개발의 방법과 조직을 설명하라.

5-8 제품배합에 대하여 설명하라.

5-9 P사는 빵과 케이크를 생산하여 판매하고 있다. 빵 한 개를 생산하기 위해서는 공정 Ⅰ은 4분, 공정 Ⅱ는 2분, 공정 Ⅲ은 9분이 걸리고, 케이크를 생산하기 위해서는 공정 Ⅰ은 6분, 공정 Ⅱ는 2분, 공정 Ⅲ은 3분이 걸린다. 이 두 제품을 생산하기 위한 조업가능시간은 공정 Ⅰ이 300분, 공정 Ⅱ는 120분, 공정 Ⅲ은 270분이며, 빵과 케이크의 단위당 이익은 빵이 60원, 케이크가 80원이다. 도해적 해법을 이용하여 빵과 케이크의 최적생산량과 최대이익을 구하라.

	공정Ⅰ	공정Ⅱ	공정Ⅲ	단위이익(원)
빵	4	2	9	60
케이크	6	2	3	80
조업가능시간(분)	300	120	270	

5-10 C씨는 다이어트를 하기로 결심하고 당근과 시금치를 이용하여 일정기간 동안 다이어트를 해서 살을 빼기로 결심했다. 당근 1㎏에는 영양분 A는 0.8mg, B는 0.3mg, C는 0.4mg이 있고, 시금치 1㎏에는 영양분 A가 0.4mg, B가 0.5mg, C가 0.4mg이 함유되어 있다. 그리고 최소한 섭취해야 하는 필수 영양분의 양은 A가 2.0mg, B는 1.0mg, C는 1.2mg이며, 식품의 단위당 비용은 당근이 6원, 시금치가 5원이다.

C씨가 다이어트를 하기 위해 드는 비용을 최소화하는 선형계획모형으로 나타내고, 그 해를 도해적 해법을 이용하여 구하라.

5-11 다음 선형계획모형을 심플렉스해법을 이용하여 풀어라.

$$\begin{aligned} \text{Max} \ &: \ Z = x_1 + 6x_2 + 4x_3 \\ \text{s.t.} \ &: \ 2x_1 + x_2 + 2x_3 \leq 50 \\ &\quad 2x_1 + 3x_2 + x_3 \leq 90 \\ &\quad x_1,\ x_2,\ x_3 \geq 0 \end{aligned}$$

5-12 다음 선형계획모형을 심플렉스해법을 이용하여 풀어라.

$$\begin{aligned} \text{Max} \ &: \ Z = 5x_1 + 2x_2 + 8x_3 + x_4 \\ \text{s.t.} \ &: \ 4x_1 + 3x_2 + 5x_3 + x_4 \leq 100 \\ &\quad 2x_1 + 5x_2 + x_3 + 2x_4 \leq 40 \\ &\quad 2x_1 + 4x_2 + 5x_3 + x_4 \leq 80 \\ &\quad x_1,\ x_2,\ x_3,\ x_4 \geq 0 \end{aligned}$$

5-13 다음 선형계획모형을 심플렉스해법을 이용하여 풀어라.

$$\begin{aligned} \text{Min} \ &: \ Z = 3x_1 + 5x_2 + x_3 \\ \text{s.t.} \ &: \ 2x_1 + x_2 + 3x_3 \geq 24 \\ &\quad x_1 + 2x_2 + 3x_3 \geq 30 \\ &\quad x_1,\ x_2,\ x_3 \geq 0 \end{aligned}$$

5-14 다음 선형계획모형을 심플렉스해법을 이용하여 풀어라.

$$\begin{aligned} \text{Min} \ &: \ Z = 6x_1 + 4x_2 + 2x_3 \\ \text{s.t.} \ &: \ 5x_1 + 3x_2 + x_3 \geq 60 \\ &\quad 3x_1 + x_2 + 6x_3 \geq 90 \\ &\quad x_1,\ x_2,\ x_3 \geq 0 \end{aligned}$$

Chapter 6

공정의 설계

제1절 생산공정의 유형

1. 생산흐름에 의한 분류

생산공정은 제품 흐름이나 조업순서의 관점에서 볼 때, 단속흐름 공정, 라인흐름 공정, 프로젝트 공정의 3가지 형태가 있다. 제조업에서는 자재가 제품으로 전환되기 때문에 제품의 공정 흐름이 자재 흐름과 같다.

그러나 서비스 산업에서는 물질적인 제품 흐름은 없지만 그 대신 서비스를 창출하는 작업의 순서가 있다. 그러므로 서비스 산업에서는 서비스 창출 작업의 순서가 제품의 흐름으로 간주된다.

생산공정의 형태를 구분하는 목적은 다음과 같다.

① 제품에 따라 명확한 활동 계획을 가질 수 있다.

② 생산형태의 유형별로 관리 방법을 다르게 할 수 있다.

③ 고객에게 만족을 주는 제품을 공급할 수 있다.

1) 단속흐름 공정

단속흐름 공정(intermittent flow process)이란 작업의 흐름이 연속성이 없이 생산하는 형태를 말한다. 그러므로 고객의 주문내용이 달라 작업 로트마다 재료의 흐름이나 생산활동이 다르게 나타나며, 다음과 같은 특징이 있다.

① 제조 소요시간이 로트마다 불규칙하여 작업통제나 납기가 곤란하다.

② 주문에 의한 다품종소량생산이 특징이므로, 생산설비는 범용설비를 사용한다.

③ 작업자의 숙련된 기술이 필요하다.

④ 수요변화에 대한 탄력성이 크므로, 특히 생산 수량이 적고 가격이 고가인 경우에 유리하다.

⑤ 항공기 제조업, 건축, 조선, 기계 수리업 등에서 주로 이용된다.

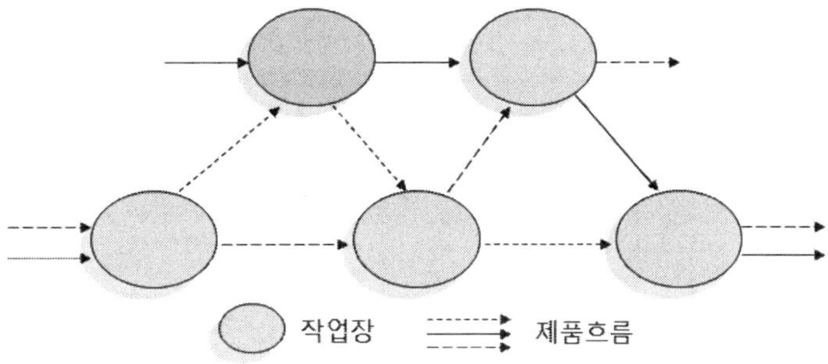

〈그림 6-1〉 단속흐름 공정

2) 연속흐름 공정

연속흐름 공정(continuous flow process)은 작업의 흐름이 24시간 계속되는 생산형태를 말한다. 즉, 제품이나 서비스를 만드는데 이용되는 공정들을 순서대로 연결하는 것으로 라인흐름 공정(line flow process)이라고도 한다. 그리고 연속흐름 공정은 대량생산과 연속생산으로 나누어진다.

그러므로 전용설비를 이용하여 일정 품목에 한정하여 대량생산함으로써 규모의 경제를 실현할 수 있어 단속생산이나 반복 생산형태보다 생산원가가 낮고, 수요에 대한 탄력성이 적다.

따라서 다음과 같은 특징이 있다.

① 기계공업적 흐름 공정

- 전용설비를 사용하며, 설비 투자액은 거액이므로 신중한 투자 결정을 요한다.
- 고장으로 인한 상대적 손실이 크므로 예방보존을 철저히 해야 한다.
- 분업이 용이하여 반숙련 또는 미숙련 노동자의 활용이 가능하다.

② 장치산업적 흐름 공정

- 석유정제, 유리, 시멘트, 비료 등의 화학 제조업에 적용한다.
- 거액의 설비투자를 요하며, 일단 건설되면 설비의 전용이 어려우므로, 시스템 결정에 신중을 기하여야 한다.
- 공정 전제를 하나의 시스템으로 다루는 시스템적 사고가 요구된다.

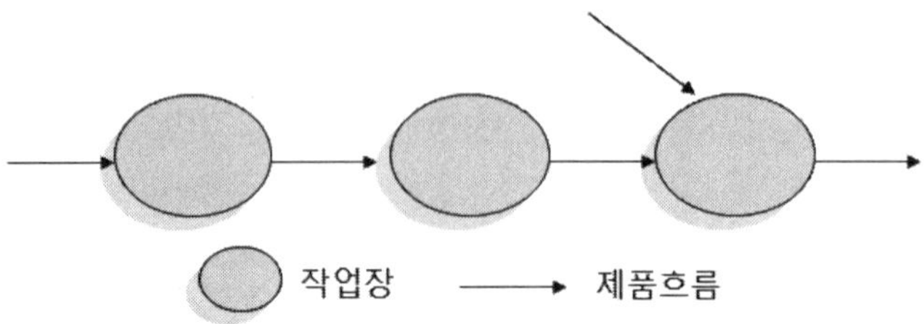

〈그림 6-2〉 연속흐름 공정

3) 프로젝트 공정

프로젝트 공정(project process)이란 빌딩, 교량, 선박 제조, 영화 촬영 등과 같은 독특한 제품을 창출하는데 이용된다. 즉, 각기 단일품목으로 제작되며, 제품의 흐름은 없고 공정의 순서만 있다.

그러므로 프로젝트 공정은 높은 비용과 계획 및 통제의 어려움이 있으며, 대규모 단독사업으로서 1회 생산이 이루어지므로 자동화하기가 어렵다.

프로젝트 공정은 다음과 같은 특징이 있다.

① 생산기간이 길며, 소요비용도 매우 크다.

② 토목, 건설, 조선, 연구개발 사업 등 생산량이 소수이다.

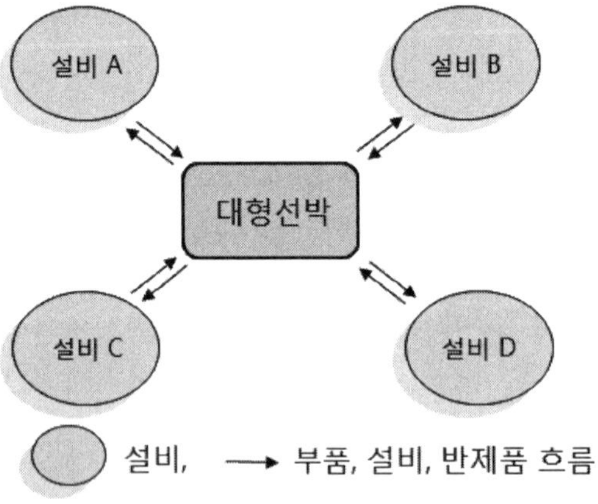

〈그림 6-3〉 프로젝트 공정

다음 그림은 생산의 반복성과 표준화 정도의 관계를 나타낸 것이다. 프로젝트 공정의 표준화 정도가 가장 낮고, 연속생산 공정의 표준화 정도가 가장 높다. 상대적으로 생산의 반복성 측면에서 살펴보면, 프로젝트 공정의 반복성이 가장 낮고, 연속생산 공정의 반복성이 가장 크다.

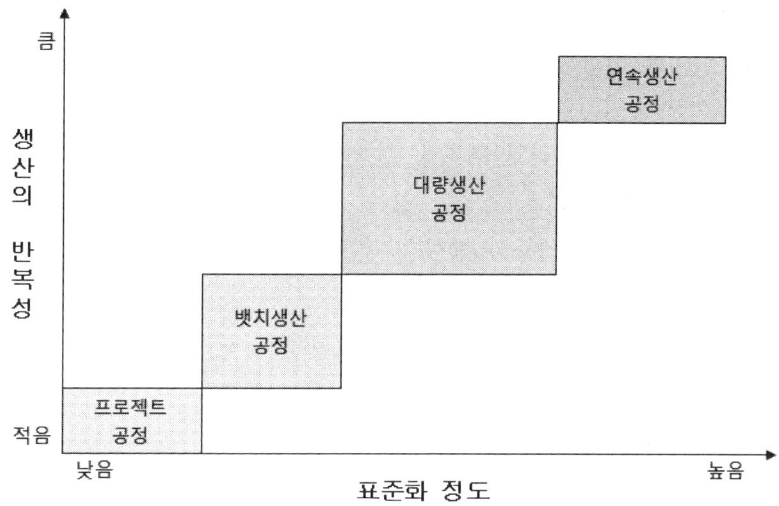

〈그림 6-4〉 생산의 반복성과 표준화 정도

2. 수요 형태에 의한 분류

1) 예측생산 공정

예측생산 공정(make to stock process)은 앞으로의 시장 수요를 예측하여 계획적으로 대량생산하는 형태를 말하며, 계획생산이라고도 한다. 이때 생산된 제품을 기성품(ready made)이라 한다.

예측생산 공정에서는 시장조사에 의한 수요예측, 즉 '예측수요'를 토대로 사전에 생산자가 제품의 규정, 원가를 결정하고 신기술이나 제품을 연구·개발한다.

다음으로 수요예측을 토대로 개발한 표준품을 언제, 어느 정도의 수량, 시장에 투입할 것인지의 생산계획을 책정하고 생산을 행한다.

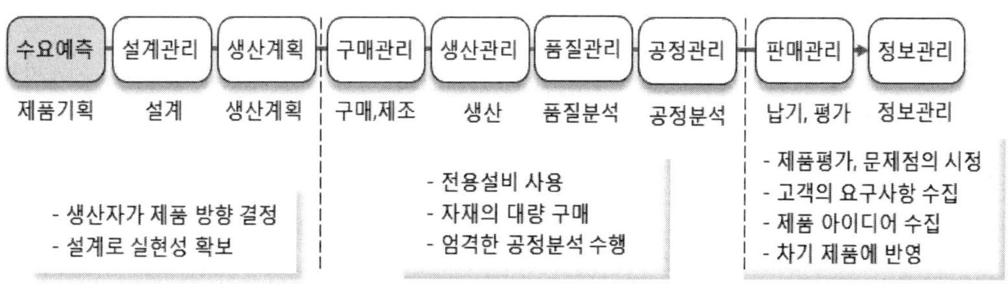

〈그림 6-5〉 예측생산 프로세스

예측생산을 하는 기업은 주문생산을 하는 기업과는 달리 표준화된 생산라인을 가져야 하므로 전용설비를 사용한다. 그리고 기업은 고객이 원하는 서비스 수준을 충족시키기 위하여 재고를 준비하여야 하며, 대량생산방식을 적용하므로 자재의 대량구매가 이루어진다. 그러므로 공정관리와 마케팅 활동이 매우 강조된다.

예측생산 공정은 다음과 같은 특징이 있다.

① 제품 특성 : 생산자가 제품의 방향을 결정, 넓은 범위의 변화와 종류

② 가격 : 낮은 가격

③ 수행 목표의 중요도 : 재고, 생산 능력, 서비스의 균형

④ 생산 설비 : 전용설비 사용

⑤ 관리상의 주요문제 : 예측, 계획생산, 재고관리

2) 주문생산 공정

주문생산 공정(make to order process)은 고객의 주문 내용에 따라 생산이 이루어지는 형태로 수주생산이라고도 하며, 이때 생산된 제품을 주문품(order made)이라 한다.

주문생산에서는 특정 고객으로부터의 주문에 따라 제품의 방향을 결정한다. 그리고 고객과 약속한 수량, 납기, 가격을 토대로 개별적으로 주문품의 설계, 생산을 행한다.

또한, 고객의 주문이 다양하므로 어떤 경우에는 주문을 받은 다음에야 고객의 요구조건에 맞추어 제품을 생산하는가하면, 또 어떤 경우에는 부품을 미리 만들어 놓았다가 조립단계에서 고객의 요구조건에 맞게 조립하기도 함으로 설비는 주로 범용설비를 사용한다.

주문생산 공정에서 업무수행 성과의 핵심요소는 품질과 납기가 된다. 즉, 고객은 주문을 하기 전에 제품 인도기간이 얼마나 걸리는지를 알고자 하며, 품질에 대한 기대가 크기 때문이다.

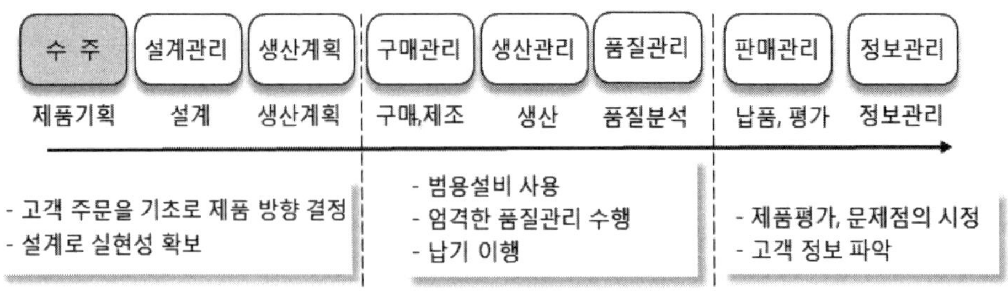

〈그림 6-6〉 주문생산 프로세스

주문생산 공정은 다음과 같은 특징이 있다.

① 제품 특성 : 고객이 제품의 시방을 결정으로 제품의 종류가 다양
② 가격 : 비교적 고가의 제품
③ 수행 목표의 중요도 : 재고, 생산 능력, 서비스의 균형
④ 생산 설비 : 범용설비 사용
⑤ 관리상의 주요문제 : 주문품 조달계획 수립, 주문품 인도기간 통제

3) 혼합생산 공정

혼합생산 공정은 하나의 생산시스템에서 주문생산 공정과 예측생산 공정을 병행하는 형태로서, 최근 사업 환경의 변화가 심한 가운데 시장 환경 변화에 급속한 대응이 요구되어 혼합생산 공정으로 계속 이행되고 있다.

혼합생산 공정은 고객으로부터의 주문을 토대로 제품의 방향을 결정하고, 설계 및 생산을 개시하는 것은 주문생산과 같다. 다만, 완성품의 일부를 표준적인 반제품이나 부품으로 구성하기 때문에 예측생산처럼 제품의 일부를 구성하는 표준적인 반제품이나 부품에 대해서 미리 수요예측을 토대로 계획생산을 행하고 대비해 둔다.

〈표 6-1〉 수요형태에 따른 생산공정별 특징

항 복	예측생산 공정	주문생산 공정	혼합생산 공정
수요	예측	확정	예측과 확정
생산프로세스	개발과 계획생산	개별 주문생산	조립생산
제품 방향 결정자	생산자	고객	고객욕구 중시
제품의 형태	표준품	주문품	혼합품
제품종별	일반소비재	특정고객 대상	특정고객 대상
품종과 생산량	소품종다량생산	다품종소량생산	변종변량생산
납기	짧다	길다	중간
재고	있음	없음	없음
수주변동에로의 대응	재고로 조정	생산능력으로 조정	재고와 생산능력으로 조정
생산계획	수요예측	고객의 주문	수요예측과 고객의 주문
생산능력	고정	유연	유연성 있음
생산설비	전용설비	범용설비	일부 전용설비

혼합생산 공정은 예측생산의 단기납기와 주문생산의 재고 제로(무재고)의 2가지 특징을 갖고 있기 때문에, 생산계획이나 관리의 정도가 좋으면 양쪽 생산형태의 장점을 살려 납기의 단축과 재고의 삭감이라는 상반된 과제를 처리할 수 있다.

한편, 생산계획과 관리의 정도가 낮으면, 납기의 연장과 재고의 증대라는 문제를 동시에 일으키는 위험도 있다. 그러므로 주문생산의 관리방식에 어떻게 적절하게 예측생산의 관리방식을 짜 넣을 것인가가 중요한 핵심이 된다.

혼합생산 공정은 다음과 같이 구분하여 실시한다.

① 일정의 생산능력 유지를 위하여 계획생산 실시

② 수요의 계절적, 순환적 변동에 대응하기 위하여 주문생산 실시

3. 생산의 반복성에 의한 분류

생산의 반복성에서 볼 때, 단속생산 공정과 연속생산 공정으로 나누며, 단속생산 공정은 개별생산 공정과 배치생산 공정, 그리고 연속생산 공정은 대량생산 공정으로 구분할 수 있다.

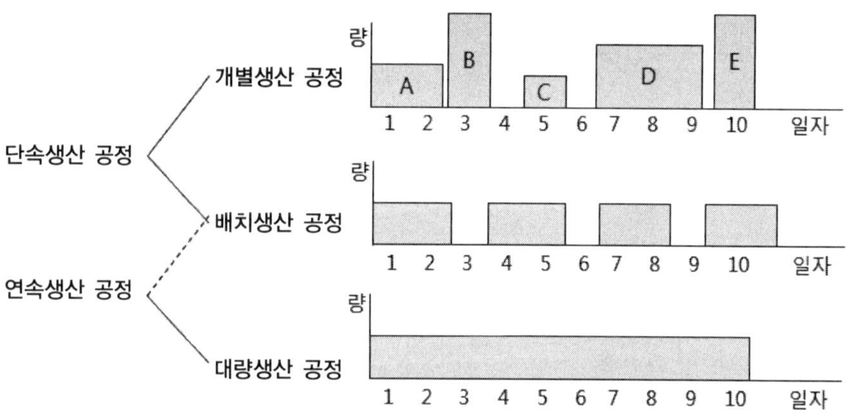

〈그림 6-7〉 생산의 반복성에 의한 분류

1) 개별생산 공정

개개의 고객 주문에 대하여 1회 생산을 하는 공정 방식으로, 대형 선박이나 항공기 등을 생산하는데 사용되는 공정이다. 개별생산 공정의 특징은 품종은 고객별로 각기 다르며, 고객이 제품의 방향을 결정하지만, 납기는 생산자가 결정하는 경우가 많다.

그리고 주문이 있기 전까지는 정확한 생산예측이 어렵기 때문에 원자재에 대한 구

매계획을 세우기 어렵다. 그러므로 생산활동의 관리에 많은 시간이 소요되며, 이 경우 비정형적인 결정을 필요로 하므로 컴퓨터로 처리가 어려운 경우가 많다. 또한, 다양한 제품의 주문으로 생산설비는 여러 가지 다양한 제품을 생산할 수 있는 범용설비가 유리하다.

개별생산 공정은 대량생산에 의한 규모의 경제를 기대할 수 없으므로, 소량생산의 제품생산에 유리하다. 즉, 생산수량이 적고, 제품이 큰, 고가의 제품생산에 유리하다.

2) 배치생산 공정

한 번에 제품을 하나씩 만드는 것은 시간이 많이 걸리고 비용이 엄청난 일이 될 수 있다. 그러므로 대부분의 제품은 대량생산할 때 더 빨리 더 효율적으로 만들어진다. 이와 같이 품목들을 소그룹이나 배치(batch)로 처리하는 생산시스템을 배치생산 공정(batch production process)이라고 한다. 배치생산 공정은 변동이 큰 제품, 다양한 제품의 짧은 생산시간, 고숙련 인력의 필요 등이 특징이 있다.

배치생산 공정의 작동에는 조립보다는 자르기, 기계 가공, 마감 작업과 같은 제작과정이 포함된다. 작업은 공정 요건에 근거하여 시스템을 통해 보내져서 선반 작업을 요하는 작업은 어느 한 장소로 보내고, 페인팅이 필요한 작업은 또 다른 곳으로 보내는 식이다. 그러므로 어느 특정 고객요구의 흐름을 시스템을 통해 추적하려면, 작업들이 다른 설비에 대기하면서 수많은 정지와 시작을 보면 될 것이다. 이처럼 특정 제품에 대한 작업은 연속적이지 않고 불연속이거나 간헐적이다.

또한, 배치생산 공정은 서비스 분야에서도 흔하다. 예를 들면, 교사가 학생들을 특정한 강의실에서 수업하는 경우로, 해당 수업이 끝나면 학생들은 각자 다른 시간표에 따라 다른 강의실로 흩어져서 그 다음 수업에 참여하게 된다.

3) 대량생산 공정

대량생산 공정(mass production process)은 반복생산 공정이라고도 하는데, 배치생산 공정이 경제적으로 다룰 수 있는 것보다 많은 양을 취급하며, 좀 더 표준화된 생산품을 만드는 방법이다. 제품은 대량판매시장을 위해 요구 조건에 맞게 생산되며, 수요는 안정적이고 양은 매우 크다. 수요의 안정성과 규모 때문에 생산시스템이 설비를 특정 제품에 적합한 전용설비를 사용할 수 있다. 그러므로 이 시스템은 특화된 장비와 한정된 노동인력과 더불어 자본 집약적이며, 반복성이 매우 높은 경향이 있다.

대량생산 공정은 대개 흐름라인이나 조립라인과 연관이 된다. 흐름이란 제품이 그 특정 제품을 위한 공정요건의 순서로 시스템을 통해 한 작업장에서 다음 작업장으로 이동하는 것을 말한다. 그러나 배치생산 공정은 각 고객의 주문에 따라 공정 요건이 다르기 때문에 이와 같은 방법으로 설정할 수 없다. 대량생산 제품에는 자동차, 텔레비전, 퍼스널 컴퓨터, 패스트푸드, 대부분의 소비제품 등이 포함된다.

대량생산 공정의 장점은 효율성, 낮은 단위당 비용, 제조와 관리의 용이성, 신속성 등이다. 단점으로는 설비비용이 높고, 종업원의 역량을 충분히 활용하지 못하며, 수요, 기술 또는 제품 디자인의 변화에 적응하기 어렵고, 개별 고객의 요구에 부응하기 어렵다는 점 등이 있다.

제2절 생산형태와 관리 방식

1. 생산형태와 관리 방식

1) 관리 방식

생산형태에 따른 관리 방식으로 예측생산 공정에 대응하는 푸쉬형(밀기형), 주문생산에 대응하는 풀형(끌어당기기형) 그리고 혼합생산 공정에 적합한 하이브리드형 등이 있다.

혼합생산 공정은 주문생산에 예측생산 공정의 특징을 살리기 위해 양쪽의 생산관리 방식을 혼합한 하이브리드 형이 있다.

① **푸쉬형** : 예측생산, 즉 예측수요를 토대로 하여 상위 공정에서 하위 공정으로 작업준비, 자재의 조달, 작업 등을 순차적으로 지시한다.

② **풀형** : 주문생산, 즉 확정된 수요를 토대로 하위 공정에서 상위 공정으로 지시한다.

③ **하이브리드형** : 푸쉬형과 풀형의 관리방식을 혼합하여 사용한다.

2) 생산형태와 관리방식 비교

'푸쉬형'의 관리 방법으로 MRP(Material Resource Planning; 자재소요계획)가 유명하며, '풀형'의 관리 방법으로 토요타 자동차의 '간판방식'이 유명하다. 간판방식은 개별생산을 최소의 준비재고로 실현할 수 있지만, 전제조건으로서 평준화, 고도의 품질관리 체제, 짧은 절차시간 등이 필요하다.

혼합생산의 관리 방법인 '하이브리드형'에서는 IT의 활용에 의한 MRP와 재고 제로를 향한 개별수주관리의 실현이 중요하게 된다. 최근, 수요의 변동에 대응한 변종변량 생산을 향하여 재고를 억제하면서 납기의 단축을 목표로 하는 하이브리드형으로의 이행이 추구되고 있다.

〈표 6-2〉 생산형태와 관리방식의 비교

항 목	예측생산	주문생산	혼합생산
관리방식	• 푸쉬형	• 풀형	• 하이브리드형
관리테마	• 재고의 삭감 • 표준화, 모듈화 • 계획정밀도의 향상	• 납기의 확보 • 재고 제로	• 재고삭감과 납기확보 • 표준화, 모듈화 • 평준화
제품의 형태	• 표준품	• 주문품	• 혼합품
제품 종별	• 일반소비재	• 대형발전기 등	• 시스템 제품
생산계획	• 예측수요에 따른 생산 지시	• 간판에 의한 지시	• 표준품과 주문품의 생산을 최적화
관리테크닉	• MRP	• 간판방식	• 혼합하여 사용
진척관리	• 공정마다	• 주문마다	• 배치마다
직원숙련노	• 숙련공	• 다기능공	• 숙련공·다기능공
시간 간격	• 통상 1주간	• 1일	• 1일
배출 방식	• 연속생산	• 개별생산	• 로트생산
설비 배치	• 단기유통형	• 알선상점형	• 혼합형

2. 예측생산 공정과 주문생산 공정의 관리

1) 예측생산 공정

예측생산을 토대로 표준품을 대규모 설비로 일괄 생산하므로 생산효율의 개선이 가능하다. 그리고 재고를 가진 것이 전제가 되기 때문에 불량품의 발생에 의한 판매기회의 유실방지, 납기의 단축에는 유리하다.

다만, 수요 예측을 잘못하면, 수요의 급변적인 감소에 대응할 수 없고, 재고의 증대, 대규모 생산설비로 인한 초기투자의 회수 불가, 대규모 직원 해고 등을 가져올 위험이 있다.

따라서 이 생산형태에서는 아래와 같은 과제가 있다.

- 예측수요의 예측정밀도 및 생산계획 정밀도의 향상
- 영업부문과 생산부문의 연계강화에 의한 판매와 생산능력의 일치
- 재고의 삭감
- 설비보전에 의한 높은 조업도의 유지와 초기투자비의 조기 회수

2) 주문생산 공정

'확정수요'에 연결된 '주문품'을 개별적으로 생산하기 때문에 재고의 삭감이 가능하다. 단지, 재고를 갖지 않는 것이 전제가 되기 때문에 불량품의 발생에 의한 판매기회의 유실, 납기지연의 위험이 있다. 또, 표준 규정에 의하지 않는 개별 규정을 토대로 한 주문품의 생산은 본질적으로 제품의 품질 저하, 조달·생산효율의 저하, 기술의 축적이나 기술 전달의 부족에 의한 노동원가나 제조원가의 증대를 낳을 위험이 있다. 그러므로 주문생산 공정은 다음과 같은 과제가 있다.

- 조달기간 단축, 절차 시간의 삭감, 제품·공정의 표준화
- 제품의 표준화(모듈화)에 의한 일부 계획생산의 도입

제3절 공정의 유연화

1. 생산형태의 추이

제품의 종류와 생산량에 의하여 소품종다량생산(少品種多量生産), 중품종중량생산(中品種中量生産), 다품종소량생산(多品種少量生産)으로 구분된다. 여기서 소품종다량생산의 의미는 기업에서 생산하는 제품의 종류가 적으면 다량생산을 이룰 수 있다는 것이다.

각 생산시스템의 개념을 설명하면, 다음과 같다.

1) 소품종다량생산시스템

소품종다량생산시스템은 전용설비를 이용하여 한정된 몇 가지 제품을 반복하여, 연속으로 생산한다. 즉, 연속 생산시스템의 형태를 취한다. 그러므로 각 공정이 가공능력

의 균형을 유지하고 있는 경우, 공정품 재고는 불필요하지만, 어느 한 곳에 고장이 발생할 경우 전체 공정이 정체되므로 많은 손실을 입는 문제가 따른다.

소품종다량생산시스템은 가정용 전기제품, 제조업, 석유정제, 유리, 비료업 등에서 볼 수 있으며, 특징은 다음과 같다.

① 생산공정의 통제가 쉬운 자본집약적 형태이다.
② 다른 생산시스템에 비하여 생산공정의 높은 신뢰성이 요구된다.
③ 비교적 단위당 생산비가 낮고, 작업자는 전문화된 단순 업무만 한다.

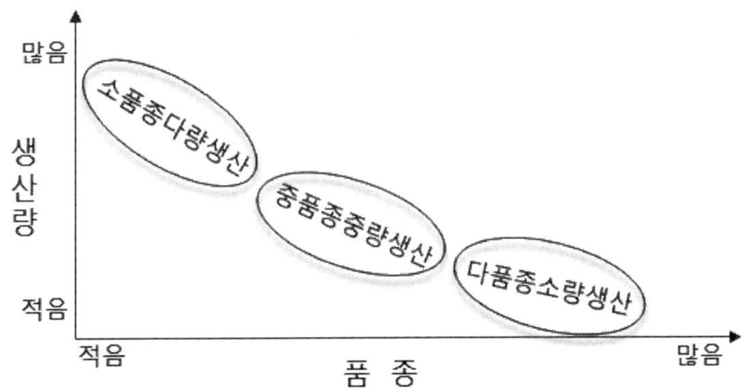

〈그림 6-8〉 품종과 생산량의 관계

2) 중품종중량생산 시스템

중품종중량생산시스템은 배치생산 공정이 일반적이다. 그리고 대규모의 배치생산은 연속생산 공정에 가까우며, 대부분의 배치생산시스템은 개별생산 공정과 대량생산 공정의 중간 형태라고 할 수 있으며, 특징은 다음과 같다.

① 일반적으로 배치생산 공정의 형태를 취한다.
② 배치생산의 규격을 규정하는 것은 생산로트의 크기(lot size)이다.
③ 소규모 배치생산은 개별생산 공정에 가깝다.
④ 작업자는 여러 가지 제품 생산에 대한 기술과 경험을 가져야 한다.

3) 다품종소량생산시스템

다품종이란 외양, 크기, 재질, 색상, 기능, 성능에 따라 품종이 많음을 의미하며, 고객의 주문이 있기 전까지는 정확한 생산예측이 어려워 원자재에 대한 계획적인 구매를 할 수 없다. 그리고 주문에 따라 제품이 상이하므로 기계설비는 다양한 제품을 생산할 수 있는 범용기계를 사용한다. 특징은 다음과 같다.

① 일반적으로 개별생산 공정의 형태를 취한다,

② 다품종의 영향으로 각 제품당 생산수량은 제한된다.

③ 다양한 제품생산에 대한 작업자와 감독자들의 풍부한 지식과 경험이 요구된다.

2. 모듈생산

모듈생산(module production)이란 소품종다량생산시스템의 효율화를 위하여 수요의 다양화에 대응한 대량생산방식으로, 호환성부품(interchangeable part)제도를 기초로 한 것이다. 즉, 다양하게 결합할 수 있는 모듈(구성부품)을 개발하여 이들 부품의 다양한 조립에 의하여 제품의 다양화를 경제적으로 실현하는 생산시스템이다.

다음 그림과 같이 대량생산은 공정에서 완제품이 생산되어 소비자에게 인도되지만, 모듈생산은 조립공정에서 호환성 부품들이 조립되어 결합제품이 소비자에게 인도된다.

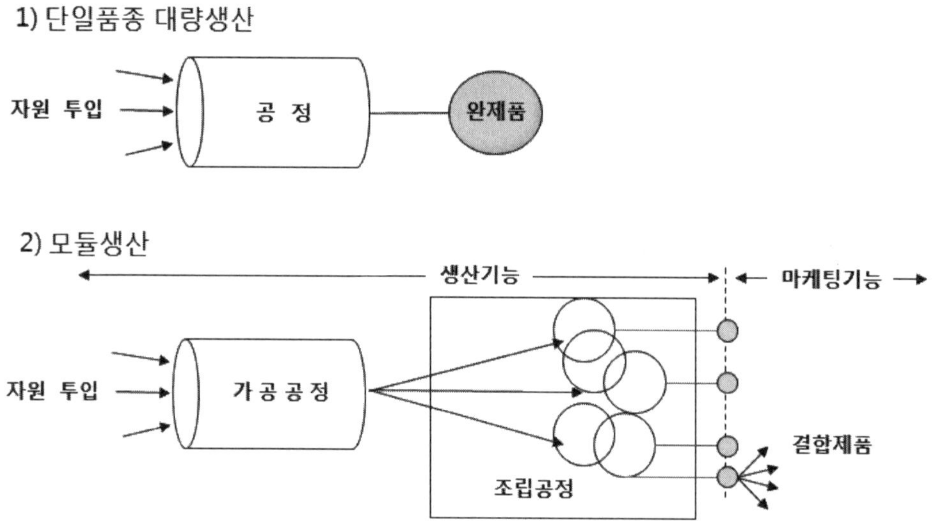

〈그림 6-9〉 대량생산과 모듈생산의 비교

실제로 한 가지 제품만을 생산하는 기업은 거의 없으며, 대부분의 기업들이 여러 가지 유형의 제품을 생산한다. 왜냐하면 제한된 부품으로 여러 가지 종류의 제품을 다양하게 만들 수 있다면, 생산원가를 저렴하게 할 수 있을 뿐만 아니라 소비자들의 다양한 욕구를 충족시킬 수 있기 때문이다.

예를 들면, 자동차산업에서 표준화된 구성부품(모듈)을 사용하여 엔진의 용량, 외부의 색상, 실내 장식물의 변경 등을 통해 고객들에게 다양한 자동차를 공급하고 있다.

그러므로 자동차의 모듈생산에 따른 특징은 다음과 같다.

① 자동차의 본체는 집중적으로 대량으로 생산한다.
② 최종 완성 조립은 지역단위의 조립 공장에서 이루어진다.
③ 모듈은 시장단위의 조립공장에 준비된다.
④ 고객은 판매점에서 모듈을 선택하고, 이것에 의한 조립제품을 구입한다.

〈그림 6-10〉 자동차의 모듈

따라서 모듈생산이란 생산량적인 면에서 본다면 단순한 대량생산임에는 틀림없으나 제품의 단일화, 표준화가 아닌 수요의 다양화에 대응한 생산방식이다.

3. 그룹 테크놀로지

그룹 테크놀로지(GT; Group Technology)는 다품종소량생산시스템의 효율화를 위하여 설계나 제조활동에서 유사한 부품들을 하나의 그룹으로 하여, 그 유사성을 이용하여 작업의 효율을 높이는 기법으로, 1960년 소련의 Mitrofanov에 의하여 창안되었다.

그러므로 이 기법은 무질서하게 가공하는 것보다 유사한 가공품들을 집약·가공할 수 있도록 제품설계, 작업표준, 가공 등을 계통적으로 행하여 집단가공법 또는 유사가공법(part family production method)이라고도 부른다.

다음 그림의 예를 이용하여 GT의 개념을 살펴보도록 하자. 아래 그림에서 (a)의 경우는 부품의 구분 없이 생산을 하는 경우이며, (b)의 경우는 유사부품들을 모아서 집단으로 가공하는 경우이다. (b)의 경우가 기업의 생산성 면에서 보다 효율적이며, 또 비용을 절감할 수 있다.

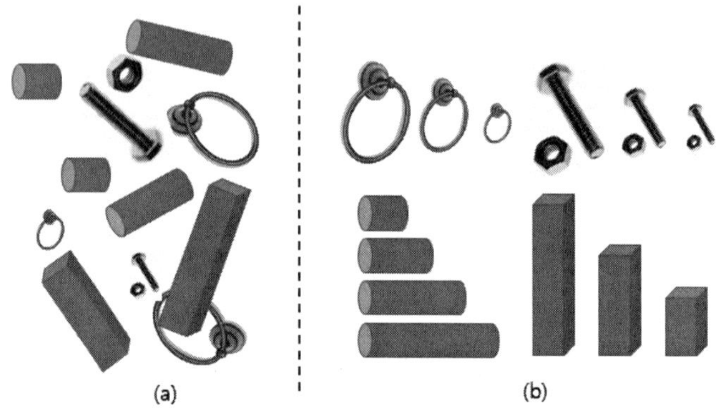

〈그림 6-11〉 GT의 조립도표

따라서 GT는 부품을 형태, 치수, 소재, 가공공정 등의 유사성이나 동질성을 합리적인 방법으로 집단화하여, 각 집단 내에서 설비와 공구를 공동사용하고, 자재취급량, 공정간 운반거리, 작업준비시간 등을 감소시키며, 집단 내에서의 반복 작업에 따른 작업자의 숙련도를 높임으로써 소품종다량생산에서 얻을 수 있는 장점을 다품종소량생산에서도 실현시킬 수 있는 시스템이다. 그러므로 GT는 다음과 같은 작업 효과가 있다.

① 단위당 생산시간의 감소로 인한 생산성 향상
② 간접인원 감소
③ 공작비용의 삭감
④ 설계, 공정계획, 작업계획의 단순화

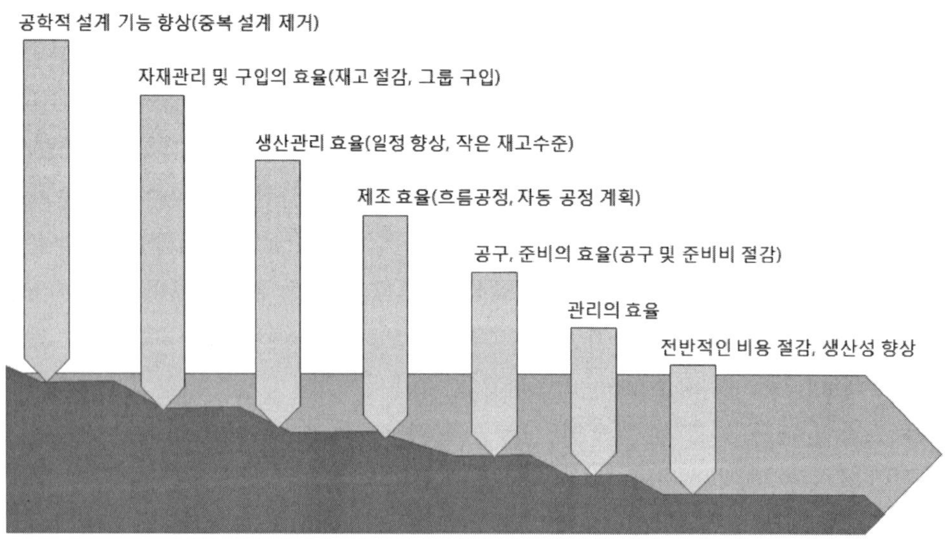

〈그림 6-12〉 GT에 의한 분야별 자원의 절약 정도

<그림 6-12>는 GT를 적용한 기업들의 각 부문별 효율성을 자원의 절약정도를 통하여 살펴본 것이다. 무엇보다 GT를 적용함으로서 '공학적 설계 기능'이 가장 향상된 것을 알 수 있다. 그리고 자재관리 및 구입의 효율, 생산관리의 효율, 제조 공정상의 효율, 공구 및 준비비의 절감효과, 관리의 효율, 비용절감 효과 등을 들 수 있다.

제4절 컴퓨터에 의한 생산방식

1. 로봇 생산

1) 의의

산업용으로 생산 작업의 수행에 있어서 인간의 동작을 모방한 여러 가지 형태의 기능을 반복적으로 수행하도록 프로그램화된 자동기계이다.

2) 효과

① 반복적이고 단순한 일 그리고 나쁜 작업조건에서 생산활동 가능
② 제품의 높은 신뢰성 보장
③ 자체 진단시스템으로 고장예방, 장비 이용의 효율성 높음
④ 조업시간 증가

3) 단점

① 생산공정 자체를 재설계
② 재설계에 따른 높은 비용 발생
③ 고용 감소

2. 컴퓨터지원 생산시스템

1) 의의

컴퓨터지원 생산시스템(CAM; Computer Aided Manufacter system)은 제품제조나 가공에 관련되는 컴퓨터지원기술로서 생산준비단계에서는 공정설계·공구설계·가공정보

를 작성하고, 생산단계에서는 가공·조립·검사 등의 작업과정에서 컴퓨터를 이용하여 작업을 수행하도록 지원하는 시스템이다.

따라서 CAM은 컴퓨터를 이용한 설계·제도 및 생산가공과 관련된 기술로서 생산·가공의 합리화 추진기능이 있다.

2) 효과

제조공정과는 직접 연결되어 있지 않지만 오퍼라인을 통해 다음과 같은 각종 정보와 자료를 수집, 분석을 할 수 있다.

① **제조원가 추정** : 기존의 생산품목 자료를 기초하여 새로운 품목의 제조원가 추정
② **적정기계 사용법의 결정** : 기계공구의 수명과 가공조건을 연계시켜 적정 작업속도 및 생산방법 결정
③ **작업방법의 결정** : 각 품목의 치수, 형상, 자재에 관한 분류 및 코팅시스템에 기초하여 각 공정의 작업순서와 사용기계 목록 작성
④ **NC 기계의 프로그래밍** : 제조공정과 품목구조에 관한 자료를 이용하여 기계의 프로그램 작성
⑤ 작업 스케줄, 작업장 현황분석, 재고관리 등을 효과적 수행

3. 유연생산시스템

1) 의의

유연생산시스템(FMS; Flexible Manufacturing System)은 다양한 제품을 높은 생산성으로 유연하게 제조하는 것을 목적으로 생산의 자동화를 추진한 시스템으로, 다음과 같은 구성요소를 지닌 컴퓨터 통제 생산시스템이다.

① 모든 작업은 컴퓨터 통제시스템에 의하여 이루어지고, 자재의 흐름과 각 수치제어 기계간의 자재운반도 자동화된 설비에 의해 처리된다.
② 컴퓨터에 의해 생산하고자하는 품목의 규격 형태의 자료가 작업장에 전달되면, NC가 자동 공구선택시스템에 의하여 필요한 공구 및 연장을 선택 부착하게 된다.

2) 효과

① **생산성재고** : 다른 생산시스템에 비하여 소요되는 공간이 줄어들고, 생산성 향상으로 인한 원가절감 가능

② **품질향상** : 컴퓨터를 적극 활용하여 구성된 시스템이므로 생산공정의 정밀도를 높여 제품의 질 균일
③ **신뢰성의 향상** : 지능을 갖고 자체적으로 수정이 가능한 시스템이므로 생산에 있어 작업의 신뢰도 향상
④ **초기 투자비용의 저렴** : 다른 생산시스템에 비하여 상대적으로 적은 초기 투자비
⑤ **높은 설비 가동률** : 설비 가동률을 극대화시키는 시스템
⑥ **생산소요시간의 단축** : 프로그램의 변경만으로도 다양한 품목의 생산이 가능하므로 새로운 품목이라도 생산소요시간 단축 가능
⑦ **생산준비시간의 단축** : 작업에 필요한 모든 공구가 자동화 시스템에 의해 선택·교체됨으로 생산준비시간 불필요
⑧ **품질관리의 용이** : NC 기계에 의하여 가공됨으로 품질 향상

제5절 공정의 흐름분석

1. 공정 흐름분석 자료

공정 흐름분석 자료는 제조와 서비스 제공의 명세 사항을 상세히 적은 일련의 문서들이다. 공정 흐름분석 자료는 제품 디자인을 상세히 그린 CAD시스템에서 나온 도면에서 필요한 부품과 자재를 보여주고, 어떻게 결합하는지를 나타내는 조립도표, 자재비용계산서, 설비, 도구, 기술 등에 관한 상세 사항과 더불어 수행할 작업을 적은 작업절차표, 공정분석도표, 품질 기준과 기록해야 할 품질 데이터를 적은 품질관리 평가서가 포함된다.

공정 흐름분석 자료는 제품 생산과 서비스에 모두 사용된다. 예를 들어, 병원에서는 각기 다른 유형의 의료 절차와 각각의 특정 환자에 대한 서비스 계획에 대한 공정 흐름분석 자료를 갖고 있다. 이와 유사하게, 제조업에서도 어떤 공정 흐름분석 자료는 표준이지만, 다른 공정 흐름분석 자료들은 각 고객의 주문을 위해 만들 수도 있다.

2. 조립도표

조립도표(assembly chart)는 부품들이 결합되는 방법과 조립순서, 전반적인 제품의 구조를 밝혀준다. 조립도표는 수많은 부분품들의 생산공정을 일목요연하게 나타내어 부

분품의 상관관계는 물론, 작업 단계는 ○, 검사단계는 □의 기호를 사용하여 작성한다.

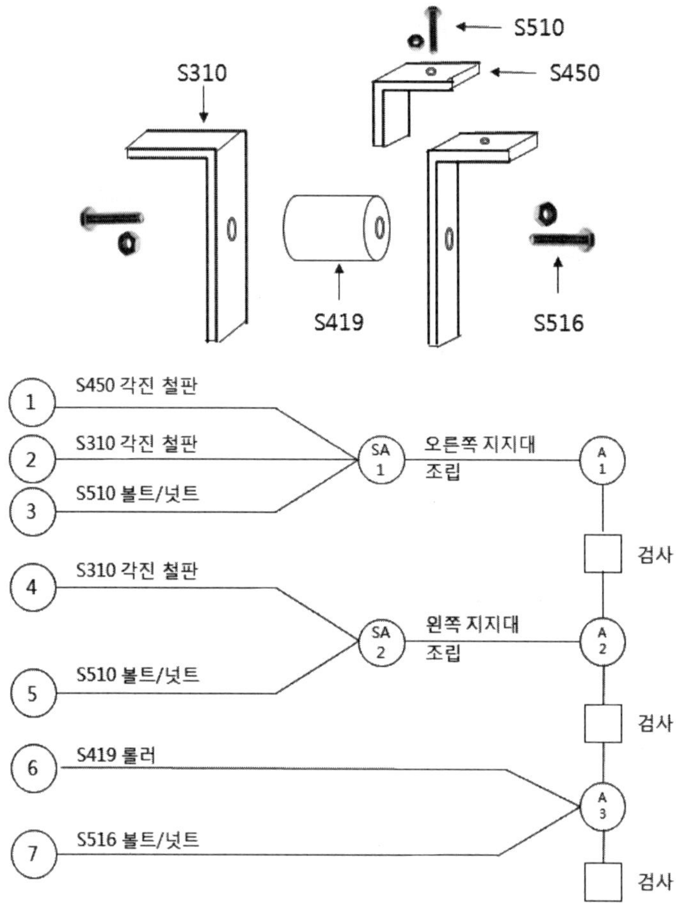

〈그림 6-13〉 조립도와 조립도표의 예

3. 공정분석도표

공정분석은 공정의 시행을 개선하기 위하여 더 빠르게, 더 효율적으로, 비용은 덜 쓰게, 또 고객에게 더 잘 대응하도록 공정의 모든 측면을 체계적으로 점검하는 것이다. 공정분석의 기본 도구에는 공정분석도표(flow process chart)가 있다.

공정분석도표는 공정의 흐름을 나타내기 위해서 미국기계사협회(ASME; American Society of Mechanical Engineers)의 다섯 가지 표준기호를 사용하며, ○는 작업, □는 검사, ⇒는 운반, D는 지연, ▽는 저장을 나타낸다.

각 공정의 세세한 사항은 이 표에 필요하지 않다. 그러나 각 공정을 수행하는 데 소요되는 시간과 공정간 거리는 일반적으로 포함시킨다. 그리고 생산적인 활동(작업)뿐만 아니라 비생산적인 활동(검사, 운반, 저장, 지연)까지 포함시킴으로써 공정분석도표는 일련의 공정 효율성을 분석하고, 개선을 위한 제안으로 쓰일 수 있다. 또한, 공정의 단계를 문서화하는 표준화된 방법을 제공한다.

현재, 설비에 관한 차트를 보충해 줄 자동화된 공정분석도표 버전이 나와 있으며, 이를 이용하면 공정의 병목 부분을 파악할 수 있고 레이아웃을 조정할 수도 있다. 그리고 공정분석도표는 제조업 분야와 서비스업 분야 모두에 사용되며, 업무 설계뿐 아니라 공정 혁신의 기본 도구이다.

공정 개선팀은 대개 손으로 그린 화살표로 연결된 커다란 종이 시트에 메모를 잔뜩 붙여 공정을 도식화하는 것으로 첫 작업을 시작한다. 공정의 문서화가 완결되어 가면서 부서나 기업은 입력, 산출, 결정, 활동, 자원 등을 나타내는 특정한 기호를 사용하게 된다.

날 자: 2013.1.2 입안자: 홍 길동 | **공정분석도표** | 작 업: 사과 통조림 공 장: S-2

단계	작업	운반	검사	지연	저장	작업 내용	시간(분)	거리(m)
1	●	⇨	□	D	▽	트럭에서 사과 하역	20	
2	○	➡	□	D	▽	검사장소로 운반		100
3	○	⇨	■	D	▽	무게, 검사, 분류 등 검사	30	
4	○	➡	□	D	▽	사과 보관창고로 운반		50
5	○	⇨	□	D	▼	필요할 때까지 저장	360	
6	○	➡	□	D	▽	껍질벗기기 작업장으로 운반		20
7	●	⇨	□	D	▽	사과의 껍질 벗기기 작업	15	
8	○	⇨	□	D	▼	일정시간동안 물 속에 저장	20	
9	●	⇨	□	D	▽	통조림 작업	5	
10	○	➡	□	D	▽	통조림 보관창고로 운반		20
	1/3 페이지					합 계	450	190

〈그림 6-14〉 사과 통조림 작업의 공정분석도표

공정분석도표는 손으로 그린 그림에서부터 애니메이션으로 된 시뮬레이션에 이르기까지 다양한 형태를 취할 수 있다.

공정분석도표는 SmrtDraw(www.smartdraw.com), RFFLow(www.rfflow.com), iGrafix (www.igrafix.com) 등에서 다양하고 세련된 공정분석도표를 확인해 볼 수 있으며, 일

정 기간동안 시험용 카피를 무료로 다운로드 받아 사용해 볼 수 있다.

제6절 공정의 혁신

1. 공정 혁신의 개념

공정은 새로운 설비, 신제품, 신기술, 새로운 시장 또는 소비자의 새로운 욕구에 부응하여 계획되며, 공정의 개선을 위하여 지속적으로 분석되어야 한다. 기존 공정에서 성과에 대한 기대치에 도달하지 못했음에도 개선을 위한 노력이 고갈되었다면, 그 때는 공정을 완전히 새로 설계하거나 혁신하여야 한다.

공정 혁신 프로젝트는 일반적으로 공정성과를 급속히 개선하기 위한 혁신적인 목표가 있을 때 수행되며, 1년 이내에 50%에서 100% 성과 개선을 목표로 하는 것이 일반적이다. 이 정도의 훌륭한 결과를 얻기 위해서 혁신팀은 모든 공정을 백지 상태에서 시작하며, 산출물·구조·임무·기술에 이르기까지 공정의 모든 측면을 재고하도록 독려된다. <그림 6-15>는 혁신을 하기 위한 지속적인 향상 활동, 혁신적 개선 그리고 혁신적인 개선을 유지하기 위한 지속적 개선 사이의 관계를 나타낸다.

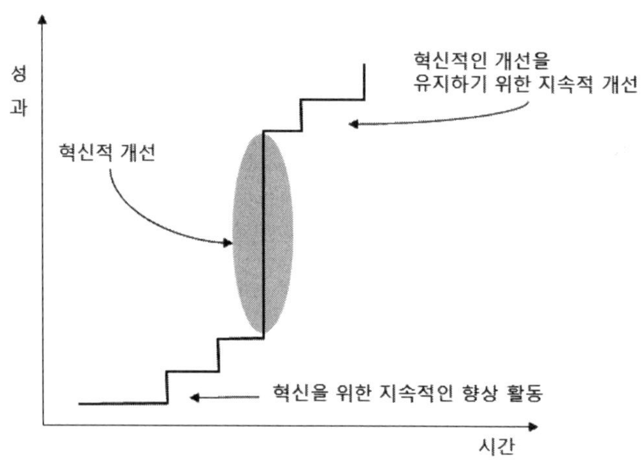

〈그림 6-15〉 지속적 향상, 혁신적 개선, 지속적 개선 간의 관계

공정 혁신은 자신의 시스템에서 한정된 자원을 차지하기 위해 다투는 기능적 공간으로 보기보다는 고객에게 가치를 제공하는 일련의 과정으로 볼 수 있다. <그림 6-16>

은 기능 지향에서 공정 지향으로의 이러한 변화를 보여준다. 그러므로 급속히 변화하는 환경에서는 새로운 공정을 더 빨리 배우고, 공정을 더 빨리 재구성하며, 공정을 더 빨리 실행하는 능력이 경쟁우위를 갖는다.

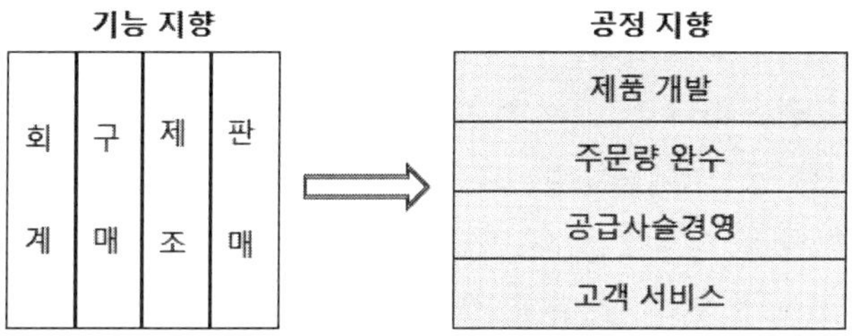

〈그림 6-16〉 기능 지향에서 공정 지향으로

2. 공정 혁신의 단계

<그림 6-17>은 공정 혁신의 흐름을 나타낸 것이다. 단계별 과정을 살펴보도록 하자.

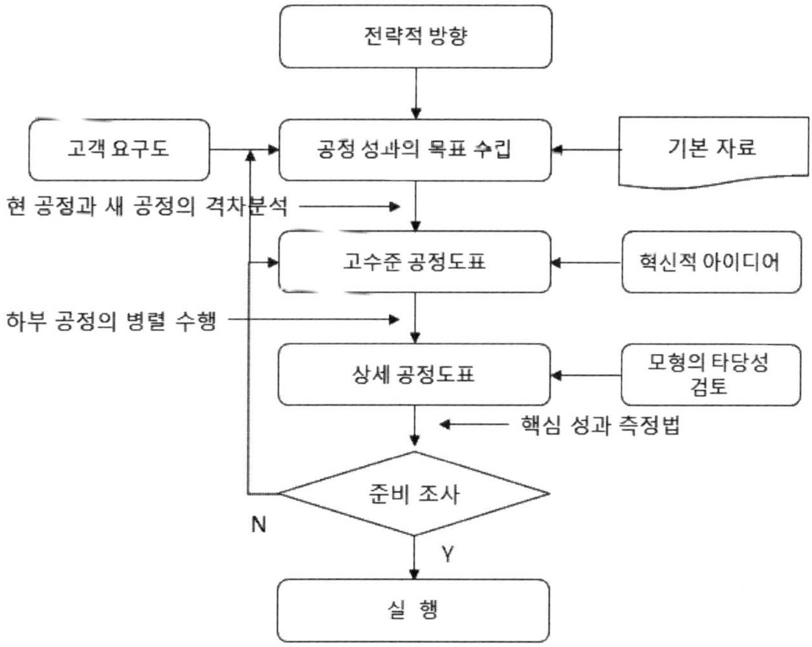

〈그림 6-17〉 공정 혁신의 흐름도

1) 목표 수립

기업의 전략적인 방향에 대하여 공정성과의 목표를 수립하는 단계이다. 고객의 요구는 어떠한가? 전략적 지침은 무엇인가?에 관한 데이터를 비교하기 위해 기본 자료를 이용한다. 그리고 현재의 공정과 새로운 공정 간의 격차를 분석하면, 공정을 재설계해야 할지를 판단하는 데 도움이 된다.

공정의 재설계가 필요하다면, 프로젝트팀이 구성되어 예비분석, 목표 결과, 공정 성과를 위한 명세 사항 등을 제공한다. 그런데 공정의 목표는 구체적일 수 있지만, 명세 사항은 구체적이지 않은 경우도 있다. 만약, 명세 사항이 구체적이지 못하면 프로젝트팀을 구성하는데 방해가 된다. 그리고 성과의 목표를 달성하기 위해서는 공정의 전면적 재설계가 절대적으로 필요하다는 사실을 프로젝트팀이 인식하는 것이 중요하다.

2) 고수준 공정도표

공정 재설계를 시작하는 유용한 도구가 고수준 공정도표이다. 고수준 공정도표는 성과 목표에 집중하고 원하는 결과에서 하위 공정, 최초 입력 요건으로 거슬러 올라가면서 작성된다. 가능할 때는 언제든지 하위 공정을 병렬로 수행한다든지 하는 설계 원칙을 세우면 공정도표를 효율적으로 구성하는 데 도움이 된다.

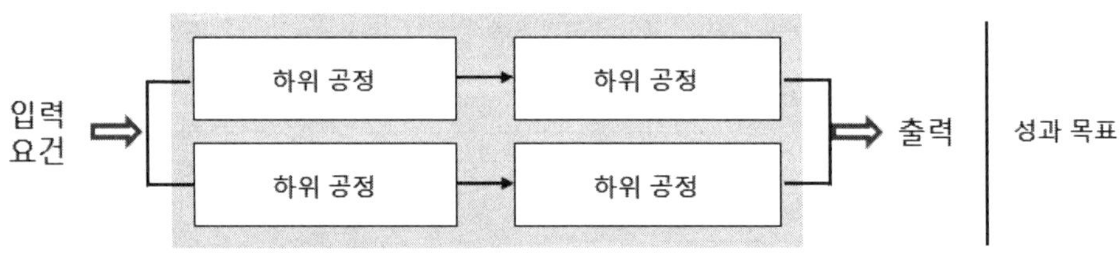

〈그림 6-18〉 하위 공정의 병렬 수행 방법

<표 6-3>은 공정 혁신을 위해 권장되는 몇 가지 설계 원칙을 나타내고 있다. 혁신적인 아이디어는 하위 공정의 전통적인 순서라든가 하위 공정의 필요성과 같은 것을 시도할 수도 있다.

〈표 6-3〉 공정 재설계를 위한 원칙

1. 낭비제거, 단순화, 유사활동의 결합
2. 가치창조를 위한 공정 연결

3. 신속하고 가장 유효한 공정계획의 실행
4. 시간, 장소, 방법에 유연한 공정
5. 디지털 방식으로 정보를 수집하고 공정을 통해서 배포
6. 공정상태에 대한 가시성 제공
7. 즉각적으로 반응할 수 있는 감지와 피드백 순환을 갖는 적절한 공정
8. 공정을 위한 분석능력 증대
9. 우선순위와 부분의 습성을 포함한 개별화된 공정

그리고 <표 6-4>는 혁신적인 사고를 촉발시키는 다양한 기술을 나타내고 있다.

〈표 6-4〉 혁신 아이디어 형성을 위한 기술

• 문제점을 다양하게 기재
• 유사점 유추
• 시각 변경
• 전방위적 연결
• 유용한 브레인스토밍을 사용

재설계의 일반적인 개념이 합의된 후에는 고수준 공정도표의 각 하위 공정에 대한 상세 공정도표를 작성한다. 그러나 각 활동의 존재는 정말 고객에게 가치를 더해 주는가? 실행해야만 하는가? 더 신속하게, 더 쉽게 또는 더 빠른 시기에 할 수는 없는가? 누군가 다른 주체가 더 잘할 수 있지 않을까? 등의 도전을 받게 된다.

3) 상세 공정도표

상세 공정도표는 자원의 배분과 작업 방법을 안내한다. 상세 공정도표가 원하는 결과를 가져오도록 하기 위해서는 핵심 성과 측정법을 결정하여 준비해야 한다. 또한, 시뮬레이션, 인터뷰, 부분 테스트를 통해 모델을 검증하여야 한다. 이 새 설계를 가지고 성과 목표에 도달할 수 있다고 팀이 만족하게 되면, 그 때 준비 조사를 수행한다.

4) 준비 조사

공정 혁신은 신중하게 계획되어야 하며, 작은 문제점에도 실행될 수 있는 여타 프로젝트와는 성격이 다르다. 혁신은 그 정의상 새롭고 검증되지 않은 것으로, 이정표나 비용, 효용 등은 기껏해야 추측에 불과하다. 그러므로 준비 조사를 통해 프로젝트 팀은 뭔가를 시도해 볼 수 있으며, 계획이 제대로 진행이 되는지를 보고, 수정하여 다시 시도한다.

5) 실행

준비 조사를 성공적으로 마치고 나면, 실제 규모로 실행에 들어갈 수 있다. 공정 혁신에는 과격한 변화가 수반되기 때문에, 변화된 공정을 도입하여 새 공정을 매일매일 본격적으로 실행하기까지의 이행 기간은 매우 어려운 시기가 될 수 있다.

재설계된 공정은 경영진이 조직을 경영하고 직원들이 자신의 업무에 관해 생각하는 방식이나 근로자들이 상호작용하는 방식을 바꾸는 것을 포함하고 있을 수 있다. 이러한 이행은 변화에 있어 '사람'이라는 측면에 대한 특별한 배려를 가지고 진행되어야 한다. 공정 혁신은 혁신의 온갖 풍파를 거치고 새 공정이 일관성 있게 그 목표에 도달할 때 완수되는 것이다.

따라서 공정 혁신이라는 개념은 기존 공정을 완전히 쓸모없는 것으로 만들어 버리는 급속한 기술 변화로 부상하게 되었다.

제7절 시장의 동향과 생산형태

1. 사업환경의 변화

1900년대 이후 사업 환경이 크게 변화하고 있다. 그 요인으로서 ①글로벌 경쟁의 격화, ②고객니즈의 다양화, ③정보기술의 발전, ④기업의 사회적 책임의 증대, ⑤급속한 인구 감소와 고령화의 진전에 의한 사회의 성숙, ⑥지구의 온난화 등을 들 수 있다. 그 결과, <표 6-5>와 같이 생산 패러다임의 변화가 일어나고 있다.

그러므로 기업의 생산형태는 시장 환경의 변화에 유연하게 대응하지 않으면 안 된다.

〈표 6-5〉 생산 패러다임의 변화

항 목	20세기	21세기
시장	• 만들면 팔린다. • 대량소비	• 무엇이 팔리는지 모른다 • 불확실성
기업경영	• 대량으로 팔고 많이 번다 • 매상중시	• 재고품을 줄인다 • 현금 흐름량 중시
제품	• 품질·기능중시	• 고객의 생애가치 중시
생산형태	• 소품종대량생산 • 생산효율중시	• 변종변량생산 • 변화에의 대응력 중시
재고의 사고방식	• 재고는 자산	• 재고는 위험
생산기지	• 해외이전·국내 공동화	• 적지분담 상호보완 시스템
환경보호	• 자원의 대량소비	• 순환형 생산시스템, 에너지절약, 자원절약

2. 새로운 시대의 생산운영관리

앞으로의 생산운영관리에는 시대의 변화에 대응한 적합도 및 시장 요구의 변화에 유연하게 대응할 수 있는 변종변량생산에 대한 대응력이 요구된다. 앞에서 설명한 예측생산 공정과 주문생산 공정의 2개 공정 형태는 전형적인 타입이고, 현실에서는 이 2개의 타입을 병용한 생산공정이 적용되고 있다.

다양한 환경조건 가운데 제품의 품종이나 생산량이 안정되지 않은 '변종변량생산'에서는 혼합생산 공정에 의한 '평준화'를 실현할 필요가 있고, 앞으로 제품의 모듈화(척도)나 부품의 표준화, 공동화가 열쇠가 될 것이다.

기업사례

밀러맥주의 제품개발 전략

1. 밀러맥주의 재포지셔닝 전략

밀러맥주는 필립 모리스사가 밀러를 인수하던 1969년, 밀러의 대표적 상표인 밀러 하이라이프(Miller High Life)는 병맥주 샴페인(the Champagne of Bottled Beer)으로 광고되었다.

밀러 하이라이프는 비록 고급 맥주의 이미지는 있었으나, 상류층 소비자들이 파티에서 분위기에 맞추어 마시는 맥주, 여성이 마시는 맥주로서 포지션되어 있었기 때문에 자연히 시장점유율이 저조하였다. 그리고 1970년 밀러회사 제품의 점유율은 4.3%로 전국 8위에 불과하였다.

필립 모리스에서 파견된 경영진은 밀러의 주요 표적을 노동자층과 젊은이층으로 정하고, 기존의 이미지를 새롭게 포지션하는 광고를 개발하였다. 그리하여 선원들이 파도를 헤치고 항해하는 장면, 소방수들이 화재현장에서 용감히 불을 끄는 장면, 젊은이들이 모험을 즐기는 장면을 연출하는 광고 등을 개발하고, '자 지금은 밀러 타임(Now, it's Miller Time)' 혹은 '당신의 시간에, 우리의 맥주를(If you have the time, we have the beer)' 같은 광고 문구를 사용하였다. 그리고 대대적인 광고비를 투입하여 맥주의 대량소비층인 노동자층과 젊은층들에게 다가갔다.

밀러맥주는 재포지셔닝 노력의 성공에 의하여 1978년 버드 와이즈(Budwiser)에 이어 2위의 시장점유율을 차지하게 되었다.

2. 7온스 맥주의 개발

밀러가 취한 두 번째 전략은 보통 12온스인 캔맥주를 7온스 소형 병맥주로 개발하는 것이었다. 이 제품은 맥주의 양이 한 컵 정도에 불과하여 특히 더운 여름에 딱 한잔 마시고 싶은 소비자들에게 적합하였고, 소량이기 때문에 마시는 동안 시원함이 그대로 유지된다는 것이 특징이었다. 소량의 맥주를 원하는 여성소비자들과 노인들에게 인기가 있었으며, 처음으로 맥주를 마시는 소비자들에게 있어서 가격이나 양이 적절하였다.

3. 신제품 라이트의 개발

밀러는 소비자들을 대상으로 저칼로리 맥주의 잠재 시장에 대한 광범위한 조사를 실시하여 소비자들이 저칼로리 맥주에 상당한 흥미를 갖는다는 사실을 알게 되었다. 또한, 기존의 저칼로리 맥주는 다이어트를 의식하는 소비자들을 대상으로 하였지만, 그들은 사실상 맥주를 별로 마시지 않기 때문에 실패하였다는 사실도 알게 되었다.

그리하여 저칼로리, 저탄수화물의 특징을 지니면서도 풍부한 맛과 적절한 알콜량을 지닌 신제품 '라이트(Lite : 가볍다는 의미를 지닌 light의 발음에 따른 상표명)'를 개발하였다.

라이트 광고의 주된 내용은 칼로리가 낮기 때문에 많이 마시더라도 별로 포만감을 느끼지 않는다는 것이었다. 이것은 특히 대량 음주가를 대상으로 한 것이었다. 그 결과는 기대 이상이었다. 판매량은 그 해 2백만 배럴, 1976년에 5백만 배럴, 1979년에는 천백만 배럴로 급증하였다. 1980년에는 상표별 시장점유율에 있어서 버드 와이즈와 밀러에 이어 전국에서 3위가 되었다. 밀러의 라이트 개발은 소비자의 맥주 기호에 대한 커다란 변화를 초래하여 많은 경쟁회사들이 저칼로리 맥주를 생산하게 되었으며, 1990년 초에는 저칼로리 맥주의 전체 판매량이 미국내 전체 맥주시장의 33%에 이르게 되었다.

밀러의 마케팅 전략은 특급 맥주시장을 지배하던 안호이저부써(AnheuserBusch)의 미첼로브(Michelob)에 도전하기 위하여 독일의 유명한 뢰벤브로(Lŏwenbrau)사와 제휴하여 미국산 뢰벤브로(Lŏwenbrau) 생산으로 이어졌다. 그리고 밀러의 마케팅 전략은 필립 모리스의 소비자마케팅 테크닉을 그대로 적용한 것으로, 맥주시장이 여러 개의 세분화된 시장으로 구성되었다고 파악하여 각 세분화된 시장마다 다른 제품과 용기를 개발하여 투입한 것이다. 초기에는 대대적인 광고를 하였으며, 이런 전략은 맥주시장을 비교적 동일적인 것으로 보던 당시 맥주업계의 전략과는 판이한 것이었다.

김명호. (2014). 『기업사례경영학』 개정2판. 도서출판 두남.

연습문제

6-1 생산흐름에 의하여 단속흐름 공정, 연속흐름 공정, 프로젝트 공정을 비교 설명하라.

6-2 수요 형태에 의한 예측생산 공정, 주문생산 공정, 혼합생산 공정의 특징을 비교 설명하라.

6-3 생산의 반복성에 의한 단속생산 공정과 연속생산 공정을 비교 설명하라.

6-4 생산형태와 관리방식의 비교 설명하라.

6-5 예측생산 공정과 주문생산 공정의 관리를 비교 설명하라.

6-6 생산형태의 추이를 설명하라.

6-7 그룹 테크놀로지를 설명하라.

6-8 컴퓨터에 의한 생산방식을 설명하라.

6-9 공정 흐름분석 자료를 설명하라.

6-10 공정 혁신의 개념과 단계를 설명하라.

6-11 공정 재설계를 위한 원칙을 설명하라.

Chapter 7

생산능력의 계획

제1절 생산능력의 개념

1. 생산능력의 의의

생산능력(production capacity)이란 기업의 생산요소인 인적요소와 물적요소의 능력을 말하는 것으로, 작업능력과 시설능력으로 구분될 수 있지만, 주로 생산설비에 의하여 결정되므로 시설규모의 관점에서 시설능력으로 나타내는 것이 일반적이다.

그리고 생산능력은 단위시간당 특정 시설에서 생산되는 생산량을 말한다. 생산능력의 결정은 설비배치로부터 시작하여 총괄생산계획, 일정계획, 능력소요계획 및 능력통제활동에까지 이르게 된다.

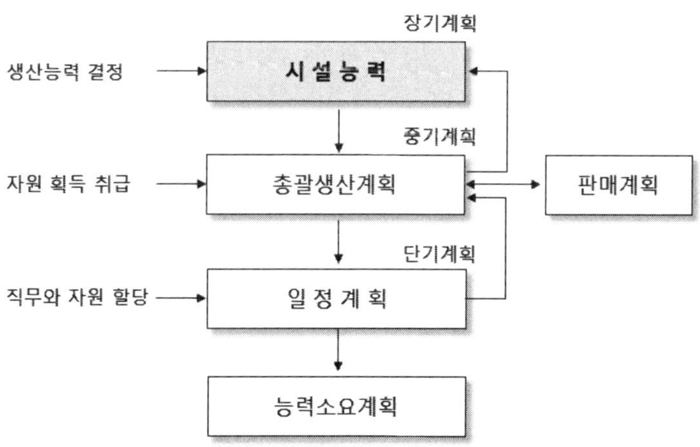

〈그림 7-1〉 생산능력의 흐름

2. 생산능력의 측정기준

생산능력은 보통 설계능력, 시설의 조업능력 및 실제산출량의 척도로 나타낸다. 생산능력은 톤, 수량 또는 유효작업시간과 같은 공통분모의 단위로 측정되는데 생산능력 계획을 위해서는 월(month), 주(week), 일(day), 시(time)와 같은 시간단위가 매우 유용하다.

그리고 실제 생산능력은 과거 작업보고서의 평균치로부터 측정될 수 있으며, 이것들이 이용될 수 없으면 조업능력으로 추정된다.

$$\text{조업능력} = (\text{기계의 수}) \times (\text{기계사용시간}) \times (\text{이용률}) \times (\text{시스템효율})$$

생산능력에 영향을 미치는 여러 요인들은 통제하기가 쉽다. 즉, 토지, 노동, 설비, 기계, 도구, 주당 작업일수, 초과시간, 하청, 예방보전 그리고 준비회수 등과 같은 통제 가능한 요소들이다.

그러나 통제하기가 어려운 요소들도 있는데, 이들은 결근, 부가되는 준비, 작업수행 성과, 기계정지, 자재부족, 폐품 및 재가공, 특수한 도구문제 등이다.

생산능력문제는 제조산업 뿐만 아니라 서비스 산업에서도 발생하는데, 예를 들면, 병원 진료실이나 은행, 소매점과 같은 서비스 시설에서 대기행렬로 나타나고 있으며, 또한 시설이 충분히 활용되지 않는 것으로도 나타난다.

생산능력은 관리의 관점에서 2가지로 구분되는데, 하나는 우리가 일반적으로 '어떤 생산시스템이 특정기간에 특정제품이나 서비스를 생산, 처리할 수 있는 최대산출량'으로 규정하는 소위 규모의 개념이다. 다른 하나는 실제로 생산시스템을 운용하는 관점에서 '특정기간 중에 생산활동에 사용할 수 있는 가용자원의 양 또는 특정기간에 생산할 수 있는 가능량'으로 정의한다.

여기서 생산시스템의 능력을 측정하는 데는 크게 2가지 방법이 있다. 하나는 산출량(output)을 기준으로 측정하는 방법이며, 다른 하나는 가용자원, 즉 투입량(input)을 기준으로 하는 측정방법이다. 예를 들면, 다음과 같은 업종들은 일반적으로 다음과 같은 산출량 혹은 투입량을 각 측정기준으로 쓰고 있다.

이와 같이 여러 가지 측정기준이 있으나 전체 규모를 파악하는 데는 어느 것이나 문제가 없지만, 실제 생산 공장 내에서 시설을 운용한다는 관점에서 볼 때는 '특정기간의 시설이나 기계의 사용가능시간'으로 생산능력을 정의하는 것이 매우 실용적이다. 즉, 생산일정을 계획·통제하는 생산관리 담당자에게는 연간 생산규모가 얼마나 되는가 하는 것보다는 주문품에 대한 납기를 맞추어 생산하는 운용능력이 더 중요하다.

〈표 7-1〉 산출량과 투입량의 측정기준

	분 야	측정기준
산출량	• 자동차 제조업 • 철강 제조업 • 전력회사	• 생산대수 • 생산톤수 및 판매금액 • 발전 전력량(왓트)
투입량	• 항공사 • 병원 • 점포 • 일반 제조업 • 대학교	• 좌석수 • 병상수 • 점포 평수 • 총 직접노동시간, 투입금액 • 학생수, 교수수

3. 생산능력의 개념

생산능력이란 작업자 및 기계시스템이 총체적으로 생산할 수 있는 특정제품이나 제품배합의 최대산출량을 말한다. 이것은 생산되는 제품의 특성에 따라 생산량이 변하기 때문에 특정제품과 관련하여 규정된다.

다음 <그림 7-2>는 기업의 생산능력에 대한 개념을 나타낸 것으로 설계능력, 조업능력 및 실제 산출량 사이의 관계를 예시한 것이다. 여기서 조업능력은 설계능력보다 작고, 실제 산출량보다 크다.

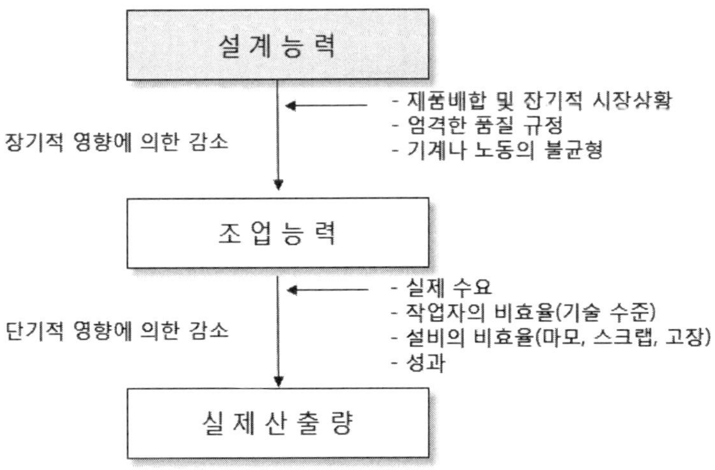

〈그림 7-2〉 설계능력, 조업능력, 실제 산출량의 관계

1) 설계능력

생산시스템의 내외적인 여건에 관계없이 생산시설에서 일정기간 동안 달성할 수 있는 최대생산량을 말한다.

생산능력은 생산시스템을 구성하는 각 부문의 설계용량보다 항상 적거나 같다. 왜냐하면 설계용량은 특정 제품배합이나 정확한 품질규정, 기계와 노동의 불균형 등과 같은 요인에 의하여 제한을 받기 때문이다. 이러한 경우에 생산능력은 전체 생산시스템을 구성하는 한정된 작업장이나 작업집단의 능력이 된다.

2) 조업능력

기업의 주어진 여건 하에서 일정기간 동안 생산할 수 있는 산출량을 말한다. 이것이 시스템의 유효능력으로서 진정한 의미의 생산능력이라고 할 수 있다.

3) 실제 산출량

기업의 생산시스템에서 일정기간 동안 실제로 달성된 산출량을 말한다. 그러므로 조업능력에는 미치지 못하는 생산량일 경우가 많다.

제2절 생산능력의 결정

생산능력은 장기, 중기, 단기의 차원에서 결정된다. 인적자원의 이용계획, 고용수준 등의 결정은 총괄생산계획과 일정계획에 영향을 미치는 장기적인 결정이 된다. 그리고 능력소요계획은 자재소요계획 항목으로부터 나오고, 생산능력의 통제는 즉각적이고 단기적인 차원에서 이루어진다.

생산능력의 판단 및 계획은 동태적으로 실시되어 기업목표와 상황의 변동에 따라 변동되어져야 하므로 관련된 기능, 즉 마케팅, 재무관리 등의 기능과 밀접한 관계를 갖고 계속적으로 실시되어야 한다.

단기 및 장기능력의 판단은 생산능력을 투입물의 요건에 맞게 조정해 나가는 기초가 된다. 생산능력관리의 기법과 전략을 의사결정의 시간형태에 따라 분류하면 다음과 같다.

〈표 7-2〉 시간형태에 따른 능력계획의 전략 구분

시간 형태	기법과 전략
장 기	• 인적 자원, 설비, 토지의 이용계획, 고용수준, 자본, 설비 변경
중 기	• 판매운영계획, 총괄생산계획, 자원계획
단 기	• 주요 작업장에 대한 설비와 노동력의 능력소요계획, 일정 변경 • 작업순서와 투입·산출의 능력 통제, 잔업과 유휴시간, 하청 • 자재소요계획, 설비의 보충, 노동력 재배치, 재고, 구매

1. 장기 생산능력의 결정

장기적인 차원에서의 생산능력관리는 수요에 대하여 계획된 시스템의 능력을 유지하는 것이다. 이것은 곧 시장이나 경쟁요인, 기술개발의 동향 그리고 경제여건의 변수 등에 대한 세밀한 평가를 요구한다. 뿐만 아니라 공장이나 작업장 안에서의 내적 균형에 대해서도 특별한 주의를 기울여야 한다.

과거의 이용률이나 시스템 효율에 대한 자료가 수요예측과 함께 유익하게 이용될 수 있다. 결국, 여기서 할 수 있는 일은 요구되는 능력과 이용할 수 있는 능력을 균형 잡히게 하는 것이다. 장기 능력계획은 적어도 3년 이상의 미래를 예측하여 계획하되 다음 사항을 고려하여야 한다.

① 생산제품의 수명주기(life cycle)를 시장의 장기 수요예측에 관련하여 고려함으로써 계획기간 중 이 제품이 어느 단계에 있게 될 것인가를 파악하여야 한다.

② 제품기술과 공정기술의 혁신주기의 단계를 파악하여 공정이 진부화되어가는 추세를 분석해야 한다.

③ 과거와 현재의 공정 부하 현황을 파악하여 어느 부문의 능력이 얼마나 부족하고 남는가를 파악한다. 특히, 애로(bottleneck)공정에 대한 능력의 판단이 필요하다.

④ 기업의 투자전략과 관련된 자본계획을 능력계획에 연관시켜 분석해야한다. 왜냐하면, 자본 계획없이 능력계획은 불가능하기 때문이다.

2. 중기 생산능력의 결정

장기계획이 점점 현재에 가까워지면서 구체성을 띠게 됨에 따라 계획된 주문품을 생산할 능력에 관심을 갖게 된다. 그러므로 수요예측 및 주문량에 의해 판매운영계획을 세우고, 이에 따른 총괄생산계획을 마련한다.

가게에는 많은 기업이 주문 잔고(backlog)의 양을 눈어림으로 추정하면서 비공식적인 능력계획시스템을 이용하였는데 불행하게도 이것이 가끔 비생산적으로 나타났다. 주문 잔고가 너무 많으면 자멸할 수 있고, 그것이 너무 적으면 작업자들은 작업을 중단하지 않도록 하기 위하여 조직적인 태업을 할 수 있다.

중기차원에서의 능력변경은 때때로 고용, 해고, 작업자의 재배치, 재고량의 고갈이나 증가, 하청, 생산 대 구입패턴의 변경, 공정의 변경, 시설의 증설 등에 의하여 이루어질 수 있다.

3. 단기 생산능력의 결정

단기차원에서의 능력결정은 모든 생산능력이 능력소요계획에 따라 활용되고 있다는 것을 확신할 수 있는 방향으로 나아가야 한다.

능력소요계획(CRP; capacity requirements planning)은 자재소요계획(MRP; material requirements planning)으로부터 자재소요량을 받아, 이를 여러 작업장에 부과시킬 수 있는 노동과 기계의 표준시간으로 전환시키는 단기적 생산계획이다. 이것은 설비와 노동의 이용률을 측정하여 이를 기본자료 시스템에 피드백 시키고, CRP에 의하여 설정된 표준시간과 비교하고, 실제 산출량이 계획된 산출량과 크게 차이를 나타낼 때는 조정을 하는 등 일련의 통제활동을 필요로 한다.

여기서 조정활동은 잔업(혹은 유휴시간)의 사용, 작업자의 교대배정, 하청, 여러가지 공정도표의 사용 등을 의미할 수 있다. 그리고 입출력 통제표를 포함하는 일련의 능력통제기법은 생산활동 통제의 필수적인 부분이다.

단기적 능력계획은 1년 이내에 단기예측에 따라 월별 또는 제품의 종류별로 그 변동상태에 따라 생산능력의 소요판단을 실시함으로써 가능하다. 단기능력계획은 시설이나 기계 확장과 같은 근본적인 대책이 아니고, 기계나 시설, 작업자 수 등을 그때그때 조정해 나가는 운용계획이라 할 수 있다.

① 잔업(overtime) : 동일한 작업자에게 8시간의 정규작업시간 이상으로 작업시킴으로써 생산능력을 확장하는 방법이다. 이 경우 잔업수당을 지불해야 하지만 추가적인 고용은 필요없다.

② 유휴시간(idle time) : 실제 산출량이 수요 감퇴로 인하여 감소되면, 작업자를 해고하는 대신 일정기간동안 작업자를 선별적으로 유휴조치를 시키거나 전체적으로 조업을 단축시켜 가용능력을 감소시키는 방법이다. 이 방법은 사회적 고용대책이나 해고로 인한 개별기업의 경영 문제를 일으키지 않고 실시할 수 있는 방법이다.

③ 하청계약(subcontracting) : 생산능력에 부족이 생기는 경우 부족한 기계시간이나 노동시간을 다른 기업에 하청계약을 맺어 부품 등을 생산하여 납품하게 함으로써 시설확장이나 고용수준의 증가없이 보충하는 방법이다. 경우에 따라서는 하청업자의 기술수준, 생산능력, 다른 제품과의 관계, 신뢰성, 납기관리 등 문제가 많으므로 하청업자에 대한 관리를 철저히 하여야 한다. 그리고 자체 제조할 것인가 아니면 하청을 줄 것인가의 결정은 다만 생산능력조정의 관점에서뿐만 아니라 원가절약의 관점에서도 고려해야 한다.

제3절 공정계획

공정계획은 제품이 어떻게 생산될지 또는 서비스가 어떻게 제공될지를 결정한다. 공정계획은 설비의 구성 요소를 자체적으로 생산하고 어떤 것을 외부 공급자로부터 구매할지를 결정하고, 공정을 선택하고, 생산과 배송을 위한 명세 사항을 개발하고 문서화한다.

1. 설비의 제작 및 구매 의사결정

원자재 공급원을 포함하여 모든 구성요소의 생산공정을 통제하는 기업은, 수직적으로 통합되어 있다고 할 수 있다. 이러한 기업들의 전략은 자신의 생계를 다른 기업에 의존하기를 원치 않았던 수년 동안 인기가 있었다.

그러나 오늘날에는 기업들이 고객에게 제품과 서비스를 제공하는 공급자의 네트워크와 제휴를 맺기 때문에 아웃소싱이 보다 일반적이다. 이러한 상황에서 기업은 설비의 선정을 위해서 어떤 설비를 외부의 공급자로부터 구매하고, 또 어떤 설비를 자체 공장에서 생산할지를 결정하여야 하며, 이것을 제작 또는 구매(make-or-buy) 의사결정이라고 한다.

기업에서 설비의 자체 제작 또는 구매와 관련된 의사결정은 다음 요소에 대한 평가에 근거한다.

1) 비용

특정 설비를 제작하는 것이 저렴한가? 구매하는 것이 저렴한가? 그 서비스를 자체적으로 수행하는 것이 저렴한가? 아니면 외부에 용역을 주는 것이 저렴한가? 등은 설비의 자체 제작 또는 구매의 의사결정에서 기업의 가장 기본적인 고려 사항이다.

특정 설비를 구매하는 비용에는 제품 가격, 운송비, 각종 관세와 세금, 수수료 등이 포함된다. 장거리에 걸쳐 생산을 조율하는 비용과 재고 수준의 증가 또한 고려해야 한다. 제작비용에는 인건비, 자재비, 간접비 등이 포함된다.

어떤 경우에는 비용 관점에서 볼 때, 특정 설비를 자체 제작하는 것보다 구매하는 것이 더 저렴하기 때문에 설비의 구매를 결정할 수 있으며, 어떤 상황에서는 그 반대일 수도 있다.

다음에 열거되는 나머지 요소들은 경제적인 고려 사항에 영향을 미치거나 이를 지배할 수 있는 비경제적 요소들이다.

2) 생산능력

최대 생산능력을 밑도는 생산운영을 하는 기업은, 인력 수준을 일정하게 유지하는 것이 중요한 경우라면 더욱더 구매하기보다는 제작하는 쪽을 택할 수 있을 것이다. 때로는 가동 가능한 생산능력이 특정 설비의 모든 구성 요소들을 제작하기에 충분치 않아서 선택을 하는 경우도 있다.

수요의 안정성 또한 중요하다. 일반적으로 수요 패턴이 불확실하거나 가변적인 경우는 대개 용역을 주는 반면, 기업의 고정된 생산능력을 감당할 수 있는 일정한 수요가 있는 부품이나 제품은 자체 생산하는 것이 낫다.

3) 품질

일관된 품질을 제공하는 능력은 자체 제작 또는 구매 의사결정에서 매우 중요한 고려 사항이다. 일반적으로 기업의 자체 공장에서 생산되는 품목의 품질을 관리하는 것이 더 쉽다. 그러나 부품의 표준화, 공급자 품질 보증, 공급자의 설계 참여 등으로 외부에서 공급받는 부품의 품질을 개선할 수 있다.

4) 신속성

멀리 떨어진 판매자로부터 설비를 구매함으로써 절약되는 비용은 해외 선적의 기나긴 운송 시간에 잠식당할 수 있다. 다른 경우에는 공급사가 제조사보다 설비를 더 신속하게 제공할 수 있다. 보다 규모가 작은 공급사가 대개 유연성도 높아서 디자인과 기술 변화에 재빠르게 적응할 수 있다. 물론 신속성은 신뢰할 수 있는 경우에만 유용하다.

5) 신뢰도

공급자는 공급하는 품목의 시기와 품질 면에서 모두 믿을 수 있어야 한다. 예기치 않게 선적이 지연된다든가 품질 문제로 인한 수령 거절로 주문의 일부만 이행된다든지 하는 경우가 생기면, 생산시스템에 큰 혼란이 초래될 수 있다.

오늘날 많은 기업들은 공급자에게 설비의 품질과 배송 기준을 마련해 주고 이를 지킬 것을 요구하고 있다.

또 다른 기업들은 신뢰할 수 없는 공급자에 대해 막대한 벌금을 매긴다. 예를 들어 다임러크라이슬러는 주문이 늦어지면 시간당 30,000달러의 벌금을 공급사에 부과한다.

2. 생산공정의 유형

재료를 투입하여 제품으로 변형시키는 생산공정은 그 공정의 흐름에 따라 다음의 3가지 유형으로 나누어진다.

1) 연속공정

연속공정(continuous process)은 특정 제품을 한가지의 연속적인 작업흐름방식으로 제조해내기 위하여 24시간 가동시키는 공정으로 흐름시스템(flow system)이라고도 한다. 연속공정의 목적은 제품이 설비를 통하여 흐르는 비율을 통제하는 것이다.

이러한 형태는 고도로 표준화된 제품이나 서비스를 계획, 생산할 때 사용되며, 자본집약적인 생산방식을 사용하므로 생산능력이 우수하다. 생산공정이 고도로 기계화되어 있어 품질이 균일하며, 미숙련공으로도 운영 가능하여 인건비가 싸다. 세품의 이동이 신속하고 연속적이므로 재고품 재고가 적고 공정관리가 단순하다.

이와 같은 공정연속의 예로는 석유, 화학, 플라스틱 및 제철 등의 생산공정을 들 수 있다.

2) 단속공정

단속공정(intermittent process)은 생산의 흐름이 가변적이고 비연속적인 개별 주문생산(job shop)공정으로 다품종소량생산시스템에서 흔히 사용되고 있다. 단속공정에는 소비자들의 다양한 가공요구를 만족시키기 위해서 마련된 범용장비와 그 장비를 작동시키는 반숙련노동자 및 숙련노동자가 필요하다. 그리고 단위당 가공비용은 연속공정보다 높지만 작업내용이 다양하고 깊이가 있기 때문에 작업자의 직무 만족도는 상대적으로 높다.

단속공정의 예는 기계공작소, 가구제작, 자동차 정비, 슈퍼마켓, 백화점, 도서관 등에서 찾아볼 수 있다.

3) 프로젝트 공정

프로젝트 공정(project process)은 대체로 한번으로 끝나는 활동으로서 그 존속기간이 한정되어 있다. 프로젝트 공정은 조선이나 항공기 조립에서 볼 수 있듯이 가공대상은 정위치에 고정되고 생산요소(작업자, 장비, 재료 등)가 이동하면서 작업을 수행한다는 것이 특이하다.

프로젝트는 제한된 수명기간과 활동의 비반복성으로 앞의 두 공정과는 상당한 차이가 있다.

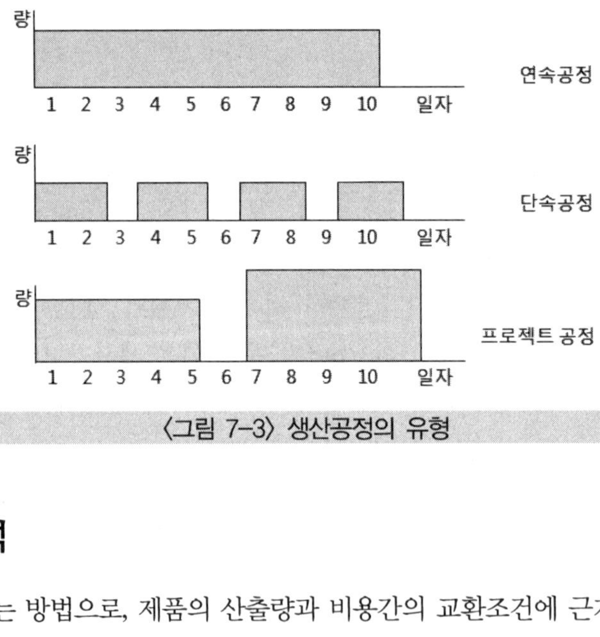

〈그림 7-3〉 생산공정의 유형

3. 무차별분석

설비를 선정하는 방법으로, 제품의 산출량과 비용간의 교환조건에 근거하여 결정하는 무차별분석(indifference analysis)이 효과적이다. 이 무차별분석은 손익분기분석(break even analysis)과 매우 흡사하며, 이 무차별분석의 구성 요소는 산출량, 가격(단가), 비용, 매출, 이윤이다.

산출량은 생산의 수준으로, 대개 생산되고 판매되는 단위의 수로 표현된다. 우리는 제품이 생산된 양만큼 팔릴 수 있다고 가정한다.

비용은 고정비용과 변동비용 두 가지로 나누어진다. 고정비용은 공장, 설비, 다른 간접비용 요소 등과 같이 생산된 단위의 수와 상관없이 일정하게 유지되는 비용을 말하며, 변동비용은 인건비, 자재비 등과 같이 생산된 단위의 양에 따라 달라지는 비용을 의미한다. 공정의 총비용은 고정비와 총변동비(판매량 × 단위당 변동비용)의 합계이다.

이러한 구성요소들 간의 관계를 수식으로 나타내면 다음과 같다.

설비 1의 비용 : $TC = F_1 + V_1 \times Q$

설비 2의 비용 : $TC = F_2 + V_2 \times Q$

$$F_1 + V_1 \times Q = F_2 + V_2 \times Q$$

여기서, Q : 산출량, F : 고정비, V : 단위당 변동비

즉, 두 설비의 총비용을 같다고 놓고 산출량 Q를 구하면, 두 설비간에 손실과 이익이 전혀 발생하지 않는 무차별점(indifference point)을 구할 수 있다.

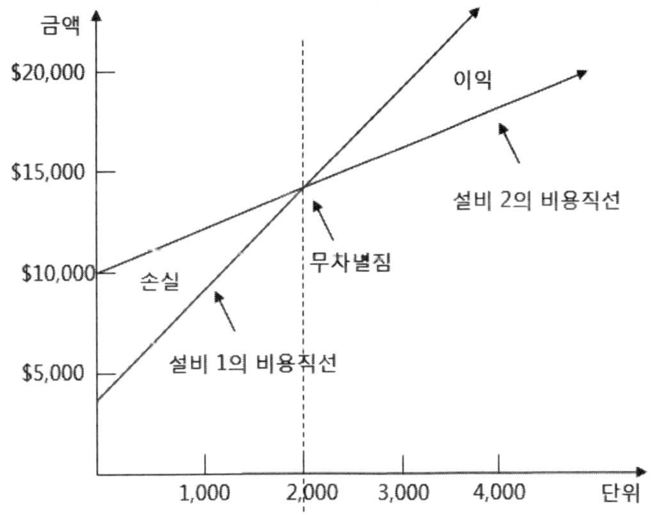

〈그림 7-4〉 무차별점의 개념

따라서 설비를 선정하는 데 있어, 어떤 판매량과 생산량에서 얼마의 이윤을 올릴 것으로 기대할 수 있느냐를 알면 매우 유용하다.

대부분의 기업들은 특정 제품의 생산비용이 그 제품의 판매로부터 얻을 매출액을 초과하지 않는다는 점을 확실히 하기 원한다. 그러므로 총매출액과 총비용을 같다고 놓고, 판매량 v를 구하면 손실과 이익이 전혀 발생하지 않는 손익분기점(BEP; break even point)을 구할 수 있다.

그러므로 손익분기점을 초과하는 판매량에서 이윤이 발생하게 된다. 손익분기점에 대한 수학적 공식은 다음과 같다.

$$BEP(Q) = \frac{F}{p - v}$$

여기서, F = 고정비
p = 단위당 가격
v = 단위당 변동비

예제 7-1

S사는 고무 튜브를 생산하는 작은 기업이다. 설비에 대한 초기 투자는 2,000달러로 추산되며, 인건비와 자재비는 튜브 당 6달러이다. 튜브 1개당 10달러에 팔 수 있다면, 손익분기를 위해 필요한 판매량은 몇 개인가?

풀이

고정비 : $F = \$2,000$
변동비 : $v = \$6$
단 가 : $p = \$10$

$$BEP(Q) = \frac{F}{p - v} = \frac{2,000}{10 - 6} = 500$$

다음 그림은 예제에 대한 풀이를 그래프로 나타낸 것이다. x축은 생산량 또는 매출량을 나타내고, y축은 매출액, 비용, 또는 이윤을 달러로 나타낸다. 총매출액을 나타내는 직선은 원점에서부터 튜브당 가격과 같은 경사를 가지고 뻗어나간다. 총비용 선은 프로세스의 고정비에 대응되는 값에서 y축과 교차하며 기울기는 단위당 변동비용과 같다.

이 두 직선의 교점이 손익분기점(BEP)이다. 수요가 손익분기점보다 작다면 기업은 손해를 보게 될 것이지만, 수요가 손익분기점을 넘게 되면 기업은 이익을 보게 된다. 그러므로 이 기업은 이윤을 내기 위해서 500개 이상의 튜브를 팔아야 한다.

이와 같이 무차별분석은 설비의 각기 다른 자동화 정도를 평가할 때 특히 유용하다. 그 이유는 보다 자동화된 설비는 고정비용이 높지만 변동비용은 더 낮기 때문이다. 그리고 기업에 있어서 '최적'의 설비는 해당 제품에 대한 예상 수요량과 고정비용 및 변동비용간의 교환 협상에 의존한다.

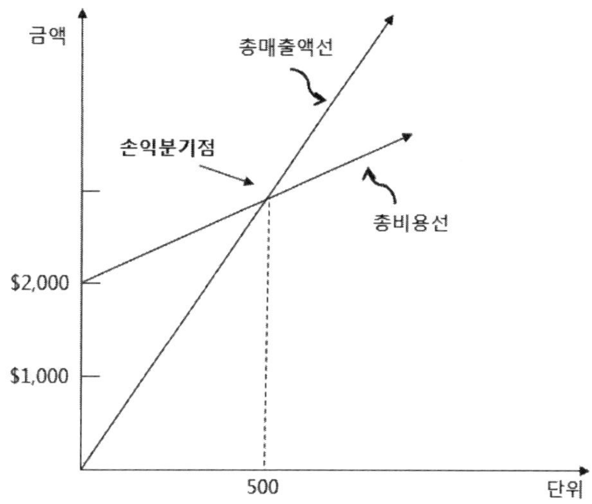

예제 7-2

S사는 자사 제품에 대한 수요가 [예제 7-1]의 손익분기점을 많이 초과할 것이라고 믿고 있다. 그래서 S사는 생산의 변동비용을 튜브당 2달러까지 낮춰 줄 자동화된 설비에 10,000달러의 비용을 초기 투자할 것을 고려하고 있다.

[예제 7-1]의 옛날 설비와 자동화된 새로운 설비를 비교해 보자. 각 설비는 어떤 수요량에 대해 선택되어야 하는가?

풀이 옛날 설비를 A, 자동화된 설비를 B라고 하면, A와 B의 무차별점은 다음과 같다.

$$
\begin{aligned}
\text{옛날 설비 A} &= \text{자동화된 설비 B} \\
\$2{,}000 + \$6Q &= \$10{,}000 + \$2Q \\
\$4Q &= \$8{,}000 \\
Q &= 2{,}000\text{튜브}
\end{aligned}
$$

따라서 수요가 2,000튜브 이하라면, 보다 고정비용이 낮은 설비 A를 선택해야 한다. 그러나 수요가 2,000튜브 이상이라면, 변동비용이 낮은 자동화된 설비 B를 선택하여야 한다. 이러한 결정은 다음 그래프를 살펴보면 이해할 수 있을 것이다. 이 예에서 튜브는 튜브 제작에 어떤 설비를 사용하든지 간에 튜브당 10달러에 팔 것이므로 매출 직선은 필요하지 않다.

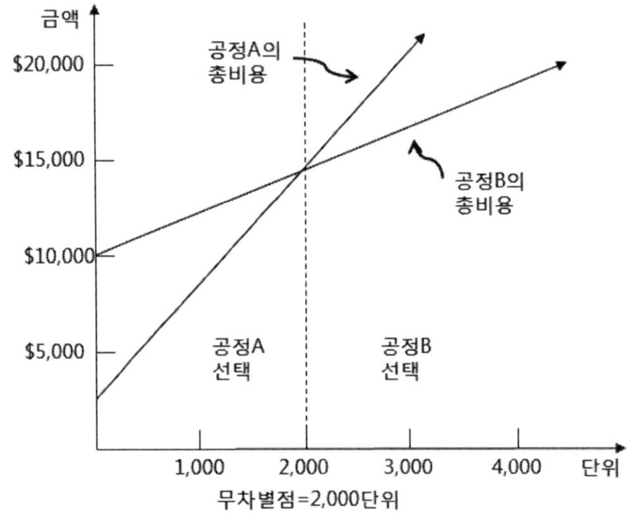

예제 7-3

S사는 신제품 TXT 생산을 위한 설비 선정을 위하여 다음의 세 가지 대안 가운데 하나를 선택하여야 한다. 관련 비용으로 다음과 같이 데이터가 수집되었다.

	A	B	C
고정비용	$10,000	$40,000	$70,000
변동비용	$5	$2	$1

각 설비는 어떤 규모의 수요에 적당한가?

풀이 Q가 TXT의 수요량을 나타낸다면,

설비 A의 총비용 = $10,000 + $5Q
설비 B의 총비용 = $40,000 + $2Q
설비 C의 총비용 = $70,000 + $1Q

그 다음, 각 설비의 총비용을 같다고 놓고, 수요 규모에 대하여 각 설비간에 차이가 없어지는 지점을 계산한다. 항상 고정비용이 가장 낮은 설비에서 시작하여 그것을 다음으로 고정비용이 낮은 설비와 비교하는 식으로 한다. 그러므로 먼저 설비 A와 설비 B를 비교하고, 다시 설비 C와 비교한다.

비교 1 : 설비 A와 설비 B의 비교

설비 A 설비 B

$10,000 + $5 × Q = $40,000 + $2 × Q

Q = 10,000 단위

수요가 10,000개 이하라면, 가장 고정비용이 낮은 설비 A를 택해야 한다. 반대로 수요가 10,000개를 넘는다면, 변동비용이 가장 낮은 설비 B를 택해야 한다. 10,000개에서는 실질적으로 A나 B 어느 쪽이든 택할 수 있다.

비교 2 : 설비 B와 설비 C의 비교

설비 B : 설비 C

$40,000 + $2 × Q = $70,000 + $1 × Q

Q = 30,000 단위

수요가 30,000개를 넘으면, 설비 C를 택해야 한다. 수요가 30,000개 미만이지만 10,000개를 넘는다면, 설비 B를 택해야 한다.

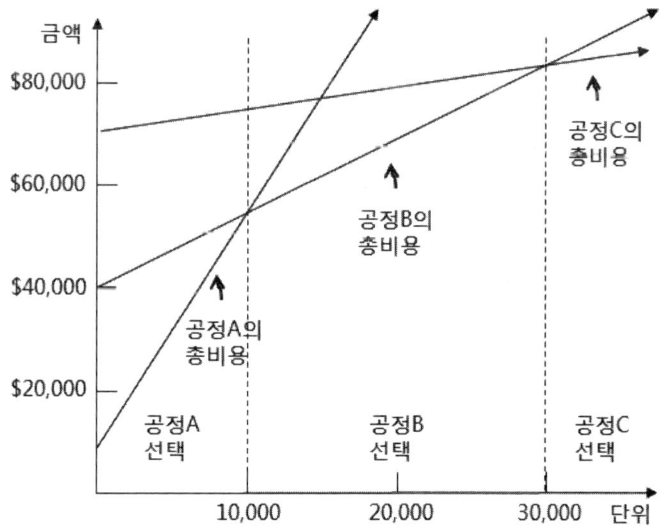

무차별점=2,000단위

제3절 생산능력계획

1. 생산능력 확장의 기본 전략

생산능력계획은 기업의 전반적인 자원 수준을 수립하는 장기적인 전략적 의사결정이다. 생산능력계획은 그러한 자원을 획득할 만큼 긴 시간(보통 새 시설을 짓는다든가 새로운 사업체를 인수하는 것 등을 위하여 일 년 또는 그 이상)의 흐름에 걸치게 된다.

생산능력 의사결정은 제품 조달기간, 고객 반응, 운영비, 기업의 경쟁력에 영향을 미친다. 그러므로 부적절한 생산능력 때문에 고객을 잃고 성장이 제한될 수 있다. 그리고 과도한 생산능력은 기업의 자원을 새어 나가게 하고, 보다 수익성 있는 사업에 투자하는 것을 막는다.

따라서 언제 생산능력을 늘려야 할지, 얼마나 많이 늘려야 할지가 기업의 중요한 의사결정 사안이다.

<그림 7-5>의 (a), (b), (c)는 수요가 꾸준히 성장하는 것과 관련하여 생산능력 확장 시기를 위한 3가지 기본 전략을 나타낸 것이다.

1) 생산능력 리드 전략

생산능력 리드 전략(capacity lead strategy)은 수요 성장을 예측하여 생산능력을 늘리는 전략으로, 이러한 공격적인 전략은 생산능력이 제한된 경쟁업체로부터 고객을 끌어오기 위해서나 급속히 성장하는 시장에서 확고한 발판을 얻기 위해 사용된다. 또한, 이 전략은 기업이 예측하지 못한 수요 폭등에 대처하고, 수요 성수기 동안 우월한 서비스를 제공할 수 있게 한다.

2) 생산능력 따름 전략

생산능력 따름 전략(capacity lag strategy)은 수요 증가가 증명된 이후에 생산능력을 증가시키는 전략으로, 이 보수적인 전략은 높은 투자회수율을 가져오지만 그 와중에 고객을 잃을 수 있다. 그러므로 이 전략은 제품이 표준적이고 비용 중심이거나 경쟁이 약한 업계에서 사용되며, 생산능력이 확장된 이후 잃었던 고객이 경쟁업체로부터 돌아오는 것을 가정한다.

3) 평균 생산능력 전략

평균 생산능력 전략(average capacity strategy)은 평균 예상 수요에 맞추어 생산능력을 늘리는 전략으로, 이 전략 하에서는 경영자가 적어도 확장된 산출물의 일정 비율은 팔 수 있으리라고 확신하고, 어느 정도 기간 동안 수요를 맞추지 못하더라도 견뎌 나가는 온건한 전략이다. 그러므로 대략 절반 정도 기간은 생산능력이 수요를 앞서 나가고, 나머지 절반 정도의 기간은 생산능력이 수요에 뒤처지게 된다.

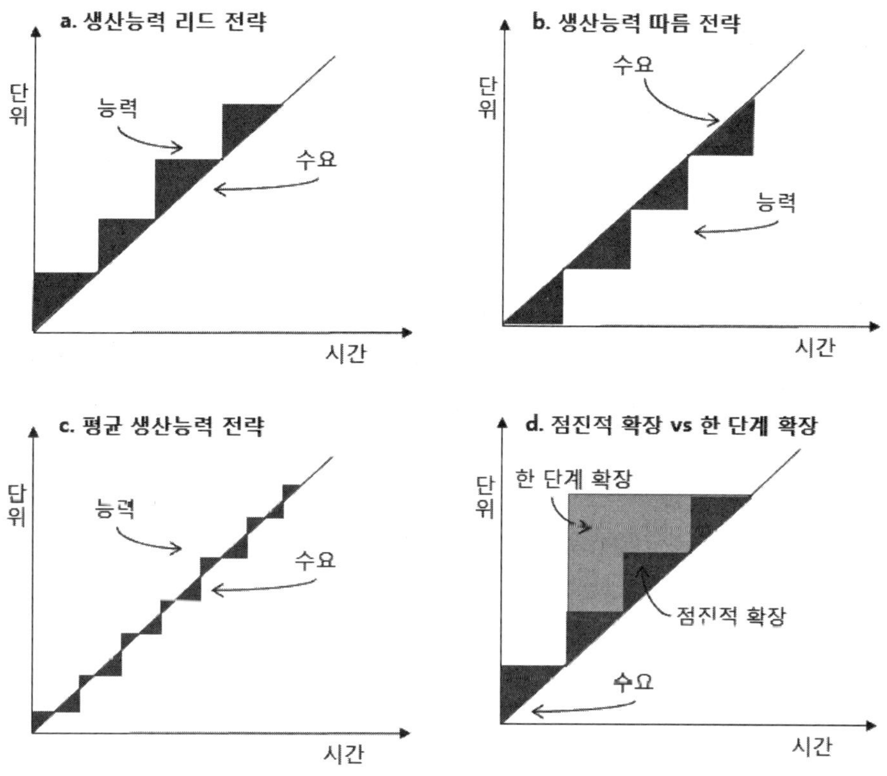

〈그림 7-5〉 생산능력 확장 시기를 위한 기본 전략

예를 들면, 앞으로 십 년간 대학진학 학생수가 현재 수준의 50%가 될 것에 대비하여 대학들의 입학 전략을 짜보자. 지원자가 적은 해일지라도 어느 정도의 수가 보장된 안정된 대학이라면, '생산능력 따름 전략'을 세울 것이다. 그리고 신설대학들은 자리를 잡은 유명 대학에 입학하지 못한 학생을 끌어 모을 희망으로 '생산능력 리드 전략'을 쓸지도 모른다. 또한, 지역의 전문대학이라면 젊은이들을 교육시킨다는 사명을 이행하지만 위험 부담은 적게 가지고 가기 위해 '평균 생산능력 전략'을 선택할 수도 있다.

이와 같이 서비스업의 하나인 대학과 같이 기업의 생산능력을 얼마나 늘릴 것인가는 ①예상 수요의 규모와 확실성, ②성장, 고객 서비스, 경쟁 측면에서의 전략적 목표, ③확장 및 운영의 비용에 달려 있다.

따라서 기업의 생산능력은 점진적으로 증가시킬 수도 있고, <그림 7-5>의 (d)에서 보듯이 한 번에 크게 증가시킬 수도 있다. 점진적 증가는 위험 부담은 더 적지만 비용은 더 많이 든다. 생산능력 확장에서 매력적인 대안은 아웃소싱인데, 아웃소싱에서는 공급자가 수요 불확정성의 위험 부담을 흡수한다.

2. 최선의 설비 가동수준

최선의 설비 가동수준은 평균 단위 비용을 최소화하는 생산능력 가동률이다. 최선의 가동률이 생산능력의 100%가 되는 일은 드물다. 생산능력 100%는 가동률로서는 매우 높은 수준이며, 생산성이 둔화되고 일이 잘못되어 가기 시작한다.

평균 생산능력 가동률은 산업별로 다르다. 평균 가동률 80%의 산업은 예상치 못한 수요 폭등이나 일시적인 작업 중단 등을 완충하는 여유능력(capacity cushion)을 20% 가지고 있는 것이다. 높은 여유능력은 수요의 가변성이 높고 자원의 유연성이 낮으며 고객 서비스가 중요한 산업에서 일반적이다. 예를 들면, 공익설비는 20%의 여유능력을 유지하며, 유연성이 낮고 비용이 높은 자본집약적인 산업은 10% 미만의 여유능력을 유지한다. 그리고 항공사는 오버부킹을 함으로써 마이너스 여유능력을 유지한다. 최선의 가동수준은 또한 최대로 경제적인 설비 사이즈라고 부르기도 한다.

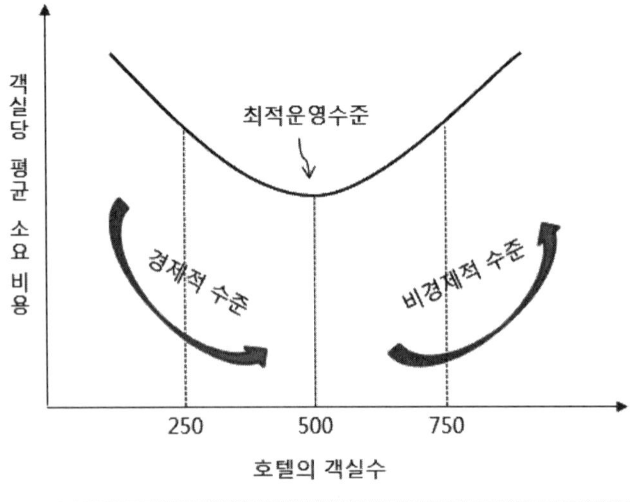

〈그림 7-6〉 호텔의 최적 가동수준

<그림 7-6>은 호텔에 대한 규모의 경제로, 최상의 운영 수준에서 최적의 시설 가동 수준의 객실 수를 보여 준다.

따라서 규모의 경제는 산출물 수준은 높으면서 설비의 단위당 생산 또는 가동비용은 적게 드는 것을 말한다. 그러므로 규모의 경제에서는 다음과 같은 일이 일어난다.

- 산출물 수준이 높으면, 고정비용은 더 많은 단위 수에 나누어진다.
- 생산 또는 가동비용은 산출물 수준에 비례하여 증가하지 않는다.
- 자재 구매에서 수량 할인이 가능해 진다.
- 근로자의 경험이 쌓임에 따라 가동 효율이 증가한다.

기업사례

가구가 아닌 에이스침대

1. 앞선 기술과 도전정신

사람은 평균 일생의 1/3을 잠으로 보낸다. 잠은 삶의 가장 풍요로운 안식이며, 지친 육신을 회복시키는 에너지 보충의 시간이다. "침대는 가구가 아닙니다. 과학입니다"라는 캠페인으로 소비자들에게 널리 알려진 에이스침대는 1963년 9월 설립 후 꾸준한 브랜드 관리 활동을 해왔다.

"에이스침대의 첫걸음과 함께 우리나라 침대기술의 발전은 시작되었습니다. 에이스는 최고가 아니면 만들지 않겠다는 열정과 끊임없는 기술 개발로, 마침내 국내 침대산업을 세계적인 수준으로 끌어올린 '침대과학'이라는 혁신적인 개념을 이끌어 낼 수 있었습니다"라고 안성호 사장은 말했다.

에이스침대는 늘 한발 앞선 기술과 도전정신으로 가구 수준에 머물던 침대를 과학으로, 한국 침대를 세계 최고의 침대로 끌어 올렸다. 가장 예술적이며 편안한 침대를 만들기 위한 에이스의 42년간의 노력은 완벽한 편안함으로 창조하는 것이 진정한 고객 존중이라는 신념으로 인체의 특성과 수면의 관계에 대한 각종 연구를 비롯하여 소재가 인체에 미치는 영향 측정에 이르기까지 최적의 수면 조건을 갖춘 편안한 침대를 만들어 가고 있다.

1994년, 세계침대 최초 ISO 9001 인증을 획득하였으며, 2004년에는 업계 최초 12년 연속 히트상품으로 선정되면서 국가품질경영대회 소비자 만족상, 대통령상, 한국경제 선정 올해의 브랜드 대상, 3년 연속 국제표준시스템 경영상 등을 수상하였다.

그러나 에이스는 여기에 만족하지 않고, '월드 에이스' 프로젝트를 통하여, 세계가 인정하는 최고의 침대로 세계 속에 한국의 이름을 떨치려고 노력하고 있다.

2. 주요 전략

에이스침대의 주요 전략은 홍보전략과 관리활동이다. 홍보전략은 침대의 필요성에 대한 동영상물을 만들어 매스컴과 홈페이지를 통해 널리 알리는 방법을 택하고 있다.

1) 홍보활동

- 김성택 편 : Are you sleeping의 배경음악과 함께 거실에서 의자에 앉아 곤하게 자는 직장인, "정말 편안하게 주무시네요. 그래도 잠은 에이스에서 주무셔야죠, 에이스침대"라는 카피라이터가 나온다.

- Are you sleeping 편 : Are you sleeping의 배경음악과 함께 생일 케익을 앞에 둔 아이가 졸다가 케익에 코를 박는 장면, 엘리베이트 걸이 엘리베이트 안에서 서서 조는 장면, 그러자 "잠이 부족하시군요. 에이스에서 주무세요. 침대과학은 생명을 위한 과학입니다. 에이스침대"라는 카피라이터가 나온다.
- 이효리 편 : 이효리가 바쁜 하루일정에 침대에서 힘든 표정을 짓는다. 그러자 "잠자는 시간이 부족할수록 좋은 침대가 필요합니다. 침대과학은 생명을 위한 과학입니다. 에이스침대"라는 카피라이터가 나온다.
- 주차장편 : 텅 빈 주차장에 가장 먼저 도착한 직장인, "누구보다 먼저 아침을 움직이는 당신, 에이스에서 주무셨군요.", "몸에 투자하십시오. 아침이 바뀝니다."라는 카피라이터가 나온다.

2) 관리활동

(1) 에이스침대공학연구소

1992년, 세계 최고 수준으로 설립된 에이스침대공학연구소는 인체공학, 수면공학, 소재공학 분야 등의 전문가로 구성된 연구진을 갖고 있다. 그리고 에이스침대공학연구소는 4천여 개의 전자 센서가 수면시 인체의 움직임에 따른 모든 변화를 세밀히 측정하고 분석하여 침대가 인체에 주는 영향을 측정하는 '컴퓨맨'도 개발했다.

그러므로 최첨단 컴퓨맨 시스템을 이용하여 인체의 특성과 수면과의 관계에 대한 각종 연구에서 소재가 인체에 미치는 영향측정에 이르기까지 최적의 수면조건을 갖춘 가장 편안한 침대를 연구하고 있다.

(2) 이동 수면공학연구소

전문 컨설턴트들과 함께 최첨단 측정장비를 갖추고 고객에게 직접 찾아가 최적의 침대를 선정해 주는 '찾아가는 침대과학 서비스'이다. 즉, 최첨단 장비들을 이용하여 침대에 누웠을 때의 척추형상과 수면상태 등을 측정한 후, 그 결과를 과학적으로 분석하여 고객 개개인에게 적합한 최적의 침대환경을 제공하는 서비스를 무료로 상담한다.

(3) 매트리스 생산시스템

생산 및 품질검사의 전 과정을 자동화하는데 성공하였다. 세계에서 두 번째로 개발된 전자동 컴퓨터 무인생산시스템인 오토컴과 페가라인 등 스프링 제조과정에서부터 매트리스 포장과정까지 전체 공정을 한 치의 오차도 없는 최첨단 전자동 컴퓨터 무인생산시스템으로 완성하였다. 이는 품질의 균일화를 유지하는 원동력이다. 또, 신기술 개발을 통한 품질의 고급화도 연구하고 있다.

김명호. (2014). 『기업사례경영학』 개정2판. 도서출판 두남.

연습문제

7-1 다음과 같은 시설들의 생산능력은 어떻게 측정될 수 있는가?

① 자동차 제조업

② 철강 제조업

③ 전문 식당

④ 항공사

⑤ 대학교

7-2 생산능력은 보통 설계능력, 조업능력 및 실제산출량의 척도로 나타내는데, 이들의 개념을 설명하라.

7-3 생산능력은 장기, 중기, 단기의 차원에서 결정된다. 생산능력관리의 책임영역을 의사결정의 시간형태에 따라 분류하여 설명하라.

7-4 재료를 투입하여 제품으로 변형시키는 생산공정의 3가지 유형을 설명하라.

7-5 설비를 선정하는 데 사용되는 무차별분석의 개념을 설명하라.

7-6 생산능력 확장의 기본 전략을 설명하라.

7-7 S사는 기존의 낡은 트럭 1대를 그대로 사용할 것인지 아니면 새 트럭으로 바꿀 것인지를 결정하고자 한다. 낡은 트럭을 이용할 경우 정비하는데 약 1,500만 원이 소요되며, 유지비로 km당 2,500원의 비용이 든다. 그리고 새 트럭의 경우는 구입시에 3,500만 원이 소요되며, 유지비로 km당 1,500원의 비용이 든다.

① 어느 점에서 두 대안에 차이가 없는가?

② 손익분기점에서 두 대안의 총비용은 각각 얼마인가?

③ 앞으로 80만km를 사용한다고 할 때, 경영자는 어떤 결정을 내려야 하는가?

7-8 P사는 철재선반을 자체 제조하든지 또는 구입하려고 한다. 제조할 경우, 용접기구 등 15만 원의 비용을 들여야 하며, 선반 1개 당 2만 원의 재료비가 든다. 그러나 구입할 경우, 선반 1개당 3만 원에 살 수가 있다.

① 어느 점에서 두 대안에 차이가 없는가?

② 손익분기점에서 두 대안의 총비용은 각각 얼마인가?

③ 선반이 6개가 필요하다면, 경영자는 어떤 결정을 내려야 하는가? 그리고 이때 두 대안의 총비용은 얼마인가?

7-9 P사는 신제품 생산을 위한 설비 선정을 위하여 다음의 세 가지 대안 가운데 하나를 선택하고자 한다. 관련 비용으로 다음과 같이 데이터가 수집되었다.

	A	B	C
고정비용	$20,000	$40,000	$35,000
변동비용	$5	$2	$3

각 설비는 어떤 규모의 수요에 적당한가?

Chapter 8 시설입지와 설비배치

제1절 시설입지의 의의

1. 시설입지 결정의 중요성

시설의 입지결정이나 기존공장의 확충을 위한 부지결정과 같은 입지결정문제(location design problem)는 중요한 장기계획의 하나이며, 막대한 비용이 투자된다. 그리고 그 영향이 모든 분야에 걸쳐 장기적으로 미치게 되므로, 기업이 수행하여야 하는 중요한 의사결정문제 가운데 하나이다. 그러므로 설비배치는 공장 내 또는 서비스 작업장 내에서 필요한 설비, 기계 등을 배열하는 의사결정 문제를 생산 활동의 최적흐름을 실현하는 기능을 말한다.

오늘날 생산시스템의 설계 및 운영은 시스템적 접근이 강조된다. 따라서 시설입지도 대안들만을 대상으로 비용이나 이익을 따질 것이 아니라 각 대안을 기존의 시스템 내에 포함시킬 때 전체시스템의 비용이나 이익이 어떻게 변화할 것인가의 관점에서 고려하여야 한다. 뿐만 아니라 기업은 현재 최상의 입지를 찾아내기 위하여 노력하기 보다는 여러 곳의 가능한 입지 가운데 어느 곳이 잠재적 이익을 가져올 것이며 앞으로 문제를 일으키지 않을 것인지 등의 거시적인 시작으로 입지문제를 다루는 것이 바람직하다.

2. 입지선정의 영향요인

1) 자연적 입지요인

① **기후조건의 적합성** : 생산시설이나 설비, 제품 품질 등은 기후조건에 따라 많은 영향을 받을 수 있다.

② **공업용수의 양과 질** : 생산시설의 입지선정에서 공업용수의 이용 가능량과 수질

은 주요 요인이 된다.

③ **원자재의 근접성** : 생산시설은 가능한 한 원자재의 공급처 가까이 위치하여야 한다. 예를 들면, 동해시의 시멘트 공장은 시멘트의 주재료가 동해시 인근에서 출토되기 때문에 수요지와의 교통은 불편하지만, 원자재의 공급처인 동해시에 위치하게 되었다.

2) 사회적 입지요인

① **지역사회의 특성** : 지역주민의 태도나 그 지역의 종교적, 문화적 특성이 생산업체의 입지에 커다란 영향을 미친다.

② **관련 법규** : 산업의 고도화로 인해 급진적인 공업화의 결과로 생산시설의 안전문제 및 공해문제는 한층 심각한 사회문제로 대두되고 있다. 그러므로 관련법규를 충분히 분석하여 입지를 선정하여야 한다.

③ **세제 및 금융지원** : 국세나 지방세를 포함한 세제 및 금융지원 제도 등을 고려하여야 한다.

3) 경제적 입지요인

① **수송의 편의성** : 원자재를 산지에서 공장까지 수송하거나 제품을 시장으로 운송하는 수송문제는 공장의 입지요인에 중요한 요인이 된다.

② **시장의 근접성** : 판매시장 가까이에 공장입지를 선정하는 것이 여러 가지 이득이 될 수 있다.

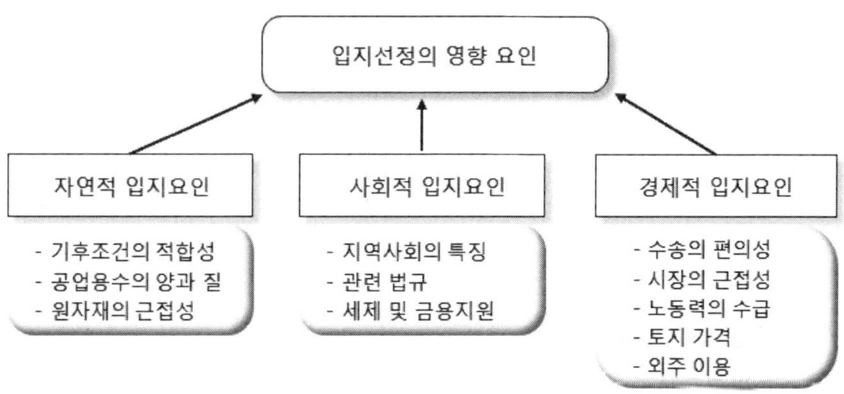

〈그림 8-1〉 입지선정의 영향 요인

③ **노동력 수급** : 노동력의 수급은 제품 생산이나 서비스제공에 있어 필수적인 생산요소이다. 이때, 노동력의 이용 가능량, 노동력의 질, 임금수준 등을 구분하여 고려하여야 한다.

④ **토지 가격** : 대도시 근처는 땅값이 비싸며, 지방의 싼 곳은 도로, 상하수도 등 개발비용이 많이 든다는 점을 인식하고 부지를 선정하여야 한다.

⑤ **외주 이용** : 외주 의존형 산업인 기계, 전자, 전기제품의 제조업체는 공장 주변에 많은 하청기업이나 협력업체들이 있어야 유리하다.

3. 입지의 결정요인

1) 거시적 및 미시적 차원에서의 고려

거시적 차원에서 고려의 대상이 되는 변수들은 노동, 재료, 자본 등 투입지향적인 요소와 시장고객 등 산출지향적인 요소 그리고 기후, 풍토, 수송 등 투입과 산출 양쪽에 모두 관련이 있는 요소들인데 이들을 그 지역의 사회, 경제, 정치적 요인과 결부시켜 분석하여야 한다.

그리고 미시적 차원에서는 주로 지형, 지대, 확장 가능성 등 부지조건을 비롯하여 전기, 수도, 경찰서, 소방서 등 서비스시설을 면밀히 평가하여야 한다.

2) 유형·무형의 비용요소

대부분의 시설입지결정 문제는 여러 가지 복합적인 결정기준을 내포하고 있다. 이러한 복합적 결정기준은 유형의 비용요소와 무형의 비용요소로 구분될 수 있다.

유형의 비용요소로는 대략 토지 및 건물 비용, 재료비, 노무비, 수송비, 전기 수도 등 관리비, 세금 및 보험료 토지 등이 포함되는데, 이들은 특히 경제적 타당성 검토를 할 때 이용되는 중요한 결정변수들이다.

한편, 무형의 비용요소로는 지역사회의 태도, 교육·문화 시설, 환경적 영향, 노동력 공급, 노사관계, 행정규제 등이 포함되는데, 이들은 주로 입지의 질적 요소를 분석할 때 이용되는 변수들이다.

3) 입지 선정의 탄력성

기업의 성격이 입지의 선정을 한정시킨다.

① 투입물의 공급이 기업의 입지에 영향을 준다. 우리나라의 시멘트생산업체가 동해

시에 밀집하여 있듯이 원자재 지향적인 업체는 자원의 공급처 가까이에 위치하게 된다.

② 산출물의 소비가 공장의 입지에 영향을 미친다. 도매상, 소매상, 백화점 등 시장 지향적인 시설은 고객위주로 입지가 선정된다. 병원, 소방서 등 공공행정기관도 마찬가지 이다.

4. 입지의 결정과정

시설입지를 합리적으로 결정하는 과정은 마치 일반 경영문제에 대한 체계적인 의사결정의 과정을 밟는 것과 흡사하다.

1) 위치선정의 목적과 제약조건의 제시

위치선정의 목적은 최적입지를 찾는 것이다. 그러므로 기업의 성격에 맞는 입지 선정의 목적을 분명히 하여야 한다. 그리고 입지선정의 제약조건인 생산시스템의 투입, 공정, 산출 등의 요소 등 입지와 관련된 제반 문제점들을 모두 제시하여, 목적에 부합한지 충분히 고려하여야 한다.

2) 관련 결정기준의 선정

기업이 입지를 선정할 때 경제적 요인과 비경제적 요인 등 모두를 고려하여야 한다. 물론 기업이 존립하기 위해서는 노무비나 재료비와 같은 경제적 척도에 큰 비중을 주어야 하겠지만, 시설이 그 지역의 적합도와 같은 질적 요인도 마땅히 고려되어야 한다. 그러므로 기업은 기업의 목적에 맞는 입지선정의 기준을 마련하여야 한다.

3) 결정모형의 생성

입지선정의 기준이 마련되면, 기준에 대한 입지의 적합도를 평가할 수 있는 모형을 생성하여야 한다. 왜냐하면 모형은 관련변수를 추상화시켜 이들을 목적과 연관시킬 수 있는 편리한 수단이기 때문이다.

손익분기분석이나 선형계획법과 같은 계량적 분석이 입지의 경제적 변수를 평가하는데 도움이 되며, 체크리스트에 의한 질적 요인분석 등은 추상적 요소들을 구체화하는데 유용한 도구가 된다.

4) 대안의 평가

대안을 체계적으로 평가하는 방법은 먼저 계량화할 수 있는 요인들을 생성한 결정모형에 의하여 평가한다. 그리고 그 다음에 질적 요인들을 고려한다.

그리고 앞에서 설정된 목적, 결정기준과 결정모형에 적합한지 다시 한 번 각 대안을 평가한다.

5) 최적부지의 선정

입지의 의사결정 과정을 면밀히 체계적으로 분석함으로써 조직의 목표를 충족할 수 있는 부지선정을 가져올 수 있다.

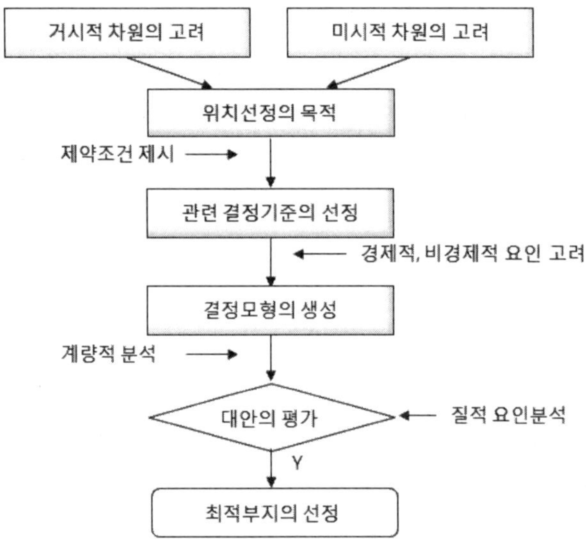

〈그림 8-2〉 입지의 결정과정

제2절 시설입지의 결정 방법

1. 양적 요인분석

기업의 입지선정에 대한 일반적인 목적은 지방비, 수송비, 원료비 등 3가지 종류의 비용을 극소화하는 것이다. 지방비는 지대, 건설비, 노무비, 세금 등 선정된 지역과 관련된 비용이며, 수송비는 공급처와 수요처간에 원료 및 제품의 배분과 관련된 비용을 말한다.

1) 손익분기분석

기업이 입지로 생각하는 여러 후보지들을 경제적 차원에서 비교할 때 고려되어지는 변수는 기업의 수입과 비용이다. 왜냐하면 수입과 비용은 환경과 지역에 따라 변하기 때문이다.

그러나 단위당 수입은 시설의 입지와 관계없이 일정하다고 가정하면 고려 대상에서 제외시킬 수 있다. 그러므로 모든 입지에서 수입이 똑같다고 가정할 때, 손익분기분석에 의한 분석과정은 다음과 같다.

① 각 입지에 따른 모든 관련 비용변수들을 찾는다.
② 각 입지별 발생비용을 연간 고정비와 단위당 변동비로 구분한다.
③ 각 입지에서 가장 낮은 총 연간비용을 가진 입지를 선정한다. 그러나 각 입지마다 단위당 수입이 변화하면 수입을 고려하여 입지를 선정한다.

예제 8-1

S사는 시설입시의 후보지로 A지역, B지역, C지역 가운데 한 곳을 선정하려고 한다. 선정된 입지는 연간 5억 원의 매출이 보장되며, 연간 2,000개를 생산하고자 한다.

각 시설입지는 다음과 같은 고정비와 변동비를 지불한다고 가정할 때, 최적의 시실입지를 선정하라.

시설입지	고정비	변동비
A지역	10억원	30만원
B지역	15억원	20만원
C지역	20억원	10만원

풀이 '총비용 = 고정비 + 변동비 × 생산갯수'를 이용하여 총비용을 계산하면, 다음과 같다.

A지역 : 10억원 + 30만원 × 2,000 = 16억원
B지역 : 15억원 + 20만원 X 2,000 = 19억원

C지역 : 20억원 + 10만원 X 2,000 = 22억원

그러므로 A지역이 최저비용으로 최적입지로 결정된다. 이러한 관계를 각 지역의 고정비와 변동비를 고려하여 그래프로 나타내면 다음과 같다.

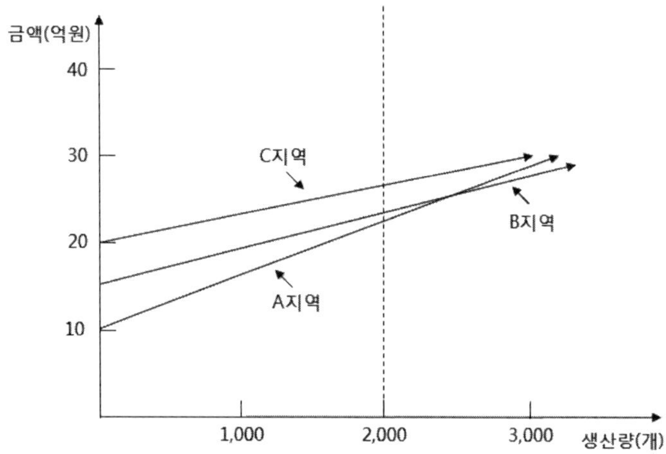

2) 수송계획법

수송계획법(Transportation Linear Programming)은 여러 곳의 생산지와 여러 곳의 수요지를 가진 기업에서는 수송비가 무엇보다 중요한 요인이 되므로, 새로운 시설입지는 총 수송비가 가장 적게 드는 곳에서 결정되어야 한다는 관점에서 출발하였다.

〈표 8-1〉 수송계획표의 예

수요지 / 공급지	B_1	B_2	B_3	공 급 량
A_1	c_{11} x_{11}	c_{12} x_{12}	c_{13} x_{13}	S_1
A_2	c_{21} x_{21}	c_{22} x_{22}	c_{23} x_{23}	S_2
A_3	c_{31} x_{31}	c_{32} x_{32}	c_{33} x_{33}	S_3
수요량	D_1	D_2	D_3	

즉, 수송비를 최소화하는 것으로 모형화할 수 있다면, 공급과 수요의 제약조건아래 비용함수를 극소화하는 수송계획법의 기법이 매우 유용하다. 최초의 풀이를 얻는 방법으로는 북서코너법(North-West Corner Method), 최소비용법(Least cost Method), 보겔법(Vogels Approximation Method) 등이 있고, 2단계의 최적해를 구하는 방법으로 디딤돌법(Stepping Stone Method)과 수정배분법(Modified Distribution Method) 등이 있다.

여기서, C_{ij}는 i지역에서 j지역으로 이동하는데 소요되는 단위당 수송비용을 나타내며, X_{ij}는 수송량을 나타낸다.

3) 그리드법

그리드법(grid method)은 새로운 시설과 기존시설, 공급처 및 시장 사이의 수송비를 극소화하는 입지를 찾는데 초점을 맞추고 있다. 그리드 기법들 가운데 가장 유용한 기법이 중심접근법(Center of Gravity Approach)이다. 이 방법은 수평 및 수직 좌표를 가진 그리드(바둑판)를 형성하여 각 기존공장의 위치를 명시하고 새로운 공장의 최적좌표를 분석적으로 탐색하는 방법이다.

2. 질적 요인분석

양적 요인분석에 의하여 경제적 타당성이 충분히 검토되었어도 완벽한 입지결정을 위해서는 질적 요인분석이 뒷받침되어야 한다. 질적 요인분석이란 무형의 추상적인 비용으로 금전으로 나타내기 어려운 근로자의 생활조건 등 평가자의 주관에 의하여 판단될 수 있는 것으로, 모든 요소에 대하여 상대적인 평점을 주어 계량화하여 분석하는 방법이다.

질적 요인분석의 접근방법은 다음과 같은 단계를 밟는다.

① 모든 관련변수를 빠짐없이 열거한다.

② 조직목표달성을 위한 상대적인 중요도에 비추어 모든 요인에 대하여 비중을 설정한다.

③ 각 지역에서의 각 요인에 대한 평가를 점수로 나타낸다.

④ 각 요인의 평점을 각 요인의 비중으로 곱한 다음, 이를 합산하여 각 지역의 총점을 산출한다.

예제 8-2

P사는 시설입지의 후보지로 A지역, B지역, C지역 가운데 한 곳을 선정하려고 한다. 양적 요인분석을 마무리하고, 이제 질적 요인분석을 하려고 한다.

다음의 각 시설입지에 대한 요인을 5점 척도로 분석하여 최적의 시설입지를 선정하라.

질적 요인	비 중(%)	A지역	B지역	C지역
노사관계	15	4	5	4
행정 규제	20	3	3	3
생활환경	35	4	3	3
노동력 수급	30	3	4	5
합 계	100			

풀이 먼저 각 지역별로 해당 점수를 비중에 곱하여 합계를 구한다.

A지역 : $4 \times 0.15 + 3 \times 0.20 + 4 \times 0.35 + 3 \times 0.30 = 3.5$

B지역 : $5 \times 0.15 + 3 \times 0.20 + 3 \times 0.35 + 4 \times 0.30 = 3.6$

C지역 : $4 \times 0.15 + 3 \times 0.20 + 3 \times 0.35 + 5 \times 0.30 = 3.75$

그러므로 C지역의 질적 요인분석 결과가 가장 좋은 것으로 나타나 최적 입지로 결정된다.

예제 8-3

공장 입지선정 사례 :

S사는 수요 증가에 대처하여 새로운 공장을 신설하려고 한다. 신설 공장 후보지로는 대전, 부산, 광주의 3개 지역이 유력시되고 있는데, 시설입지를 선정함에 있어 생산비와 수송비 등의 비용이 최소가 되는 후보지를 결정하라.

공장 / 시장	기존 공장		신설 공장 후보지			년간 예상수요량
	평택	수원	대전	부산	광주	
서울(D_1)	42	32	46	44	48	10,000개

경기(D2)	36	44	37	30	45	15,000개
경남(D₃)	41	42	30	37	43	16,000개
중부(D₄)	38	48	42	38	46	19,000개
호남(D₅)	50	49	43	45	27	12,000개
연간생산능력	27,000	20,000	25,000	25,000	25,000	
단위당 생산비 (단위: 원)	270	268	264	269	262	

풀이 1) 신설 공장 후보지를 대전으로 할 경우

공급지 수요지	평택	수원	대전	수요량
D_1	312	300 10,000	310	10,000
D_2	306 8,000	312	301 7,000	15,000
D_3	311	310	294 16,000	16,000
D_4	308 19,000	316	306	19,000
D_5	320	317 10,000	307 2,000	12,000
생산능력	27,000	20,000	25,000	72,000

생산비 : 19,250,000원, 수송비 : 2,645,000원, 총합계 : 21,895,000원

2) 신설 공장 후보지를 부산으로 할 경우

공급시 수요지	평택	수원	부산	수요량
D_1	312	300 10,000	313	10,000
D_2	306	312	299 15,000	15,000
D_3	311 8,000	310	306 8,000	16,000
D_4	308 19,000	316	307	19,000
D_5	320	317 10,000	314 2,000	12,000
생산능력	27,000	20,000	25,000	72,000

생산비 : 19,375,000원, 수송비 : 2,696,000원, 총합계 : 22,071,000원

3) 신설 공장 후보지를 광주로 할 경우

공급지 / 수요지	평택	수원	광주	수요량
D_1	312	300 10,000	310	10,000
D_2	306 15,000	312	307	15,000
D_3	311	310 10,000	305 6,000	16,000
D_4	308 12,000	316	308 7,000	19,000
D_5	320	317	289 12,000	12,000
생산능력	27,000	20,000	25,000	72,000

생산비 : 19,200,000원, 수송비 : 2,640,000원, 총합계 : 21,840,000원
따라서 신설 공장을 광주에 세우는 것이 비용이 가장 최소가 된다.

제3절 설비배치의 의의

1. 설비배치의 목적

설비배치는 공장 내 또는 서비스 작업장 내에서 필요한 설비, 기계 등을 배열하는 의사결정기능이다. 즉, 설비배치는 재화나 용역을 효율적으로 산출하기 위하여 생산시스템 내에서 물질적 구성요소를 적절히 배치하는 것인데, 이러한 배치는 작업 활동의 진행과 밀접한 관련을 가지게 되므로 생산관리 영역에 큰 영향을 미친다. 그러므로 생산시스템의 운영을 능률적으로 수행하기 위해서는 무엇보다도 시설의 배치가 합리적으로 이루어져야 한다.

따라서 설비배치는 작업장 또는 설비와 같은 물질적 요소의 놓여지는 바른 장소를 결정함으로써 생산 활동의 최적흐름을 실현하려는 기능을 말한다.

그러므로 설비배치의 궁극적인 목적은 다음과 같다.

① 생산소요시간의 최소화
② 기존면적의 효과적 이용
③ 작업자의 안전 및 편의 제공

④ 작업 및 배치의 신축성 유지
⑤ 작업물 운반비용의 최소화
⑥ 운반설비의 단순화
⑦ 생산 공정의 균형적 촉진
⑧ 조직구조의 효율적 유지

2. 설비배치의 종류

설비배치의 종류에는 기본적으로 공정의 형태와 관련하여 다음 4가지가 있다.
① 공정별 배치
② 제품별 배치
③ 위치고정형 배치
④ 혼합형 배치

1) 공정별 배치

공정별 배치(process layout)는 유사한 기계설비나 비슷한 기능을 수행하는 공정을 한 곳에 모아서 배치하는 것이다. 즉, 배치의 구성요소인 사람과 기계를 그룹별로 일정한 장소에 기능별로 배치하는 형태로서, 기능별 배치라고도 한다.

그러므로 공정별 배치에서 각 주문 작업은 가공요건에 따라 필요한 작업장이나 부서를 찾아 이동하므로 작업흐름이 서로 다르고, 복잡할 수 있다.

그리고 공정별 배치는 단속생산이나 개별적인 주문생산과 같이 다양한 제품이 소량으로 생산되고 각 제품의 공정 흐름이 서로 다른 경우, 즉 다품종소량생산에 많이 적용되고 있다.

예를 들면, 기계의 주문제작, 여러 가지 제품에 대한 검사, 페인팅, 병원, X-레이 촬영, 대학 등과 같은 곳에서 공정별 배치가 이루어진다.

공정별 배치는 주로 면밀한 계획과 전문 기술 인력에 의존하게 되는데 다음과 같은 장점을 가지고 있다.

① 수요변동, 제품의 변경, 작업순서의 변경 등 변화에 대한 유연성이 크다.
② 범용기계를 이용하므로 설비투자액이 적으며 진부화의 위험도 적다.
③ 작업자별 능률급을 적용할 수 있다.
④ 소량 생산이나 개별고객을 위하여 작업할 수 있는 융통성이 있다.
⑤ 작업자들에게 다양하고 관심 있는 과업을 부과함으로써 직무만족을 증진시킬 수 있다.

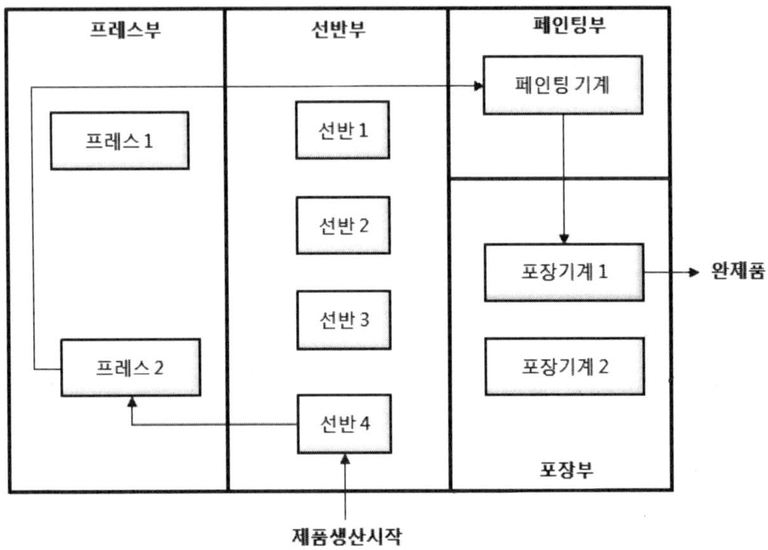

〈그림 8-3〉 제조업에서의 공정별 설비배치 예

한편, 공정별 배치의 단점은 다음과 같다.

① 자재 취급비용이 높다.
② 운반거리가 길고, 운반능률이 낮다.
③ 대량생산의 경우, 제품별 배치보다 단위당 생산비용이 높다.
④ 재고와 재공품이 차지하는 면적이 커진다.
⑤ 주문별로 절차계획, 일정계획 등이 다르므로 공정관리가 복잡하며, 대량생산이 어렵다.
⑥ 생산시스템의 계획 및 통제가 한층 복잡하다.
⑦ 소량의 주문생산으로 모든 도구 및 설비, 공정이 개별적으로 이루어지므로 각 작업상황도 개별적으로 점검되어야 한다.
⑧ 전문기술인력의 비용이 높다.

2) 제품별 배치

제품별 배치(product layout)는 각 제품별로 제품이 만들어지는 작업순서에 따라 설비나 작업장을 배치하는 방법이다. 즉, 작업자의 손작업을 최소한으로 줄이기 위하여 컨베이어나 자동화된 기계를 사용하는 공장에서 적용하는 배치형태로서, 라인별 배치라고도 한다.

그러므로 작업의 흐름은 직선적이거나 미리 정해진 패턴을 따라가며, 각 작업장은 고도로 전문화된 하나의 작업만을 수행하게 된다.

예를 들면, 자동차 조립라인, 전자제품 생산라인, 식품공장 생산라인, 카페테리아 라인 등에서 볼 수 있는 배치 형태이며, 제품별 배치를 성공적으로 수행하기 위해서는 제품 수요의 안정, 제품의 표준화, 부품의 호환성 등이 먼저 충족되어야 한다.

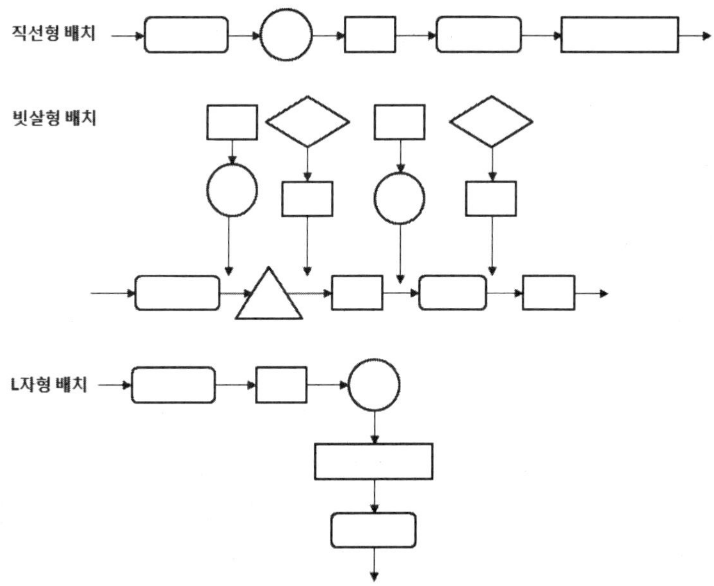

〈그림 8-4〉 제품별 배치의 다양한 작업흐름

제품별 배치는 다음과 같은 장점을 가지고 있다.

① 표준화된 제품을 대량으로 생산하는데 적합하다.
② 생산설비의 효율이 높다. 즉, 단위당 생산비용이 공정별 배치보다 훨씬 작다.
③ 자재 취급비용이 낮다.
④ 재공품 및 재고품의 양을 줄인다.
⑤ 작업 내용이 단순하여 작업자의 훈련이 용이하다.
⑥ 낮은 인건비와 비전문적인 노동력으로 수행될 수 있어 인건비의 절감 효과가 있다.
⑦ 모든 제품이 똑같은 일정한 공정경로를 거치게 되므로 생산계획 및 통제가 단순하다.

그리고 제품별 배치의 단점은 다음과 같다.

① 설비에 투자되는 고정비가 높다.
② 모든 작업공정이 긴밀히 연결되어 있어 상호의존도가 높다. 따라서 어느 한 기계에서의 고장이나 정지가 다른 공정에 미치는 영향이 크다.

③ 작은 수량을 제조할 때는 공정별 배치에 비하여 생산비용이 높다.
④ 경제 환경, 시장, 제품의 수요변화, 소비자 욕구의 변화에 즉각적으로 적응하기 어렵다.
⑤ 제품의 종류가 제한적 이므로 유연성이 떨어진다.
⑥ 작업자 개인별로 능률급을 적용하기가 어렵다.
⑦ 단순, 반복적인 과업으로 작업자에게 작업의 권태로움을 줄 수 있다.

그러므로 제품별 배치에서는 작업자나 작업장의 생산능력을 적절히 균형화하는 것이 매우 중요하다.

3) 위치고정형 배치

위치고정형 배치(fixed-position layout)는 제품의 크기, 무게 및 기타 특성 때문에 제품의 이동이 곤란한 경우에 생기는 배치형태를 말한다. 즉, 제품은 한 장소에 고정되어 있고, 자재, 공구, 장비 및 작업자가 제품이 있는 장소로 이동하여 작업을 수행하게 된다. 일반적으로 제품이 매우 크고, 중량이 무거운 것을 생산할 때 적용되는 배치방법이다. 예를 들면, 건물의 건축, 조선소, 비행기 제작 등 대형제품의 생산, 댐공사 및 각종 건설공사에서 위치고정형 배치의 설비배치 방법을 볼 수 있으며, 제품의 수량이 극히 소량이다.

주: 현대미포조선 홈페이지 사진

〈그림 8-5〉 위치고정형 배치의 예

위치 고정형 배치의 장점은 다음과 같다.

① 제품 이동을 최소화한다.
② 최종제품의 취급비용을 최소화할 수 있다.
③ 관리자가 계획 및 통제기법을 쉽게 적용할 수 있다.
④ 크고, 복잡한 제품의 생산에 적합하다.

그리고 단점으로는 다음과 같다.

① 전문기술인력과 숙련공들을 작업현장으로 끌어들이는 비용이 높다.
② 제조현장이 고정되어 자재나 설비를 이동하는데 많은 시간과 비용, 노력이 든다.
③ 때로는 보조시설 및 설비의 이동이 제한될 수 있다.
④ 값비싼 설비가 다른 유형의 배치처럼 충분히 활용될 수가 없다. 즉, 기계설비의 이용률이 낮다.

위의 3가지 기본적 배치형태의 특징을 서로 비교하면 <표 8-2>와 같다.

〈표 8-2〉 설비배치 형태에 따른 특징

공정 특징	제품별 배치	기능별 배치	위치고정형 배치
제품 특징	• 표준제품 • 일정률 생산 • 소품종 다량생산	• 다품종소량 또는 다량 • 불규칙한 생산	• 소량의 개별특정제품
작업흐름 유형	• 직선적 전진형 • 표준작업의 동일순서	• 제품에 따라 다름 • 작업순서도 다름	• 작업흐름이 거의 없음 • 작업자, 설비가 현장에 가서 작업
작업 숙련도	• 단순반복 직업 • 단순화된 작업내용	• 숙련공에 의한 비전문화 작업	• 비숙련도가 높음
관리지수	• 감독 불필요 • 재료, 인원통제가 생산량과 직결	• 일정계획, 재고관리, 운반관리 등 지원 필요	• 일정계획의 고도화 • 작업별 조정 필요
재고 현황	• 원재료, 재공품, 재고 회전이 빠름 • 재고비 부담 적음	• 다품종다량의 원자재 재고 발생 • 재공품 재고 발생	• 생산기간이 길어 재고 발생이 큼
면적 가동력	• 공간활용이 효과적 • 단위면적당 생산량이 높음	• 설비단위당 생산량 낮음 • 재고품으로 공간활용이 비효율	• 실내생산시 이용률이 낮음
자본소요와 설비특징	• 설비투자가 큼 • 공정전문화로 변동대처 어려움	• 설비, 공정의 다목적특성으로 변동에 쉽게 적용	• 다목적설비, 공정으로 이동성 작업에 필요

4) 혼합형 배치

혼합형 배치(hybrid layout)는 3가지 기본 유형이 혼합된 형태를 말한다. 즉, 모든 배치가 반드시 공정별, 제품별 또는 위치별로 분류되어 어느 1가지 유형을 갖는 것은 아니다.

예를 들면, 공장 전체로는 제작 → 중간조립 → 최종조립의 순으로 제품별 배치의 형태를 취하더라도 제작공정은 공정별 배치를, 조립공정은 제품별 배치를 각각 취할 수 있다. 전자제품공장의 경우에는 최종조립라인은 제품별 배치의 형태를 취하지만, 금형공정은 공정별 배치의 형태를 취한다.

혼합형 배치는 서비스 산업분야에서 공정별 배치와 제품별 배치가 혼합된 형태로도 흔히 볼 수 있다. 예를 들면, 카페테리어 식당에서 손님들이 정해진 라인에 따라 그리고 특정 서비스가 제공되는 곳으로 이동하면서, 또 다양한 음식 가운데 본인이 원하는 음식을 선택하여 계산을 치루고 식사를 하는 배치방식도 혼합형 배치의 하나이다.

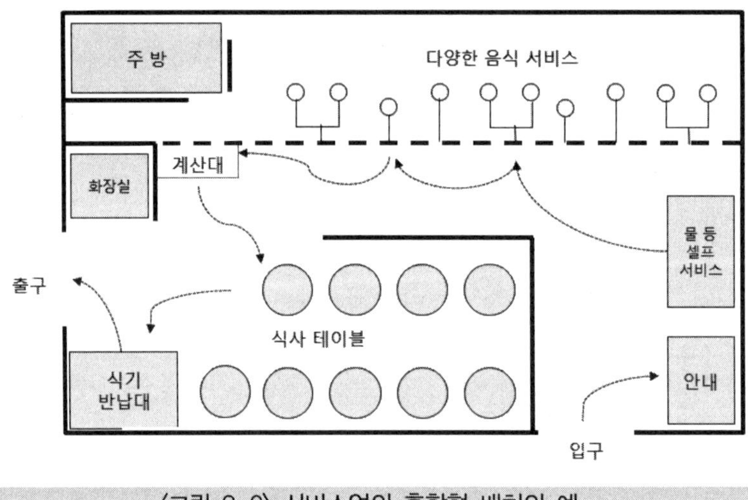

〈그림 8-6〉 서비스업의 혼합형 배치의 예

서비스시설은 보통 표준화된 용역이나 개별적인 용역 가운데 어느 하나를 창출하도록 설치되어 있거나 또는 양쪽을 절충할 수도 있다.

① 표준화된 서비스 시스템 : 표준화된 서비스 시스템은 마치 연속제조공정과 같이 작용하고, 많은 양을 적은 비용으로 다루는 제품별 배치의 성격을 가지고 있다. 대부분의 오락시설이나 교통 서비스 시설이 이러한 특징을 지니고 있다. 예컨대, 극장이나 지하철역에서와 같이 시스템으로 들어오는 고객들은 직원이나 설비에 의하여 비슷한 방법으로 처리되어 정해진 출구로 나가게 된다.

② 개별적인 서비스 시스템 : 개별적인 서비스 시스템은 연속제조 공정과 같이 작용하고 보통 공정별 배치의 성격을 보여준다. 그리고 고객들은 제공받을 서비스를 마음대로 선정할 수가 있다. 예컨대, 병원의 환자는 X-레이 촬영, 혈액검사 및 수술 등을 필요로 할 수도 있고 필요하지 않을 수도 있다. 즉, 각자가 필요에 의하여 서비스를 제공받을 수 있다.

제4절 설비배치 분석

1. 공정균형의 개념

배치의 선정과 설계를 위한 두 가지 주요 기준은 작업자의 효율성과 자재취급비용이 된다. 시설은 작업자의 만족도를 높이고 작업자의 능력을 최대한 이용할 수 있도록 설계·배치되어야 한다. 즉, 바람직한 배치는 제품의 흐름이 자동화되고 공정의 흐름이 극소화되도록 정돈하는 것이다.

따라서 공정균형(line balancing)이란 생산라인을 구성하는 각 공정의 능력을 전체적으로 균형 잡히게 하는 것을 말한다.

물론, 자동화의 정도는 기술수준, 특정산업의 성격 및 이용 가능한 자본 등과 함수관계를 가지고 있다. 그리고 공정의 거리 및 시간은 일반적으로 공정 활동을 순서대로 인접하여 배치함으로서 극소화시킬 수 있다. 배치결정을 보다 쉽게 분석할 수 있는 몇 가지 방법이 개발되었는데 그 가운데 대표적인 것이 각기 다른 부서의 크기와 위치를 분석함으로써 재료취급비용을 극소화하려는 것이다. 이것은 주로 자재취급비용이 주요 관심사가 되고 있는 공정별 배치분석에 적용된다.

2. 제품별 배치의 분석

1) 효율과 유휴시간

제품별 배치의 당면한 문제는 공정균형(line balancing)에 있다. 즉, 제품별 배치는 흐름공정(flow process)이므로 가장 중요한 관심사는 공정내 작업별로 소요되는 시간이 균형을 이루어 작업물이 생산되어 나오는 시간적 간격(주기; cycle time)을 기준으로 유휴시간이 최소화됨으로써 원가절감이 실현되는데 있다.

그리고 효율(E; efficiency)은 투입총시간에 대한 실제 이용시간의 비율로 나타낼 수 있으며, 다음과 같이 정의할 수 있다. 즉,

$$E = \frac{\sum_{i=1}^{n} t_i}{n \times C}$$

여기서, n : 작업(장) 수
C : 주기시간
t_i : i번째 작업(장)의 표준시간

그리고 유휴시간(I; idle time)은 주기시간과 각 작업별시간과의 차를 합한 값으로 나타낸다.

$$I = \sum_{i=1}^{n} (c - t_i)$$

작업장은 공정의 구성을 위한 하부요소이므로 한 작업장 안에는 여러 개의 작업이 할당될 수도 있다. 그리고 한 사람의 작업자가 일할 수도 있고, 여러 작업자가 한 작업장에 할당되어 일할 수도 있다.

그러면 공정효율을 높이는 문제는 다음 2개의 결정변수를 확정하여야 한다. 즉, 공정을 균형 시켜 유휴시간을 없애야 한다. 그리고

첫째, 주기시간 C를 얼마로 할 것인가?

둘째, 작업장 수 n을 얼마로 할 것인가?

여기서 C와 n는 각기 상호 의존적이므로, 이를 결정하는 수리적 기법은 존재하지 않으며 다만 탐색적 방법(heuristic approach)에 의존할 수밖에 없다.

이론적으로 최소작업장의 수(n)는 생산주기 시간으로 나눈 전체 작업의 총 지속시간이다.

$$n = \frac{\sum_{j=1}^{t} t_i}{c}$$

여기서, n : 이론적인 최소작업장의 수
j : 작업요소의 수

t_i : 작업요소의 i의 지속시간

c : 생산주기 시간

2) 공정균형 기법

공정균형 문제의 풀이는 선형계획법, 동적계획법 등 여러 가지 방법이 있다. 여기서는 시행착오기법과 순위 가중배열기법 만을 간단하게 소개하고자 한다.

(1) 시행착오기법

시행착오기법(trial and error technique)은 생산주기 시간을 초과하지 않도록 하면서 각 작업장에 작업요소를 어떻게 하든 적절한 방법으로 부과하여 나아가는 것이다. 그리하여 이론적인 최소작업장 수를 얻을 수 있으면 그것이 곧 최적배정인 것이다. 이론적인 최소 작업장 수를 얻지 못하면 될 수 있는 대로 최소 작업장 수에 가까이 이를 때까지 여러 가지 배열을 시도한다.

이와 같은 시행착오기법을 적용하기 위하여 작업요소의 순위관계를 나타내는 선행도표를 그리는 것이 좋다.

(2) 순위 가중배열기법

순위 가중배열기법(ranked positional technique)은 최종 완료시긴으로부터 가장 길게 떨어져 있는 작업요소부터 먼저 선택하여 작업장에 배정하게 되는데, 그 배정절차는 다음과 같은 단계를 밟는다.

① 각 작업요소 자체와 그것의 후행작업요소의 작업시간을 합산하여 각 작업요소의 순위가중치를 구한다.

② 순위가중의 내림차순으로 작업요소들을 그들의 선행작업과 함께 표시하면서 재배열한다.

③ 생산주기의 시간을 규정한다.

④ 가장 높은 순위가중치를 근거로 작업요소를 작업장에서 배정한다.

이와 같은 순위 가중배열기법도 반드시 최적의 완전균형을 주는 것은 아니다. 즉, 공정의 균형기능을 체계적으로 이룰 수 있는 주먹구구식의 방법이라고 할 수 있다.

예제 8-4

K사의 S제품은 10개의 공정을 거쳐서 완성된다. 각 공정별 소요시간은 최저 2분에서 최고 10분씩 소요되고 있다. 전체 공정의 사이클 타임을 10분으로 할 경우의 효율과 유휴시간을 계산하라.

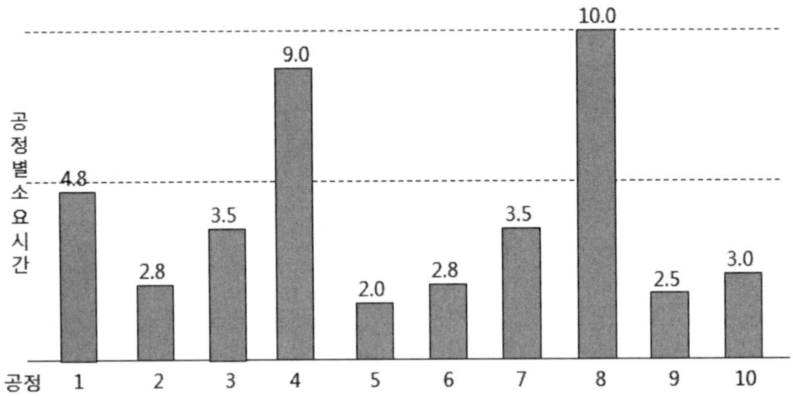

풀이 1) 사이클 타임 $C=$ 10분, 전 공정의 가공시간은 43.9분이다.

$$E=\frac{\sum_{i=1}^{10} t_i}{nc}=\frac{43.9}{10\times 10}=0.439$$

따라서 효율 E는 43.9%가 된다.

2) 라인의 유휴시간(IT)

$$IT=nc-\sum_{i=1}^{n} t_i=10\times 10-43.9=56.1\text{분}$$

예제 8-5

[예제 8-4]의 K사는 S제품의 공정 효율을 높이기 위하여 공정 4과 공정 8의 설비를 하나씩 추가하여 12개의 공정으로 개선하여, 전체 공정의 사이클 타임을 5분으로 단축하였다. 이 경우의 효율과 유휴시간을 계산하라.

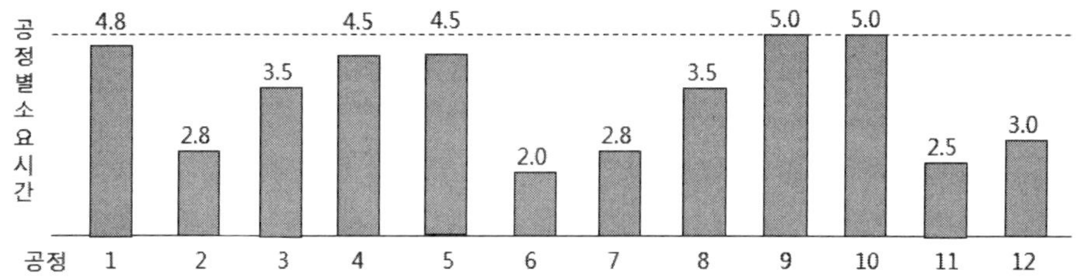

풀이 1) 사이클 타임 C = 5분이므로, 전 공정의 가공시간은 73.2분이 된다.

$$E = \frac{\sum_{i=1}^{12} t_i}{nc} = \frac{43.9}{12 \times 5} = 0.732$$

따라서 효율 E는 73.2%가 된다.

2) 라인의 유휴시간(IT)

$$IT = nc - \sum_{i=1}^{n} t_i = 12 \times 5 - 43.9 = 16.1\text{분}$$

3. 공정별 배치의 분석

공정별 배치분석의 목적은 물량이동에 따르는 총자재 취급비용을 최소화되도록 각 부서나 작업장의 배치를 결정하는 것이다. 즉, 시설의 최적배치는 자재취급비용이 최소가 되는 지점에 각 공정이나 부서를 배치하는 것이다. 이를 수식으로 표시하면 다음과 같다.

$$\text{Min} : TC = \sum_{i=1}^{n} \sum_{j=1}^{n} L_{ij} C_{ij} D_{ij}$$

여기서, TC : 총비용

L_{ij} : 부서 i에서 j로의 이동물량

C_{ij} : 부서 i에서 j로의 단위 물량당 단위거리당 운반비용

D_{ij} : i에서 j까지의 거리

n : 부서의 수

L_{ij}는 부서 i에서 부서 j까지의 이동물량이므로 어떠한 배치안을 적용하더라고 같은 값을 갖게 된다. 그리고 C_{ij}는 단위 물량당 단위거리당 운반비용이며, D_{ij}는 각 부서사이의 운반거리로써 각 배치안마다 달리 나타낼 수 있는 변수이다.

그러므로 총비용을 최소화하기 위해서는 D_{ij}를 최소로 하는 배치안을 모색하여야 한다. 이것은 운임코스트의 분석에 의하여 가능한데 운임 코스트의 분석은 자재가 운반되는 량과 운반되는 거리를 분석하는 것이다. 이와 같은 운반량 운반거리의 분석에서는 다음과 같은 몇 가지 방법이 있다.

1) 물량-거리 모형

물량-거리 모형은 간단한 도표에 의한 분석방법으로 시설의 적정 배치를 결정할 수 있다. 보통 부서를 동그라미로 표시하고, 이들을 연결하는 직선에는 일정기간 동안 이동되는 운반량을 표시한다. 풀이과정을 단계별로 나타내면 다음과 같다.

단계 1 : 먼저 각 부서사이의 왕래 회수를 나타내는 왕래 도표를 만든다.
단계 2 : 가장 활동이 많은 부서를 찾는다.
단계 3 : 가장 활동이 많은 부서를 중앙에 놓는다.
단계 4 : 연결되지 않은 부서들을 연결한다. 이때 부서들 간의 거리가 최소화하도록 한다.

그러나 이 방법은 부서의 수가 많아지면 사실상 최적해를 구하기가 불가능한 단점이 있다.

예제 8-6

K사의 공정은 6개 작업부서로 이루어지며, 이들 6개의 부서 중간에 복도를 두고, 양쪽으로 3개 부서씩 배치하려고 한다. 각 부서간의 하루 동안의 왕래회수는 다음과 같다. 최적 설비 배치안을 구하라.

까지

부터	A	B	C	D	E	F
A	-	6	-	-	-	5
B	-	-	-	4	8	-
C	5	7	-	-	2	-
D	-	-	8	-	-	-
E	4	-	-	6	-	3
F	-	6	-	-	9	-

부서 사이의 왕래도표

1	2	3
4	5	6

배치계획

풀이 a. 먼저 각 부서사이의 왕래 회수를 나타내는 왕래 도표를 만든다.
이것은 부서간의 각 행과 열에서 빈번한 관계를 맺는 다른 부서의 수를 합하여 구한다. 예를 들면, A부서는 행에서 2개(B부서, F부서), 열에서 2개(C부서, E부서)이므로, 4가 된다.

부 서	A	B	C	D	E	F
관련 부서수	4	5	4	3	6	4

b. 가장 활동이 많은 부서를 찾아서 중앙에 놓는다. 그러므로 E부서와 B부서를 가운데 자리인 2와 5의 위치에 둔다.
c. 연결되지 않은 부서들을 연결하여 부서들 사이의 거리가 최소화되도록 한다.

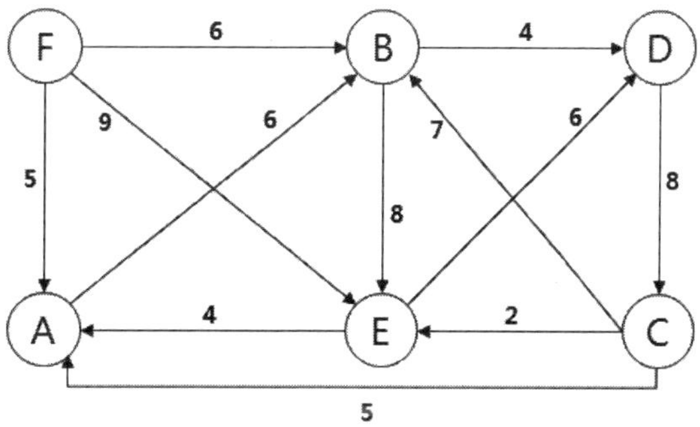

2) 가중치에 의한 분석

운반량(횟수) - 운반거리에 대하여 가중치를 사용함으로서 도시적 해석을 한층 세련되고 정확하게 풀이할 수 있다. 이를 위한 가장 간단한 방법이 거리에 비례하는 가중치 분석방법이다. 이 접근방법에 의하면 인접된 부서에는 1의 거리계수가 부여되고 인접되지 않은 부서사이에는 떨어진 거리에 비례하여 차례로 높은 정수 값이 부여된다. 즉, 부서사이의 관계가 하나 떨어져 있으면 2, 둘 떨어져 있으면 3의 값을 갖는다. 그래서 운반횟수에 운반거리를 곱한 총합이 극소화되도록 각 부서를 배치하려는 것이다.

최소화 : $\sum$ (운반량) × (운반거리)

여기서 최소화가 되는 경우는 운반거리가 1인 경우로써 각 부서가 모두 인접하여야 한다.

3) 운반량 - 운반거리 분석

실질적으로 최적배치안을 개발하는 방법으로는 각 대안에 대하여 실제의 운반거리에 운반량을 곱한 총합을 근거로 대안을 평가하여 선택하는 것이다.

이것은 배치의 운반비용을 최소화하는 것을 목적으로 운반회수를 단위운반당 자재취급비용을 곱함으로서 직접 자재취급비용을 산출할 수도 있다. 즉, 운반량에 운반거리를 곱하여 모두 합한 값, 또는 운반량에 운반비를 곱하여 모두 합한 값 가운데 가장 적은 값을 가진 배치안이 최적안이 된다.

$$최소화 : Z = \sum(운반량 \times 운반거리)$$

$$최소화 : Z = \sum(운반량 \times 운반비)$$

실제, 배치안을 계획하여 여러 대안들을 서로 비교한 다음, 운반량에 운반거리를 곱하여 합한 값이 가장 적은 값의 배치안을 선택하면 된다.

4) 시스템적 배치계획

시스템적 배치계획(SLP; Systematic Layout Planning)은 설비배치의 효율적인 질적 요인을 분석하기 위하여 머더(R. Muther)가 소개한 기법으로 널리 사용되고 있다.

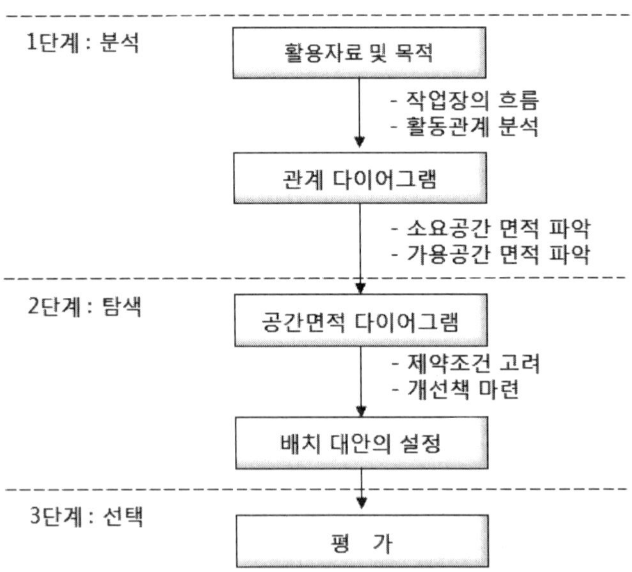

〈그림 8-7〉 SLP 분석 절차

시스템적 배치계획(SLP)은 생산, 수송, 저장, 기타 보조기능과 활동에 관련된 문제해결에 이용할 수 있는 하나의 의사결정과정이며, <그림 8-7>에서 보는 바와 같이 설비배치의 결정은 분석, 탐색, 선택의 3단계를 거쳐 이루어지며, 단계별로 필요한 자료가 무엇인가를 수집, 정리하여야 한다.

시설이나 설비의 배치문제는 때때로 운반거리나 운반코스트와 같은 양적요인보다 오히려 부서간의 위치와 같은 질적 요인이 중요시되는 경우가 있다. 이와 같이 부서간의 의사소통이라든가 직접의 필요성이나 이유와 같은 질적 요인중심의 배치를 해야 할 경우에는 시스템적 배치계획(SLP)이 흔히 이용된다.

시스템적 배치계획(SLP)은 작업물의 흐름분석과 부서간의 활동관계분석을 통해 관계도표를 작성한 다음, 공간을 고려하여 탐색적 접근방법으로 체계적이고 시스템적으로 배치계획을 세우는 것이다.

그러므로 활동관계도표에는 부서가 다른 부서 가까이 위치하여야 하는 정도를 ①절대 필요, ②특히 중요, ③중요, ④보통, ⑤중요하지 않음, ⑥바람직하지 않음, 가운데 어느 하나로 평가하는데, 이러한 질적 평가는 안전도, 고객의 편의 또는 취급의 용이성 등에 근거를 둘 수 있다.

〈표 8-3〉 활동관계도표의 내용

코드	이유
1	고객의 유형
2	감독의 용이성
3	종업원 공동 이용
4	접촉필요
5	같은 공간 사용
6	심리적 이유

1) 근접이유

등급	근접도	라인코드	색상
A	절대 필요	≣	적색
E	특히 중요	≡	황색
I	중요	=	녹색
O	보통	—	청색
U	중요하지 않음		없음
X	바람직하지 않음	\/\/\/	갈색

2) 근접등급

시스템적 배치계획(SLP)의 풀이과정을 단계별로 나타내면 다음과 같다.

단계 1 : 부서별 업무활동이 상호관련성을 규명하고, 부서간의 활동관계도표를 작성한다.

단계 2 : 활동관계도표를 근거로 도시적 방법에 의하여 활동관계도를 작성한다.

단계 3 : 공간면적이나 건물 면적의 제약을 고려하지 않고, 활동관계도를 근거로 시험배치를 한다.

단계 4 : 공간면적과 건물의 크기 등에 맞추어 최종배치를 한다.

예제 8-7

K기업은 새로 지은 건물에 5개의 작업장을 배치하려고 한다. 이 건물은 10m X 25m이다. 시스템적 배치계획(SLP)으로 가장 효율적으로 작업장을 배치하라.

부터 \ 까지	작업장 B	작업장 C	작업장 D	작업장 E	소요면적
작업장 A	E 1,5	U 6	X -	A 5,6	$16m^2$
작업장 B		I 3,6	O 3,5	A 2,6	$72m^2$
작업장 C			O 6	O 5,6	$20m^2$
작업장 D				E 3,5	$48m^2$
작업장 E					$16m^2$

풀이 a. 작업장별 업무활동이 상호관련성을 규명하고, 활동관계도표를 작성한다.

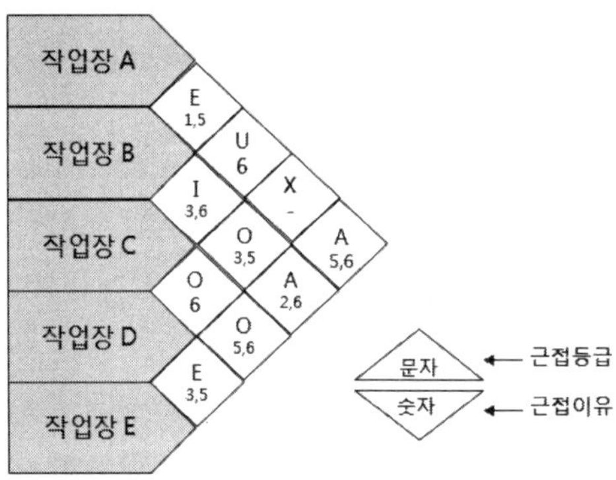

b. 활동관계도표를 근거로 도시적 방법을 이용하여 활동관계도를 작성한다.

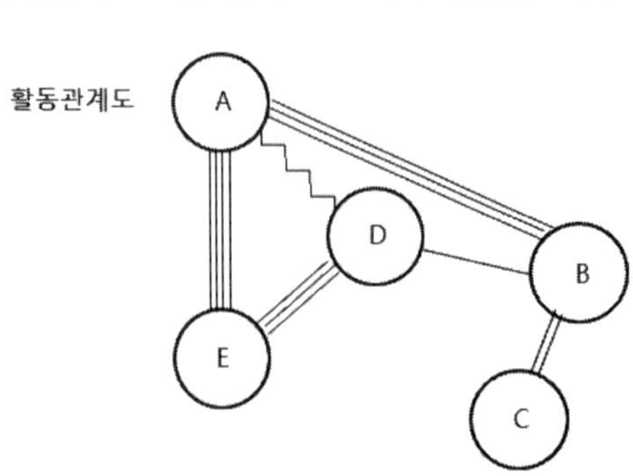

c. 활동관계도를 근거로 공간면적이나 건물 면적의 제약을 고려하지 않고, 시험배치, 즉 인접배치를 한다.

인접패턴

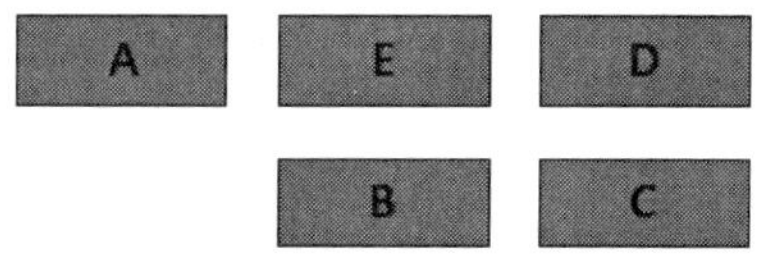

d. 작업장의 공간면적과 건물의 크기 등에 맞추어 최종배치를 한다.

최종배치

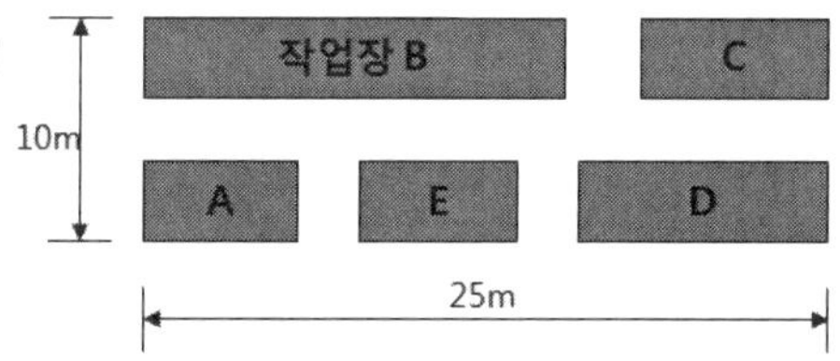

5) 컴퓨터에 의한 배치 방법

물량-거리 모형이나 시스템적 배치계획(SLP)과 같은 배치방법은 배치하려는 작업장이나 부서의 수가 아주 적을 때에는 이용 가능하지만, 그 수가 많을 때에는 바람직한 배치안을 얻기가 어렵다.

컴퓨터에 의한 배치의 원리는 간단한 탐색절차에 의한 것이나 대안이 많고 대안별 평가가 계산의 부담을 크게 주기 때문에, 이 원리를 컴퓨터에 의하여 처리할 수 있도록 여러 가지 모형이 개발되어 있다. 그 중 대표적인 것을 들면 아래와 같다.

① ALDEP(Automated Layout Design Program)

② CORELAP(Computerized Relationship Layout Planning)

③ CRAFT(Computerized Relative Allocation of Facilities Techniques)

그러나 컴퓨터에 의한 배치는 물량-거리 모형이나 시스템적 배치계획(SLP)에 비하여 신속하고 편리하게 많은 부서를 배치할 수 있다는 이점이 있지만, 이들 방법들은 여러 가정을 전제조건으로 전개되는 것이므로 특정상황에 이용할 경우에 이들 가정에 대하여 신중한 검토가 필요하다.

(1) ALDEP

ALDEP(Automated Layout Design Program)은 IBM에서 1967년에 개발한 프로그램

이다. ALDEP은 기본적으로 건설과 관련된 알고리즘이지만, 63개 부서, 3층 건물을 평가하는데 사용될 수 있다. 이 알고리즘은 기본적으로 부서배치와 관련된 자료를 사용하며, 부서들 사이의 관련정보를 사용함으로서 성공적인 배치방법을 제시한다.

- 부서의 가로, 세로 길이
- 각 부서의 면적
- 최소 근접 선호도
- 복도 간격
- 근접도를 나타낸 관련 도표
- 건물 크기 및 위치

(2) CORELAP

CORELAP(Computerized Relationship Layout Planning)은 R.S. Lee와 J.M. More에 의해서 개발된 배치방법으로 질적 요인을 중시하는 SLP에 의한 분석과 같이 부서간 활동관련표를 비롯하여 작업장의 수, 건물 및 각 부서의 면적, 부서별 관계 비중, 부서별 인접 가치, 관련 도표 등에 대한 자료를 입력 자료로 하는 질적요인 배치방식이다. CORELAP사용의 중간매체는 스프레드시트(spreadsheet)이며, 사용자들은 마이크로소프트사의 양식을 통하여 자료를 입력한다.

근접의 필요정도를 수치로 바꾸어 각 부서의 종합근접도를 산출하여 종합근접도가 큰 부서를 중심으로 배치하는 방식으로 최대 70개 부서의 배치가 가능하다. 그리고 질적 요인을 수치로 나타낸다는 제약점이 있으며, 건축구성방식(construction type)에 속한다.

(3) CRAFT

CRAFT(Computerized Relative Allocation of Facilities Techniques)는 1963년 E.S. Buffa와 G.C. Armour에 의하여 개발된 것으로, 40개의 부서까지 처리할 수 있다. 그리고 물자의 흐름을 중심으로 전체 비용이 최소로 되는 배치안을 선정하는 양적요인 중심의 컴퓨터 프로그램이다. 또한, 기존의 배치를 개선하는 경우에 유용한 배치방식으로 최초의 배치안, 부서간 운반횟수, 운반비용 등 3가지의 자료가 주어져야 한다.

운반비용이 운반거리의 1차 함수로 제시되며, 물자의 흐름이 양 부서의 중심에서 이루어진다고 가정하며, 최적해를 제시하지 못한다는 제약점이 있다. 그리고 최초 또는 기존의 배치안을 토대로 개선안을 추구하는 개선방식(improvement type)에 속한다.

CRAFT의 주요 기능은 다음과 같다.

① 수송비용 = 흐름 × 거리 × 단위당 비용의 개념으로 전체 수송비용을 최소화한다.
② 독립적인 장비사의 이동비용과 이동거리와 관련된 동선의 이동비용의 가정을 요구한다.
③ 거리 매트릭스는 부서의 중심 사이에서의 직선거리를 사용한다.

CRAFT는 경로위주의 방식으로 마지막 배치는 최초 배치안에 의존한다. 그러므로 몇 개의 다른 최초 배치안은 CRAFT 배치의 입력 자료로 사용되어진다. 그리고 CRAFT는 배치에 있어 특정 부서의 고정된 위치를 나타내기 위하여 가상의 부서(dummy department)를 사용한다.

CRAFT의 입력 자료는 다음과 같다.

- 최초 배치안
- 흐름 자료
- 단위 거리당 비용
- 전체 부서의 수
- 고정된 부서와 그 위치
- 부서의 면적

그리고 CRAFT의 사용을 위하여 적용하는 과정은 다음과 같다.

① 부서별 중심점의 결정
② 중심점 사이의 직선거리 계산
③ 배지를 위한 수송비용의 계산
④ 건물 공동 공간의 고려
⑤ 각 부서별 교체에 따른 수송비용의 결정
⑥ 최소 총수송비용의 부서 교체안의 적용
⑦ 수송비용을 절감할 수 없을 때까지 새로운 배치안을 위한 과정을 반복

CRAFT는 좋은 평판에 못지않게 다음과 같은 문제점이 있다.

① 기준이 자재비용을 다루기 때문에, 단지 생산부서들에만 적용된다. 즉, 서비스부서에는 직용되지 않는다.
② 실질적인 이동이 건물을 따라 사각형으로 이루어지지만, 부서 사이의 거리는 직선으로 취급한다.

보론 수송계획법

1. 수송문제의 개념

수송문제는 제품의 공급지와 수요지가 둘 이상 존재하고, 각 공급지로부터 각 수요지까지 단위당 수송비용이 알려져 있을 때, 총수송비용을 최소로 하는 공급지와 수요지를 연결하는 방법을 모색하는 문제이다. 즉, 어떤 공급지에서 어떤 수요지로 얼마의 물자를 보내는 것이 수송비가 가장 적게 드는가를 파악하는 문제가 된다.

그러므로 수송문제의 궁극적인 목적은 전체수송비용의 최소화에 있으며, 고려요인으로는 ① 생산능력, ② 수요한계, ③ 수송비용 등이다.

m개의 공급지에서 n개의 수요지로 제품을 수송하는 데 총 수송비를 최소화하는 수송문제를 그림으로 나타내면, 다음 <그림 8s-1>과 같다.

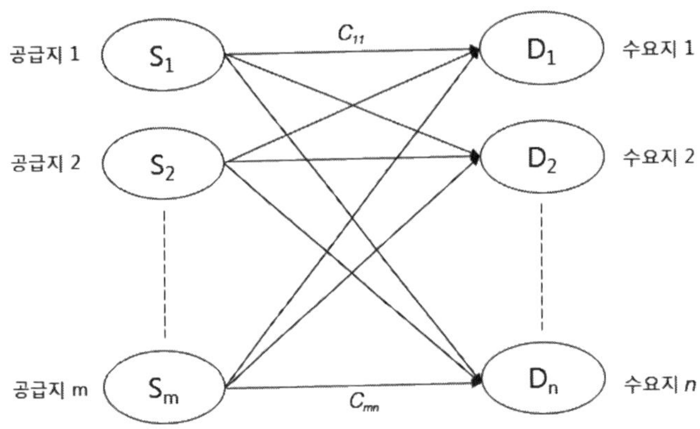

〈그림 8s-1〉 수송문제의 일반모형

수송문제에서 사용되는 용어를 정리하면 다음과 같다.

① m : 공급지의 수, s_i : 공급지 i의 공급량

② n : 수요지의 수, d_j : 수요지 j의 수요량

③ c_{ij} : 공급지 i에서 수요지 j까지의 단위수송비용

④ x_{ij} : 공급지 i에서 수요지 j까지의 수송량

위의 수송문제를 선형계획모형으로 표현하면 다음과 같다.

$$\text{Min} \ : \ TC = \sum_{i=1}^{m}\sum_{j=1}^{n} c_{ij}\,x_{ij}$$

$$\text{s.t.} : \sum_{j=1}^{n} x_{ij} \leqq s_i \quad (i=1,2,\cdots,m) : \text{공급제약조건}$$

$$\sum_{i=1}^{m} x_{ij} \geqq d_j \quad (j=1,2,\cdots,n) : \text{수요제약조건}$$

$$x_{ij} \geqq 0 \quad \forall i,j$$

수송문제는 선형계획법의 특수한 형태로서, 제약조건식에서 기술계수가 1 또는 0이며 특정 공급지의 공급량은 해당 수요지의 수요량의 합보다 같거나 많아야 하며, 특정 수요지의 수요량은 해당 공급지의 공급량의 합보다 적어야 한다.

이제 예를 이용하여 수송문제를 설명하고, 선형계획모형으로 나타내어 보자.

예제 8s-1

각 공급지에서 수요지까지의 단위물품을 수송하는데 드는 비용은 다음과 같다.

공급지 \ 수요지	B_1	B_2	B_3
A_1	10	12	16
A_2	9	7	12
A_3	8	16	18

그리고 공급지 A_1, A_2, A_3에시의 공급량은 80단위, 80단위, 40단위이며, 수요지 B_1, B_2, B_3에서의 수요량은 50단위, 100단위, 50단위이다. 선형계획모형으로 나타내어라.

풀이 위의 내용을 정리하면 다음과 같다. 여기서 각각의 변수는 물품의 수송량을 나타내는 것으로, x_{11}은 공장 A_1에서 수요지 B_1까지의 수송량을 나타낸다.

공급지 \ 수요지	B_1	B_2	B_3	공 급 량
A_1	10 x_{11}	12 x_{12}	16 x_{13}	80
A_2	9 x_{21}	7 x_{22}	12 x_{23}	80
A_3	8 x_{31}	16 x_{32}	18 x_{33}	40
수요량	50	100	50	200

이 기업의 목적은 총수송비용을 최소화하기 위한 것이므로, 각 칸의 단위수송비용에 물품의 수송량을 곱한 값을 모두 더한 총수송비용을 최소화하는 형태로 목적함수식은 나타난다. 그리고 각 공장과 수요지에 대한 공급량과 수요량은 제약조건을 충족시켜야 한다.
그러므로 선형계획모형으로 나타내면 다음과 같다.

$$\begin{aligned} \text{Min} \ : \ Z = \ & 10x_{11} + 12x_{12} + 16x_{13} \\ & + 9x_{21} + \ 7x_{22} + 12x_{23} \\ & + 8x_{31} + 16x_{32} + 18x_{33} \end{aligned}$$

$$\text{s.t.} \ : \left.\begin{aligned} x_{11} + x_{12} + x_{13} &= 80 \\ x_{21} + x_{22} + x_{23} &= 80 \\ x_{31} + x_{32} + x_{33} &= 40 \end{aligned}\right\} \text{공급량의 제약조건}$$

$$\left.\begin{aligned} x_{11} + x_{21} + x_{31} &= 50 \\ x_{12} + x_{22} + x_{32} &= 100 \\ x_{13} + x_{23} + x_{33} &= 50 \end{aligned}\right\} \text{수요량의 제약조건}$$

$$x_{ij} \ \geq \ 0 \ \ (i = 1, 2, 3, \ j = 1, 2, 3)$$

수송문제는 공급량과 수요량의 관계에 따라 다음의 3가지 유형으로 분류할 수 있다.

① 총공급량과 총수요량이 일치하는 경우 : $\sum_i s_i = \sum_j d_j$

이런 경우의 문제를 표준수송문제(standard TLP) 또는 균형수송문제(balanced TLP)라고 한다. 이 표준수송문제를 기준으로 모든 수송문제를 풀이한다.

② 총공급량이 총수요량보다 많은 경우 : $\sum_i s_i > \sum_j d_j$

총공급량이 총수요량을 초과한 경우로 표준수송문제로 변환하여 해를 찾게 된다. 그러므로 부족한 수요량만큼을 가상의 수요지(dummy demand)로 정하여 총공급량과 총수요량을 일치시킨 다음, 문제를 푼다.

③ 총공급량이 총수요량보다 적은 경우 : $\sum_i s_i < \sum_j d_j$

총수요량이 총공급량을 초과한 경우로 표준수송문제로 변환하여 문제를 풀이한다. 그러므로 부족한 생산량만큼을 가상의 공급지(dummy supply)로 정하여 총공급량과 총수요량을 일치시킨 다음, 문제를 푼다.

2. 수송문제의 풀이

수송문제는 선형계획법의 특수한 형태이므로 심플렉스해법을 이용하여 최적해를 구할 수 있으나, 수송문제의 특수성 때문에 심플렉스해법을 이용하면 풀이과정이 매우 복잡하고 어렵다. 그러므로 수송문제의 풀이를 위한 새로운 기법이 개발되었으며, 이를 수송계획법(TLP; Transportation Linear Programming)이라 한다.

m개의 공급지와 n개의 수요지를 가지고 있는 균형수송문제에 대한 최적해를 찾기 위해서는 다음과 같은 과정을 거친다.

단계 1 : 수송계획표를 작성한다.

단계 2 : 최초 실행가능기저해를 찾는다.

단계 3 : 수송문제의 최적해를 찾는다.

단계 4 : 최적해에 이를 때까지 수송계획표를 개선한다.

1) 최초 실행가능기저해의 결정

최초 실행가능기저해는 완성된 수송계획표를 이용하여 실행가능기저해 즉, 최적해에 근접한 해로서, 다음 기법을 이용하여 찾는다.

① 북서코너법(north-west corner method)

② 최소비용법(least cost method)

③ 보겔법(Vogel's approximation method)

위의 각 기법에 의하여 결정된 최초 실행가능기저해는 그 값들이 모두 다를 수 있지만, 단계 3과 4를 통하여 하나의 최적해를 구할 수 있다.

(1) 북서코너법

북서코너법(north-west corner method)은 위치만을 고려하여 최초 실행가능기저해를 구하는 가장 단순한 기법이므로, 최초 실행가능기저해는 쉽게 구할 수 있으나 수송비용을 고려하지 않아 총수송비용이 많게 될 수 있는 단점이 있다.

북서코너법에 의해서 최초 실행가능기저해를 구하는 과정은 수송계획표의 북서쪽 구석(왼쪽 상단)부터 먼저 수송량을 할당한 다음, 수요량과 공급량을 비교하여 차례로 할당해 나가는 방법이다.

예제 8s-2

다음 수송문제를 북서코너법을 이용하여 최초 실행가능기저해를 구하라.

공급지 \ 수요지	B1	B2	B3	공급량
A1	10	12	16	80
A2	9	7	12	80
A3	8	16	18	40
수요량	50	100	50	200

풀이

a. ①의 수요량과 공급량을 비교하여, 작은 값인 50을 할당한다.

b. 이제, A_1의 공급능력이 30(=80-50)이므로 이것을 ②에 할당한다. 그러면 A_1의 공급량은 모두 소비된다.

c. B_2의 수요량은 100인데 ②에 30이 이미 할당되었으므로 70을 ⑤에 할당한다.

d. 남은 A_2의 공급량 10을 ⑥에 할당한다.

e. B_3의 수요량은 50인데 이미 10이 할당되었으므로 나머지 40을 ⑨에 할당한다.

<table>
<tr><th>공급지 \ 수요지</th><th colspan="2">B1</th><th colspan="2">B2</th><th colspan="2">B3</th><th>공급량</th></tr>
<tr><td rowspan="2">A1</td><td>10</td><td>①</td><td>12</td><td>②</td><td>16</td><td>③</td><td rowspan="2">80</td></tr>
<tr><td colspan="2">50</td><td colspan="2">30</td><td colspan="2"></td></tr>
<tr><td rowspan="2">A2</td><td>9</td><td>④</td><td>7</td><td>⑤</td><td>12</td><td>⑥</td><td rowspan="2">80</td></tr>
<tr><td colspan="2"></td><td colspan="2">70</td><td colspan="2">10</td></tr>
<tr><td rowspan="2">A3</td><td>8</td><td>⑦</td><td>16</td><td>⑧</td><td>18</td><td>⑨</td><td rowspan="2">40</td></tr>
<tr><td colspan="2"></td><td colspan="2"></td><td colspan="2">40</td></tr>
<tr><td>수요량</td><td colspan="2">50</td><td colspan="2">100</td><td colspan="2">50</td><td>200</td></tr>
</table>

따라서 총수송비용은 다음과 같다.

총수송비용 = $10\times50 + 12\times30 + 7\times70 + 12\times10 + 18\times40 = 2,190$

(2) 최소비용법

최소비용법(least cost method)은 수송계획표에서 가장 적은 수송비를 찾아내어 그 칸에 수송량을 우선적으로 할당하고, 또 그 다음으로 적은 수송비를 찾아내어 수송량을 계속 할당하는 방법이다.

예제 8s-3

다음 수송문제를 최소비용법을 이용하여 최초 실행가능기저해를 구하라.

공급지 \ 수요지	B_1	B_2	B_3	공급량
A_1	10	12	16	80
A_2	9	7	12	80
A_3	8	16	18	40
수요량	50	100	50	200

풀이

a. 단위수송비용 가운데 최소비용은 칸 ⑤의 7이므로, 여기에 공급량과 수요량을 고려하여 80을 할당하고, A_2 行은 제외한다.

b. 2번째로 최소비용인 ⑦에 공급량과 수요량을 고려하여 40을 할당하고, A_3 行은 제외한다.

c. 이제 남은 A_1 行에서 최소비용인 ①에 수요량 10(=50-40)을 할당한다.

d. 그 다음으로 최소비용인 ②에 공급량과 수요량을 고려하여 20(=100-80)을 할당하고, 공급량 80에서 이미 할당된 30(=10+20)의 나머지 값을 ③에 할당한다.

공급지 \ 수요지	B_1		B_2		B_3		공급량
A_1	10	①	12	②	16	③	80
	10		20		50		
A_2	9	④	7	⑤	12	⑥	80
			80				
A_3	8	⑦	16	⑧	18	⑨	40
	40						
수요량	50		100		50		200

따라서 총수송비용은 다음과 같다.

총수송비용 = 10×10 + 12×20 + 16×50 + 7×80 + 8×40 = 2,020

(3) 보겔법

보겔법(Vogel's approximation method)은 기회비용의 개념을 이용하여 최초 실행가능기저해를 구하는 기법으로 구체적인 진행과정은 다음과 같다.

단계 1 : 비용행렬의 각 行과 列의 비용 가운데 최소값과 그 다음으로 작은 값을 찾아 그 차이를 계산한다.

단계 2 : 그 차이가 가장 큰 行이나 列에서 수송비용이 가장 적은 칸을 선택한다.

단계 3 : 해당 수요량과 공급량 중에서 작은 값을 할당하고, 할당된 값을 수요량과 공급량에서 뺀다.

단계 4 : 더 이상 할당이 불가능한 行이나 列을 제외하고, 새로운 표를 만든다.

단계 5 : 모든 양이 할당될 때까지 위의 절차를 반복한다.

예제 8s-4

다음 수송문제를 보겔법을 이용하여 최초 실행가능기저해를 구하라.

공급지 \ 수요지	B_1	B_2	B_3	공급량
A_1	8	10	11	5
A_2	10	9	13	8
A_3	14	12	10	7
수요량	7	9	4	20

풀이 a. 기회비용이 큰 A1 行에서 최소값 ①에 5를 할당하고, A1 行을 제외시킨다.

공급지 \ 수요지	B_1	B_2	B_3	공급량	u_i
A_1	8 ① 5	10 ②	11 ③	5	2
A_2	10 ④	9 ⑤	13 ⑥	8	1
A_3	14 ⑦	12 ⑧	10 ⑨	7	2
수요량	7	9	4	20	
v_j	2	1	1		

b. 기회비용이 큰 B1 列에서 ④에 2를 할당하고, B1 列을 제외시킨다.

공급지 \ 수요지	B_1	B_2	B_3	공급량	u_i
A_1	10 ④ 2	9 ⑤	13 ⑥	8	1
A_2	14 ⑦	12 ⑧	10 ⑨	7	2
수요량	2	9	4	15	
v_j	4	3	3		

c. 기회비용이 큰 A2 行에서 ⑤에 6을 할당하고, A2 行을 제외시킨다. 그리고 나머지 값인 4를 ⑨에 할당하고, 3을 ⑧에 할당한다.

공급지 \ 수요지	B_2	B_3	공급량	u_i
A_2	9 ⑤ 6	13 ⑥	6	4
A_3	12 ⑧ 3	10 ⑨ 4	7	2
수요량	9	4	13	
v_j	3	3		

앞에서 할당된 값들을 모두 나타내면 다음과 같다.

공급지 \ 수요지	B_1	B_2	B_3	공급량
A_1	8 ① 5	10 ②	11 ③	5
A_2	10 ④ 2	9 ⑤ 6	13 ⑥	8
A_3	14 ⑦	12 ⑧ 3	10 ⑨ 4	7
수요량	7	9	4	20

따라서 총수송비용은 8×5 + 10×2 + 9×6 + 12×3 + 10×4 = 190이 된다.

일반적으로 보겔법은 총수송비용이 다른 기법에 비하여 감소된 최초 실행가능기저해를 제시함으로써 최적해에 보다 근접한 값이 나올 수 있다. 그러나 이 기법은 앞의 두 기법보다 계산이 복잡하다는 단점이 있다.

2) 최적해의 결정

수송문제에 대한 최초 실행가능기저해를 구한 다음, 현재의 해가 최적인지 아니면 개선하여 수송비용을 더 절감할 수 있는지에 대한 검토가 있어야 한다. 만약, 현재의 최초 실행가능기저해가 최적해가 아니라면 수송량을 다른 칸(cell)에 할당함으로써 총수송비용을 절감할 수 있다.

수송문제의 최초 실행가능기저해에 대한 개선가능성(추가적인 수송비용의 절감)을 확인하여, 최적해에 도달할 수 있게 해주는 기법은 다음과 같다.

① 디딤돌법(stepping stone method)

② 수정배분법(modified distribution method : MODI법)

(1) 디딤돌법

디딤돌법(stepping stone method)은 최초 실행가능기저해가 최적해인지를 판별하기 위하여 할당이 되지 않은 칸에 한 단위를 할당하고, 그 결과가 총비용에 감소효과를 가져오는 칸(-값의 발생)들이 있는 가를 알아보는 기법이다. 만약, (-)칸이 있으면 이 칸에 소정의 양을 할당하여 최적해를 구한다. 디딤돌법의 풀이과정은 다음과 같다.

단계 1 : 할당되지 않은 빈칸에 한 개의 수송량이 할당되었다고 가정하고, 폐쇄경로를 찾는다.(폐쇄경로란 모든 공급과 수요의 제약조건을 만족시키면서 수송계획표를 조정하는 것을 말한다.)

단계 2 : 현재, 할당되지 않은 각 칸에 대하여 개선지수를 계산한다.

단계 3 : 최적성 검정으로, 모든 개선지수가 (+)이면 이 결과는 최적해이다. 그러나 어떤 개선지수가 (-)이면 단계 4로 간다.

단계 4 : 최초 실행가능기저해의 개선방법

① 가장 큰 (-)의 개선지수를 가진 빈칸을 새로 할당될 칸으로 정한다.

② 새로 할당될 칸에 대하여 폐쇄경로를 검토한다. 그리고 이 경로에서 (-)부호를 가진 칸의 수송량들을 검토하여 최소 수송량을 찾아 이동시킨다.

③ 폐쇄경로에서 각 칸의 수요량과 공급량을 조정한다.

단계 5 : 단계 1로 다시 돌아간다.

예제 8s-5

다음은 북서코너법에 의하여 구해진 최초 실행가능기저해이다. 디딤돌법을 적용하여 최적해를 구하라.

수요지 공급지	B_1	B_2	B_3	공급량
A_1	10 ① 50	12 ② 30	16 ③	80
A_2	9 ④	7 ⑤ 70	12 ⑥ 10	80
A_3	8 ⑦	16 ⑧	18 ⑨ 40	40
수요량	50	100	50	200

풀이 a. 할당되지 않은 각 빈칸에 대하여 한 개의 수송량이 할당되었다고 가정하고 폐쇄경로를 찾은 다음, 시계방향으로 개선지수를 구하면 다음과 같다.

칸 ③ : +16 - 12 + 7 - 12 = -1

칸 ④ : + 9 - 10 + 12 - 7 = 4

칸 ⑦ : + 8 - 10 + 12 - 7 + 12 - 18 = -3

칸 ⑧ : +16 - 7 + 12 - 18 = 3

b. 최적성 검정 : 개선지수 중에서 칸 ⑦이 (-)이므로 현재의 풀이결과는 최적이 아니다. 따라서 모형을 개선한다.

c. 개선방법은 칸 ⑦이 가장 큰 (-)의 개선지수를 가지고 있으므로, 여기에 수송량을 배정한다. 칸 ⑦에 수송량을 배정하는 개선방법은 빈칸 ⑦을 중심으로 폐쇄경로를 만들고, 이 가운데 (-)부호를 가진 칸 가운데 최소 수송량의 값을 가져온다. 칸 ⑦의 폐쇄경로는 +⑦ -① +② -⑤ +⑥ -⑨가 되고, 이 가운데 (-)부호를 가진 최소 수송량인 ⑨의 40을 가져온다. 그리고 수송계획표의 수요와 공급량을 조정한다.

수요지 / 공급지	B_1		B_2		B_3		공급량
A_1	10	①	12	②	16	③	80
	50-40=10		30+40=70				
A_2	9	④	7	⑤	12	⑥	80
			70-40=30		10+40=50		
A_3	8	⑦	16	⑧	18	⑨	40
	40				40-40=0		
수요량	50		100		50		200

d. a(단계 1)로 되돌아간다. 그리고 개선지수를 계산하면 다음과 같다.

칸 ③ : +16 - 12 + 7 - 12 = -1

칸 ④ : + 9 - 10 + 12 - 7 = 4

칸 ⑧ : +16 - 8 + 10 - 12 = 6

칸 ⑨ : +18 - 8 + 10 - 12 + 7 - 12 = 3

그러나 아직도 개선지수가 (-)인 항이 있으므로 현재의 풀이는 최적이 아니므로 다시 한 번 개선한다.

e. 칸 ③이 (-)의 개선지수를 가졌으므로 여기에 수송량을 배정한다. 칸 ③의 폐쇄경로는 +③ -⑥ +⑤ -②가 되고, (-)부호를 가진 칸의 할당량 가운데 최소값

인 ⑥의 50을 가져온 다음, 수요와 공급량을 조정한다.

공급지 \ 수요지	B_1		B_2		B_3		공급량
A_1	10	①	12	②	16	③	80
	10		70-50=20		50		
A_2	9	④	7	⑤	12	⑥	80
			30+50=80		50-50=0		
A_3	8	⑦	16	⑧	18	⑨	40
	40						
수요량	50		100		50		200

각 빈칸의 개선지수를 계산하면 다음과 같다.
칸 ④ : + 9 - 10 + 12 - 7 = 4
칸 ⑥ : +12 - 7 + 12 - 16 = 1
칸 ⑧ : +16 - 8 + 10 - 12 = 6
칸 ⑨ : +18 - 8 + 10 - 16 = 4

개선지수가 모두 (+)이므로 현재의 풀이가 최적해이다. 따라서 총수송비용은 다음과 같다.
총수송비용 = 10×10 + 12×20 + 16×50 + 7×80 + 8×40 = 2,020

2) 수정배분법(modified distribution method : MODI법)

수정배분법은 각 행과 열의 기회비용을 고려하여 할당되지 않은 빈칸을 한꺼번에 고려하여 개선지수를 구하는 방법이다. 수정배분법의 풀이과정은 다음과 같다.

단계 1 : 각 行과 列의 요소인 특정지수 U_i와 V_j를 정한다.

단계 2 : 최초 실행가능기저해로 할당된 칸의 각 비용C_{ij}에 대하여 개선효과를 구한다.

단계 3 : 개선지수 $D_{ij}(= C_{ij}^* -$ 행의 요소$(U_i) -$ 열의 요소$(V_j))$ 가운데 (-) 값이 있으면 비용감소의 여지가 있으므로 계속 새로운 실행가능기저해를 구한다.

단계 4 : 개선지수 D_{ij}가 모두 (+)이면 최적해에 이른다.

예제 8s-6

다음은 북서코너법에 의하여 최초 실행가능기저해가 얻어진 결과이다. 수정배분법을 적용하여 최적해를 구하라.

공급지 \ 수요지	B_1	B_2	B_3	공급량
A_1	10 ① 50	12 ② 30	16 ③	80
A_2	9 ④	7 ⑤ 70	12 ⑥ 10	80
A_3	8 ⑦	16 ⑧	18 ⑨ 40	40
수요량	50	100	50	200

풀이 a. 먼저 할당되어 있는 칸에 대해 $U_i + V_j = C_{ij}$의 관계가 성립하도록 U_i와 V_j의 값을 구한다. 이를 구하기 위해서는 다음과 같은 연립방정식을 풀어야 한다.

C_{11} : $U_1 + V_1 = 10$

C_{12} : $U_1 + V_2 = 12$

C_{22} : $U_2 + V_2 = 7$

C_{23} : $U_2 + V_3 = 12$

C_{33} : $U_3 + V_3 = 18$

여기서 $U_1 = 0$으로 놓으면, $U_2 --5$, $U_3 = 1$, $V_1 = 10$, $V_2 = 12$, $V_3 = 17$이 된다.

공급지 \ 수요지	B_1	B_2	B_3	공급량	u_i
A_1	10 ① 50	12 ② 30	16 ③	80	0
A_2	9 ④	7 ⑤ 70	12 ⑥ 10	80	-5
A_3	8 ⑦	16 ⑧	18 ⑨ 40	40	1
수요량	50	100	50	200	
v_j	10	12	17		

b. 산출된 U_i와 V_j의 값은 사용되지 않은 빈칸의 개선지수 D_{ij}를 계산하면 다음과 같다.

칸 ③ : $D_{13} = C_{13}^* - U_1 - V_3 = 16 - 0 - 17 = -1$

칸 ④ : $D_{21} = C_{21}^* - U_2 - V_1 = 9 - (-5) - 10 = 4$

칸 ⑦ : $D_{31} = C_{31}^* - U_3 - V_1 = 8 - 1 - 10 = -3$

칸 ⑧ : $D_{32} = C_{32}^* - U_3 - V_2 = 16 - 1 - 12 = 3$

c. 개선지수에 (-)값이 있으므로 최적해에 이르지 못한다. 그러므로 개선지수가 보다 큰 빈칸 ⑦을 먼저 고려한다. 칸 ⑦의 폐쇄경로는 +⑦ -⑨ +⑥ -⑤ +② -① 이므로, 음수 부호인 ①, ⑤, ⑨에서 최소 수송량인 ⑨의 값 40을 빈칸 ⑦에 가져온다.

수요지 / 공급지	B₁		B₂		B₃		공급량	u_i
A₁	10	①	12	②	16	③	80	0
	50-40=10		30+40=70					
A₂	9	④	7	⑤	12	⑥	80	-5
			70-40=30		10+40=50			
A₃	8	⑦	16	⑧	18	⑨	40	1
	0+40=40				40-40=0			
수요량	50		100		50		200	
v_j	10		12		17			

d. 할당된 칸에 대해 $U_i + V_j = C_{ij}$의 관계가 성립하도록 다시 U_i와 V_i의 값을 구한다. 이를 구하기 위해서는 다음과 같은 연립방정식을 푼다.

$C_{11} = U_1 + V_1 = 10$

$C_{12} = U_1 + V_2 = 12$

$C_{22} = U_2 + V_2 = 7$

$C_{23} = U_2 + V_3 = 12$

$C_{31} = U_3 + V_1 = 8$

여기서 다시 U_1=0으로 놓으면, U_2=-5, U_3=-8, V_1=10, V_2=12, V_3=17이 된다.

e. U_i와 V_j의 값을 이용하여 개선지수 D_{ij}를 계산한다.

칸 ③ : $D_{13} = C_{13}^* - U_1 - V_3 = 16 - 0 - 17 = -1$

칸 ④ : $D_{21} = C_{21}^* - U_2 - V_1 = 9 - (-5) - 10 = 4$

칸 ⑧ : $D_{32} = C_{32}^* - U_3 - V_2 = 16 - 1 - 12 = 3$

칸 ⑨ : $D_{33} = C^*_{33} - U_3 - V_3 = 18 - 1 - 17 = 0$

f. 개선지수가 (-)인 칸 ③에 수송량을 배정한다. 칸 ③의 폐쇄경로는 +③-⑥+⑤-②이므로, 빈칸 ③에 ⑥의 값 50을 이동시킨 다음, 수요와 공급량을 조정한다.

g. 이제, 개선지수가 모두 (+)이지만, 다시 한 번 수정배분법을 이용하여 최적해를 검토한다.

공급지 \ 수요지	B_1	B_2	B_3	공급량	u_i
A_1	10 ① 10	12 ② 70-50=20	16 ③ 0+50=50	80	0
A_2	9 ④	7 ⑤ 30+50=80	12 ⑥ 50-50=0	80	-5
A_3	8 ⑦ 40	16 ⑧	18 ⑨	40	1
수요량	50	100	50	200	
v_j	10	12	17		

다시 U_i와 V_i의 값을 구한다.

$C_{11} = U_1 + V_1 = 10$

$C_{12} = U_1 + V_2 = 12$

$C_{22} = U_2 + V_2 = 7$

$C_{23} = U_2 + V_3 = 12$

$C_{33} = U_3 + V_3 = 18$

여기서 다시 $U_1=0$으로 놓으면, $U_2=-5$, $U_3=-8$, $V_1=10$, $V_2=12$, $V_3=16$이 된다.

h. U_i와 V_j의 값을 이용하여 개선지수 D_{ij}를 계산한다.

칸 ④ : $D_{21} = C^*_{21} - U_2 - V_1 = 9 -(-5) - 10 = 4$

칸 ⑥ : $D_{23} = C^*_{23} - U_2 - V_3 = 12 -(-5) - 16 = 1$

칸 ⑧ : $D_{32} = C^*_{32} - U_3 - V_2 = 16 -(-8) - 12 = 12$

칸 ⑨ : $D_{33} = C^*_{33} - U_3 - V_3 = 18 -(-8) - 16 = 10$

개선되는 값이 모두 (+)이므로 최적해에 도달하였다. 따라서 총수송비용은 다음과 같다.

총수송비용 = 10×10 + 12×20 + 16×50 + 7×80 + 8×40 = 2,020

연습문제

8-1 시설입지의 결정 요인을 설명하라.

8-2 시설입지를 합리적으로 결정하는 과정을 설명하라.

8-3 설비배치의 궁극적인 목적을 설명하라.

8-4 설비배치의 종류와 각각의 특성을 설명하라.

8-5 S사는 시설입지의 후보지로 A지역, B지역, C지역 가운데 한 곳을 선정하려고 한다. 선정된 입지는 연간 5억 원의 매출이 보장되며, 연간 3,400개를 생산하고자 한다.

각 시설입지는 다음과 같은 고정비와 변동비를 지불한다고 가정할 때, 최적의 시설입지를 선정하라.

시설입지	고정비	변동비
A지역	13억 원	25만원
B지역	18억 원	20만원
C지역	23억 원	11만원

8-6 P사는 시설입지의 후보지로 A지역, B지역, C지역 가운데 한 곳을 선정하려고 한다. 양적 요인분석을 마무리하고, 이제 질적 요인분석을 하려고 한다.

다음의 각 시설입지에 대한 요인을 5점 척도로 분석하여 최적의 시설입지를 선정하라.

질적 요인	비 중(%)	A지역	B지역	C지역
노사관계	25	4	4	5
행정 규제	20	5	3	3
생활환경	25	4	5	3
노동력 수급	30	3	4	5
합 계	100			

8-7 K사의 P제품은 8개의 공정을 거쳐서 완성된다. 각 공정별 소요시간은 최저 2분에서 최고 10분씩 소요되고 있다. 전체 공정의 사이클 타임을 10분으로 할 경우의 효율과 유휴시간을 계산하라.

공정	공정1	공정2	공정3	공정4	공정5	공정6	공정7	공정8
소요시간	5	8	4	5	3	10	5	4

8-8 S사는 수요 증가에 대처하여 새로운 공장을 신설하려고 한다. 신설 공장 후보지로는 X시, Y시, Z시의 3개 지역이 유력시되고 있는데, 시설입지를 선정함에 있어 생산비와 수송비 등의 비용이 최소가 되는 후보지를 결정하라.

공장 / 시장	기존 공장		신설 공장 후보지			연간 예상수요량
	서울	부산	X시	Y시	Z시	
서울(D_1)	35	37	46	44	48	12,000개
경기(D_2)	36	40	37	30	45	13,000개
경남(D_3)	38	42	35	37	43	15,000개
충청(D_4)	38	48	42	38	46	18,000개
호남(D_5)	47	49	43	42	27	16,000개
연간생산능력	27,000	20,000	25,000	25,000	25,000	
단위당 생산비(단위:원)	250	260	268	270	265	

8-9 K사의 공정은 6개 작업부서로 이루어지며, 이들 6개의 부서 중간에 복도를 두고, 양쪽으로 3개 부서씩 배치하려고 한다. 각 부서간의 하루 동안의 왕래회수는 다음과 같다. 최적 설비 배치안을 구하라.

까지

부터	A	B	C	D	E	F
A	-	6	-	-	-	5
B	-	-	-	4	8	-
C	5	7	-	-	2	-
D	-	-	8	-	-	-
E	4	-	-	6	-	3
F	-	6	-	-	9	-

부서 사이의 왕래도표

1	2	3
4	5	6

배치계획

8-10 K기업은 새로 지은 건물에 5개의 작업장을 배치하려고 한다. 이 건물은 20m×50m이다. 시스템적 배치계획(SLP)으로 가장 효율적으로 작업장을 배치하라.

부터 \ 까지	작업장 B	작업장 C	작업장 D	작업장 E	소요면적
작업장 A	I	U	E	U	100
	6	-	1, 6	-	
작업장 B		U	I	A	400
		-	1	1, 6	
작업장 C			E	I	300
			2, 3	1	
작업장 D				X	100
				1	
작업장 E					100

8-11 K전력회사는 발전소가 A_1, A_2, A_3, A_4 네 지역에 소재하고 있으며, 발전소로부터 전력을 공급받는 변전소가 B_1, B_2, B_3 세 군데에 있다.

다음 표의 수치는 각 발전소에서 변전소에 전력 1단위를 송전하는데 필요한 송전 단가이다. 발전소와 변전소간의 송전량을 전체 수송비용이 최소가 되도록 배정하라. 최초 실행가능기저해는 최소비용법을 이용하고 그 결과를 이용한 최적해를 디딤돌법에 의하여 결정하라.

(단위 : 원)

발전소 \ 변전소	B_1	B_2	B_3	공급량
A_1	19	70	40	5
A_2	30	30	8	8
A_3	50	40	70	7
A_4	10	60	20	10
수요량	7	9	14	30

8-12 다음은 각 공장에서 수요지까지의 수송계획표이다. 최초 실행가능기저해는 북서코너법을 이용하고, 최적해의 결정은 수정배분법(MODI법)에 의하여 전체 수송비용이 최소가 되도록 배정하라.

(단위 : 원)

변전소 / 공장	B_1	B_2	B_3	B_4	공급량
A_1	9	12	15	10	70
A_2	8	6	11	13	70
A_3	7	15	17	14	60
수요량	20	80	80	20	200

8-13 각 공장에서 수요지까지의 수송계획표는 다음과 같다. 전체 수송비용이 최소가 되도록 배정하라. 최초 실행가능기저해는 보겔법을 이용하고, 최적해를 수정배분법(MODI법)에 의하여 결정하라.

(단위 : 원)

수요지 / 공장	B_1	B_2	B_3	B_4	공급량
A_1	3	4	13	14	90
A_2	9	5	6	8	100
A_3	11	12	7	10	110
수요량	50	70	80	100	300

Chapter 9 작업 측정과 표준시간 설정

제1절 동작연구

동작연구(motion study)는 작업을 수행하는 신체 각 부위의 동작을 면밀히 분석하여 비능률적인 동작을 제거함으로서 보다 능률적인 수행방법을 연구하는 것이다. 즉, 작업 장소에서 실시하는 특정작업을 가장 경제적으로 수행할 수 있는 방법을 개발하여 표준화하는 것이다.

그리고 최선의 작업방법을 개발하여 작업에 소요되는 시간을 측정할 수 있는 작업측정 또는 시간연구의 전제조건이 된다.

동작연구는 생산현장에 광범위하게 적용할 수 있는 분야로서, 동작을 그 성격에 따라 얼마나 세밀하게 분석하는가에 따라 미세동작분석과 메모동작분석의 2가지로 구분된다.

1. 미세동작분석

미세동작분석(micromotion analysis)은 길브레스(Gilbreth) 부부가 창안하였으며, 작업자가 작업대 앞에서 하는 손 동작과 같은 짧은 주기를 갖는 작업을 보다 자세하게 나누어 분석하는 동작연구 기법으로, 촬영기가 나오기 전의 방법이다.

길브레스는 인간의 동작을 구성하는 기본적인 요소로서 18가지의 미세동작이 있을 수 있으며, 이들이 결합됨으로써 작업을 수행할 수 있다고 보았다. 그러므로 이들 18개의 미세동작을 서블릭(Therblig)이라 부르고, 이들의 특징을 규정하였다.

그러나 이 방법은 매우 세밀한 조사를 요하므로, 비용이 많이 소요되어 대규모 공장의 주요 공정에나 응용될 수 있다.

번호	명 칭	서블릭 기호		기호의 설명
1	찾는다	Sh		눈으로 물건을 찾는 모양
2	찾아냄	F		눈으로 물건을 찾아냈을 때의 모양
3	선택한다	ST	→	목적물을 가리키는 화살표 모양
4	쥔다	G	∩	물건을 쥐는 모양
5	빈손	TE		빈손의 모양
6	운반한다	TL		손바닥에 물건을 놓은 모양
7	쥐고있다	H		자석에 물건을 붙인 모양
8	놓는다	RL		손바닥을 거꾸로 한 모양
9	자리잡는다	P	g	하중이 손끝에 있는 모양
10	준비한다	PP		볼링을 나인핀에 세운 모양
11	조사한다	I	○	렌즈의 모양
12	결합한다	A	#	결합시킨 모양
13	분해한다	DA		결합시킨 물건에서 일부를 분해한 모양
14	사용한다	U	U	Use의 첫 글자 모양
15	피할 수 없는 지연	UD		사람이 넘어지는 모양
16	피할 수 있는 지연	AD		사람이 자고 있는 모양
17	생각한다	Pn		이마에 손을 대고 생각하는 모양
18	쉬고 있다	R		사람이 의자에 앉아 쉬고 있는 모양

〈그림 9-1〉 서블릭 기호와 정의

2. 메모동작분석

메모동작분석(memomotion analysis)은 1958년, 먼델(M.F. Mundel)에 의하여 촬영기가 나온 후의 개발된 기법이다. 미세동작분석이 매초 18~24프레임(FPS; frames per second)의 속도로 촬영하는 것인데 비하여, 메모동작분석은 매초 1프레임으로 느리게 동작을 촬영하여 분석하는 방법이다.

메모동작분석의 특징으로는 불규칙적이고 비반복적인 작업이나 집단으로 수행되는 작업자의 활동분석에 적합하다.

제2절 작업측정과 표준시간의 개념

1. 작업측정

1) 작업측정의 개념

작업측정(work measurement)이란 시간연구(time study)와 같은 의미로 사용되며, 어떤 작업을 작업자가 수행하는데 필요한 시간을 표준적 측정여건 하에서 결정하는 일련의 절차를 말한다.

테일러(F.W. Taylor)에 의하여 과업관리의 수단으로 이용되어 보급된 시간연구가 이제 작업측정이라는 포괄적인 의미를 갖게 되었다.

이러한 측정결과 얻어진 시간을 표준시간(standard time) 또는 작업표준이라 부른다. 이 표준시간이 필요한 이유는 올바른 생산능력의 판단과 작업시간에 의한 작업량을 기초로 필요한 노동력을 산출하는 기초계수의 역할을 수행하는데 있다.

2) 작업측정의 목적

작업측정은 표준시간의 설정, 유휴시간의 제거, 작업성과의 측정 등을 목적으로, 생산능력과 필요한 노동력을 정확히 파악할 수 있도록 한다. 그러므로 작업측정을 효율적으로 활용하면, 작업자에게는 높은 임금, 소비자에게는 낮은 가격, 그리고 주주들에게는 보다 많은 이익을 제공할 수 있도록 해 준다.

그리고 동작연구를 통하여 설정되는 표준시간은 기업의 생산능력을 측정하는 기본도구로서 다음과 같은 목적이 있다.

① 작업관리 용이
② 능률적인 작업방법 개발
③ 생산시스템의 계획 및 통제
④ 조업시간 추정
⑤ 기업 성과 측정

2. 표준시간 설정

1) 표준시간의 의의

표준시간(standard time)이란 자격을 갖춘 작업자가, 특정한 일을, 정상적인 조건하에서, 정상적인 속도로 수행하는데, 표준적 측정여건 하에서 1단위의 작업량을 완성하는 데 필요한 소요시간을 말한다.

그러므로 표준시간은 다음과 같은 관리활동에 유용한 정보를 제공해 준다.

① 원가계산 및 예산 작성
② 일정계획 및 작업계획 작성
③ 작업소요시간 측정
④ 작업 공정간의 균형 분석
⑤ 생산계획과 인력소요계획 결정

2) 표준시간의 구성

표준시간은 표준준비시간과 표준작업시간으로 나누어지며, 표준준비시간은 정상준비시간과 여유시간, 그리고 표준작업시간은 정상작업시간과 여유시간으로 구성된다. 이러한 관계를 간략히 나타내면 <그림 9-2>와 같다.

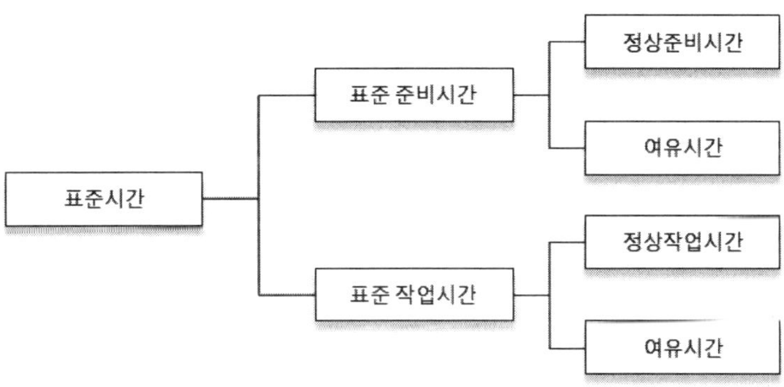

〈그림 9-2〉 표준시간의 구성

제3절 작업측정 기법

1. 작업측정 기법의 종류

작업시간은 개략적 시간치를 얻을 수 있는 경험적 방법이나 체계적인 기법에 의해 측정될 수 있다. 경험적 방법은 관리자, 기술자, 종업원 등을 통하여 과거의 실적을 근거로 작업의 표준시간을 추정할 수 있다.

보다 체계적인 기법의 종류에는 작업주기가 짧고 반복적인 작업에 이용되는 시간연구법, 일정시간을 요하는 설비작업 등에 이용되는 표준자료법, 그리고 작업주기가 길고 비반복적인 작업에 이용되는 워크샘플링 등이 있다.

일반적으로 사용되는 작업측정 기법의 종류를 정리하면 다음과 같다.

〈표 9-1〉 작업측정 기법의 종류

1. 경험적 방법(practical work measurement methods)
2. 시간연구법(time study method)
① 스톱워치법 ② 영화 분석법 ③ 전자기기를 사용하는 분석법 a. 녹음분석법(tape recorder method) b. VTR분석법(video tape recorder method) ④ 컴퓨터분석법
3. 워크샘플링
4. 표준자료에 의한 측정법
① 표준자료법 ② 기정시간표준법(PTS; predetermined time study)

2. 경험적 방법

경험적 방법(practical work measurement methods)은 가장 신속하고 가장 경제적인 작업측정법으로, 자료를 토대로 하거나 특정작업을 전문적으로 수행해 온 작업자, 감독자, 산업전문가의 경험적 추정치를 근거로 표준을 설정하는 방법이다.

아직도 많은 기업들이 명확한 작업표준시간을 설정하지 않고, 경험적 방법과 같은 단순한 주관적인 판단에 호소하는 공식적인 표준을 설정하고 있다.

경험적 방법은 작업자의 경험에 의한 판단으로 결정되므로 극히 주관적이어서, 그 정확도를 평가할 수 없다는 단점이 있다.

3. 시간연구법

시간연구법(time study method)은 스톱워치나 무비카메라를 사용하여 작업을 직접

관찰하는 방법으로, 가장 널리 사용되는 작업측정방법이다.

직접관찰을 통해 작업시간을 측정하기 위해서는 먼저 측정대상 작업자 및 해당부서의 감독자로부터 승인을 받는 것이 중요하다. 그리고 작업장의 배치, 사용 장비의 상태, 기타 작업수행에 영향을 줄 수 있는 조명, 냉난방 등에 대한 세심한 검사를 할 필요가 있다. 그리고 적절히 훈련된 경험있는 작업자가 시간연구법의 대상으로 선택되어야 한다.

시간연구법에 의한 작업측정 절차는 다음과 같다.

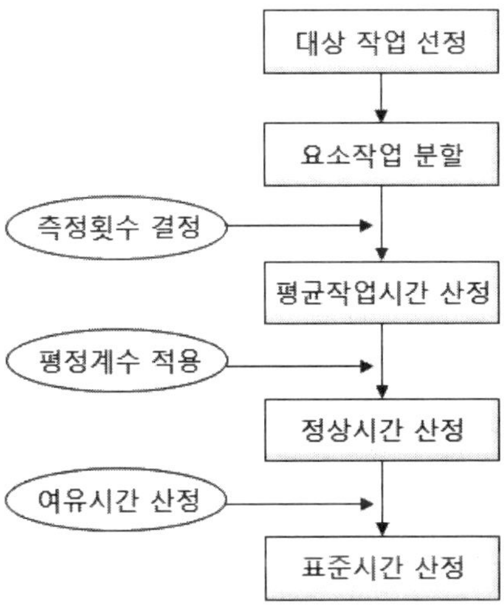

〈그림 9-3〉 시긴연구법에 의한 작업측정 설자

1) 대상 작업 선정

작업 주기가 짧고 반복적인 작업이면, 시간연구의 대상이 될 수 있다.

2) 요소작업으로 분할

선정된 작업이 정확한 관찰 및 시간측정이 가능하도록 요소작업으로 분할한다. 이때, 각 요소작업은 뚜렷한 단위작업으로서, 되도록 10초 이내의 작업으로 짧아야 정확한 시간측정을 할 수 있다.

3) 관측횟수의 결정

분할된 요소작업에 대하여 적절한 관측횟수를 결정하여야 한다. 작업의 측정시간이 실제 작업시간을 나타낼 수 있는 바람직한 신뢰도를 얻을 수 있도록 관측횟수를 결정하여야 한다.

그러나 관찰을 많이 할수록 시간예측치의 정확도가 증가하며 시간연구를 하는데 드는 비용도 증가한다. 그러므로 부정확한 시간 추정치로 비롯되는 비용과 시간연구를 행하는데 드는 비용간의 균형화를 유지하여야 한다.

관측횟수는 대상 작업을 통계적으로 오차 수준 내에서 통제될 수 있도록 결정되어야 한다. 그러므로 관측횟수의 결정에 앞서 목표로 하는 신뢰도 및 오차율이 미리 결정되어야 한다.

다음은 신뢰도 및 오차율을 이용하여 관측횟수를 구하는 공식이다.

$$N = \left(\frac{K/s \sqrt{N \sum X^2 - (\sum X)^2}}{\sum X} \right)^2$$

여기서, N : 필요한 관측횟수

X : 각 요소작업을 측정한 개별 시간치

K/s : 신뢰수준/오차율 비

K : 신뢰수준

S : 오차율

신뢰도 95%는 표준정규분포곡선의 2배의 표준편차 영역이므로, 이 경우 K의 값은 2가 주어진다. 즉, K/s 비율은 목표로 하는 신뢰도와 오차율을 토대로 한 비율로서 신뢰도 95%와 오차율 5%인 경우가 보편적이다. 이 경우 K/s = 2/0.05 = 40이 된다.

예제 9-1

어떤 요소작업에 대하여 10회의 관측을 한 결과, 다음과 같은 개별 시간치의 자료를 구하였다. 이 관측의 결과가 신뢰도 95%, 오차율 ±5% 범위 안에 들어갈 수 있겠는가?

n	1	2	3	4	5	6	7	8	9	10	계
X	6	6	4	6	6	5	6	5	5	6	55
X_2	36	36	16	36	36	25	36	25	25	36	307

풀이

$$N=\left(\frac{K/s\sqrt{N\sum X^2-(\sum X)^2}}{\sum X}\right)^2$$

$$=(\frac{40\sqrt{10\times 307-(55)^2}}{55})^2$$

$$=(\frac{40\sqrt{3070-3025}}{55})^2$$

$= 23.8$회

여기서, $K/s = 2/0.05 = 40$

즉, 요소작업의 10회 관측은 필요한 관측횟수 23.8회보다 무려 16.2회나 적게 관측하였음을 알 수 있다.

4) 평균작업시간의 산정

작업을 관측횟수만큼 측정하게 되면, 이 작업시간을 평균하여 평균작업시간을 산정한다.

5) 정상시간 산정

정상시간(normal time)이란 정상적인 능력을 갖춘 작업자가, 표준적인 작업방법으로, 정상적인 상황하에서, 정상적인 작업속도로, 단위작업을 수행하는데 소요되는 시간을 말한다. 즉, 작업자들의 평균작업시간을 그대로 정상시간으로 간주할 수는 없다. 왜냐하면 측정대상이 되는 작업자의 숙련도나 노력의 정도에 따라 작업수행속도가 다르기 때문이다.

그러므로 정상시간 산정이란 실제 관측된 작업속도를 정상적인 기준의 작업속도와 비교한 평정계수에 의하여 관측 시간치를 정상적인 속도로 수정하는 것으로, 정상화(normalizing)라고 부르기도 한다. 즉, 정상시간은 평균작업시간에 평정계수를 곱하여 산정한다.

$$\text{정상시간}(Tm) = \text{평균작업시간}(T) \times \text{평정계수}(R)$$

예제 9-2

정상적인 평균작업시간을 100으로 했을 때 이를 기준으로 한 어떤 작업의 실제작업시간을 115로 평정하였다면, 평균작업시간이 0.84분일 경우의 정상시간은 얼마인가?

풀이

$$0.84\text{분} \times \frac{115}{100} = 0.966\text{분}$$

6) 여유시간 산정

작업의 피로도를 완화하기 위하여 비생산적이지만 불가피하게 여유시간(allowance time)이 표준시간에 포함된다. 그러므로 여유시간은 ①생리적 현상 또는 피로 등에 의한 작업지연, ②기계고장이나 공구불량 등으로 인한 불가피한 지체시간, ③재료부족, 정전, 사고 등으로 인한 작업 중단 등이 포함된다.

따라서 여유시간의 발생이 우발적이기 때문에, 편의상 이들의 발생이나 평균시간 등을 조사하며, 이것을 정상시간에 가산하여 표준시간을 산출하는 것이 일반적이다. 그러므로 여유시간은 근무시간에 대한 비율로 계산된다.

여유율의 산정방식은 다음과 같다.

$$\text{여유율} = \frac{\text{여유시간}}{(\text{정상시간} + \text{여유시간})} \times 100$$

예제 9-3

특정 요소작업을 측정하여, 0.92분의 정상시간을 얻었다. 여기에 15%의 여유율을 가정하면 여유시간은 얼마인가?

풀이

$$0.15 = \frac{x}{0.92 + x}$$

여유시간 $x = 0.162$분

7) 표준시간 산정

표준시간(standard time)은 작업을 수행하는데 필요한 숙련도와 적성을 가진 작업자가, 정해진 작업방법을 이용하여, 주어진 작업조건 아래, 정해진 시간 내에, 최대한의 육체적 노력을 발휘하여, 1단위의 작업을 완성하는데 소요되는 시간을 말한다. 그러므로 표준시간은 정상시간과 여유시간의 합으로 구성된다.

표준시간 = 정상시간 + 여유시간

4. 스톱워치법에 의한 시간연구

스톱워치법(stop watch time study)은 테일러(F.W. Taylor)에 의하여 1881년 처음 체계화하였으며, 직접관찰법이다. 스톱워치법에 의한 시간연구는 가장 널리 이용되고 오랜 방법으로, 작업측정이 반복적이고 연속적 현장작업, 즉 조립이나 기계작업에 적합하다.

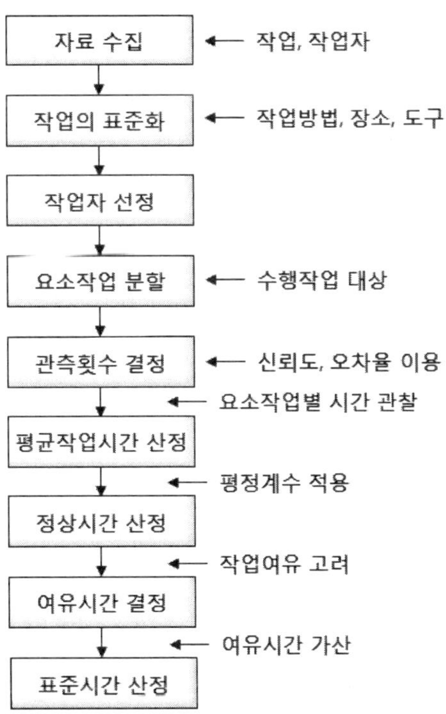

〈그림 9-4〉 스톱워치법에 의한 시간연구의 절차

스톱워치법에 의한 시간연구의 절차는 다음과 같다.

① 작업 및 작업자에 대한 자료 수집
② 작업(작업방법, 작업장소, 작업도구 등)의 표준화
③ 측정할 작업자 선정
④ 작업자가 수행하는 작업을 요소작업으로 분할
⑤ 신뢰도 및 오차율을 이용한 관측횟수 결정
⑥ 요소작업별로 실제 소요시간을 관찰, 평균작업시간 산정
⑦ 정상시간 산정
⑧ 작업 중 수반되는 여유를 고려한 여유시간 결정
⑨ 정상시간에 여유시간을 가산하여 표준시간 산정

5. 워크샘플링

1) 워크샘플링의 개념

워크샘플링(work sampling)은 팁펫(L.H.C. Tippett)에 의하여 1934년 창안되었으며, 스톱워치에 의한 방법과 같이 직접관찰법의 하나이다.

실제, 어떤 공정들은 작업의 반복시행 주기가 매우 길거나 여러 개의 다양한 활동을 수반하는 비반복적, 비연속적인 작업들로 구성되어 있다. 워크샘플링은 이와 같이 비반복적이고 비연속적인 성격을 띤 작업을 대상으로 확률적 표본관찰을 통하여 실시하는 방법으로, 업무나 작업의 가동률 조사, 여유율의 결정, 개선점의 파악, 작업과 기계의 배분, 표준시간의 설정 등에 이용된다.

그리고 워크샘플링에 앞서 결정해야 될 문제로는 ①대상 작업과 실시 목적의 확인, ②측정결과에서 바라는 신뢰수준, ③관측횟수, ④관측시각 등이 있다.

워크샘플링의 장점으로는 ①관측자에 대한 훈련이 필요치 않으며, ②스톱워치와 같은 특별한 관측기구를 사용하지 않으므로 작업자에게 주는 심리적 압박감 배제, ③비용면에서 시간연구법보다 저렴하다는 것이다.

또한, 워크샘플링의 단점으로는 관측결과의 오차가 시간연구법보다 크다고 하겠다.

2) 표본 크기의 결정

워크샘플링에서 요구되는 관측횟수는 신뢰도 및 오차율을 이용한 통계적 이론에 의하여 결정된다.

어느 정도의 신뢰도가 필요한가를 결정하여야 한다.

$$sp = K\sqrt{\frac{p(1-p)}{N}}$$

여기서,

sp : 발생현상의 절대적 오차
s : p에 대한 상대적 오차
p : 구하는 비율(발생률)
K : 신뢰도를 나타내는 표준편차의 배수
N : 관측횟수(표본의 크기)

$$N = (\frac{K}{S})^2 \frac{1-p}{p}$$

3) 관측시각의 결정

관측횟수가 결정되면, 임의로 관측시각을 결정하여야 한다. 이때, 컴퓨터에 의하여 발생한 난수표를 근거로 관측시각을 결정하여야 하며, 이것은 관측자에 의한 오류와 편견을 없애기 위해서이다.

4) 표준시간의 산정

$$\text{표준시간} = \frac{\text{총관측시간} \times \text{작업시간율} \times \text{평균수행도지수}}{\text{생산량}} + \text{여유시간}$$

$$= \frac{\text{총관측시간} \times \text{작업시간율} \times \text{평균수행도지수}}{\text{생산량}} \times (\frac{1}{1-\text{여유율}})$$

예제 9-4

어떤 설비의 가동률을 조사하기 위하여 랜덤으로 80회를 관측한 결과, 설비의 가동을 관측한 회수는 72회, 정지한 회수는 8회였다. 워크샘플링에 의한 설비의 가동률과 유휴율은 얼마인가?

풀이

설비 가동률 : $\frac{72}{80} \times 100 = 90\%$

설비 유휴율 : $\frac{8}{80} \times 100 = 10\%$

6. 표준자료에 의한 측정법

시간연구법이나 워크샘플링은 시간의 근거 및 작업 여건의 명세가 뚜렷하지 못할 우려가 있으며, 특정시간의 분석이 까다롭다는 단점이 있다.

따라서 작업측정에 동일 목적으로 설정된 표준자료(standard data)를 이용하여 정상시간을 산정하는 방법이 있다.

1) 표준자료법

표준자료법(standard data system)은 유사한 작업에 대하여 작업 요소별로 측정된 표준자료의 데이터베이스를 마련하여, 필요시 작업 구성 요소별로 표준자료를 합성하여 정상시간을 구하는 방법이다.

① 각 작업을 면밀히 검토하여 경제적인 방법으로 결정한다.

② 특정 작업을 기본 요소동작으로 분해한다.

③ 요소동작별로 미리 설정한 시간표를 적용하여 시간치를 결정한다.

④ 이들 시간치를 합계하여 작업의 표준시간을 결정한다.

2) 기정시간표준법

기정시간표준법(PTS; predetermined time study)은 작업의 평균작업시간을 미리 산정해 두고, 필요할 경우 요소동작으로 분해하여 해당된 시간추정치를 선택하여 사용하는 방법이다.

기정시간표준법은 표준시간의 설정, 최적 작업방법의 결정, 작업개선의 평가 및 작업자 훈련 등에 유효하며, 그 특징은 다음과 같다.

① 작업방법만 알면, 표준시간을 결정할 수 있다.

② 작업자의 노력없이 객관적인 표준시간을 추정할 수 있다.

③ 작업방법과 작업시간을 분리하여 동시에 연구할 수 있다.

그리고 기정시간표준법에는 MTM(method time measurement), MTA(motion time analysis), MF(motion factor), WF(work factor) 등 여러 가지 기법이 있다. 이 가운데 MTM과 WF가 가장 대표적 방법이다.

(1) MTM법

MTM법(method time measurement)은 인간의 작업을 기본 요소동작 가운데 팔 뻗기, 돌리기, 쥐기, 놓기, 눈 동작, 몸·다리·팔 동작 등을 성질별로 분석하여, 시간값을 사전에 연구한 것이다.

그리고 이를 기초로 하여 작업별로 요소동작에 따라 미리 설정한 시간값을 합하여 작업시간을 설정하는 방식이다.

(2) WF법

WF(work factor system)법은 1945년 퀵(J.H. Quick)과 쉐아(W.J. Shea)에 의하여 개발된 방법이다. WF법은 신체부위에 따라 각 동작의 요소작업별로 표준시간치를 미리 설정하여 놓고, 측정하려는 각 동작의 시간치를 여기에서 찾아서, 이들을 합하여 객관적인 작업 표준시간을 산출하는 방식이다.

제3절 학습곡선

1. 학습곡선의 개념

학습곡선이란 말은 독일 심리학자 헤르만 에빙하우스(Hermann Ebbinghaus)에 의해 소개된 것으로 원래의 의미는 “인간은 반복하여 암기하면, 기억력 테스트의 성적이 올라가는 것”을 소개한 것이지만, 현재에는 그 의미도 널리 받아들여 “어떤 과제를 반복하면 반복할수록 그것을 처리하는 시간이 짧아진다는 것”을 의미하게 되었다. 시간의 경과와 함께 그 말 속에 “반복하는 것에 의해 능력이 향상하고 능력의 향상에 의해 처리하는 시간이 짧아진다”는 의미를 포함하게 된 것이지만, 그 능력의 향상은 반드시 나란히 일직선상으로 늘어가는 것은 아니다.

몰두하는 사항에도 의하지만, 대체로

① 서서히 착실한 성장,

② 어느 정도 노력을 들여도 성장이 느껴지지 않는 정체 상태,
③ 대수롭지 않은 돌파구를 계기로 한 대폭적인 성장
이란 프로세스를 몇 번이나 반복하면서 능력을 향상해 간다.

이 학습곡선(learning curve)에 관한 실질적인 연구는 1936년 T.P. Wright가 보잉항공사에서 비행기 제작의 작업효율을 측정하는 것에서 출발하는데, 이 연구에서 생산량이 2배로 증가할 때마다 단위시간이 20%씩 감소한다는 사실을 밝혀내었다. 즉, 학습곡선은 한 작업자가 동일한 작업을 반복하여 수행할 때 반복횟수의 증가에 따라 작업시간은 지수함수로 감소하는 것으로 알려져 있는데, 이를 그래프로 나타낸 것이다.

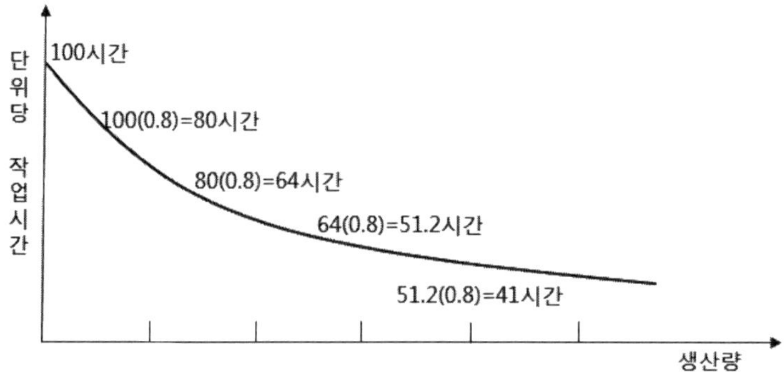

〈그림 9-5〉 80%의 학습곡선

이처럼 작업자가 같은 일을 반복해서 경험할 때, 효율이 증가하는 것을 소위 학습효과(learning effect)가 있다고 말한다. 이 원리를 체계화하면 특정 사업이나 제품의 주문을 받았을 때 이를 완성할 때까지 소요되는 총 작업시간을 산출하거나 작업방법의 개선 등 정책적인 평가기법으로 매우 유효하다.

학습곡선을 경험곡선이라고도 하며, 사업활동에 관한 경험이 축적되어감에 따라 단위당 비용이 저하한다는 경험효과를 나타낸 곡선이다. 경험효과는 제조비용뿐만 아니라 관리, 판매, 유통 등을 포함하는 총비용에 있어서도 생긴다.

2. 학습곡선의 분석

학습곡선은 다음과 같은 가정을 전제로 한다.
① 기업마다 작업자들의 작업태도, 기계화, 숙련도 등에 따라 달라진다.
② 동일한 작업에 대하여 경험의 양과 작업시간 사이에 일정 비율로 감소한다.

③ 작업자의 경험에 따라 작업시간은 단위당 생산시간이 지수함수적으로 감소한다.

그러므로 N번째 단위를 생산하기 위하여 소요되는 직접노동시간은 첫 번째 단위를 생산하기 위한 시간과 지수함수의 관계를 가지며, 이러한 관계를 수식으로 나타내면 다음과 같다.

$$Y_n = Y_1 n^X$$

여기서, Y_n : n번째 단위를 생산하는데 소요되는 시간

Y_1 : 첫 번째 단위를 생산하는데 소요되는 시간

n : 생산 단위수

$X = \frac{\log(\text{학습률})}{\log 2}$

예제 9-5

P설계사가 스케치업 프로그램을 이용하여 처음 한옥을 설계할 때, 150시간이 소요되었다. 이 설계사는 80%의 학습곡선을 따르며, 5번째 한옥 설계에 소요되는 시간은 얼마인가?

풀이

$Y_n = Y_1 n^X$

$Y_1 = 150$

$n = 5$

$X = \frac{\log 0.8}{\log 2} = -\ 0.322$

$Y_5 = 150 \times 5^{-0.322} = \frac{150}{(5)^{0.322}} = 89.34$시간

3. 학습곡선의 적용

학습은 반복적인 과업을 수행하는 작업자에게 관련이 있으며, 그것은 제품 및 서비스의 생산성에 모두 영향을 미친다. 물론 학습효과는 무형의 서비스보다 유형의 제품을 생산하는 분야에서 더 쉽게 측정할 수 있다.

생산성은 학습곡선효과로부터 이득을 얻으며, 그 효과는 설비배치의 개선이나 동작경제의 원칙에 더 크다고 하겠다. 그러므로 생산계획 및 통제는 학습효과를 고려하여야 하며, 그렇지 않으면 학습의 이득은 소멸될 것이다.

학습곡선은 기업의 여러 부문에서 유용하게 이용되며, 주요 적용분야로는 인력계획, 구매 결정, 신제품 가격결정, 재고 계획 등이 있다.

따라서 학습곡선효과를 잘 파악하고, 이를 생산시스템의 운영에 적용하면 다음과 같은 효과를 볼 수 있다.

① 학습곡선을 규정하여 생산시간이나 생산능력을 잘 파악하면, 표준시간 설정이나 생산계획의 수립에 큰 도움이 된다.
② 자체 제작을 할 것인가? 구매를 할 것인가?를 결정하는데 이용할 수 있다. 즉, 작업자들의 학습곡선이 다른 기업보다 높으면 자체 제작을 하는 것이 유리하다.
③ 새로운 작업방법이나 설비의 도입을 평가하는데 사용된다. 즉, 새로운 작업방법의 도입이 학습곡선 상에서 종전보다 높은 학습효과를 가져올 수 있다면 도입하는 것이 좋다.
④ 원료구매가격을 산정할 때, 공급자의 생산원가를 학습곡선으로 비교하여 부당한 가격을 지불하지 않는 방법을 모색할 수 있다.

그러나 학습효과의 적용 시에 다음과 같은 제약점이 있으므로, 이러한 점에 유의하여야 한다.

① 학습곡선의 계수는 기업과 작업의 형태에 따라 다르므로 과거의 운영 자료와 경험에 근거를 두고 결정하여야 한다.
② 첫 번째 단위의 작업시간에 근거를 두고, 그 다음 단위의 작업시간을 산출하므로 첫 번째 단위의 작업시간을 정확하게 측정하여야 한다.
③ 작업을 반복하는 과정에서 어떤 요소작업의 학습효과는 높지만 그렇지 않은 요소작업들도 많다. 그러므로 그 추이를 면밀하게 분석하여야 한다.
④ 학습효과는 실제보다 더 많아질 수도 있으며 간접비용을 증가시켜 작업시간을 단축시킬 수도 있다.
⑤ 학습곡선은 생산 공정이 안정되기 전에 일반적으로 이용되며, 대량생산이 이루어지는 시점에는 적용하지 않는다.

기업사례

153 모나미 볼펜

1. 153 모나미 볼펜의 탄생

1) 종군기자들의 '기자펜'

타자기, 복사기와 더불어 2차 세계대전 후 사무기기의 3대 혁명품목으로 꼽히는 볼펜이 우리나라에 처음 들어온 것은 6·25전쟁 때였다. 전쟁을 취재하러 온 외국기자들이 윗주머니에 간편하게 꽂고 다니던 볼펜은 그 당시에는 그야말로 최첨단 필기도구였다.

한국전쟁 기간 중, 미군부대에서 흘러나온 볼펜이 인기를 끌자 '친선잉크', '크라운 잉크' 등 잉크 제조회사들이 1950년대 후반부터 자체기술로 볼펜을 만들기 시작하였다. 그러나 당시만 해도 관련 산업 기술의 수준이 낮아 그 품질은 조악하였다. 디자인이 투박함은 말할 것도 없고, 거꾸로 들면 잉크가 주르륵 흘러내릴 정도였다.

1962년 가을, 광신화학의 송삼석 사장은 서울 마포공장의 한 모퉁이에 볼펜 생산부서를 차리고 직원 3명과 함께 볼펜 생산에 도전하였다. 볼펜의 구조는 단순하지만, 축적된 기술이 없었고 변변한 설계도면 하나 없었던 처지였기 때문에 시행착오의 연속이었다. 사실, 볼펜의 핵심은 작은 플라스틱관에 농축잉크를 제조해 넣는 기술과 그 잉크를 조금씩 흘러나오게 하는 팁(tip, 볼펜 맨 앞에 볼이 달려 있는 부분)제작 기술 두 가지였다.

송 사장은 이것만 해결되면 우리나라 필기구 산업에 혁명을 일으킬 수 있으리라고 확신하면서도 한편으론 초조해졌다. 하는 수 없이 일본의 볼펜제조회사에 기술을 의뢰해야만 하였다. 볼펜 팁과 볼 등의 재료는 일본 오토볼펜의 제품만을 수입하는 조건으로, 우선 볼펜의 유성잉크 제조기술만을 배울 수 있었다.

얼마 뒤 오토볼펜사가 볼펜용 유성잉크 제조기술자 한 명을 보냈다. 한달에 불과한 짧은 체류기간 동안 그에게서 최대한 많은 노하우를 얻어내기 위해 묻고 또 물었지만, 그는 유성잉크 제조 외에 볼펜과 관련된 것에 대해서는 단 한마디도 하지 않았다.

송 사장은 처음에 유성잉크 제조기술이라고 해봐야 별 것 아닐 것이라고 가볍게 생각했다. 그러나 그것은 잘못된 생각이었다. 성분 배합이 조금만 잘못돼도 잉크는 볼펜의 플라스틱 관 밖으로 역류해버리고 만다. 또한, 30도가 넘는 무더운 여름이나 영하의 겨울철 날씨에 상관없이 일정한 양이 볼펜 팁과 볼을 통해 흘러야 한다. 그런 조건에 딱 맞은 유성잉크를 만들에 내는 데는 고도의 성분 배합 기술이 필요했다. 볼펜은 잉크가 나오는 부분인 팁(흔히, 촉이라고 한다), 심, 축(볼펜대), 장식 등 아주 간단한 구조로 이루어져 있는 것 같다. 그러나 그 하나하나의 부품은 모두 10~20가지의 각 공정을 통해 만들어진다. 가장 간단해 보이는 팁마저도 24개 공정을 거쳐야 한다.

2) 제품이름 '모나미'와 '153'의 의미

1962년 10월, 어렵게 시제품 생산에 성공했으나, 그 질은 제품화할 수 없는 수준이었다. 1963년 5월 마침내 각고의 노력 끝에 신제품이 탄생하였다. 검은 색 뚜껑과 흰 색 몸체, 똑딱거리는 소리의 심플한 디자인, 물론 품질이야 지금에 비할 수 없지만 당시로서는 소비자들을 매료시키기에 충분한 상품이었다.

송 사장은 전 직원들을 대상으로 아이디어를 공모했다. 직원들은 이구동성으로 '모나미 볼펜'을 추천했다. 그 당시 생산판매중이던 '모나미 물감'이 큰 인기를 얻고 있었는데, 굳이 다른 이름을 찾을 필요가 없다는 것이었다. 프랑스어로 '내 친구'를 뜻하는 모나미(Mon Ami)는 당시 디자인부서의 한 직원이 제안한 이름이었다.

그러나 송 사장은 보다 마음에 드는 좋은 이름을 찾기 위하여 다시 아이디어 회의를 소집했다. 1963년 5월 1일에 태어났으니 '모나미 1963', '모나미 501', 행운이 따르라고 '모나미 77' 등의 다양한 이름이 나왔다. 그때, 한 남자 직원이 "모나미 153 어떻습니까"라고 불쑥 말을 꺼냈다. "153, 153, 153이라." 153을 반복해 발음해 보니 부르기도 쉬웠다. 그러나 무슨 의미인지 전혀 알지 못했다. "도대체 153이 무슨 뜻인가?"라고 송 사장이 묻자, 그 직원의 답변은 엉뚱했다. "우리나라 사람들 화투 좋아하지 않습니까? 1, 5, 3을 더하면 9죠. 화투놀이에서는 9, 즉 '가보'가 가장 높지 않습니까. 그리고 225, 234, 135 이런 것보다는 153이 발음하기 좋고요."

또한, 송 사장은 고민끝에 볼펜 한 자루 값을 15원으로 정했다. 그 이유는 간단했다. 당시 서울 시내버스 요금이 15원, 신문 한 부 가격이 15원이었다. 송 사장은 시내버스 한번 탈 수 있는 값, 신문 한 부를 살 수 있는 정도의 값이라면 소비자를 납득시킬 수 있으리라고 생각했다. 그리고 이 볼펜의 자매품을 계속 만들 계획으로 '153'이란 숫자를 제품명 뒤에 붙였다. '15'는 15원이란 뜻이었고, '3'은 광신화학이 세 번째로 만든 제품이란 뜻이었다.

3) 회사명의 변경과 광고

모나미 153볼펜의 지명도가 높아진 1967년, 송 사장은 아예 회사명을 '광신화학'에서 '모나미 화학공업'으로 바꾸었다. 그리고 대대적인 광고로 타사의 경쟁제품을 압도해 나갔다. 모나미의 광고 중에서 특히 소비자들의 관심을 끈 것은 "화가 나서

밟아 버렸죠."라는 헤드라인의 광고였다. 부러진 유사상표의 볼펜을 그려 넣은 이 광고는 '겉모양은 같더라도 품질은 단연 모나미'라는 메시지를 소비자들에게 효과적으로 전달하여 153볼펜의 판매신장에 큰 역할을 하였다.

4) 40여 년의 장수 필기구

판매초기엔 볼펜이 거의 팔리지 않아, 송 사장의 확신과 기대는 여지없이 무너지고 말았다. 즉각 판매 부진의 원인을 찾아 나섰다. 모나미 물감과 크레파스의 기존 판매로 시장 유통망은 이미 잘 갖춰져 있었다. 시제품을 나눠주며 홍보도 했다. 판매되지 않는 원인은 하나였다. 국민들의 몸에 배인 오랜 필기 습관 때문이었다. 글씨를 쓸 때마다 펜촉에 잉크를 묻혀야 하는 것이 번거롭고 불편하긴 했지만, 오랜 기간 동안 해 온 탓에 바뀌기 힘든 습관이 되어버린 것이었다.

따라서 송 사장은 본격적으로 '책상에서 잉크병 없애기' 운동을 전개했다. 관공서, 기업, 은행에서 펜을 쓰는 사람을 보면 무조건 볼펜을 주고 써보도록 권유했다. 일하던 사람의 펜을 빼앗다시피 해서 싸움이 나기도 했다.

이런 과정에서 송 사장은 일대 모험을 결심했다. 마케팅 전문가인 박사장이 영입되기 전, 회사의 광고 예산은 월 30만 원에 불과했다. 송 사장은 그와 함께 광고 예산을 월 600만 원으로 책정했다. 당시 쌀 한 가마니(80Kg)가 3,730원이었으므로 쌀 1,600여 가마에 해당하는 금액이다. 물론 지금 기준으로 보면 무척 미약하지만, 그 당시 대기업도 아닌 작은 문구업체로써는 상당한 모험이었다.

당시 회사 월 매출액은 1억 원에도 훨씬 못 미쳤다. 그런데도 송 사장은 인건비, 재료비, 사무실 공장 임대비 등 고정비용을 제외한 나머지 금액 대부분을 다시 광고에 투입했다.

3. 소비자들의 마음에 각인된 모나미 153

사업관계로 가끔 모나미를 방문하는 일본 문구업계 관계자들은 153볼펜이 똑같은 제품으로 40여 년간이나 생산되고 있다는 사실에 놀라움을 금치 못한다고 한다. 그것은 1년에도 수백 가지의 신제품이 나왔다 사라지는 현 소비시장에서 한 제품이 40년 이상이나 장수를 누린다는 사실 때문이다.

그러나 모나미 153볼펜의 지난 성장배경을 살펴보면, 다음과 같은 사항들이 소비자들의 마음에 깊이 각인되었기 때문이다. ① 싸다, ② 대중 인식이 강하다, ③ 대량 구입이 가능하다, ④ 사용이 간편하다, ⑤ 구조가 단순하다, ⑥ 가격에 비하여 비교적 다양한 색상이다, ⑦ 심만 교체가 가능하다, ⑧ 다른 다양한 볼펜의 원형이다.

김명호. (2014). 『기업사례경영학』 개정2판. 도서출판 두남.

연습문제

9-1 작업측정의 개념과 목적을 설명하라.

9-2 작업측정 기법의 종류를 간단히 설명하라.

9-3 시간연구법에 의한 측정 절차를 설명하라.

9-4 스톱위치법에 의한 시간연구의 절차를 설명하라.

9-5 워크샘플링의 개념과 실행방법을 설명하라.

9-6 학습곡선의 개념을 설명하라.

9-7 어떤 요소작업에 대하여 10회의 관측을 한 결과, 다음과 같은 개별 시간치의 자료를 구하였다. 이 관측의 결과가 신뢰도 95%, 오차율 +5% 범위 안에 들어갈 수 있겠는가?

n	1	2	3	4	5	6	7	8	9	10
X	5	6	4	6	4	5	6	5	4	6

9-8 평균작업시간을 100으로 했을 때 이를 기준으로 한 어떤 작업의 실제 속도는 120으로 평정하였다면, 평균작업시간이 0.84분일 경우의 정상시간은 얼마인가?

9-9 특정 요소작업을 측정하여, 0.85분의 정상시간을 얻었다. 여기에 14%의 여유율을 줄 경우, 여유시간은 얼마인가?

9-10 S설비의 가동률을 조사하기 위하여 랜덤으로 90회를 관측한 결과, 설비의 가동을 관측한 회수는 80회, 정지한 회수는 10회였다. 워크샘플링에 의하여 설비의 기계가동률과 유휴율을 계산하라.

9-11 P설계사가 VP-Expert 프로그램을 이용하여 처음 빌딩을 설계할 때, 1,300시간이 소요되었다. 이 설계사는 80%의 학습곡선을 따른다고 가정하면, 4번째 빌딩 설계에 소요되는 시간은 얼마인가?

PART

03

생산운영시스템의 운영 및 개선

Chapter 10

수요예측

제1절 수요예측의 개념

1. 수요예측의 의의와 중요성

예측(forecasting)은 불확실한 미래사건의 발생을 추정하는 것이다. 예측은 과거의 자료를 사용하여 미래에 발생할 결과를 체계적으로 추정하는 과정이다. 그러므로 모든 기업의 모든 계층에서 이루어지는 관리적 의사결정은 어떤 형태로나 미래와 관련된 예측에 기초를 두고 있다.

특히, 생산관리 분야에서 생산활동에 앞서 먼저 결정해야 할 중요한 요인으로 제품의 품목, 생산수량, 생산시기 등 생산계획과 재고통제와 관련된 대부분의 의사결정에 예측활동이 없이는 정상적으로 이루어질 수 없다.

이처럼 예측은 불확실한 경쟁상황에서 관리되어야 하는 모든 활동에 합리적인 지침을 제공할 수 있으므로 기업의 경영관리에 중요한 역할을 수행하게 된다.

따라서 예측의 불확실성에서 오는 문제점을 최소한으로 줄이기 위한 여러 가지 예측기법들이 개발되었다.

기업이 예측을 함으로써 얻을 수 있는 잇점은 다음과 같다.

① 고용관계의 개선을 가져올 수 있다. 미래의 경영수준을 합리적인 수준으로 계획함으로써 인력 수급을 균형화할 수 있다.

② 자재관리의 개선을 가져올 수 있다. 정확한 수요예측으로 필요한 시기에 필요한 양의 자재를 구입할 수 있어 재고비용을 절감할 수 있다.

③ 자본과 설비의 효율적인 이용을 가능하게 한다. 수요예측은 고용관계 및 재고수준의 균형을 가져옴으로써 생산능력을 원활하게 활용할 수 있다.

④ 고객에 대한 서비스의 개선을 가져올 수 있다. 즉, 정확한 예측은 기업이 정한 일정에 따라 제품 및 서비스를 공급함으로써 고객들의 불만을 해소할 수 있다.

2. 수요예측의 목적

생산계획의 입안에서는 수요예측이 극히 중요하다. 수요예측의 정밀도가 나쁘면, 기준생산계획의 정밀도도 나쁘게 되고, 결과적으로는 품절에 의한 사업기회의 유실, 납기지연, 불량재고의 증대에 의한 제조원가의 증대를 낳을 위험이 있다.

그러므로 수요예측의 목적은 다음과 같다.

① 품종전체의 총수요량을 예측하고 기준생산계획을 결정한다.

② 품종별, 각 공정별 월(month) 생산계획을 결정한다.

③ 생산설비의 신설이나 증설의 필요성, 규모를 결정한다.

④ 직원의 채용이나 교육의 필요성, 직원 작업량을 결정한다.

3. 수요예측의 비용

예측의 정확성이 높으면 높을수록 예측비용은 증가하기 때문에 어느 수준의 예측기법을 선택하는 가는 정확성과 비용간의 경합문제가 발생하게 된다. 왜냐하면, 예측활동이 증가함에 따라 필요로 하는 자료가 증가하고, 이러한 자료의 수집과 분석에 부수적인 비용도 증가하게 된다.

그러므로 예측을 하는데 따른 비용과 예측을 하지 않는데 따른 비용의 관계를 나타내면 다음 그림과 같다.

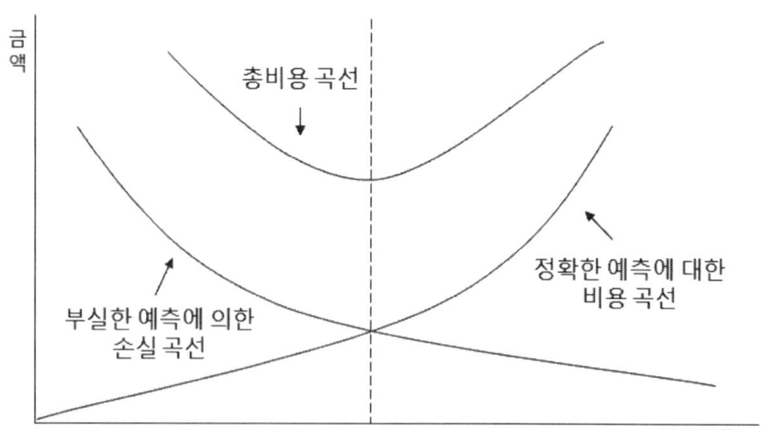

〈그림 10-1〉 예측활동의 비용과 정확성

4. 수요예측의 부정확한 이유

기업에서 수요예측이 부정확한 이유로는 시스템의 개발과 실행 단계에서 업무 관리자의 참여가 결여된 경우, 수요예측 자체가 너무 어려워서 이해하기 곤란한 경우, 그리고 수요예측 시스템과 조직의 능력이 서로 다른 경우가 있으며, 자료 수집 오류나 분류상의 오류, 책임과 감시 부족 등을 들 수 있다.

따라서 기업의 수요예측은 여러 가지 이유로 실패할 수 있는데, 그 이유를 열거하면 다음과 같다.

① 수요예측 시스템의 개발과 실행단계에서 업무 관리자의 참여 결여 : 수요예측이 효과적이기 위해서는 다른 사람들과의 조정이 필요하다.

② 너무 어려워서 이해하기 곤란 : 만약, 수요예측 도구가 너무 어려워 이해하기 어렵다면, 이것은 거의 실패하게 될 것이다. 수요예측 도구가 복잡해질수록 사용자들은 수요예측 프로세스로부터 더욱 고립되며, 이를 유지하기 위해 더 많은 일이 필요하게 된다. 또한 이와 같은 도구를 유지, 운영하자면 더 많은 비용이 들 것이다.

③ 예측 시스템과 조직의 능력이 불일치 : 만약, 기법들이 이해되지 않았다면 결과들도 신뢰할 수 없으며, 관리자들은 수요예측을 따르지 않으려 하고, 대신에 비정규적인 기법이나 '감각'에 의존하게 된다.

④ 샘플링방법, 자료 분류, 측정, 집합, 시간수집(time collection) 오류 : 중요자료 누락을 포함한 수집 오류나 분류 오류로 자료가 정확하지 않을 수 있다.

⑤ 어떤 자료는 수요예측에 부적합 : 종속수요나 최종조립일정내의 부품과 같은 품목들은 수요예측에서 제외되어야 한다.

⑥ 감시부족 : 몇몇 기업들은 수요예측의 정확성을 섬섬하지 않는다. 그들은 예상 영업에 대해 실제 영업을 추적하지 않으며, 그러므로 수요예측 성과를 평가하거나 개선을 위한 목표를 설정할 방법이 없다.

5. 수요예측의 정확성 향상 방안

기업에서의 수요는 일반적으로 다음과 같이 정의된다.

① 특정 제품이나 부품에 대한 수요는 고객 주문, 수요예측, 공장간 소요량, 지점 창고로부터의 서비스 부품 요청, 다른 제품 제조를 위해 발생된다.

② 완제품 단계에서는 수요 자료와 영업 자료가 다를 수 있는데, 그것은 고객의 문의가 반드시 영업과 연결되는 것은 아니며, 고객과 약속한 날짜가 고객이 요청한

날짜와 다를 수 있는 것과 같다.

③ 제품이나 서비스에 대한 수요는 운영시스템에 소요량을 발생시키며, 부품, 예비부품, 수리나 정비용 부품, 신제품이나 서비스 등을 포함할 수 있다. 제품과 서비스에 대한 주문은 산업 형태나 수반되는 공정의 세부사항에 따라 자재나 생산능력, 또는 두 가지 모두를 소비하는 소요량으로 전환된다.

따라서 기업에서 발생하는 수요예측의 정확성을 향상시키는 방안으로 다음을 들 수 있다.

① 수요예측에 대한 의무와 책임을 할당하라.
② 수요예측의 정확성을 위한 현실적인 목표를 설정하라.
③ 수요예측의 정확성 목표에 대한 성과 검토를 철저히 하라.
④ 정기적으로 수요예측의 정확성을 추적하라.
⑤ 신뢰할 만한 수요예측 도구를 사용하라.
⑥ 제품 구조의 단계를 파악하고, 그에 맞는 수요예측을 실시하라.
⑦ 성과가 좋지 않은 수요예측의 영역을 점검하고 개선하라.

제2절 수요예측 기법의 선정

1. 수요예측의 기간별 분류

수요예측은 특정제품이 언제(시간), 얼마나(양), 고객으로부터 수요가 있을 것인가를 미리 추정하는 것으로, 기간별 차원에서 다음과 같은 기간을 대상으로 한다.

① **단기수요예측** : 3개월 이내의 분기별 예측기간을 대상으로 예측하는 것이다. 예측기간이 짧으므로 생산계획을 수립하기 위해서 예측은 보다 정확성이 높아야 한다. 일반적으로 단기수요예측에는 시계열 분석이 많이 이용된다.

② **중기수요예측** : 3개월 이상 1년 이내의 기간을 대상으로 하는 예측을 말한다. 중기예측은 주로 제품별 총판매 수요량으로 어느 정도 높은 수준의 정확성을 유지하여야 한다. 중기수요예측에는 주로 인과형 모형이 이용된다.

③ **장기수요예측** : 1년 이상 3년 정도의 예측을 장기예측이라 한다. 수요예측기간이 장기이므로 정확한 수요예측은 어렵기 때문에 정확도는 보통 중간 수준이 된다.

물론 기업의 전략계획차원에서 실시하는 예측은 단기를 1년, 중기를 3-4년, 장기를 5-8년으로 잡는 것이 보통이나, 생산운영관리에서의 수요는 생산계획 및 일정계획을 수립하기 위한 예측이므로 상대적으로 짧은 기간을 대상으로 한다.

〈표 10-1〉 수요예측의 기간별 분류

예 측 유 형	기 간
단기 수요예측	3개월 이내
중기 수요예측	3개월 ~ 1년 이내
장기 수요예측	1년 ~ 3년

2. 수요예측 기법의 구분

예측대상이 결정되면, 다음에는 적합한 예측기법을 선택하여야 한다. 수요예측 기법은 질적 기법과 양적 기법으로 나눌 수 있으며, 양적 기법은 다시 시계열 분석기법과 인과형 모형으로 나눌 수 있다. 이러한 기법들은 각각 특징이 다르고 사용할 분야에 따라 장단점이 있기 때문에 어느 기법을 선정해야 하는가의 문제는 ① 정확도와 소요비용의 관점에서, ② 수요예측 대상제품의 수명주기 관점에서 고려되어야 한다.

〈표 10-2〉 수요예측 기법의 구분

질적 기법(정성적 기법)	양적 기법	
	시계열 분석	인과형 모형
• 소비자(시장)조사법 • 델파이법 • 위원회 합의법 • 라이프사이클 유추법 • 판매원 의견조사법 • 자료유추법	• 최소자승법 • 이동평균법 • 지수평활법 • 박스-젠킨스모델	• 회귀모델 • 계량경제모델 • 투입·산출모델 • 선행지표법

3. 제품수명주기와 예측방법의 선정

특정 제품의 수요를 예측하고자 할 때는, 대상 제품이 제품수명주기(life cycle)의 어떤 단계에 와 있는가를 알아야 한다. 그렇지 않고 과거의 자료만을 이용한 추정은 정확한 예측결과를 얻기 어렵다. 왜냐하면 제품수명주기상 특정 제품이 놓여 있던 과거와 미래의 단계가 다르므로, 과거의 추세가 미래의 추세와 동일할 수 없기 때문이다.

그러나 제품수명주기의 단계별 특징을 이해하지 않고 수행한 단순한 통계적 또는 시계열분석은 정확한 예측결과를 나타낼 수 없게 될 것이다.

따라서 제품이 새로 전입될 때와 같이 과거의 판매실적이 없는 경우는 추세선을 이용한 예측은 불가능하며, 또 이 단계에서 예측하고자하는 내용이 그 다음 단계에 있는 제품수요예측의 경우와 같지 않은 것은 너무 당연하다.

〈표 10-3〉 제품수명주기와 수요예측 방법

단계	개발기	도입기	성장기	성숙기
결정사항	• 개발비용추정 • 제품설계자료 • 마케팅전략	• 최적시설규모 • 판매경로, 가격 • 시장세분화전략	• 시설확장 • 생산계획 • 판매전략	• 판매 • 생산 • 재고
수요 예측 방법	• 델파이법 • 유사제품에 대한 비교분석 • 산업연계분석 • 전문가의견조사	• 소비자조사 • 시장조사 • 실험계획 • 고객질문조사	• 전환점 도출을 위한 통계분석 • 시장조사 • 제품수명분석	• 시계열분석 • 투견법 • 인과형 모형

4. 예측기간과 유형에 따른 예측기법

예측대상이 정해지면 다음 단계로 거기에 적합한 예측기법을 선택하여야 한다. 예측기법의 적합한 선택을 위해서는 각 기법의 내용이나 장단점에 관한 명확한 이해는 물론 예측대상의 특성, 요구되는 정확도, 주어진 시간 및 비용, 최고경영자의 지지 정도, 조직의 상황 등에 대해서도 잘 알아야 한다.

① **자료의 유형** : 대상이 되는 자료가 수평적이냐, 아니면 어떤 추세를 지니고 있는가, 또 계절성을 갖느냐의 여부에 따라 적합한 기법이 달라진다.

② **예측시점** : 자료가 어떤 목적에 이용되느냐에 따라 요구되는 예측기간을 단기, 중기, 장기 등으로 구분하며 그에 따라 사용될 수 있는 기법이 달라진다.

③ **기법의 선정** : 자료의 유형이 식별되고 요구되는 예측기간이 결정되면 적합한 기법들을 찾아낼 수 있고 개인이나 조직의 상황에 비추어 실제 사용이 가능한 기법이 선정된다. 즉, 요구되는 예측의 정확도, 소요비용, 소요기간, 사용의 용이성

등을 고려한 후에 예측에 드는 비용과 예측이 부정확함에 따라 발생되는 비용의 합인 예측관련 총비용을 최소화하는 기법을 최종적으로 선택한다.

〈표 10-4〉 예측기간과 유형에 따른 예측기법

특성 예측기법		예 측 기 간			자 료 유 형				비용	시간
		단기	중기	장기	추세	주기	계절	자료수		
시계열 모형	단순예측법	V						5	1	1일
	이동평균법	V			V			10	1	1일
	지수평활법	V	V		V	V	V	36	1	1일
	X - 11	V	V		V	V	V	72	2	1일
	박스젠킨스	V	V		V	V	V	12	2	2일
인과 모형	회귀분석	V	V	V	V	V	V	30	3	1개월
	계량경제모형	V	V	V	V	V	V		4	2개월
	산업연관분석		V	V	V				5	6개월
	수명주기분석		V	V				15	3	1개월
정성적 모형	델파이	V	V	V					3	2개월
	시장조사	V	V	V					4	3개월
	역사적유추법		V	V					3	1개월

제3절 시계열분석 기법

1. 시계열분석 기법의 특성

시계열분석 기법은 미래는 과거의 역사적인 변화 형태로 계속 변화한다는 전제 하에서 과거의 자료를 이용하여 미래를 예측하는 것이다. 그러므로 이 방법은 과거의 역사적인 자료에 의존하고 있는 것이 특징이며, 가장 많이 사용되고 있는 전형적인 예측 기법이다.

시계열(time series)이란 일정한 기간에 동일한 시간 간격(주, 월, 년 등) 사이에서 어떤 변동이 발생하였는가를 관찰한 자료의 집합이다.

1) 시계열 모형의 변동요인

시계열 모형에서 어떤 특정 시점의 수요는 다음과 같은 4가지의 변동요인에 의하여 결정된 것으로 해석된다.

① **추세변동**(trend) : 수요의 추세가 장기간 동안 일정하게 증가 또는 감소하는 추세의 형태를 추세변동이라고 한다.

② **순환변동**(cyclical) : 수요의 추세가 경기순환과 같이 중·장기적으로 변동하는 형태를 순환변동이라고 한다.

③ **계절변동**(seasonal) : 수요의 추세가 계절적 요인에 의하여 수요량이 주기적으로 변동하는 형태를 계절변동이라고 한다.

④ **불규칙변동**(irregular) : 수요의 추세가 천재지변, 석유파동, 사회·정치적 변동 등 우연한 변동에 의하여 돌발적으로 변화하는 형태를 불규칙변동이라고 한다.

따라서 수요예측은 사실상 이들 각각의 변동을 원인별로 추정함으로써 특정 시점이나 기간의 수요량을 예측하게 되는 것이다.

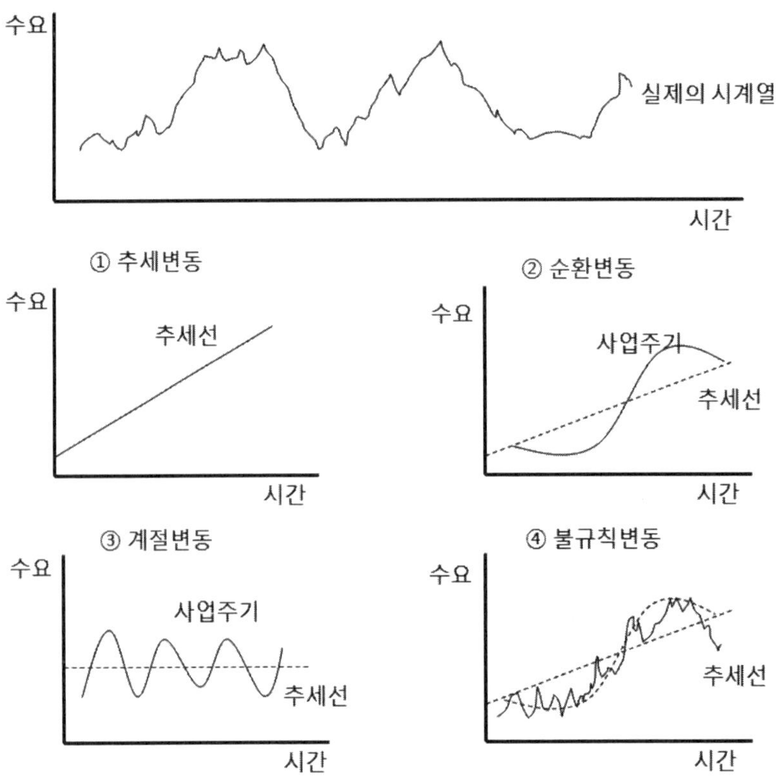

〈그림 10-2〉 요인별 변동

2) 예측과정

시계열 모형은 어떤 특정 시점의 수요에 나타나는 4가지의 변동요인들이 복합적으로 작용하여 예측하고자 하는 수요를 변동시킨다.

그러므로 각 변동요인들이 서로 어떻게 관련되어 있는가 하는 결합관계를 나타내는 것이 시계열 모형인데, 그것은 승법모형과 가법모형의 2가지 수식으로 나타낼 수 있다.

승법모형 : Y = T·C·S·I

가법모형 : Y = T+C+S+I

여기서, Y = 시계열에 의한 수요량

T = 장기추세

C = 순환변동

S = 계절변동

I = 불규칙변동

변동요인을 고려한 합리적인 예측을 위하여 다음과 같은 예측과정을 거치는 것이 바람직하다.

1단계 : 과거의 자료를 수집하여 종이에 플로트 한다.

2단계 : 플로트한 점들을 이용하여 추세선을 도출한다.

3단계 : 계절지수를 산정한다.

4단계 : 얻어진 추세선을 특정 미래의 시점에 적용시켜 본다.

5단계 : 기업의 순환적 상황과 예상되는 불규칙요인을 고려하여 예측치를 수정한다.

2. 이동평균법

이동평균법(moving average method)은 새로운 자료를 받고 오래된 자료를 탈락시켜 평균값을 갱신하는 방법으로, 단순이동평균법과 가중이동평균법으로 구분된다. 그리고 이동평균법은 계산이 간단하고 이해하기 쉬워 많이 사용되나 다음과 같은 문제점이 있다.

① 판매 자료가 선형을 이루지 않을 때 이동평균법에 의한 시계열의 정확성이 감소된다. 즉, 곡선을 이루는 시계열에 대한 이동평균법의 이용은 예측결과를 왜곡할 위험이 있다.

② 미래예측을 위한 수학적 모형을 수식화할 수 없다.

1) 단순이동평균법

단순이동평균법(simple moving average method)은 관찰자료 중에서 가장 오래된 것은 삭제하고, 최근에 관찰된 자료를 첨가시킴으로써 새로운 평균 예측치를 얻는 방법이다.

여기서 평균값은 변동요인을 제거하려는 정도에 따라 평균대상기간수를 조정할 수 있고 위에서부터 한 기간씩 평균산출 대상에서 빼는 대신 뒤에서 추가하는 이동식 평균방법에 따른다. 즉, 이동평균치는 다음과 같이 구한다.

$$MA = \frac{\sum X}{t}$$

여기서, MA : 이동평균치
X : 시계열 자료
t : 대상기간

예제 10-1

다음은 K기업의 12개월 판매량을 나타낸 것이다. 다음 자료를 토대로 하여 3개월 단순이동평균법과 5개월 단순이동평균법에 의하여 예측하라.

1월	2월	3월	4월	5월	6월
900	910	850	860	900	920
7월	8월	9월	10월	11월	12월
1,000	905	980	1,100	1,300	1,200

풀이 3개월 이동평균법은 1월, 2월, 3월의 실적을 합하여 산술 평균한 값을 중간달 2월의 평균값으로 한다.

예측치 = N기간 이동평균값

월	판매량	3개월 단순이동평균		5개월 단순이동평균	
		합 계	평 균	합 계	평 균
1	900				
2	910	2,660	887		
3	850	2,620	873	4,420	884
4	860	2,610	870	4,440	888
5	900	2,680	893	4,530	906
6	920	2,820	940	4,585	917
7	1,000	2,825	942	4,705	941
8	905	2,885	962	4,905	981
9	980	2,985	995	5,285	1,057
10	1,100	3,380	1,127	5,485	1,097
11	1,300	3,600	1,200		
12	1,200				

위 표에는 3개월 이동평균법과 5개월 이동평균법의 풀이과정을 나타내고 있다. 3개월 이동평균법을 이용하여 예측을 할 경우, 1월부터 3월까지의 3개월 평균값을 2월 예측 치로 삼는다.

1) 3개월 단순이동평균값

$$2월\ 예측치 = \frac{900+910+850}{3} = \frac{2,660}{3} = 887$$

$$3월\ 예측치 = \frac{910+850+860}{3} = \frac{2,620}{3} = 873$$

2) 5개월 단순이동평균값

$$3월\ 예측치 = \frac{900+910+850+860+900}{5} = \frac{4,420}{5} = 884$$

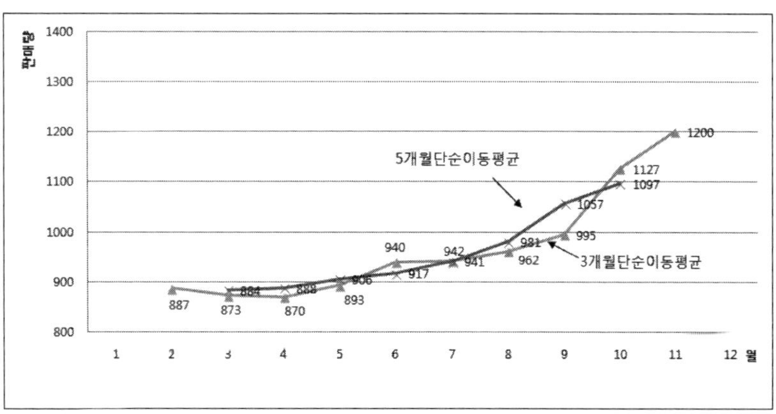

여기서 평균의 의미는 계절적, 순환적 및 불규칙적 변동요인에 의한 기복을 평균하는 작용을 한다. 그리고 평균을 이용하여 산출하기 때문에 다만 추세만 남게 되어 시간경과에 따른 추세선을 얻게 된다.
따라서 평균 대상기간 n이 길면 길수록 이 평활효과가 더욱 뚜렷해진다. 예컨대 3개월 이동평균의 경우보다 5개월 이동평균이 더 계절적 변동이나 순환변동을 소거한 단순한 추세선에 가까워진다.
위의 그림에서 5개월 이동평균은 3개월 이동평균보다 변동이 적은 추세선의 형태를 나타내고 있다.
만약, 장기간의 자료에 12개월 이동평균법을 이용하면, 1년 이내의 계절, 순환, 불규칙변동 등을 제거할 수 있다.

2) 가중이동평균법

가중이동평균법(weighted moving average method)은 일정기간의 단순 산술평균치를 구하여 쓰는 단순이동평균법에 가중치를 이용하여 조정하는 방법이다. 즉, 예측하려는 기간에 가까울수록 높은 가중치를 주어 이동평균치를 구하는 방법이다. 따라서 가중이동평균치는 다음과 같은 식에 의해 구해진다.

$$MA_{wt} = \frac{\sum_{(wt)} X}{\sum_{wt} t}$$

여기서, MA_{wt} : 가중이동평균치
w : 가중치
X : 시계열 자료
t : 대상기간

단순이동평균법은 N기간의 단순산술평균치를 구하여 쓰는 방법이다. 그러나 앞의 예제에서 5개월 이동평균법으로 4월을 예측하려고 한다면, 5개월간의 판매량을 단순히 평균한 값보다는 최근 3월의 판매가 2월에 비하여 4월 판매에 더 영향을 주었고, 2월이 1월보다 더 영향을 주었을 것으로 보는 것이 합리적일 것이다.

따라서 예측하려는 기간에 가까울수록 가중치를 높여서 평균치를 구하려는 방법이 가중이동평균법이다.

예제 10-2

다음 K기업의 자료를 이용하여, 2월, 3월, 4월의 3개월 가중이동평균값을 구하라.

1월	2월	3월	4월	5월	6월
900	910	850	860	900	920
7월	**8월**	**9월**	**10월**	**11월**	**12월**
1,000	905	980	1,100	1,300	1,200

풀이

$$2\text{월 가중이동평균값} = \frac{1(900)+2(910)+3(850)}{6} = \frac{5,270}{6} = 878.3$$

$$3\text{월 가중이동평균값} = \frac{1(910)+2(850)+3(860)}{6} = \frac{5,190}{6} = 865$$

$$4\text{월 가중이동평균값} = \frac{1(850)+2(860)+3(900)}{6} = \frac{5,270}{6} = 878.3$$

3. 지수평활법

지수평활법(exponential smoothing)은 1959년 브라운(R.G. Brown)에 의하여 소개된 이후 윈터즈(P.R. Winters)에 의하여 계절변동을 감안한 모형으로 개선되었다. 이 방법은 이동평균법의 약점인 가중치 조정기준의 불합리성과 대상기간 N을 정하는 기준의 비합리성을 보다 합리적으로 개선한 가중이동평균법의 하나이다. 즉, N기간을 과거의 자료가 있는 모든 기간에 연장하여 대상으로 하며, 가중치는 예측하려는 기간에 가까울수록 많이 적용하는 기법이다.

1) 단순지수평활법

단순지수평활법(simple exponential smoothing)은 브라운(R.G. Brown)이 개발한 모형 가운데 시계열이 추세변동을 나타내지 않는 안정기에 들어간 제품수요를 분석하는데 편리하게 고안된 것이다.

실제로 F_2(2기의 예측치)를 구하는 것이 실질적인 예측의 시작이 된다.

차기 예측치 = 당기 예측치 + α(당기 판매실적 - 당기 예측치)

$$F_2 = F_1 + \alpha(D_1 - F_1)$$

여기서, F_t : t기의 예측치

D_t : t기의 판매실적

α : 평활상수

지수평활법의 중요한 특징은 당기 판매실적과 당기 예측치를 토대로 바로 다음 시점의 차기 예측치를 구하는 이동식 예측 방법이라 하겠다. 즉, 전기 예측치가 당기 예측치에 쓰이고, 당기 예측치는 그 다음 예측치 계산에 쓰이게 된다.

평활상수 α는 실제로 얼마나 수정이 되어야 할 것인가를 나타내는 것으로 0과 1 사이의 값을 갖는다. 그리고 평활상수는 지수적 비중을 가지므로 전체 평활상수를 더하면,

$$\alpha + \alpha(1-\alpha) + \alpha(1-\alpha)^2 + \alpha(1-\alpha)^3 + \dots + \alpha(1-\alpha)^{n-1} = 1$$

이 된다. 즉, 가중치가 시간의 경과에 따라 점차 작아짐으로써 최근의 수요동향이 당기예측에 보다 영향이 큰 사실을 반영케 한 것이다.

따라서 평균한다는 의미는 평균값을 낸다는 의미와 동일하게 쓰인다. 그리고 예측치를 구한다는 것은 지수평균법의 정의에 따라 연속적으로 1일 평균치를 새로운 평균치로 바꾸는 것이다.

예제 10-3

H사의 기별 수요가 다음과 같을 때, 5월 2주의 수요를 단순지수평활법으로 예측하라. 단, 평활상수는 $\alpha = 0.1$이며, 3월 1주 직전의 단순지수평활에 의한 예측량은 $F_{(t-1)} = 650$으로 한다.

주	3월 1주	2주	3주	4주	4월 1주	2주	3주	4주	5월 1주
수요	700	685	648	717	713	728	754	762	700

풀이 3월 1주차의 예측치를 직전 주의 단순지수평활법에 의하여 계산한 예측치는 다음과 같다.

$$F_t = F_{t-1} + \alpha(D_{t-1} - F_{t-1})$$
$$= 650+0.1(700-650)$$
$$= 655$$

같은 방법으로 나머지 주에 대한 계산을 하면 다음 표와 같다.

	주	당기예측 F_{t-1}	실제수요 D_{t-1}	예측오차 $D_{t-1} - F_{t-1}$	차기예측 F_t
3월	1	650	700	50	655
	2	655	685	30	658
	3	658	648	-10	657
	4	657	717	60	663
4월	1	663	713	50	668
	2	668	728	60	674
	3	674	754	80	682
	4	682	762	80	690
5월	1	690	700	10	691

따라서 5월 2주차의 수요 예측치는 691이 된다.

4. 추세예측법

1) 최소자승법

최소자승법(least square method)이란 단순회귀모형에서 미지의 모수 α와 β를 추정할 때, 오차의 제곱합을 최소가 되도록 추정하는 방법을 말한다.

$$Y_i = \alpha + \beta X_i + \epsilon_i$$

여기서, α, β : 미지의 모수

X_i : i번째 주어진 고정된 X의 값($i = 1,\ 2,\ \cdots\cdots n$)

ε_i : 오차

즉, 오차의 제곱 합을 최소로 하는 직선의 식을 구하는 것으로, 이를 식으로 정리하면 다음과 같다.

$$SS = \sum_{i=1}^{n} \varepsilon_i^2$$
$$= \sum_{i=1}^{n} (Y_i - \alpha - \beta X_i)^2$$

위의 식에서 오차제곱합을 최소로 하는 α와 β를 구하기 위하여, SS를 α와 β에 대하여 각각 편미분하여 다음의 결과를 얻는다.

$$\frac{\alpha SS}{\alpha\alpha} = -2\sum_i (Y_i - \alpha - \beta X_i)$$
$$\frac{\alpha SS}{\alpha\beta} = -2\sum_i (Y_i - \alpha - \beta X_i)$$

위의 편미분 값을 0으로 만드는 α와 β의 추정치를 $\hat{\alpha}$와 $\hat{\beta}$로 놓고 위의 식을 정리하면,

$$n\hat{\alpha} + \hat{\beta}\sum X_i = \sum Y_i$$
$$\hat{\alpha}\sum X_i + \hat{\beta}\sum X_i^2 = \sum X_i Y_i$$

를 얻게 되는데, 이 식을 정규방정식이라 부른다. 이 식에서 얻어진 $\hat{\alpha}, \hat{\beta}$를 최소제곱추정치(least squares estimator)라 부르며, 다시 정리하면 다음과 같이 된다.

$$\hat{\beta} = \frac{S_{(xy)}}{S_{(xx)}}$$

$$\hat{\alpha} = \overline{Y} - \hat{\beta}\ \overline{X}$$

여기서, $S_{(xx)} = \sum_{i=1}^{n} (X_i - \overline{X})^2 = \sum X_i^{\,2} - \frac{(\sum X_i)^2}{n}$

$$S_{(xy)} = \sum_{i=1}^{n} (X_i - \overline{X})(Y_i - \overline{Y}) = \sum X_i\ Y_i - \frac{(\sum X_i)(\sum Y_i)}{n}$$

$$S_{(yy)} = \sum_{i=1}^{n} (Y_i - \overline{Y})^2 = \sum Y_i^{\,2} - \frac{(\sum Y_i)^2}{n}$$

따라서 회귀직선의 추정식은 다음과 같다.

$$\widehat{Y}_i = \hat{\alpha} + \hat{\beta} X_i$$

예제 10-4

S축산연구소는 돼지의 성장상태를 연구하기 위하여 생후 1개월이 경과한 7마리의 체중을 측정하였다. 돼지를 일정조건 하에서 일정기간 사육한 다음, 이들의 체중을 측정한 결과, 다음과 같은 자료를 얻었다.

최소자승법에 의하여 회귀직선의 식을 구하라.

실험번호	초기체중(X)	성장 체중(Y)
1	9.5	38
2	8.0	32
3	6.0	24
4	7.3	29
5	9.0	36
6	9.1	42
7	7.5	30

풀이

	X	Y	XY	X^2	Y^2
1	9.5	38	361	90.25	1,444
2	8.0	32	256	64	1,024
3	6.0	24	144	36	576
4	7.3	29	211.7	53.29	841
5	9.0	36	324	81	1,296
6	9.1	42	382.2	82.81	1,764
7	7.5	30	225	56.25	900
합계	56.4	231	1,903.9	463.6	7,845

$$S_{(xx)} = \sum_{i=1}^{n}(X_i - \overline{X})^2 = \sum X_i^2 - \frac{(\sum X_i)^2}{n}$$

$$= 463.6 - \frac{(56.4)^2}{7}$$

$$= 9.18$$

$$S_{(xy)} = \sum_{i=1}^{n}(X_i - \overline{X})(Y_i - \overline{Y}) = \sum X_i Y_i - \frac{(\sum X_i)(\sum Y_i)}{n}$$

$$= 1{,}903.9 - \frac{(56.4)(231)}{7}$$

$$= 42.7$$

$$\overline{X} = \frac{\sum X_i}{n} = \frac{56.4}{7} = 8.06$$

$$\overline{Y} = \frac{\sum Y_i}{n} = \frac{231}{7} = 33$$

따라서 α와 β의 추정치는

$$\hat{\beta} = \frac{S_{(xy)}}{S_{(xx)}} = \frac{42.7}{9.18} = 4.65$$

$$\hat{\alpha} = \overline{Y} - \hat{\beta}\overline{X}$$

$$= 33\text{-}(4.65)(8.06) = \text{-}4.48$$

이 되고, 회귀직선의 식은 다음과 같이 된다.

$$\hat{Y} = -4.48 + 4.65X$$

2) 상관분석

(1) 회귀의 표준편차

단순회귀모형 $Y_i = \alpha + \beta X_i + \epsilon_i$ $(i = 1, 2, .., n)$에서 Y_i와 $E(Y_i) = \alpha + \beta X_i$의 추정량 $\widehat{Y_i} = \hat{\alpha} + \hat{\beta} X_i$의 차를 잔차(residual)라고 하며 $\varepsilon_i = Y_i - \widehat{Y_i}$으로 나타낸다. 이때, 오차항의 분산 σ^2이 작을수록 잔차는 0에 가까우며, σ^2이 클수록 큰값으로 나타나므로, 이들 제곱합은 σ^2에 대한 정보를 준다.

따라서 이들 제곱합을 잔차제곱합(residual sum of squares) 또는 잔차변동이라 하고,

$$SSE = \sum_{i=1}^{n}(Y_i - \widehat{Y_i})^2$$

의 공식으로 나타내며, 이를 이용하여 σ^2을 추정하면 불편추정량을 얻을 수 있다. 즉, 단순회귀모형 $Y_i = \alpha + \beta X_{i+}\varepsilon_i,\quad \varepsilon_i - N(0, \sigma^2)\quad (i = 1,\ \cdots\cdots\ n)$에서

$$MSE = \frac{SSE}{(n-2)}$$

$$= \frac{\sum_{i=1}^{n}(Y_i - \hat{\alpha} - \hat{\beta}X_i)^2}{(n-2)}$$

를 잔차제곱평균(residual mean squares)이라 하고, σ^2의 불편추정량이 된다.

잔차 제곱합을 계산할 때에는, $SSE = SST - SSR$ 을 이용하여

$$SSE = S_{(yy)} - \frac{(S_{(xy)})^2}{S_{(xx)}}$$

을 적용하면 편리하다.

예제 10-5

[예제 10-4]의 자료를 이용하여, 단순회귀모형이 X와 Y간의 관계를 설명하는데 적절하다고 판단될 때, 오차항의 분산 σ^2의 추정값을 구하라.

풀이

$$S_{(xx)} = \sum_{i=1}^{n}(X_i - \overline{X})^2 = \sum X_i^{\,2} - \frac{(\sum X_i)^2}{n}$$

$$= 463.6 - \frac{(56.4)^2}{7} = 9.18$$

$$S_{(xy)} = \sum_{i=1}^{n}(X_i - \overline{X})(Y_i - \overline{Y}) = \sum X_i\ Y_i - \frac{(\sum X_i)(\sum Y_i)}{n}$$

$$= 1{,}903.9 - \frac{(56.4)(231)}{7}$$
$$= 42.7$$

$$S_{(yy)} = \sum_{i=1}^{n}(Y_i - \overline{Y})^2 = \sum Y_i^2 - \frac{(\sum Y_i)^2}{}$$

$$= 7845 - \frac{(231)^2}{7} = 222$$

$$SSE = S_{(yy)} - \frac{(S_{(xy)})^2}{S_{(xx)}}$$

$$= 222 - \frac{(42.7)^2}{9.18}$$
$$= 23.38$$

그러므로 σ^2의 불편추정치는 다음과 같다.

$$\widehat{\sigma^2} = MSE = \frac{SSE}{n-2}$$

$$= \frac{23.38}{5} = 4.676$$

(2) 상관분석

상관분석(correlation analysis)은 둘 또는 그 이상의 변수 사이의 상관 정도를 측정하는 수단이다. 즉, 회귀직선이 변수들 사이의 관계를 얼마나 잘 설명하는가를 말해준다. 회귀분석과는 달리 상관분석에서는 어느 한 변수가 다른 변수(들)에 의존되어 있지 않고, 모든 변수가 동등한 것으로 보고 있다. 이와 같은 변수들의 밀접성을 측정하는 측정치로서는 상관계수(coefficient of correlation)와 결정계수(coefficient of determination)가 있다.

상관계수 r은 -1부터 +1까지의 값을 가진다. 즉, X는 증가하는데 Y가 감소하면 부(-)의 값을 가지며, X가 증가함에 따라 Y도 증가하면 정(+)의 값을 가진다. 따라서 상관계수는 r값에 따라서 결정되는데 $r = -1$이면 완전한 부의 상관관계, $r=1$이면 완전한 정의 상관관계, $r=0$이면 무상관관계, $r>0$이면 정의 상관관계, $r<0$이면 부의 상관관계를 각기 나타낸다. 여기서 완전 정의 상관관계는 X가 증가함에 따라 Y도 45도의 각도로 증가하는 것을 말하며, 완전 부의 상관관계는 X가 증가함에 따라 Y도 45도의 각도로 감가하는 것을 말한다. 이러한 관계를 그림으로 나타내면 다음과 같다.

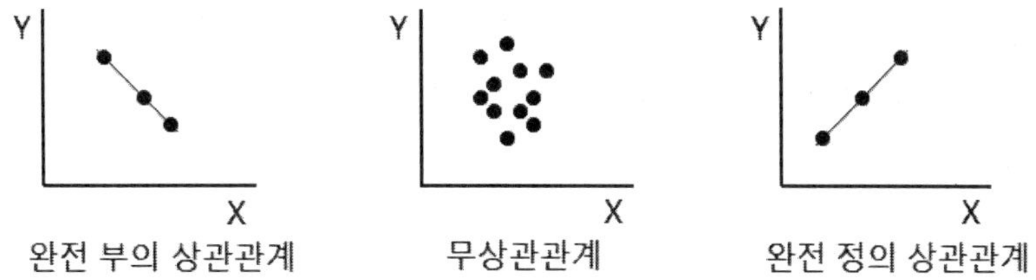

〈그림 10-3〉 상관관계 비교

<그림 10-4>는 상관계수의 값에 따른 관계의 정도를 예시한 것이다. 만약, 상관관계가 전혀 없으면 X의 값이 주어질 때 Y의 최상의 추정치는 Y의 평균, 즉 $\overline{Y}$가 되며, X와 Y가 완전 상관관계라면 모든 변수가 회귀직선 상에 있다고 할 수 있다.

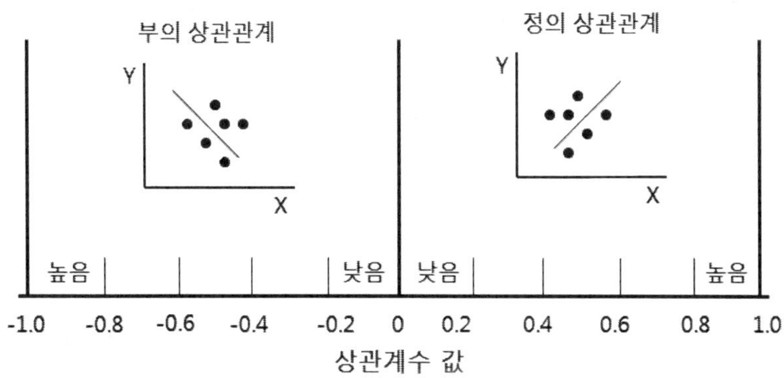

〈그림 10-4〉 상관계수와 상관관계

이와 같이 회귀직선은 X가 어떤 특정 값을 가질 때 $\overline{Y}$ 외에 어떤 다른 값을 기대하게 되는 이유를 합리화하거나 설명하고 있다. 그러므로 Y와 $\overline{Y}$ 사이의 총변동(total variation)은 회귀직선을 중심으로 설명변동(explained variation)과 불설명변동(unexplained variation)으로 구분된다.

결정계수(coefficient of determination) r^2는 이와 같은 총변동에 대한 설명변동의 비율을 말한다.

$$r^2 = \frac{\Sigma(\hat{Y} - \overline{Y})^2}{\Sigma(Y - \overline{Y})^2}$$

또한, SSR과 SST의 비율을 통하여 나타내면, 다음과 같다.

$$r^2 = \frac{SSR}{SST}$$

r^2의 범위는 $0 \leq r^2 \leq 1$로서, 만약 모든 측정치들이 회귀직선상에 위치한다면, $SSE=0$이고, $SSR=SST$가 되어 $r^2=1$이 된다. 이와 반대로, X와 Y 사이에 회귀관계가 전혀 없다고 추정된 회귀직선의 기울기 $\hat{\beta}$가 0이면 $\hat{Y}_i=\overline{Y}$가 성립되며, 이 경우에는 $SSR=0$으로서 r^2의 값은 0이 된다.

따라서 X와 Y 사이의 상관관계가 클수록 r^2의 값은 1에 가까워지며, r^2의 값이 0에 가까우면 추정된 회귀직선은 쓸모가 없고, r^2의 값이 클수록 쓸모있는 회귀직선이 된다. 결정계수는 총변동을 설명하는데 있어서 회귀직선에 의하여 설명되는 변동이 기여하는 비율을 의미하므로, 이 결정계수를 '회귀직선의 기여율'이라고도 부른다.

<그림 10-5>는 r의 다양한 특성에 따라 나타날 수 있는 경우를 예시한 것이다. 상관계수 r은 결정계수 r^2보다 해석상에 어려움이 따른다. 그리고 $r=0.9$의 의미가 무엇인가를 알기 위해서는 $r=0.9$가 $r^2=0.81$과 동일하다는 것을 상기하여야 한다. 후자는 회귀직선에 의하여 Y에 대한 변동의 81%를 설명할 수 있음을 알려주는 것이다. r은 r^2의 제곱근이지만 r^2만으로는 그 의미를 직접적으로 해석할 수는 없다.

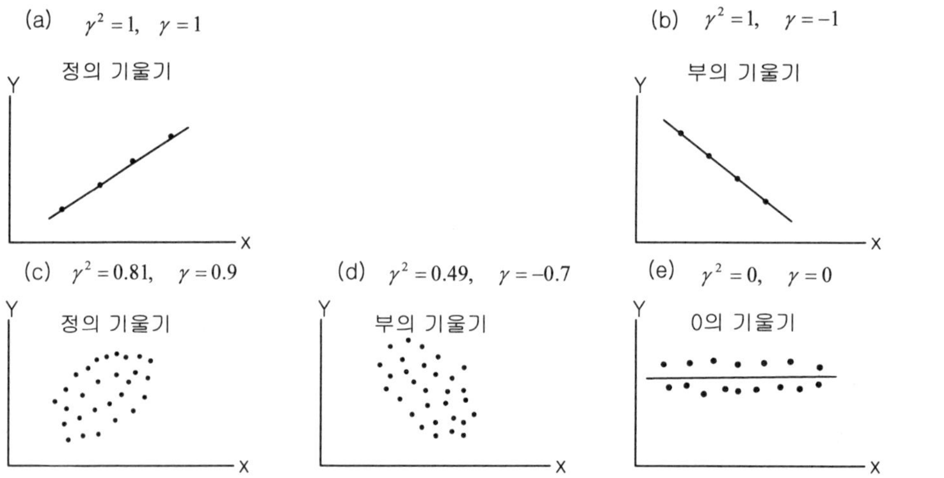

〈그림 10-5〉 r의 특성에 따른 상관계수의 예

총비율로서의 설명변동은 전체에서 불설명변동을 뺀 것과 같으므로 상관계수는 때때로 한층 편리하게 다음과 같은 형태로 표시되기도 한다.

$$r = \sqrt{1-\frac{\text{불설명변동}}{\text{총변동}}} = \sqrt{1-\frac{\sum(Y-\hat{Y})^2}{\sum(Y-\overline{Y})^2}}$$

그리고 결정계수의 제곱근이 곧 상관계수 r이다.

$$r = \sqrt{\frac{\sum(\hat{Y}-\overline{Y})^2}{\sum(Y-\overline{Y})^2}}$$

단순회귀에서는 결정계수 r^2은 상관계수 r의 제곱과 같다.

$$r^2 = \frac{SSR}{SST} = \frac{SSR}{S_{(yy)}} = \frac{\frac{[S_{(xy)}]^2}{S_{(xx)}}}{S_{(yy)}} = [\frac{S_{(xy)}}{\sqrt{S_{(xx)}S_{(yy)}}}]^2$$

그리고

$$r = \pm\sqrt{r^2}$$

에 의하여 얻어지는데, 이 때 측정된 회귀직선의 기울기 β가 양(+)이면 $r=\sqrt{r^2}$으로 양의 상관계수를 갖고, β가 음(-)이면 $r=-\sqrt{r^2}$으로 음의 상관계수를 갖는다.

예제 10-6

다음은 농촌지도소에서 토질의 비옥도와 쌀 수확량과의 관계를 나타낸 것이다.

비옥도(X)	0.3	0.6	0.9	1.2	1.5	1.8	2.1	2.4
수확량(Y)	10	15	30	35	25	30	50	45

1) 회귀직선의 식을 구하라.

2) 결정계수와 상관계수를 구하라.

풀이 1) 회귀직선의 식

$$\overline{X} = \frac{\sum X_i}{n} = \frac{10.8}{8} = 1.35$$

$$\overline{Y} = \frac{\sum Y_i}{n} = \frac{240}{8} = 30$$

$$S_{(xx)} = \sum X_i^2 - \frac{(\sum X_i)^2}{n}$$

$$= 18.36 - \frac{(10.8)^2}{8} = 3.78$$

$$S_{(xy)} = \sum X_i Y_i - \frac{(\sum X_i)(\sum Y_i)}{n}$$

$$= 385.5 - \frac{(10.8)(240)}{8} = 61.5$$

$$\hat{\beta} = \frac{S_{(xy)}}{S_{(xx)}} = \frac{61.5}{3.78} = 16.27$$

$$\hat{\alpha} = \overline{Y} - \hat{\beta}\overline{X} = 30 - (16.27)(1.35) = 8.04$$

그러므로 회귀직선의 식은 다음과 같다.

$$\hat{Y} = 8.04 + 16.27X$$

X	Y	XY	X^2	Y^2
0.3	10	3.0	0.09	100
0.6	15	9.0	0.36	225
0.9	30	27.0	0.81	900
1.2	35	42.0	1.44	1,225
1.5	25	37.5	2.25	625
1.8	30	54.0	3.24	900
2.1	50	105.0	4.41	2,500
2.4	45	108.0	5.76	2,025
10.8	240	385.5	18.36	8,500

2) 결정계수와 상관계수

$$SST = \sum Y_i^2 - \frac{(\sum Y_i)^2}{n} = 8{,}500 - \frac{240^2}{8} = 1{,}300$$

$$SSR = \frac{[S_{(xy)}]^2}{S_{(xx)}} = \frac{(61.5)^2}{3.78} = 1{,}000.6$$

결정계수 : $r^2 = \frac{SSR}{SST} = \frac{1{,}000.6}{1{,}300} = 0.77$

상관계수 : $r = \sqrt{r^2} = \sqrt{0.77} = 0.87$

기업사례

기상 변화에 따른 판매전략

1. 서언

날씨 정보는 이제 우리 삶의 중심에 들어와 있다. 날씨가 제품을 만들고, 가격을 결정하고, 마케팅을 하는 시대가 되었다. 이와 같이 날씨 정보는 제품 생산이나 판매, 홍보에 이르기까지 아주 중요한 경영의 요소가 되었다.

유통업체 가운데 편의점이 날씨정보 활용에 가장 적극적이다. CU는 각 편의점 단말기에 날씨정보와 함께 권장 주문량 정보를 제공하고 있다. 날씨정보, 과거 매출, 재고량을 토대로 제품이 얼마 팔릴지를 예측한 자료이다.

의류회사들은 분기, 연간 단위로 기상예측정보를 활용한다. 통상 6개월 전에는 생산계획을 확정지어야 하기 때문이다. 아웃도어 의류업체인 블랙야크는 '제품 수요 예측 솔루션'을 개발하여 2012년 봄·여름 시즌 기획 때부터 활용하고 있다. 기온 변동이 평년보다 심할 것이라는 날씨정보를 바탕으로 재킷 주문량을 늘렸고, 실제 지난 봄 재킷 매출은 전년 대비 60% 늘었다. 이렇게 날씨정보를 활용하여 전년 대비 323억 원 정도 매출증가의 효과를 본 것으로 자체 평가하고 있다.

이제는 기상이변 대응을 경영의 한 축으로 인식하여야 한다. 심화되고 있는 기상이변을 새로운 사업 기회로 활용하는 지혜가 필요하다. 삼성경제연구소의 한 수석연구원은 기상산업을 부상하는 새로운 수익산업으로 분류한다. 기상산업이 미래의 새로운 수익산업이라고 하는 것은, 2007년 300억 원대의 시장이 2011년에는 2,219억 원으로 거의 7배 이상 증가하였기 때문이다.

2. 날씨와 계절을 활용한 사례

1) 제일모직 사례

2010년 겨울, 기록적인 한파가 장기간 이어졌다. 이때, 제일모직은 민간기상정보회사의 장기예보를 적극 활용하여 매출을 크게 올렸다. 그리고 2011년 기후대책 TF팀을 마련하여 민간기상정보회사와 계약을 맺고, 지난 5년간 주요 아이템의 일별 매출과 기온, 강수량, 날씨 등과의 연관성을 분석하였다.

이것을 바탕으로 2010년 8월부터 2010년 겨울 상품과 2011년 봄 상품의 기획에 착수하였는데, 당시 1~2월에 3~4회 정도의 한파가 있을 것을 예상하고, 이것을 토대로 외투, 점퍼 등의 생산을 늘릴 준비를 하였다. 특히, 한파에 대비하여 축열, 발열 기능을 가진 특수 소재개발에도 착수하였다.

다운, 패딩점퍼와 외투 등을 각각 1만 장씩 추가하여 생산하였는데, 결과는 성공적이었다. 겨울 외투 매출은 전년 대비 65%, 간절기 아이템으로 내놓은 내피 탈부착 점퍼와 패딩코트는 매출이 94%나 늘었다.

2) 스포츠 브랜드 엘케이스포츠 사례

패션업체인 스포츠 브랜드 엘케이스포츠는 아쿠아 슈즈를 출시하여 레저라이프스타일 제품으로 내놓았다. 바캉스 시즌을 겨냥한 것이지만, 아열대 우기와 같은 이상기후로 인한 갑작스러운 장마에 많이 팔리고 있다. 물 빠짐 기능과 통풍성을 극대화시켜 기후변화에도 착용감이 뛰어난 것이 특징이다.

3) 콜라와 사이다의 25도 운명

대체적으로 탄산음료는 기온이 18도가 되는 때부터 팔리기 시작해서 25도가 넘으면 판매량이 급증한다. 콜라와 사이다의 운명은 바로 25도에서 결정된다. 콜라는 25도에서 1도 올라갈 때마다 약 15%의 매출이 증가하는 반면, 사이다는 이보다 적은 10% 정도의 비율로 증가한다. 참고로 캔커피의 경우, 콜라와 비교하면, 25도에서 1도씩 오를 때마다 무려 18%의 판매량이 증가하고 기온이 30도 가까이 되면 판매량이 더욱 급증한다. 그렇다면 무더울수록 사람들은 탄산음료보다 캔커피를 더 좋아하는 것일까. 무더위에 찾게 되는 시원한 아이스크림과 탄산음료, 비오는 날이면 입맛 당기는 따뜻한 어묵국물과 컵라면, 각 제품 업체들은 날씨에 따라 달라지는 소비 심리를 반영하여 매출 전략을 계획한다.

4) 편의점 사례

세계적인 편의점 체인 세븐일레븐은 1927년 미국 텍사스주 댈러스시의 얼음 제조회사에서 출발하였다. 수박에 얼음을 넣어 팔기 시작하여 큰 인기를 끈 이후, 얼음을 이용한 신선식품으로 확대하여 판매를 이어갔다.

당시 상점들의 영업시간이 오전 9시부터 오후 6시였는데, 이 회사는 사람들의 편의를 위해 오전 7시부터 저녁 11시까지 영업을 연장하면서, 1945년 '세븐일레븐'이라는 이름을 사용하기 시작하였다. 세븐일레븐은 1990년 후반부터 민간기상업자를 통해 날씨정보를 구입하고 활용하였으며, POS시스템(point of sales system; 판매시점 정보관리시스템)이 본격화된 2001년까지 10년간의 날씨정보와 날씨경영의 노하우를 마케팅에 활용하였다.

편의점은 날씨변화에 따라 상품의 진열 순서도 바꾼다. 움직임이 없어 보이는 작은 편의점 안에서 많은 변화들이 일어나는 것이다. 예를 들면, 비 예보의 경우 비가 온다는 자체보다 비가 오는 시간과 비의 양이 더욱 중요하다. 오전에 비가 오면 우산을 집에서 가져오는 사람들이 많은 반면, 오후에 비가 오면 가까운 편의점에서 우산을 급하게 구매하는 사람들이 많아지기 때문에 비가 내릴 것으로 예상되는 시간대에 맞춘 우산의 재고 확보나 진열이 매우 중요하다.

만약, 여름철 12시부터 오후 4시 사이에 날씨가 맑다가 비가 온다는 날씨정보가 전달되면, 도시락, 김밥, 아이스크림, 음료 등의 발주량을 10~15% 정도 줄여서 재고량과 폐기 물량을 줄인다. 왜냐하면 비 때문에 실내에서 식사를 해결하는 사람들이 늘어나기 때문이다.

겨울철에 더 추워질 것으로 예상되면, 온장고에 캔커피 등을 많이 넣어두고, 고기가 들어간 샌드위치를 준비한다. 집중호우의 성격이 크면, 큰 장우산이 인기를 끈다. 접이식 우산의 매출이 약 5배 증가하였지만, 장우산은 무려 7배가 증가하였다.

이제, 세븐일레븐의 날씨를 활용한 경영 노하우는 세계적인 기업으로 성장하게 된 원동력이라고 말한다.

5) 유통업계

유통업계에서는 소비자의 구매 심리와 가장 연관이 많은 제품 고유의 임계온도를 참고자료로 활용하고 있다. 일 최고기온이 18도가 되면 청량감을 주는 유리그릇이 팔리기 시작하고, 19도가 되면 반소매 셔츠의 판매량이 늘어난다. 에어콘은 20도가 되면 판매가 시작되고, 24도가 되면 수영복이 성수기를 누린다.

냉국수와 아이스크림, 주스, 보리차는 25도가 되면 잘 팔리기 시작한다. 더울수록 아이스크림이 잘 팔리는 것은 아니다. 25~30도까지는 기온이 높아짐에 따라 판매량이 증가하지만, 30도를 넘어서면 소비자들은 지방이 많은 아이스크림보다는 수분이 많은 빙수나 샤벳을 찾게 되기 때문이다.

26도가 되면 벌레가 많아지므로 살충제가, 27도가 되면 수박이, 28~29도에는 한여름 더위 때문에 양신이 잘 팔리는 것으로 파악되고 있다.

김명호. (2014). 『기업사례경영학』 개정2판. 도서출판 두남.

연습문제

10-1 수요예측의 정확성을 향상시키는 방안을 설명하라.

10-2 수요예측을 기간별로 분류하여 설명하라.

10-3 제품수명주기에 따라 적절한 수요예측의 결정사항과 방법에는 어떤 것이 있는지 설명하라.

10-4 시계열분석 기법의 특성을 설명하라.

10-5 다음 S기업의 2012년의 12개월 판매량을 나타낸 것이다. 다음 자료를 토대로 하여 3개월 단순이동평균법과 5개월 단순이동평균법에 의하여 예측하라.

1월	2월	3월	4월	5월	6월
850	810	830	860	870	880
7월	8월	9월	10월	11월	12월
810	905	880	900	910	890

10-6 다음 S기업의 자료를 이용하여, 10월의 5개월 가중이동평균값을 구하라.

1월	2월	3월	4월	5월	6월
850	810	830	860	870	880
7월	8월	9월	10월	11월	12월
810	905	880	900	910	890

10-7 P사의 분기별 수요가 다음과 같을 때, 5월 1/4분기의 수요를 단순지수평활법으로 예측하라. 단, 평활상수는 $\alpha = 0.1$이며, 3월 1/4분기 직전의 단순지수평활에 의한 예측량은 F(t–1) = 660으로 한다.

분기	3월 1/4	2/4	3/4	4/4	4월 1/4	2/4	3/4	4/4	5월 1/4
수요	650	670	640	680	690	700	710	690	710

10-8 농림부에서 곡식 수확량과 성장하는 기간 동안의 평균온도 사이의 관계를 조사하려 한다. 1년에 걸친 측정치가 다음과 같을 때, 최소제곱법을 이용하여 회귀직선을 구하라.

평균 온도(℃)	19	23	25	24	26	21
수 확 량	66	74	76	78	72	75

10-9 Y연구소는 신생아의 성장상태를 연구하기 위하여 생후 3개월이 경과한 7명의 신생아 체중을 측정하였다. 1년 후에 신생아들의 체중을 측정한 결과, 다음과 같은 자료를 얻었다. 최소자승법을 이용하여 회귀직선의 식을 구하라.

실험번호	초기체중(X)	성장 체중(Y)
1	6	15
2	6	16
3	5	14
4	6	16
5	7	18
6	8	20
7	7	19

10-10 [10-9]의 자료를 이용하여, 단순회귀모형이 X와 Y간의 관계를 설명하는데 적절하다고 판단될 때, 오차항의 분산 σ^2의 추정값을 구하라.

10-11 다음은 농촌지도소에서 토질의 비옥도와 쌀 수확량과의 관계를 나타낸 것이다.

비옥도(X)	0.4	0.7	0.8	1.2	1.5	1.8	2.2	2.1
수확량(Y)	13	16	25	35	32	30	46	42

1) 회귀직선의 식을 구하라.

2) 결정계수와 상관계수를 구하라.

10-12 K씨는 P지역 교통량의 자료를 이용하여 야영지에 대한 수요를 예측하고자 한다. 휴가철 중에 임의로 32주를 조사하여 다음과 같은 방정식을 얻었다.

$\hat{Y} = 18 + 0.02X$

여기서, X는 P지역을 지나는 자동차의 수이며, Y는 야영지의 수이다. 그리고 설명 안 되는 변동은 $\sum(Y - \hat{Y})^2 = 1{,}470$이며, 총변동은 $\sum(Y - \overline{Y})^2 = 4{,}080$이다.

1) 결정계수는 얼마인가?

2) 상관계수는 얼마인가?

Chapter 11

총괄생산계획

제1절 생산계획의 개념

1. 생산계획의 목적

생산계획(production planning)은 고객의 요구 및 생산활동에서 발생하는 여러 정보를 활용하여, 품질이 좋은 제품을 빠르고 쉽게 생산할 수 있도록 하기 위한 계획을 세우는 것이다.

생산계획에서는 생산활동의 효율화를 지원하기 위한 정확한 계획정보, 자재(반제품이나 부품)의 제조지시, 조달지시 등의 정보를 제공한다.

2. 생산계획의 정의

생산계획은 '고객의 요구를 만족시키기 위한 제품(가치)을, 계약한 원가로, 약속한 수량만큼, 약속한 납기까지, 고객에게 제공할 수 있도록, 조달 및 제조를 계획하고, 예상된 재고나 직원의 작업량을 가시화하는 것'이다.

그러므로 생산계획에는 자재명세서(BOM; bill of material)에 필요한 부품이나 반제품 등을 제품의 조립시점에서 필요한 때에, 필요한 양 만큼 준비해두기 위해 자재(반제품이나 부품, 재료)를 미리 조달 또는 제조하여 구입해 둘 것인가의 계획이 필요하다. 또, 제품을 생산계획에서 결정한 수량, 납기까지의 조달 또는 제조하기 위해 생산에 필요한 간접적인 자재인 지그(jig)나 공구, 직원 등을, 조립에 필요한 시기에 필요한 만큼 확보하기 위한 계획이 필요하다.

생산계획에는 협의의 생산계획과 광의의 생산계획이 있다.

① **협의의 생산계획** : 고객의 주문에 대응하고 기존 시설의 공장이나 생산라인, 사내 직원, 보유설비, 거래처 외주 등을 전제로 하여 단기적인 생산계획을 세운다.

② **광의의 생산계획** : 중장기적인 사업계획을 토대로 사업별 제품의 중장기적인 생산계획, 조달계획, 재고계획, 직원계획, 설비계획 등을 설계한다. 또, 이 계획을 기초로 신규공장이나 라인설치를 포함하여 생산설비의 도입, 직원의 채용·육성, 외주계획 등을 세운다.

1) 생산계획의 기본개념

생산계획에서는 우선 처음으로 중장기적인 수요를 예측하고, 수요예측과 주문 정보를 토대로 특정 완성품을, 언제까지, 얼마나 만들까? 라는 생산계획의 큰 틀을 명확히 하고, 대(大)일정계획을 세운다. 이 계획이 모든 생산활동 프로세스의 기초가 된다.

그 다음에 생산계획을 대(大)일정에서 중(中)일정, 소(小)일정 등으로, 상세화·구체화하고, 작업현장에 대한 지시까지 포함시킨다. 중일정계획, 소일정계획으로 진행시킴에 따라 현장의 확정된 정보, 현시점의 보유재고량, 설비 및 직원의 작업량 현황을 반영하여, 계획의 실현성과 정밀도를 높인다.

2) 생산설계의 기본요건

생산계획은 경영계획에 포함되는 이익계획과 판매계획의 영향을 받는다. 이 상부계획에 맞추어 조달계획, 재고계획, 설비계획, 직원계획을 입안하고, 생산계획을 책정한다. 생산계획을 세운 후의 기본은 다음과 같다.

- 상부계획에 변경이 생기더라도 신속하게 대응할 수 있는 유연성을 갖게 한다,
- 실시단계에서 계획과의 차이가 발생하더라도 생산계획자체를 변경하지 않아도 되는 탄력성을 갖게 한다,

제2절 총괄생산계획의 개념과 전략

1. 총괄생산계획의 의미

총괄생산계획(aggregate production planning)은 전체 계획기간 중의 특정한 단위기간에 대한 수요예측량이 주어졌을 때, 전체 계획기간에 관련된 생산비용을 최소로 하는 특정 단위기간의 생산율, 재고수준, 고용수준 등을 결정하는 것이다. 즉, 생산율, 재

고수준, 고용수준, 잔업 및 하청 등과 같은 기업의 관리가능한 변수들을 통제함으로써 미래의 일정기간(3개월에서 1년)에 걸쳐 생산량과 시기를 계획 조정하는 과정이다.

그러므로 총괄생산계획을 생산수량계획이라고도 부르며, 중기계획으로서 총괄생산계획은 장기계획과 단기계획의 가교역할을 하는 생산계획의 핵심이 된다.

그리고 총괄생산계획은 일정계획에 선행하여 이루어지는 계획이므로, 재고나 미납품량을 증감시키는 생산율을 결정하여 안정된 생산율을 유지하는데 그 목적이 있다. 그러므로 총괄생산계획은 시설계획과 일정계획 사이를 연결하는 중요한 역할을 담당하며, 시설계획은 총괄생산계획을 초과하는 생산능력을 결정하므로, 총괄생산계획의 수립에 제약을 주게 된다.

일정계획(scheduling)은 불과 2-3개월의 단기간에 관여하며, 총괄생산계획의 결정에 의하여 제약을 받는다. 또한, 일정계획은 특정 직무나 작업에 이용 가능한 자원을 할당하는 것으로, 총괄생산계획이 자원의 획득을 다루는 자원계획과는 차이가 있다. 그러므로 총괄생산계획과 일정계획은 근본적으로 구별되어져야 한다.

2. 총괄생산계획의 개념

다음 그림은 기업의 생산계획 흐름을 간단하게 나타낸 것이다. 먼저 수요예측이나 주문에 의하여 생산수량계획인 총괄생산계획을 세운다. 그리고 이를 기초로 세부적인 일정계획을 세우게 된다. 일정계획에는 자재소요계획(MRP)과 능력소요계획(CRP)이 중심이 되며, MRP와 CRP를 통하여 기업의 생산능력이 예정생산량을 초과할 경우에는 현장관리시스템을 가동하여 생산을 하게 된다.

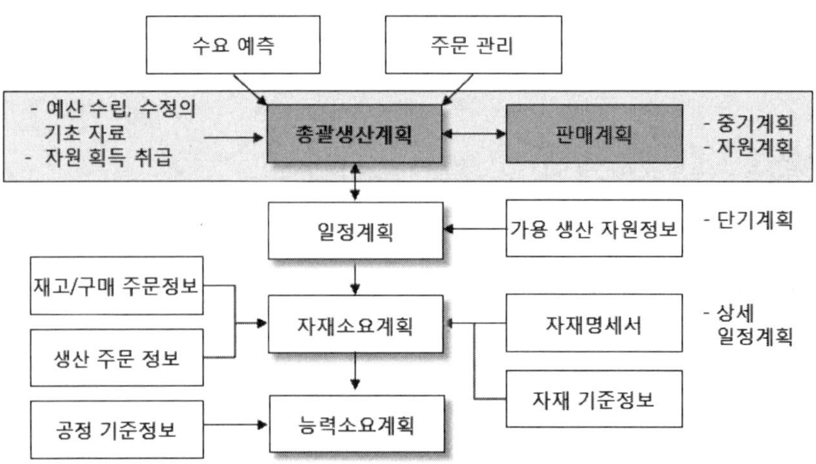

〈그림 11-1〉 총괄생산계획의 흐름

그러나 기업의 생산능력이 예정생산량을 밑돌 경우에는 공급자관리시스템에 의하여 협력기업에 구매주문을 하게 된다.

이러한 생산계획은 계획기간이 길이에 따라 장기계획(1년 이상), 중기계획(1년 정도), 단기계획(1년 미만)으로 구분된다.

총괄생산계획은 기업의 다른 분야의 결정문제와도 밀접한 관련을 갖는다. 예컨대, 대부분의 예산은 총괄생산계획, 인력수준, 재고수준 및 구매수준 등을 근거로 하여 짜여진다. 그러므로 총괄생산계획은 예산의 수립과 수정의 기초자료가 된다.

그리고 판매계획은 장래의 제품과 서비스의 공급에 의하여 결정되므로 총괄생산계획과 밀접한 관계를 가져야 한다. 더구나 총괄생산계획에서 수요와 공급 양쪽의 변수를 모두 사용할 때는 판매계획과 생산계획의 협조가 크게 요구된다.

서비스업에서도 서비스를 제공할 수 있는 가용시간에 따라 일별, 주간별, 월별 서비스인력과 고객의 서비스 일정을 작성한다. 그리고 예약시스템을 운영할 때에는 고객의 예약에 따라 서비스 일정표를 작성하고, 고객의 도착순서에 따라 서비스를 할 때에는 해당 날짜에 먼저 도착한 고객의 순서에 따라 서비스를 제공한다.

3. 총괄생산계획 전략의 환경과 대안

기업이 총괄생산계획을 세우는 전략적 환경에는 기업 외적요인과 기업 내적요인이 있다.

기업 내적요인은 관리자가 통제 가능한 변수들로 생산능력, 생산율, 고용수준, 재고수준 등이 있다. 그리고 기업 외적요인은 가격, 시장의 수요, 원자재의 획득, 경쟁자의 전략 등 관리자가 직접 통제하기 불가능한 변수들이다.

어떤 기업에서는 가격차별화나 광고, 판매촉진 등에 의하여 제품의 수요량을 조절하려고 하지만, 대부분의 관리자들은 마케팅 부문에서 예측된 수요량이나 주문량에 의하여 생산계획을 세우게 된다.

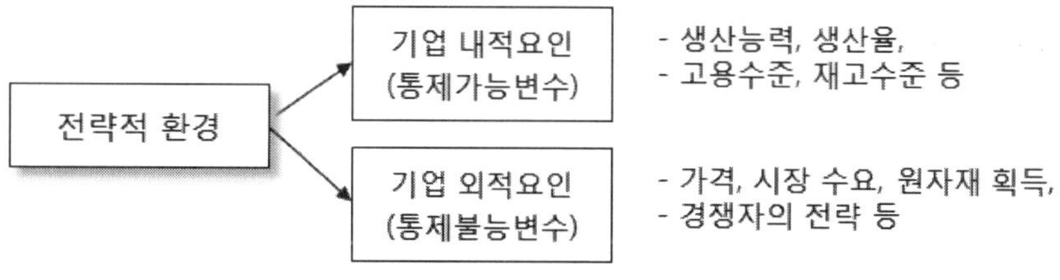

〈그림 11-2〉 총괄생산계획의 환경

그리고 총괄생산계획의 대안으로는 수요조절변수와 공급조절변수가 있다.

1) 수요조절변수

수요를 조정하는 전략대안은 다음과 같으며, 이들은 수요를 통제할 수 있는 변수들이다.

① **가격차별화** : 성수기에는 수요를 줄이고, 비수기에는 수요를 늘리는 방안으로 흔히 가격의 차별화전략을 이용할 수 있다.

② **광고 및 판매촉진** : 광고는 비수기에 수요를 촉진하는 기능을, 성수기에는 비수기로 수요를 돌릴 수 있도록 시간을 조절하는 기능을 갖는다.

③ **보완상품 개발** : 특정 계절의 상품을 취급하는 기업은 그 반대의 계절에 수요를 갖는 제품을 개발하여 수요를 조절하려고 한다.

④ **생산능력 비축** : 생산능력 비축이란 생산능력을 비축하는 것으로, 이 기능을 통하여 수요를 조절할 수 있다.

⑤ **납기지연주문** : 납기지연주문이란 고객에게 그들의 주문품을 기다리도록 요청하는 것이다.

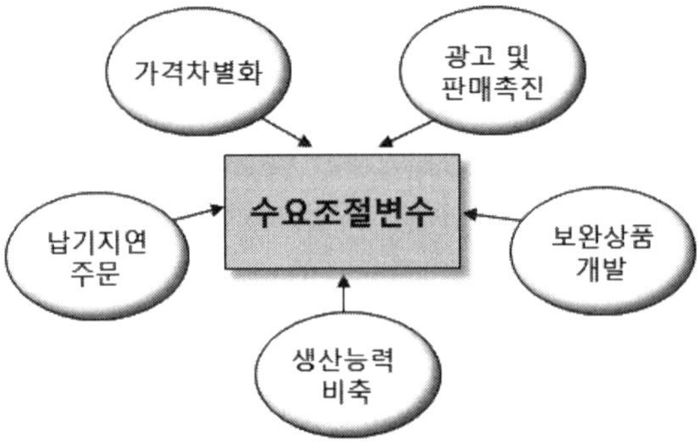

〈그림 11-3〉 총괄생산계획의 수요조절변수

2) 공급조절변수

총괄생산계획을 수립하기 위하여 공급을 조절할 수 있는 전략적 대안으로 다음과 같은 변수들이 있다.

① **재고수준 변화** : 생산율과 고용수준은 일정하게 유지하면서 수요의 증감에 대하여 재고수준으로 대응하는 전략이다. 즉, 재고는 수요와 공급 사이의 완충재로서의 역할을 한다.

② **고용수준 변화** : 수요의 변동에 따라 직원을 고용하거나 해고하여 생산율을 증감시키는 방법이다. 그러나 이 전략은 직원 개인에게 많은 어려움을 줄 수 있는 전략으로, 실제 사용하는 것은 문제가 있다. 단지 이 대안은 기업의 비용이나 이윤에 미치는 효과를 분석하는데 있다.

③ **초과근무 및 미달근무의 이용** : 수요가 증가할 경우, 이 변동이 일시적이라고 생각되면 초과근무가 이용될 수 있다. 그리고 미달근무는 예상했던 작업인력을 완전히 사용하지 않거나 작업일수를 줄이는 것을 말한다.

④ **시간제 또는 임시 직원의 활용** : 수요를 충족시키기 위하여 시간제 또는 임시직 직원을 채용할 수 있다.

⑤ **하청** : 단기적으로 생산능력이 수요량을 충당하지 못할 때, 다른 기업을 이용하여 수요의 증가분을 생산하는 방법으로, 하청업자는 완제품이나 부품의 일부를 제조하여 공급한다.

⑥ **협력체제 구축** : 외부의 다른 공급처를 이용하는 것으로, 하청과 유사하다.

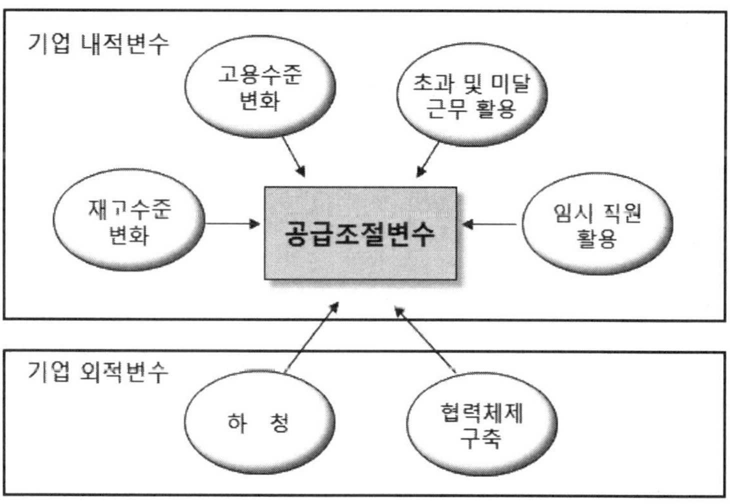

〈그림 11-4〉 총괄생산계획의 공급조절변수

4. 총괄생산계획 수립의 지침

총괄생산계획의 목적은 변동되는 수요에 효과적으로 대응하면서 저렴한 생산비용을 유지하는 생산활동을 계획하는데 있다. 그러므로 최고경영자는 이러한 목적을 달성할 수 있도록 기업의 차원에서 총괄생산계획 수립을 위한 지침을 제시하여야 한다.

1) 일관성 있는 기업 방침

총괄생산계획은 기업의 목표아래 일관성 있게 수립되어야 한다. 즉, 총괄생산계획을 수립할 때, 직원의 해고 등은 중요한 사항이므로 반드시 기업의 방침을 정하여 직원에게 제시되어야 한다. 그리고 기업의 이해관계자들의 이익을 모두 고려할 수 있도록 명문화된 기업의 방침을 제시하여야 한다.

2) 정확한 수요예측

수요에 대한 정확한 예측은 총괄생산계획의 기본 자료가 된다. 그러므로 기업은 수요의 변동을 정확히 예측할 수 있는 적절한 예측기법을 개발하고 적용하여야 한다. 그리고 계획기간동안 고용, 해고 등의 문제는 장기적인 차원에서 고려되어야 한다. 또한, 예측에 대한 통제와 타당성 검토는 기업의 신뢰성 확보를 위하여 꾸준히 지속되어야 한다.

3) 생산능력의 파악

설비 등 생산능력은 충분히 이용되지 못하는 경우가 많다. 그러므로 총괄생산계획은 개별단위의 시설능력보다 전체 생산능력에 근거를 두고 수립되어야 한다.

4) 안정된 고용수준

기업이 안정된 고용수준을 유지하는 것은 기업의 사회적 책임을 지키기 위한 목표이다. 그리고 직원은 기업의 이러한 정책이 확고할 때, 기업을 위하여 최선의 노력을 기울일 것이다.

5) 효과적인 재고관리

수요변동에 신축적으로 대응하기 위해서는 재고가 높은 유동성을 유지하여야 하며, 이 전략은 효과적인 재고관리를 통하여 가능하다. 그리고 재고관리는 효율적인 총괄생산계획을 위하여 필수적인 관리변수이다.

6) 즉각적, 탄력적 대응

기업 주위의 환경적인 변화는 예측하기 어려우며, 불가피하다. 그러므로 기업이 적응력을 기르는 것은 매우 중요하기 때문에, 총괄생산계획은 즉각적이고 탄력적인 반응을 나타낼 수 있도록 설계되어야 한다.

7) 수요변동의 조정 및 통제

수요변동에 대한 지나친 즉각적인 반응조치는 수요의 변동을 더욱 증폭시킬 수 있다. 즉, 생산 공장에서의 생산량은 실제 변동된 수요의 폭보다 작은 폭으로 변동되도록 관리되어야 한다.

그리고 관리자는 도매상과 소매상들에게 재고 및 생산정보를 통하여 도움을 주면서 중요한 변동을 적절히 조정하고 통제함으로써, 수요변동 사태의 발생을 방지하여야 한다.

8) 총괄생산계획의 통제

기업활동의 계획수준과 실질수준이 비교·분석되어 적절한 수정이 이루어질 수 있도록 총괄생산계획은 통제되어야 한다. 그리고 이러한 통제가 지속적으로 이루어질 수 있도록 기업은 잘 설계된 정보시스템의 뒷받침을 받아야 한다.

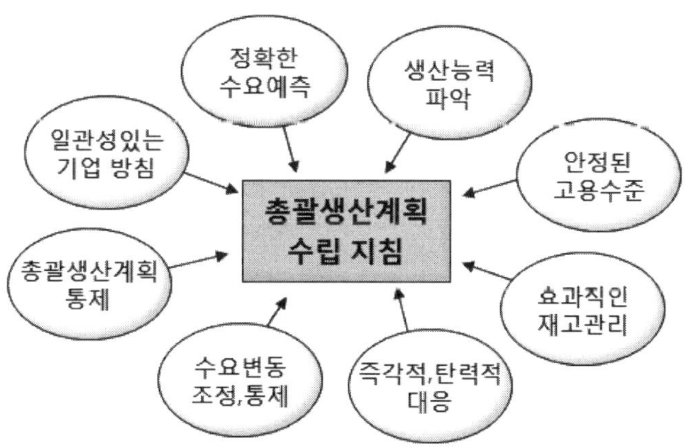

〈그림 11-5〉 총괄생산계획 수립의 지침

제3절 총괄생산계획의 기법

1. 도시적 기법

도시적 기법(graphic method)은 총생산비용을 최소로 하는 총괄생산계획의 대안을 찾는 방법으로, 생산할 제품의 품목수가 적고, 생산공정이 단순한 생산계획에 유리하다. 그리고 도시적 기법은 그래프를 이용하는 방법으로, 가장 기초적이고 상식적인 기법이므로, 전문적인 지식이 없더라도 사용할 수 있는 기법이다.

예제 11-1

다음 K기업의 수요예측량을 이용하여, 1일 수요량, 누적 생산일수, 누적 수요예측량을 표로 작성하고, 평균수요를 충족시키는데 필요한 생산량을 산출하여 히스토그램으로 나타내어라.

	1월	2월	3월	4월	5월	6월
수요예측량	900	816	850	860	900	920
생산일수	25	24	25	20	25	20
	7월	8월	9월	10월	11월	12월
수요예측량	950	862	682	726	768	630
생산일수	25	21	22	22	24	21

풀이 K기업의 수요예측량을 이용하여 1일 수요량, 누적 생산일수, 누적 수요예측량 등을 계산하여 나타내면 다음과 같다.

〈표 11-1〉 K〈기업의 월별 수요예측량

월	수요예측량	생산일수	수요량/일	누적 생산일수	누적 수요예측량
1	900	25	36	25	900
2	816	24	34	49	1,716
3	850	25	34	74	2,566
4	860	20	43	94	3,426
5	900	25	36	119	4,326
6	920	20	46	139	5,246

7	950	25	38	164	6,196
8	862	21	41	185	7,058
9	682	22	31	207	7,740
10	726	22	33	229	8,466
11	768	24	32	253	9,234
12	630	21	30	274	9,864
합계	9,864	274			

1일의 평균수요량은 해당 월의 수요예측량을 생산일수로 나눔으로써 얻을 수 있다. 그리고 히스토그램은 예측량이 평균수요량에서 얼마나 벗어나는가를 나타내기 때문에 총괄계획문제의 본질을 파악할 수 있다.

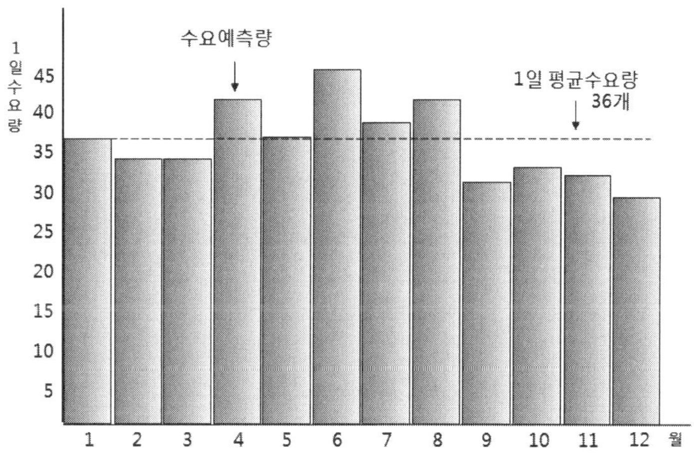

〈그림 11-6〉 월별 1일 평균수요량의 히스토그램

K기업의 수요예측량을 충족시키기 위하여 다음과 같은 전략이 사용될 수 있다.

[전략 1] : 고용수준 변화

직원의 고용과 해고에 의해서 노동력의 규모를 변동시키면서 생산량은 수요예측량을 정확히 따르는 전략이다.

[전략 2] : 재고수준 변화

수요량에 대한 재고를 조정하는 것으로, 이 경우의 생산량은 점선과 같이 안정된 평균수요량을 유지하는 전략이다.

[전략 3] : 하청전략

초과수요에 대하여 다른 기업에게 하청을 주어 안정된 생산량을 유지하도록 하는 전략이다.

예제 11-2

[예제 11-1]의 K기업은 1일 평균수요량 36개를 생산하여 수요가 감소하는 시기에는 재고를 축적시키고, 수요가 증가할 경우에는 방출함으로써 수요를 충족시킬 수 있다. 최종 재고균형을 결정하라.

풀이 수요예측량과 생산일수를 이용하여 1일 평균 36개 생산에 대한 재고수준을 계산한다.

〈표 11-2〉 1일 평균 36개 생산에 대한 재고수준

월	수요예측량 ①	생산일수 ②	생산량 ③	재고 변화④	최종 재고 균형⑤	398단위 중심의 최종균형⑥
1	900	25	900	0	0	398
2	816	24	864	48	48	446
3	850	25	900	50	98	496
4	860	20	720	-140	-42	356
5	900	25	900	0	-42	356
6	920	20	720	-200	-242	156
7	950	25	900	-50	-292	106
8	862	21	756	-106	-398	0
9	682	22	792	110	-288	110
10	726	22	792	66	-222	176
11	768	24	864	96	-126	272
12	630	21	756	126	0	398
합계	9,864	274	9,864			3,270

'생산량 ③'은 (생산일수 ②)X(평균수요량 36개)이며, 1월의 생산량은 900개(=25일X36개)가 된다. '재고변화 ④'는 (생산량 ③) - (수요예측량 ①)이며, 1월의 재고변화는 0(=900-900)이 된다.

수요의 형태는 8월말에 398개의 최대 재고부족을 나타낸다. 그러므로 수요를 충족시키기 위해서는 398개의 추가단위를 재고로 보유하고 있어야 한다. 그러므로 1월의 '398단위 중심의 최종균형 ⑥'은 0(=398 + '재고변화 ④')이 된다.

1) 순수전략의 비용계산

앞의 예제에서 재고수준은 3월말에 496개로 최대가 되지만, 8월에 0으로 떨어지므로 연속적인 재고관리가 필요하다. 이와 같이 필요한 재고수준을 알게 됨으로써 이에 대한 비용과 다른 전략의 비용을 계산하여 서로 비교할 수 있다. 그리고 그 가운데 비용이 최소인 전략을 최적 전략으로 선택한다.

예제 11-3

[예제 11-1]의 K기업은 [전략 1]의 '고용수준 변화'와 [전략 2]의 '재고수준 변화'의 전략 가운데 하나를 선택하고자 한다.

[전략 1]을 추진하기 위하여 고용수준을 변화시키는 전략은 500만원의 고용 및 해고비용이 든다. 그리고 [전략 2]의 재고수준 변화에 의한 전략을 수립하는데 드는 비용으로 연간 재고유지비용은 평균재고가치의 20%, 보관비용은 단위당 100원, 단위당 제품가격은 12,000원이 든다.

비용측면에서 고려할 때, K기업에는 어떤 전략이 유리한지 결정하라.

풀이

$$평균재고수준 = \frac{398 + 446 + 496 + \cdots + 398}{12} = 272.5개$$

[전략 1] : 고용수준 변화

고용 및 해고비용 = 500만원

[전략 2] : 재고수준 변화

$$\begin{aligned} 재고비용 &= 재고유지비용 + 보관비용 \\ &= 0.2 \times 272.5개 \times 12{,}000원 + 100원 \times 496개 \\ &= 654{,}000원 + 49{,}600원 \\ &= 703{,}600원 \end{aligned}$$

따라서 두 전략을 비용측면에서 고려하면, [전략 2]의 '재고수준 변화'가 최소비용이므로 유리한 전략이다.

2) 혼합전략의 비용계산

또 다른 전략으로 초과작업시간, 하청의 이용, 납기지연 전략 등을 이용하는 혼합전략이 있으며, 이 경우에도 각 전략의 비용이 비교되어야 한다. 그러나 최적해는 1개의 혼합전략의 형태로 나타나지만, 이론상으로 혼합전략의 수는 무수히 많을 수도 있다. 그러므로 현실성을 고려하여 몇 개의 전략으로 축소하고, 그 가운데 비용이 최소인 전략을 최적 전략으로 선택하여야 할 것이다.

예제 11-4

[예제 11-1]의 K기업은 혼합전략으로, 하루에 33개씩 계속 생산하고, 초과되는 수요량은 단위당 15,000원의 비용으로 하청을 맡기는 것이다. 누적된 재고는 20%의 재고유지비용으로 차기로 이월된다.
앞에서 살펴본 K기업의 순수전략에 비하여 비용측면에서 유리한지 혼합전략을 검토하라.

풀이 1일 생산량 33개가 수요보다 적은 기간은 9월, 11월, 12월의 3개월뿐이다. 이 기간의 월 단위당 재고비용은 다음과 같다.

월 단위당 재고비용 = (12,000원×0.2)/12개월 = 200원

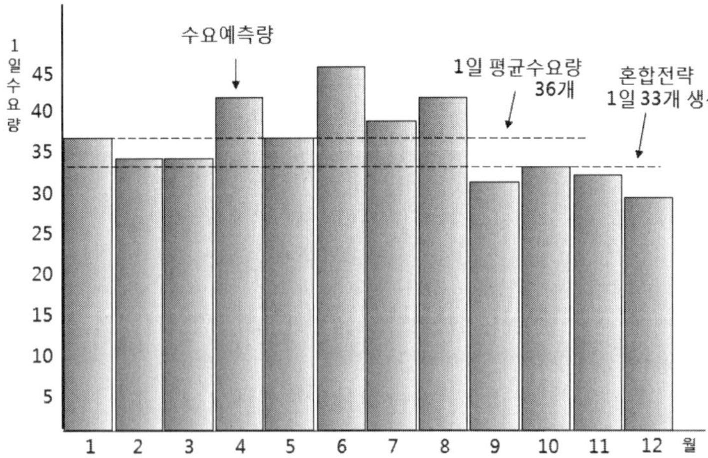

월 단위당 재고비용에 의하여 총재고비용을 계산하면 다음과 같다.
하청수량 = 수요 - 생산량(= 생산일수 × 1일 평균생산량)
= 9,864 - 274 × 33 = 822(개)

총하청비용 = 하청수량 × (하청비용 - 자사 생산비)
= 822 × (15,000 - 12,000) = 2,466,000(원)

월	수요량	생산일수	1일 33개의 생산량	재고 수준	재고 월수	재고비용
9월	682	22	726	44	3	26,400
11월	768	24	792	24	1	4,800
12월	630	21	693	63	0	0
합계						31,200

월간 재고비용은 재고수준에 월 단위당 재고비용과 재고월수를 곱하여 계산한다.
총비용 = 총재고비용 + 총하청비용
= 31,200원 + 2,466,000원 = 2,497,200원

따라서 1일 생산량을 33개 수준으로 유지하고, 재고와 하청으로 수요의 변동에 대응하는 혼합전략은 2,497,200원의 비용이 소요된다.
3개의 전략을 비교하면, 다음과 같다.

전략	전략 내용	비 용
전략 1	고용수준 변화	5,000,000원
전략 2	재고수준 변화	703,600원
전략 3	하청	2,497,200원

따라서 K기업의 총괄생산계획 전략으로 [전략 2]의 재고수준을 변화시키는 전략이 가장 유리하다.

2. 수리적 기법

수리적 기법에 의하여 총괄생산계획을 수립하는 것으로, 생산계획을 수립할 때 발생하는 비용요소들을 추출하여 일정한 형태의 수리적 모형을 만들고, 정해진 규칙에 따라 최소의 비용을 발생시키는 총괄생산계획을 찾아내는 기법이다.

수리적 기법에는 수송계획모형, 선형결정법칙(LDR; linear decision rule), 수정반응모델 등이 있으나 여기서는 수송계획모형을 살펴보기로 한다.

총괄생산계획 문제를 수요량을 충족시키기 위한 생산능력(공급량)의 할당문제로 본

다면, 이것은 수송계획모형으로 풀이할 수 있다. 즉, 공급량은 보유하고 있는 재고, 정규작업시간, 초과작업시간, 하청 등을 통하여 생산될 수 있는 양으로 구성된다. 그리고 수요량은 각 기간별 소요량과 기말보유량이 된다. 또한, 비용은 생산비와 재고유지비로 구성되며, 이들 비용의 합이 최소가 되는 생산계획을 수립하는 것이다.

예제 11-5

P기업은 일정한 고용수준을 가지고 모든 수요를 충족시키고자 한다. 공급량, 수요량, 비용, 재고에 대한 아래의 자료를 이용하여 최소의 비용으로 수요를 충족시킬 수 있는 생산계획을 제시하라. 단, 기초재고량은 50개, 기말재고량은 20개이다. 그리고 단위당 정규시간비용은 1,000원(인건비는 정규시간비용의 50%), 단위당 초과시간 비용은 1,250원, 단위당 하청비용은 1,300원, 단위당 재고보관비용은 20원이다.

기간	정규 생산량	잔업 생산량	하 청	수요 예측량
1분기	100	20	100개	200
2분기	120	15	100개	150
3분기	100	20	100개	170
4분기	110	20	100개	200

풀이 주어진 자료를 이용하여 최초의 선형계획행렬표를 작성한다. 선형계획행렬표의 각 항목별 작성요령을 설명하면 다음과 같다.

① 기초재고 : 기초재고량 50개를 2분기에 사용할 경우, 재고보관비용은 단위당 20원이 소요되고, 3분기에 사용할 경우 재고보관비용은 단위당 40원이 소요된다. 즉, 분기가 증가할 때마다 20원의 단위당 재고보관비용이 추가된다.

② 정규작업시간 : 제품이 생산된 분기에 사용된다면, 단위당 정규시간비용은 1,000원이지만, 재고로 남겨서 다음 분기로 이월되면 단위당 20원의 재고보관비용이 추가된다.

③ 미사용능력 : 기업이 활용할 수 있는 능력은 있지만, 재고수준을 고려하여 사용하지 않는 능력을 말한다. 특히, 정규작업의 미사용능력은 인건비만 발생하므로 500원이 된다.

④ 잔업(초과작업시간) : 제품이 생산된 분기에 사용되면 단위당 원가는 1,250원이지만, 그렇지 않으면 정규작업시간에서와 같이 단위당 20원의 재고보관비용이 들게 된다. 만약, 사용되지 않을 경우, 초과시간의 비용은 발생하지

않는다.

⑤ 하청 : 하청의 단위당비용은 1,300원의 비용이 발생하며, 기업이 필요한 경우에 필요한 수량만큼 하청계약이 이루어지므로 하청에 대한 재고비용은 발생하지 않는다.

⑥ 기말재고 : 기말재고량 20개는 4분기 말의 수요량 180개에 추가하여, 다음 분기에 이용될 수 있도록 한다.

〈 최초의 선형계획행렬표 〉

공급		수요: 1분기	2분기	3분기	4분기	미사용능력	이용가능 총능력
기초재고		0	20	40	60	60	50
1분기	정규	1,000	1,020	1,040	1,060	500	100
	잔업	1,250	1,270	1,290	1,310	0	20
	하청	1,300				0	100
2분기	정규		1,000	1,020	1,040	500	120
	잔업		1,250	1,270	1,290	0	15
	하청		1,300			0	100
3분기	정규			1,000	1,020	500	100
	잔업			1,250	1,270	0	20
	하청			1,300		0	100
4분기	정규				1,000	500	110
	잔업				1,250	0	20
	하청				1,300	0	100
총수요		200	150	170	200	235	955

최초 선형계획행렬표에서 풀이가 모든 가능한 정규작업시간을 이용할 수 있도록 결정된다면, 풀이 절차는 단순해지며 잔업이나 하청의 양도 최소비용기준으로 할당될 수 있다.

다음 표는 P기업에 대한 최종 선형계획행렬표로서 총괄생산계획의 결과를 나타낸 것이다.

〈 최종 선형계획행렬표 〉

공 급		수 요					이용가능 총능력
		1분기	2분기	3분기	4분기	미사용능력	
기초재고		0 50	20	40	60	60	50
1분기	정규	1,000 100	1,020	1,040	1,060	500	100
	잔업	1,250 20	1,270	1,290	1,310	0	20
	하청	1,300 30				0 70	100
2 분기	정규		1,000 120	1,020	1,040	500	120
	잔업		1,250 15	1,270	1,290	0	15
	하청		1,300 15			0 85	100
3 분기	정규			1,000 100	1,020	500	100
	잔업			1,250 20	1,270	0	20
	하청			1,300 50		0 50	100
4 분기	정규				1,000 110	500	110
	잔업				1,250 20	0	20
	하청				1,300 70	0 30	100
총 수 요		200	150	170	200	235	955

1분기의 총수요량은 200개이므로 이를 충족시키기 위하여 기초재고 50개, 정규작업 생산량 100개, 잔업 생산량 20개, 그리고 나머지 30개는 하청을 준다. 그러나 하청에서의 미사용능력 70개는 사용하지 않는다.

마찬가지로 2분기의 총수요량은 150개이므로 이를 충족시키기 위하여 정규작업 생산량 120개, 잔업 생산량 15개, 그리고 나머지 15개는 하청을 준다. 하청에서의 미사용능력 85개는 사용하지 않는다.

이렇게 4분기 동안의 총괄생산계획을 세움으로써, P기업은 738,250원의 비용이 소요된다.

예제 11-6

S기업은 새해를 맞아 1/4분기에 다음과 같이 제품생산 주문을 받았다. 이 제품은 계절적인 수요품목으로, 1월 이전에 재고도 없고, 4월 이후에도 재고가 없어야 한다. 3월은 기업의 사정상 생산가능량이 다른 달에 비하여 조금 저조한 편이다.

1/4 분기	주문량	최대 생산가능량	단위당 생산비(원)	단위당 재고비(원)
1월	300	450	20,000	1,000
2월	400	450	22,000	1,000
3월	500	400	20,000	1,000
4월	450	500	21,000	1,000

지금 S기업의 당면 과제는 주문받은 량을 차질 없이 공급하면서 생산비와 재고비를 최소로 하는 일정계획을 세우는 것이다. 수송계획모형을 이용하여 총괄생산계획을 수립하고, 생산비를 계산하라.

풀이 1) 수송계획표 작성

생산 \ 주문	1월	2월	3월	4월	dummy	생산량
1월	20,000	21,000	22,000	23,000	0	450
2월	M	22,000	23,000	24,000	0	450
3월	M	M	20,000	21,000	0	400
4월	M	M	M	21,000	0	500
주문량	300	400	500	450	150	1,800

2) 북서코너법에 의한 최초 실행가능기저해 결정

생산 \ 주문	1월	2월	3월	4월	dummy	생산량
1월	20,000 300	21,000 150	22,000	23,000	0	450
2월	M	22,000	23,000	24,000	0	450

		250	200			
3월	M	M	20,000	21,000	0	400
			300	100		
4월	M	M	M	21,000	0	500
				350	150	
주문량	300	400	500	450	150	1,800

북서코너법에 의한 최초 실행가능기저해의 결과, 34,700,000원의 생산비용이 발생한다.

3) 최적해 결정

주문 / 생산	1월	2월	3월	4월	dummy	생산량
1월	20,000	21,000	22,000	23,000	0	450
	300	150				
2월	M	22,000	23,000	24,000	0	450
		250	100		100	
3월	M	M	20,000	21,000	0	400
			400			
4월	M	M	M	21,000	0	500
				450	50	
주문량	300	400	500	450	150	1,800

최적해의 결과를 설명하면, 다음과 같다.

① 1월에는 450개를 생산하여 1월의 주문량 300개를 충족하고, 나머지 150개는 2월의 주문량을 충족하는데 사용한다.

② 2월에는 350개를 생산하고, 1월에서 넘어온 재고 150개를 더하면 500개가 된다. 500개중 주문량 400개를 충족시키고, 나머지 100개는 3월의 주문량을 충족하키기 위해 재고로 돌린다. 그리고 가상활동의 생산능력 100개는 유휴상태로 둔다.

③ 3월에는 400개를 생산하여 2월에서 넘어온 재고 100개를 더하여 주문량 500개를 충족시킨다.

④ 4월에는 450개를 생산하여 4월의 주문량을 충족시키고, 가상활동의 생산능력 50개는 유휴상태로 둔다.

그리고 이와 같이 총괄생산계획을 세우면, 생산비용은 34,400,000원으로 최소가 된다.

예제 11-7

P기업의 S제품에 대한 1/4분기의 예상수요는 1월 250단위, 2월 320단위, 3월 300단위, 4월 300단위이다. 그리고 월 최대생산능력은 1월 270단위, 2월 310단위, 3월 260단위, 4월 280단위이다.

P기업은 생산능력이 수요에 못 미칠 경우에는 자사 생산비 100만원보다 30만원이 비싼 외주를 무제한 활용하며, 초과예상수요가 발생하는 달에 대비하여 미리 생산할 경우, 월 1만원의 재고비용이 소요된다.

1/4분기 동안의 총비용이 최소가 되도록 총괄생산계획을 수립하라.

풀이 1) P기업의 관련 정보

1/4분기	수요량(단위)	생산능력(단위)	단위당 생산비(만원)	단위당 재고비용(만원)	단위당 외주비용(만원)
1월	250	270	100	1	130
2월	320	310	100	1	130
3월	300	260	100	1	130
4월	300	280	100	1	130
계	1,170	1,120			

2) 수송계획표 작성

생산 \ 수요	1월	2월	3월	4월	생산량
1월	100	101	102	103	270
2월	M	100	101	102	310
3월	M	M	100	101	260
4월	M	M	M	100	280
외 주	130	130	130	130	50
수요량	250	320	300	300	1,170

3) 최초 실행가능기저해 결정

북서코너법에 의한 최초 실행가능기저해는 다음과 같다.

생산 \ 수요	1월	2월	3월	4월	생산량
1월	100 250	101 20	102	103	270
2월	M	100 300	101 10	102	310
3월	M	M	100 260	101	260
4월	M	M	M 30	100 250	280
외 주	130	130	130	130 50	50
수요량	250	320	300	300	1,170

4) 최적해 결정

생산 \ 수요	1월	2월	3월	4월	생산량
1월	100 250	101 10	102	103 10	270
2월	M	100 310	101	102	310
3월	M	M	100 260	101	260
4월	M	M	M	100 280	280
외 주	130	130	130 40	130 10	50
수요량	250	320	300	300	1,170

최적해의 결과를 설명하면, 다음과 같다.

① 1월에는 270단위를 생산하여 1월의 수요 250단위를 충족하고, 나머지 10단위는 2월 그리고 10단위는 4월의 수요량을 충족하기 위하여 재고로 둔다.

② 2월에는 310단위를 생산하고, 1월에서 넘어온 재고 10단위를 더하여 2월의 수요량 320단위를 충족한다.

③ 3월에는 수요량 300단위를 충족시키기 위하여 260단위를 생산하고, 나머지 40단위는 외주를 주어 충당한다.

④ 4월에는 280단위를 생산하고, 1월의 재고 10단위와 외주 생산량 10단위로 수요량 300단위를 충족한다.

그리고 이와 같이 총괄생산계획을 세우면, 총생산비용은 117,520만원으로 최소가 된다.

보론 PERT/CPM

1. PERT/CPM의 의의

PERT(Program Evaluation & Review Technique)는 미해군의 폴라리스 무기시스템의 종합계획관리를 목적으로 개발되었다. 이 기법은 프로젝트 내 각 활동들의 시간추정에 확률적 모형을 사용하였으며, 단계중심의 시스템을 채택하였다. 그리고 1958년 9월 발사된 폴라리스 유도탄개발에 적용시킨 결과, 그 가치를 인정받게 되었다.

CPM(Critical Path method)은 1957년 미국 Dupont회사의 워커(M. R. Walker)와 랜드 유니백 사업부(the UNIVAC division of Remington Rand)의 켈리(J. E. Kelly)가 중심이 되어 공장건설 및 설비보전에 소요되는 자원의 효율을 향상하는데 주안점을 두고 개발한 기법이다. 이 기법은 시간추정에 있어 확정적인 모형을 사용하고 있고, 단계보다 활동중심의 시스템으로 목표기일의 단축과 비용의 최소화라는 두 가지 목적을 위하여 이용되었다.

이 두 기법은 처음에는 각기 다른 목적으로 개발되었으나 서로의 장점을 포함시키도록 발전함에 따라, 최근에는 이들의 구분이 의미가 없게 되어 PERT/CPM 또는 PERT라고 부른다.

우리나라에서는 1966년부터 최초로 PERT/CPM기법이 소개되었으며, 광주비행장 활주로공사, 조선호텔 건설공사 및 경부고속도로 건설사업 등에 적용되었다. 최근에는 우리나라에서도 거의 모든 대형공사에는 PERT/CPM의 분석을 적용하고 있다.

2. PERT/CPM의 개념

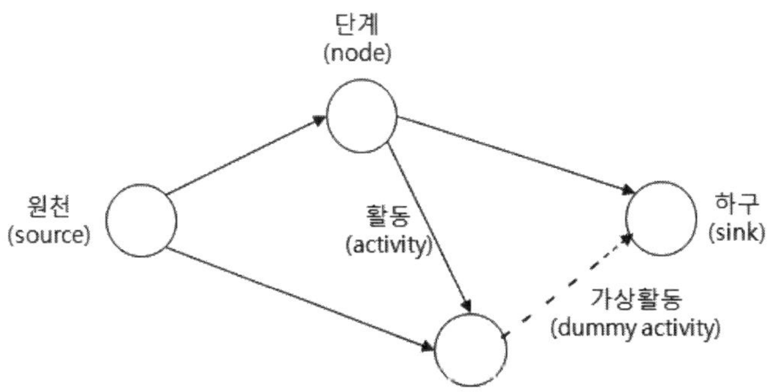

〈그림 11s-1〉 단순한 PERT/CPM 모형

<그림 11s-1>은 단순 PERT/CPM모형을 나타낸 것으로, PERT/CPM은 단계(○)와 실선화살표(→) 및 점선화살표(···▸)를 이용하여 프로젝트를 구성하는 각 작업의 순서관계를 네트워크로 표시한다.

그리고 각 활동의 여유시간을 계산하며, 이를 효율적으로 배분·계획하여 기업경영상 가장 이상적인 공사기간을 찾아 종합적인 공정관리를 할 수 있는 입체적인 일정계획기법이다. 그러므로 PERT/CPM에는 다음의 용어들이 사용된다.

① 활동(activity) : 프로젝트에 필요한 요소 작업들을 의미한다.

② 단계(event, node) : 한 활동이 끝남과 동시에 후속 활동의 착수를 나타낸다.

③ 네트워크(network) : 활동과 단계를 이용하여 프로젝트를 구성하는 활동간의 선후·병행관계를 그림으로 표현한 것을 말한다.

④ 주공정로(critical path) : 여유시간(slack time)이 없는 활동들을 연결한 선을 말한다.

⑤ 여유활동(slack activity) : 네트워크상에서 주공정로가 아닌 활동은 모두 여유활동이 되며, 이 활동은 여유시간의 범위내에서는 일정이 지연되어도 전체 프로젝트의 일정에는 영향을 주지 않는다.

⑥ 가상활동(dummy activity) : 시간과 자원은 소비되지 않으나 분석상의 편의를 도모하기 위하여 도입한 활동이다.

예제 11s-1

K기업의 신제품 개발계획은 다음과 같은 작업활동 절차에 의하여 이루어진다. PERT/CPM기법에 의하여 주공정로를 결정하라.

작업활동	기 간(주)	내 용	활동 순서
A	6	생산설계	A → C → D
B	4	광고분석	B → F → G
C	12	모의실험	C → E → H
D	9	견본생산	D → I
E	6	생산가동준비	D → G
F	10	판매운동계획	
G	15	판매운동	
H	6	생 산	
I	12	포장설계	

풀이 1) PERT/CPM 네트워크를 그린다.

a. 작업활동(activity) 순으로 나열한다.

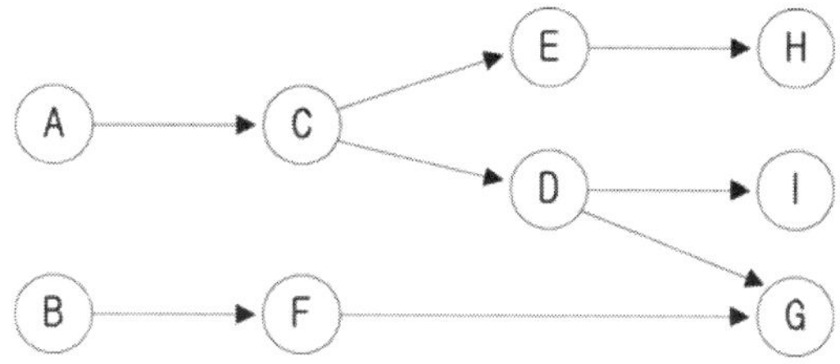

b. 시작점(source)과 종료점(sink)을 만들고, 시작점과 종료점을 단계 1의 네트워크와 연결한 다음, 각 단계(event)의 영문자를 앞의 활동으로 이동시킨다.

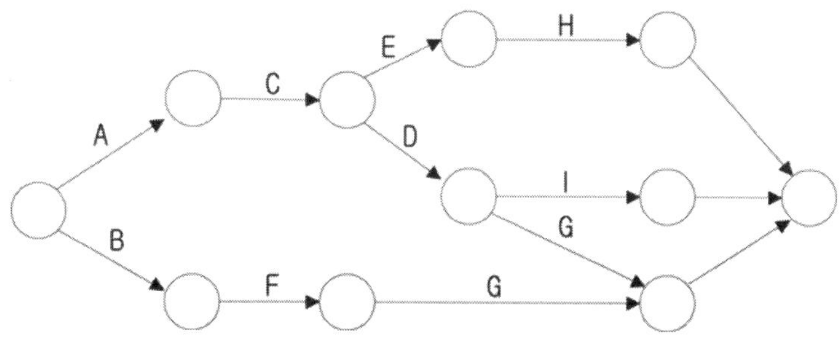

c. 필요없는 단계와 활동들을 없애고, 편리하게끔 번호를 붙인다. 그리고 영문자 대신 실제 작업기간을 기록한다.

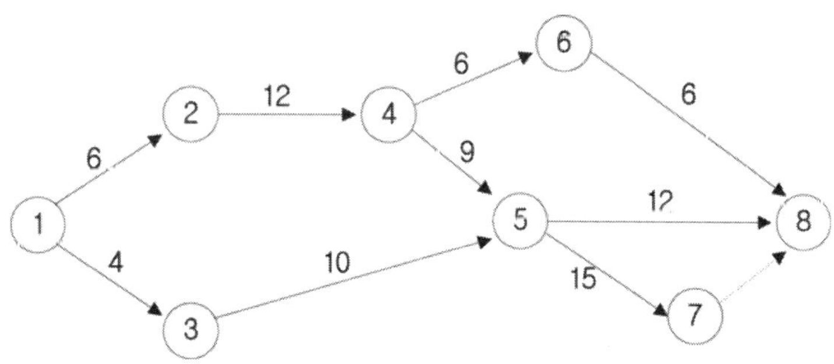

2) 작업 시작시간의 계산

빠른 작업 시작시간(TE; earliest start time)의 계산은 활동별로 선행활동에 해당활동의 작업시간을 더하여 다음 활동의 작업 시작시간으로 표시한다. 단, 활동 ⑤ → ⑦의 경우, 경로 ① → ② → ④ → ⑤와 경로 ① → ③ → ⑤의 작업이 모두 끝난 다음에 시작되므로, 두 경로상에서 작업시간이 긴 ① → ② → ④ → ⑤ 경로의 27주(6주 + 12주 + 9주)를 작업 시작시간으로 한다.

활동별 늦은 작업 시작시간(TL; latest start time)의 계산은 작업종료인 42주부터 시작하여 바로 앞의 활동별 작업시간을 빼줌으로서 결정된다. 단, 활동

④ → ⑤의 경우, 후행활동인 경로 ⑤ → ⑧과 경로 ⑤ → ⑦ 가운데 늦은 작업 시작시간(TL)이 적은 값을 선택하여, 그 값에서 활동시간을 제한다.

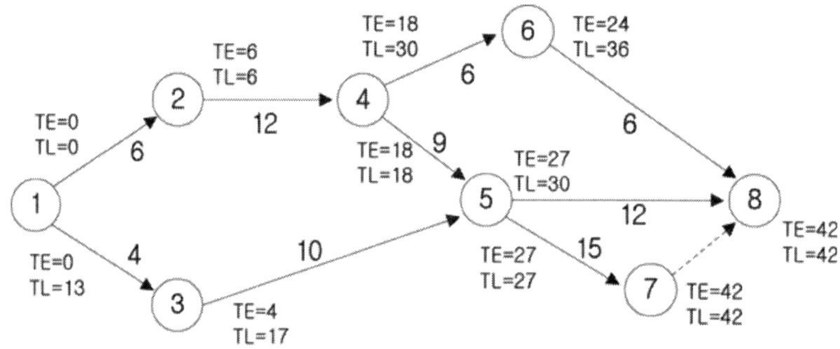

3) 여유시간의 계산

여유시간(ST; slack time)의 계산은 활동별로 TE(earliest start time)와 TL (latest start time)을 이용하며, TE와 TL의 차이값을 계산하여 나타낸다.

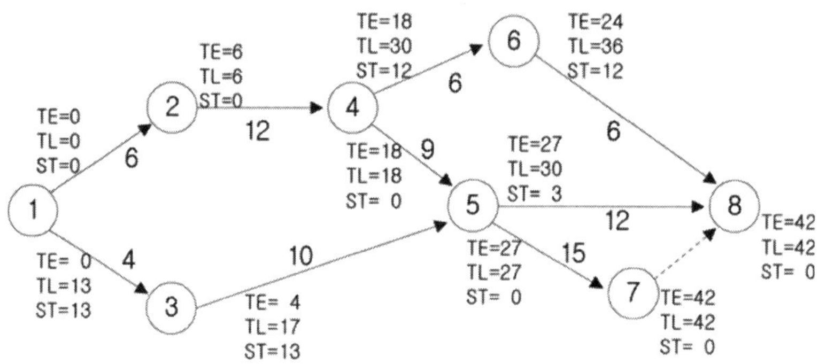

4) 주공정로의 결정

여유시간이 0인 공정만을 연결하여 주공정로(critical path)를 찾는다.

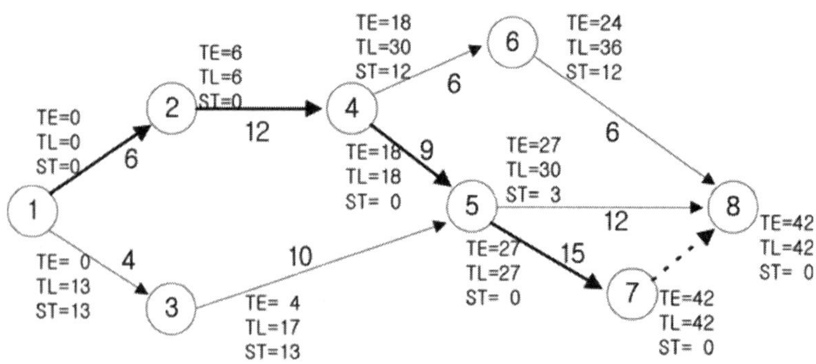

따라서 주공정로는 ① → ② → ④ → ⑤ → ⑦ → ⑧이 되며, 신제품 생산계획에 소요되는 기간은 42주가 된다.

예제 11s-2

다음은 CPM을 이용하여 계획되어진 프로젝트이다.

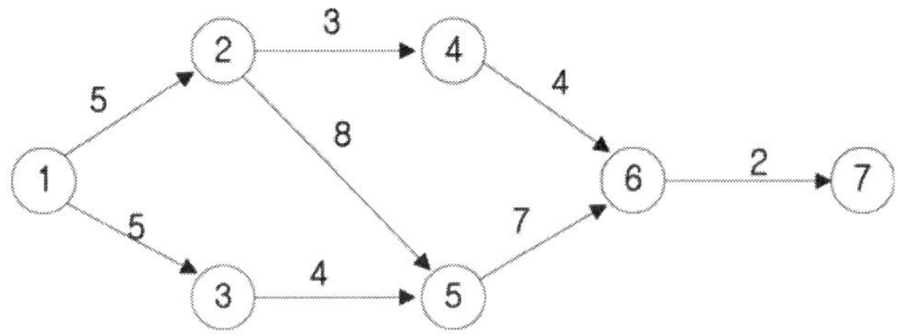

1) 주공정로를 찾아라.

2) 이 프로젝트를 완성시키기 위하여 몇 주가 소요되는가?

풀이 1) 주공정로를 찾기 위하여 각 활동별 TE, TL 그리고 여유시간(ST)을 계산한다.

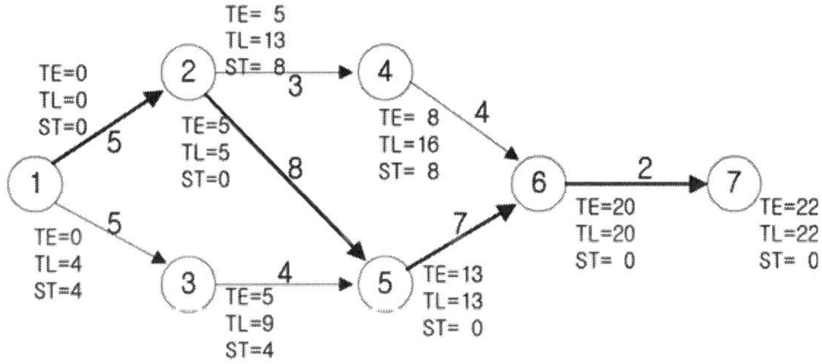

따라서 주공정로는 여유시간이 0인 ① → ② → ⑤ → ⑥ → ⑦이 된다.

2) 프로젝트 안성시간은 22주가 소요된다.

3. PERT

CPM에서는 각 활동에 대하여 점추정치를 부여하는 반면, PERT에서는 구간추정에 의존한다. 왜냐하면 프로젝트에 대한 과거의 실행경험이 없는 경우 활동시간이 불확실하기 때문이다.

PERT에서의 활동시간 추정에는 확률적 모형을 사용하므로 다음의 3가지 값이 사용된다.

① **낙관적 시간**(optimistic time : a로 표시) : 모든 상황이 순조롭게 진행될 때 소요

되는 최단시간

② **최빈시간**(most likely time : m으로 표시) : 정상조건에서 가장 많이 나타날 활동시간으로 분포의 최빈값에 해당하는 시간

③ **비관적 시간**(pessimistic time : b로 표시) : 가장 불리한 상황이 전개될 때 소요되는 최장시간

PERT의 소요시간 확률분포가 β분포에 가까우므로, β분포로 가정하여 PERT문제를 푼다. β분포의 평균 μ는 최빈값과 중앙값의 1/3되는 지점이므로 다음과 같이 평균값을 계산한다.

$$\mu = m + \frac{1}{3}\left(\frac{a+b}{2} - m\right)$$
$$= \frac{a + 4m + b}{6}$$

그리고 분산의 근사치도 β분포의 분산을 따른다.

$$\sigma^2 = \left(\frac{b-a}{6}\right)^2$$

따라서 각 활동소요시간의 평균과 분산에 위의 계산식을 그대로 적용한다.

예제 11s-3

PERT 네트워크가 다음과 같이 주어졌다.

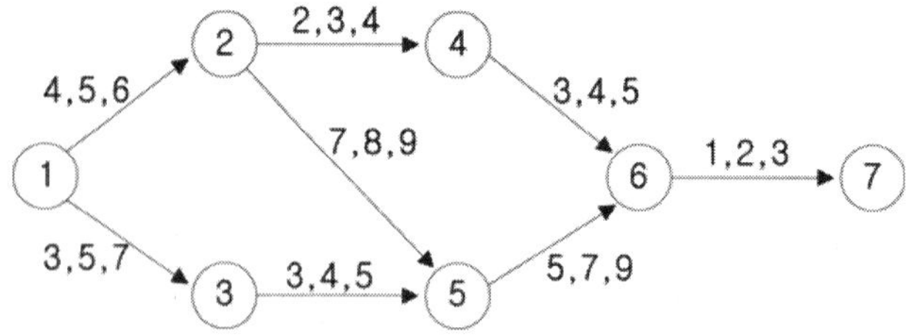

1) 주공정로를 찾아라?

2) 주공정로의 표준편차는 얼마인가?

풀이 1) 주공정로의 결정

a. 먼저 추정시간과 분산을 계산한다. 추정시간은 추정된 시간 a, m, b를 $\frac{a+4m+b}{6}$에 대입하여 구한다. 그리고 분산은 $\left(\frac{b-a}{6}\right)^2$을 대입하여 계산한다.

활동방향	시간추정			추정시간	분 산
	a	m	b		
① → ②	4	5	6	5	1/9
① → ③	3	5	7	5	4/9
② → ④	2	3	4	3	1/9
② → ⑤	7	8	9	8	1/9
③ → ⑤	3	4	5	4	1/9
④ → ⑥	3	4	5	4	1/9
⑤ → ⑥	5	7	9	7	4/9
⑥ → ⑦	1	2	3	2	1/9

b. 각 활동별 추정시간을 네트워크상에 나타낸다.

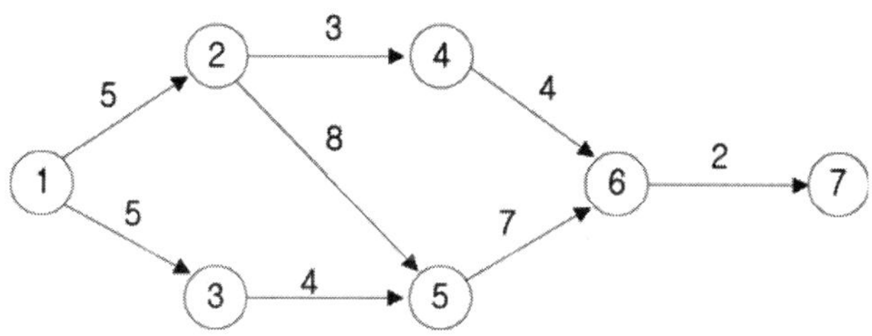

c. 추정된 시간을 이용하여 각 활동별로 여유시간을 계산한다.

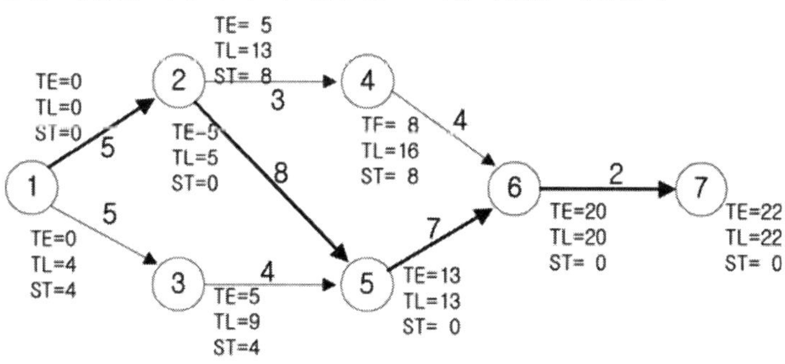

따라서 주공정로는 여유시간이 0인 경로 ① → ② → ⑤ → ⑥ → ⑦이다.

2) 먼저 주공정로 상의 분산을 모두 더한 다음, 표준편차를 구한다. 왜냐하면, 주공정로에 포함되지 않은 활동은 프로젝트의 전체일정에 영향을 미치지 않기 때문이다.

$$\sqrt{\sum \sigma_{cp}^{2}} = \sqrt{\frac{1}{9}+\frac{1}{9}+\frac{4}{9}+\frac{1}{9}} = 0.8819$$

연습문제

11-1 총괄생산계획의 의미를 설명하라.

11-2 총괄생산계획에 요구되는 수요조절변수를 설명하라.

11-3 총괄생산계획에 요구되는 공급조절변수를 설명하라.

11-4 총괄생산계획 수립의 지침을 설명하라.

11-5 다음 K기업의 수요예측량을 이용하여, 생산일수, 1일 수요량, 누적소요량 등을 표로 작성하여 나타내고, 평균수요를 충족시키는데 필요한 생산량을 산출하여 히스토그램을 그려라.

1월	2월	3월	4월	5월	6월
910	850	890	900	900	910
7월	8월	9월	10월	11월	12월
950	900	850	726	780	770

11-6 P기업의 S제품에 대한 여름철 성수기에 대비하여 4월부터 8월까지의 생산계획을 수립하고, 다음과 같은 자료를 수집하였다.

월별	생산비 (원/개)	재고비용(원/개)				생산량 (만개)	예상 수요량 (만개)
		4월 제품	5월 제품	6월 제품	7월 제품		
4월	50					100	60
5월	52	5				95	70
6월	55	8	6			90	80
7월	60	폐기	9	8		85	120
8월	63		폐기	12	10	80	130

단, 재고관리는 생산월별로 수행하며, 그 비용은 전월의 재고가 해당 월로 이월될 경우 개당 평균관리비용을 나타냄.

이 문제의 총비용이 최소가 되도록 총괄생산계획을 수립하라.

11-7 다음 프로젝트를 보고 물음에 답하라.

활 동	선행활동	소요시간
A	–	5
B	A	4
C	A	6
D	B, C	3
E	C, D	5
F	D	4
G	E, F	8

1) 네트워크를 작성하라.

2) 주공정로를 찾아라.

3) 이 프로젝트를 완성시키기 위하여 몇 주가 소요되는가?

11-8 P이벤트사는 개막식 행사에 사용할 거북선 모형 제작과 그 행사 주관을 맡게 되었다. 행사계획 수립에서 총연습까지 필요한 작업 활동 절차가 아래 표와 같을 때 PERT/CPM기법에 의하여 주공정로를 결정하라.

작업활동	기간(주)	내용	활동 순서
①	8	거북선 구조 제작	① → ④ → ⑥
②	13	농력장지 제삭	① → ③ → ⑦
③	7	갑판 제작	③ → ⑤
④	5	용골 제작	② → ⑤
⑤	6	동력 장치 설치	
⑥	9	외부 장식 설치	
⑦	11	레이저 조명장치 설치	

11-9 PERT 네트워크가 다음과 같이 주어졌다. 주공정로를 찾아라.

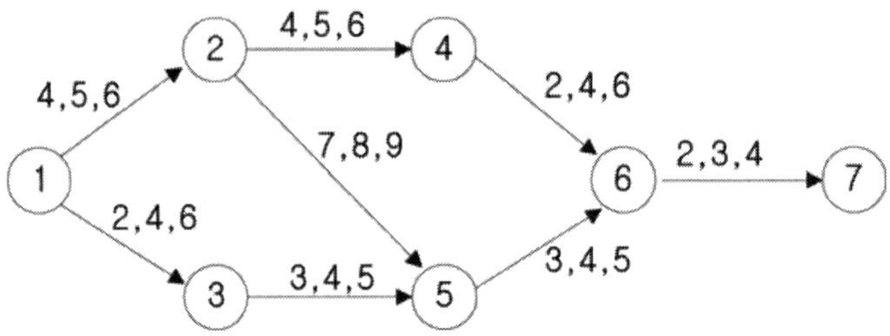

11-10 다음은 PERT 네트워크이다. 각 활동에 대한 3가지 추정치가 주 단위로 나타나 있다. 다음 물음에 답하라.

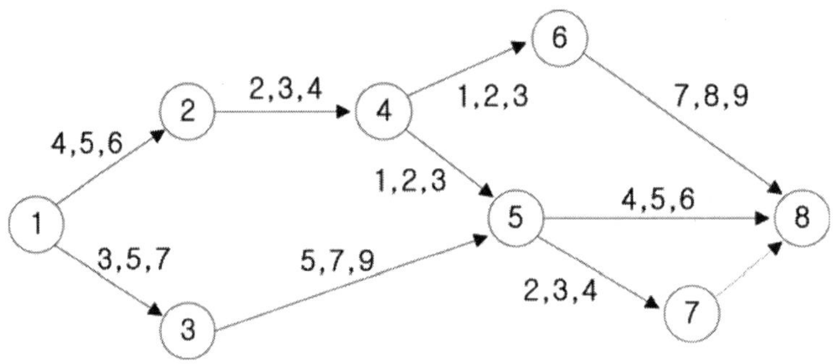

1) 이 프로젝트를 완료하는데 소요되는 시간은?

2) 주공정로는?

3) 주공정로의 표준편차는?

Chapter 12 일정계획 및 통제

제1절 일정계획의 개념

1. 일정계획의 의의

생산능력계획의 제약하에서 시설, 인력, 하청 등에 관한 총괄생산계획이 이루어지고, 필요한 자원을 확보하면, 특정작업의 할당이나 작업순서에 관한 결정은 단기 계획사항으로 일정계획(scheduling)의 내용이 된다. 즉, 일정계획은 수요나 주문의 시간적, 수량적 요건을 만족시킬 수 있도록 자원의 할당을 시기, 장소, 방법 및 절차 등에 따라 세부적으로 생산시스템의 능력을 조정해 나가는 계획기능을 의미한다.

그러므로 잘못된 일정계획은 작업의 흐름이 원활하지 못하여 작업의 흐름을 지연시키고, 고객에게 제공되는 제품인도시기를 지키지 못하게 되어 결국 고객과의 신뢰를 떨어뜨리게 된다.

따라서 일정계획의 목표는 ① 높은 효율화 달성, ② 낮은 재고수준 유지, ③ 고객에 대한 서비스 향상으로 정리할 수 있다.

그런데 이러한 목표들은 서로 상충관계가 성립되므로, 이들을 동시에 달성하기는 어렵다. 즉, 효율화는 작업자, 설비, 작업시간 등의 높은 이용률에 의하여 이루어지는데, 이를 위해서는 충분한 자재가 필요하다. 그러나 충분한 자재는 동시에 높은 재고비용의 증가를 가져온다.

따라서 일정계획의 근본적인 목적은 상충되는 목표들 사이에서 만족스러운 균형을 찾아내는 것이며, 이러한 균형을 찾아내는 방법으로 최적화 기법이 있다.

2. 일정계획의 기능

일정계획은 총괄생산계획에서 결정된 광범위한 계획을 좀 더 정밀하고, 보다 짧은 시간 단위의 상세 일정계획으로 전환한다. 총괄생산계획에서의 자원계획은 일반적으로 주어진 제품군에 대하여 월(month)단위로 계획이 세워지나 일정계획에서는 최종 상세 제품별로 주(week)단위의 생산량을 알 수 있도록 주단위로 전환하여야 한다.

일정계획의 주요 기능은 다음과 같다.

① 최종 제품별 주(week)단위의 생산일정계획

② 자재소요계획 : 자재 기준정보

③ 능력소요계획 : 공정 기준정보

④ 실행 가능성 검사

⑤ 실행 통제를 위한 주문(작업)지시

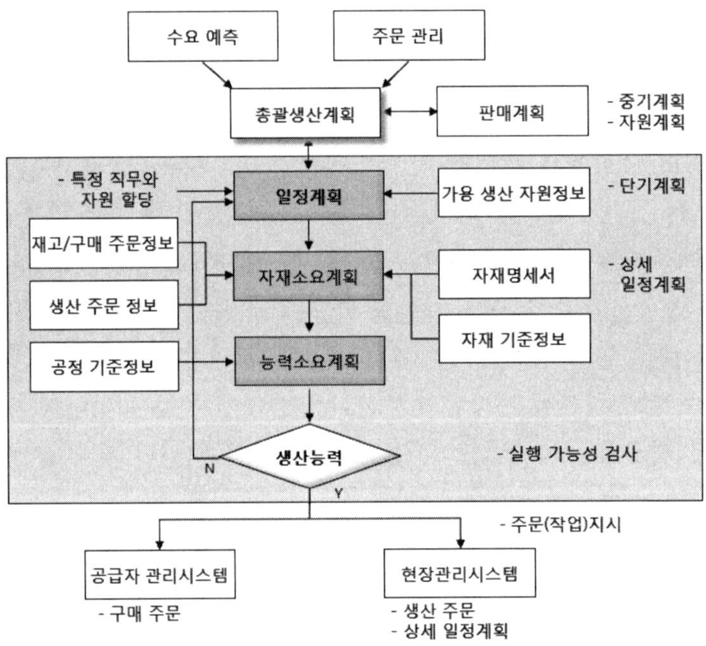

〈그림 12-1〉 일정계획의 흐름

3. 자재소요계획

자재소요계획(MRP; Material Resource Planning)은 재고현황철, 자재명세서(BOM) 그리고 일정계획을 기본으로 자재(부품이나 재료)의 소요량을 구하고, 이것을 기준으로 자재의 발주, 납입, 출고를 관리하는 시스템이다.

자재소요계획(MRP)은 1960년대에 고안된 생산관리방법으로, 최근에 이르기까지 대표적인 생산운영 관리방법으로 제조업에서 많이 이용되어 왔다.

MRP는 기업의 자재명세서(BOM)와 재고현황철에서 모든 자재의 주문량과 주문시기를 계산한다. 그리고 예상되는 수요를 사전에 확보하는 것에 의해 재고의 압축과 부족의 해소를 동시에 실현한다. 자재의 조달을 고객으로부터의 주문과 수요예측에 직결시킨 결과, 생산계획 작업은 크게 개선되었다. 생산계획의 지시는 모든 중앙의 계획입안부문에서 전 공정에 동시에 나왔기 때문에 '푸쉬 방식'이라고 불린다.

모든 부품은 한 가지 이상의 완제품에, 하나 이상의 작업장에서 사용될 수 있다. 그리고 어떤 부품은 최종 조립단계에서만 필요한가 하면, 어떤 부품은 하위 단계의 조립에 의한 조립부품을 필요로 하기도 한다. 그러므로 종속수요 품목의 재고관리는 재고량도 중요하지만 보유시기도 역시 중요하다. 이러한 점에서 종속수요 품목(dependent demand item)의 재고관리를 위하여 설계된 정보시스템인 자재소요계획(MRP)이 기업에 필수적인 요건이 되었다.

MRP의 기본원리는 다음과 같다.

① 최종제품의 생산시기와 생산수량이 결정되면, 그것을 구성하는 자재와 부품도 제품구조분석에 의하여 자동적으로 결정된다.

② 결정된 자재와 부품의 소요량을 소요시기에 맞추어 발주하면 필요한 시기에 필요한 양만큼 공급받을 수 있다.

③ 이로 인하여 재고 및 일정에 대한 효율적인 관리를 할 수 있다.

4. 능력소요계획

능력소요계획(CRP; Capacity Requirements Planning)은 MRP에 의해 생성된 생산주문(production order)을 이용하여 각 기간 중 각 작업장에서 필요한 인적자원 및 설비의 소요량을 계산한다. 즉, 작업자와 설비 능력의 과부족을 계산한다.

그리고 능력소요계획 시스템의 목표는 설비의 부하와 능력의 균형을 유지함으로써, 설비 가동률을 향상시키고 쉬는 시간을 최소한으로 줄이는 것이다. 또한, 가능한 한 정규작업 시간을 활용하고 잔업을 줄이도록 하여 생산 보유능력을 효율적으로 활용하는 것이다.

그러므로 능력소요계획(CRP)은 전체 작업장을 대상으로 실시하기 때문에 데이터의 양이 많고, 많은 컴퓨터 자원을 필요로 한다.

그리고 각 작업장별, 기간별 부하의 평준화 작업 후에도 능력 부족이 판단되면, 다른 작업장에서 작업하도록 하거나 일정을 조정할 수 있도록 MRP로 피드백 한다. 이런 방식의 능력소요계획(CRP)은 작업이 단속적이고, 작업 대상이 공정에 따라 작업장을 이동하며 가공되는 공정별 배치방식에 유효한 기법이다.

그러므로 공정별 배치방식이 아닌 연속흐름 공정에서는 생산라인의 설치 전에 라인

밸런싱(Line Balancing) 기법으로 부하 평준화를 먼저 실시하는 것이 일반적이다.

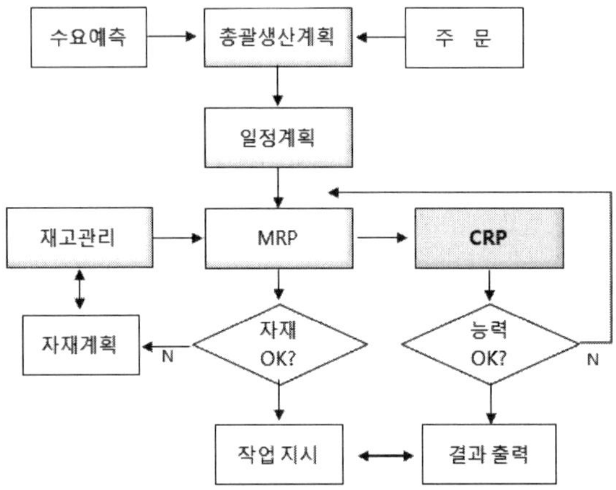

〈그림 12-2〉 능력소요계획의 흐름

5. 동시계획

1) 동시계획의 의의

동시계획(APS; Advanced Planning & Scheduling)은 자재소요계획(MRP)과 능력소요계획(CRP)을 동시에 수립하는 것이다. 즉, 자재가용성과 실행능력을 동시에 고려하여 실행 가능한 계획을 수립한다는 의미인데, 이는 계획수립 단계의 통합을 말한다. 그리고 계획단계에서 감안해야 될 것들이 모두 고려되어야 완벽한 계획을 세울 수 있다.

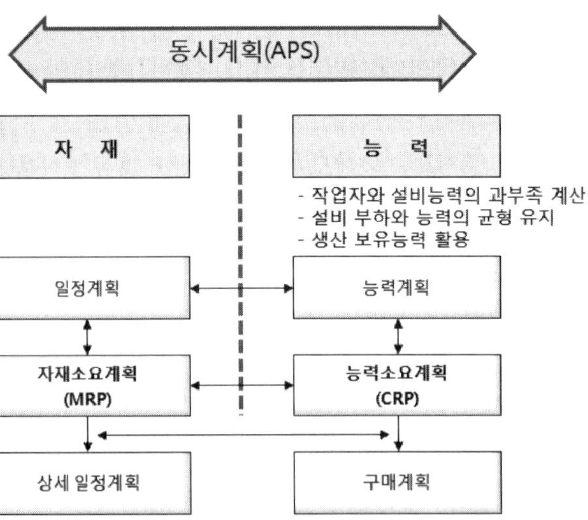

〈그림 12-3〉 동시계획의 개념

이렇게 함으로써 계획수립 주기를 단축하여 수시로 변하는 모든 경영상 변수를 빠르게 계획에 감안하고, 나아가 경영관리의 What-if 분석도 가능하게 될 것이다.

2) 제약요소 고려

계획단계에서 제약적인 요소로써 반드시 고려되어야 할 사항들이 있는데, 이들 제약사항을 인식하여 계획 수립이 되어야 한다. 일반적으로 제약요소는 하드웨어적 요소와 소프트웨어적 요소로 나누어 취급한다.

만약, 하드웨어적 제약요소가 계획에 감안되지 않는다면, 실행 불가능한 계획이 되는 것이다. 예를 들면, 설비능력을 뛰어 넘는 생산계획이라든지 자재가 없는 생산계획 등이다. 이들은 동시계획(APS)이 반드시 해결해야 하는 요소라고 볼 수 있다.

반면에 소프트웨어적 제약요소가 계획에 반영되지 않는다면, 실행 가능한 계획은 수립되지만 바람직하지 못한 계획이 수립될 수 있다. 예를 들면, 안전재고 요구 사항 등이다. 동시계획은 이 제약요소를 감안하려고 시도는 하지만, 다른 중요한 제약요소 때문에 이를 감안할 수 없다면, 그 상태로 계획을 수립하게 된다.

이렇게 제약요소들을 고려함으로써, 전략적인 재고관리라든지, 혹은 고객의 주문을 최우선적으로 충족시키면서 실행 가능한 계획을 수립할 수 있다.

3) 빠른 계획 수립 시간

동시계획(APS)은 구매에서부터 고객에 이르기까지의 전체 공급사슬을 대상으로 계획을 동시에 수립한다는 의미이다. 특히, 복잡한 공급사슬(supply chain) 구조를 가지고 있는 기업은, 전체 공급사슬에 대한 계획을 각 제약요소를 고려하면서 동시에 수립하는 것이 불가능하지만, 동시계획은 그것을 가능하게 한다. 즉, 여러 개의 생산 공장을 가지고 있거나, 공정이 서로 다른 공장으로 연결되어 있는 경우, 그리고 많은 물류센터를 가지고 있는 기업은, 고객의 요구를 충족시키면서 가장 효율적인 공급계획을 수립하는 것이 필수적이다.

기존의 계획방식에서 가장 한계를 보였던 것이 바로 계획 수립 시간이었다. 순차적, 반복적으로 계획 수립하는 단계에서, 자체 모듈(MRP or CRP)을 실행하는데 소요되는 시간도 상당히 많을 뿐만 아니라 반복적으로 계속 시도하는 동안 소요되는 시간은 거의 적용 불가능하게 만드는 원인이 되었다.

그러나 하드웨어 기술의 급속한 발달은 이러한 시간을 단축할 수 있게 만들어 동시계획(APS)의 큰 힘이 되어 주었다. 근본적으로 동시계획(APS)시스템은, 기존 MRP-II

나 ERP처럼, 모든 관련 정보를 메모리상으로 끌어 올려 동시에 처리한다.

이는 비약적으로 계획 수립 시간을 단축할 수 있게 하는 원동력이 되었고, 실제로 몇 분 단위에서 모든 제약요소를 고려한 계획을 수립하고 있다.

6. 부하의 조정

일정계획과 생산능력계획의 궁극적인 목적은 주문에서 발생하는 부하와 이 주문을 진행하는 공정이 가지고 있는 가용능력이 균형을 유지하도록 하는 것이다. 이는 모든 계획의 우선순위와 계획 기간에 적용되며, 모든 제조 환경에도 역시 적용된다.

그러므로 일정계획 또는 생산능력계획에 대한 기법의 기본 원리는 어떤 조직에서 생산능력계획을 수행하든지 관계없이 공통적으로 사용될 수 있다.

그러나 경우에 따라 적용에는 다소 차이가 있을 수 있으므로 기업은 제조 환경과 계획우선순위는 어떠한 기법을 적용할 것인지를 먼저 결정하여야 한다.

일정계획을 위한 특정 기법의 주요 자료 구조는 입력될 데이터의 형태를 알려 준다. 예를 들어, 장기계획에는 개략적인 공정자료 형태의 데이터를 사용하고, 중/단기계획에는 상세한 공정자료를 사용한다.

아래의 그림 (a)는 시간의 흐름에 따른 무계획으로 인한 부하와 생산능력의 차이를 나타낸 것이며, 그림 (b)는 능력계획의 결과에 의하여 나타난 부하와 생산능력의 일치를 가져온 이상적인 개념을 나타낸 것이다.

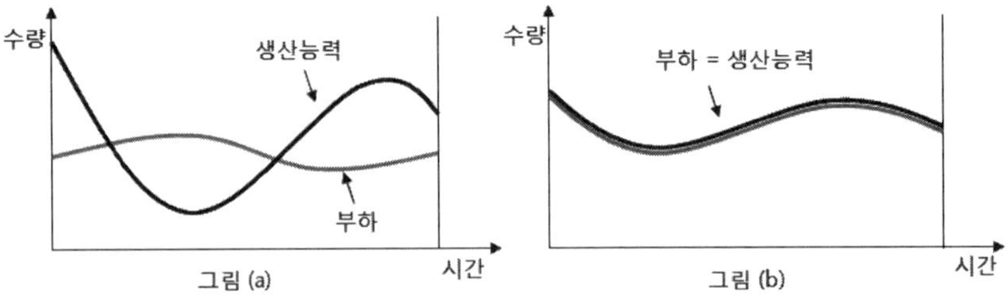

〈그림 12-4〉 능력계획의 중요성

1) 생산능력 초과의 결과

고객 주문이 증가하는 경우, 생산으로 투입될 주문의 수량 역시 증가한다. 이는 생산능력에 부하를 증가시킨다. 만일 주문의 수량이 생산능력을 초과하는 경우, 작업장에는 대기 장소가 만들어지게 된다.

고객들의 주문은 대기해야 하고, 주문의 실제 소요기간은 길어지게 되어, 고객들의 주문은 완료 요구일을 지킬 수 없게 된다. 즉, 고객이 지정한 납기 완료 요구일 이내에 납기를 하지 못하게 된다.

특히, 작업과 작업 사이의 소요시간은 조금 더 실제적인 계획을 위해 다소 길게 잡는다. 그 결과로, 주문은 실제보다 일찍 투입되며, 이는 투입된 주문에 추가적인 부하로 작용한다. 그러므로 생산능력을 증가시키지 않고는 이러한 악순환을 깰 수 있는 방안은 없다.

2) 작업 소요시간

작업 소요시간은 일련의 공정 또는 절차를 수행하는데 필요한 시간의 길이로, 상세히 계산하기 위해 필요한 요소는 자재명세서(BOM)와 작업공정지시서(routing sheet)에 포함되어 있다.

제품이 공정에 투입되면, 시작 전 대기시간을 거쳐 교체 준비시간과 작업시간이 소요되고, 작업 후 다음 작업장으로 이동되기 전까지의 대기시간 그리고 이동시간의 순서로 소요된다.

작업 소요시간의 요소들에서 중요한 것은 부하에 영향을 미치는 공정 소요시간과 일정에는 영향을 주지만 부하와는 관계가 없는 공정간 소요시간의 구분이다.

공정 소요시간은 교체 준비시간과 작업시간으로 구성되며, 이것은 작업부하가 된다.

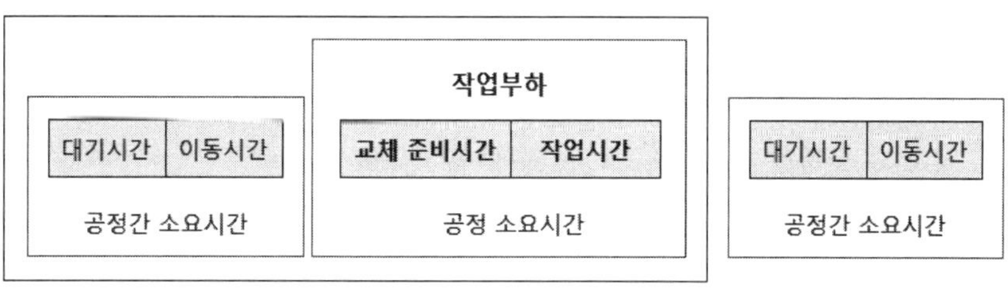

〈그림 12-5〉 작업 소요시간의 요소

3) 작업능력

작업능력에는 이론적 능력, 실행능력, 그리고 표준 능력이 있다.

① **표준능력**(standing capacity) : 이것은 이론적 능력을 가동률과 효율로 조정한 것으로, 능력소요계획(CRP)에서 사용되며, 평가능력 혹은 계산능력으로도 불려진다.

② **가동률**(utilization) : 과거의 실제 가동시간(실적)을 이론적 능력 혹은 이에 장비 유지보수 시간을 뺀 계획된 가동가능시간으로 나눈 것을 말한다. 즉, 가동가능시간 중 과거에 실제 가동된 시간이 차지하는 비율을 나타낸 것으로, 1을 초과할 수 없다.

③ **효율**(efficiency) : 최근 가동시간이 과거 실적보다 많으냐 적으냐를 묻는 것으로, 최근 작업된 표준시간을 과거 실적으로 나누어 계산하며, 효율은 1보다 클 수 있다. 예를 들면, 이론적 능력이 1,000이고, 가동률이 0.9, 효율이 1.1이라면, 표준능력은 990시간(= 1,000 × 0.9 × 1.1)이 된다.

제2절 일정계획의 설정방식

1. 예측생산의 일정계획

예측생산은 일반적으로 라인생산시스템을 말하며, 제품이 한 작업장에서 다음 작업장으로 원활하게 흘러가므로 일정계획에 관한 문제는 부분적으로 공정설계에 의하여 결정된다. 고객들의 요구를 충족시키기 위한 '예측생산'에서는 어느 정도 재고를 갖는 것을 전제로 한 계획을 세운다. 단지, 재고량은 재고 제로(무재고)가 가장 이상적이지만, 이것은 현실적으로 불가능하다. 그러므로 필요한 조립시점에 맞도록 재고를 최소로 하거나 품절이 일어나지 않도록 생산계획을 세울 필요가 있다. 예측생산의 일정계획에서 생산과 관련된 입력정보는 다음과 같다.

① 수요 정보 : 제품종별 수량, 납기, 수주량 정보

② 제품의 속성정보 : BOM, 품목, 표준단가, 공정 작업량, 공정 절차, 표준 조달기간, 상품의 생산단위값

③ 재고 정보 : 유효재고

④ 구매 정보 : 구입단가, 발주량, 최저발주량

⑤ 직원 작업량 정보 : 공장라인의 직원 수, 직원 작업량

⑥ 설비 정보 : 공장라인의 설비 보유대수, 설비의 가동 현황

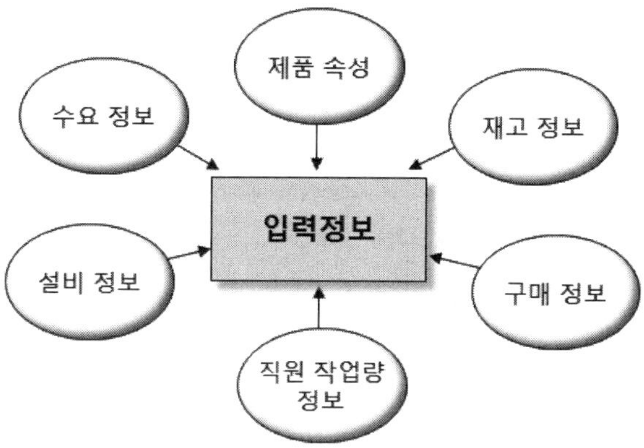

〈그림 12-6〉 예측생산 일정계획의 입력정보

2. 주문생산의 일정계획

주문생산의 일정계획에서는 재고를 갖지 않는 것을 전제로 계획을 세운다. 주문품은 표준품과 달리 납품수가 적은 대신에 주문시점에서 제품의 규정이 확정되어 있지 않고, 주문할 때에 개별적으로 제품설계를 실시하므로 주문을 받고 나서 납품하기까지의 시간이 길게 걸린다.

그러나 제품의 약속납기를 지키기 위해서는 스스로 제품의 조달기간도 결정되기 때문에 가능한 한 반제품(중간제품)이나 부품을 조립시점에 맞도록 제조지시나 조달지시를 하여 미리 구입해 둘 필요가 있다. 물론 볼트나 너트 등의 싼 부품(C급 품목) 등은 재고라 해도 공간문제니 관리비용도 걸리지 않기 때문에 재고로서 보관하는 것이 허락되지만, 고가로 보관 장소를 차지하는 큰 물건의 반제품이나 특수품(A급 품목) 등은 관리나 사장(死藏)재고에 의한 비용증대의 위험이 있기 때문에 필요한 것을 필요량만 구입하게 된다.

주문품이라도 모든 주문품에 특수 규정이라는 것은 있을 수 없고, 표준품 등을 포함하고 있기 때문에 예측생산계획의 사고방식을 병행하는 것이 유리하다.

주문생산의 수주에서 일정계획 작성까지의 프로세스는 일반적으로 <그림 12-7>에 나타낸 것과 같다.

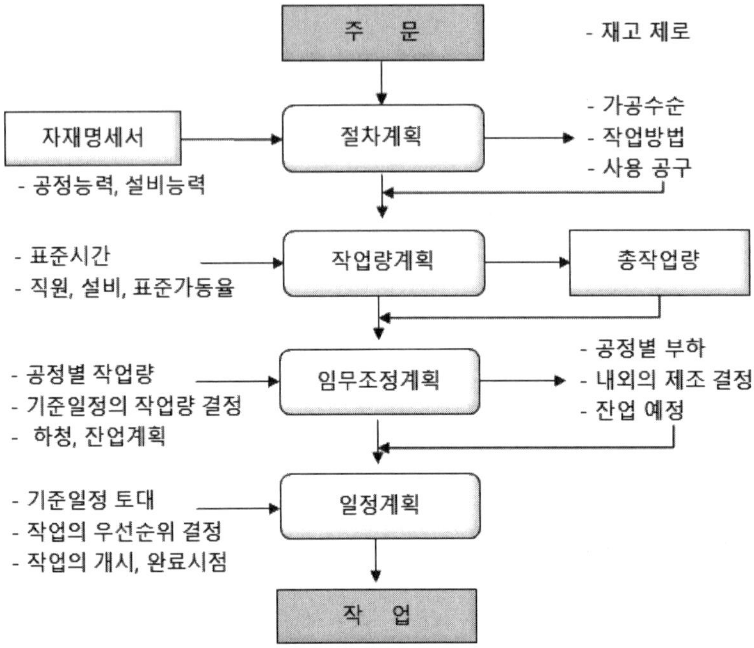

〈그림 12-7〉 주문생산의 일정계획 과정

1) 절차계획

절차계획의 목적은 ① 경제적인 가공 절차, 작업방법, jig(공작도구)·공구의 결정, ② 설계 수단, 품질, 원가를 만족하는 경제적인 부품이나 재료의 결정이다. 그리고 절차계획에는 공정능력, BOM(자재명세서), 기계설비능력 등의 정보가 필요하게 된다.

2) 작업량계획

작업량계획의 목적은 절차계획에서 결정한 가공순서나 작업방법 등의 정보와 표준시간, 직원이나 설비의 임무 정보 등에서 전체 작업량, 공정별 작업량 등을 요구한다. 작업량계획은 직원이나 설비에 대한 것이므로 곧 임무계획이라고 할 수 있다.

3) 임무조정계획

작업량계획에 의해 작성된 전체 작업의 량이나 공정별 작업량, 월이나 주 등 당기의 기준능력, 작업 여력정보 등에서 기준일정의 작업량을 결정하고, 필요한 경우에는 하청이나 잔업계획을 명확히 한다.

〈표 12-1〉 작업을 공정에 할당하는 기준

전위방식 (forward method)	현 시점을 기준으로 하여 가공순서에 할당해 가는 방법으로, 할당순서가 간단하다.
후위방식 (backward method)	납기와 기준에 역방향으로 작업을 할당해 가는 방법으로, 재고의 소멸에 유효하지만, 임무 변동이나 조정이 복잡하다.

4) 일정계획

일정계획의 목적은 납기의 확보, 노동률의 향상, 가공기간의 단축 등이다. 작업량에 의해 작업의 개시와 완료시점, 그리고 우선순위를 결정한다. 일반적으로 일정계획은 기준일정을 토대로 하여 작성한다.

기준일정 = 표준시간(정 작업시간) + 정체시간(공정 대기시간) + 운반시간

그리고 주문공정마다의 소요일정을 가시화하는데, 그 목적은 납기 내에 완료하기 위해 공정마다 선행 개시시기를 알리는 것이다.

3. 혼합생산의 일정계획

혼합생산의 일정계획에서는 앞에서 설명한 주문생산의 일정계획에 예측생산의 일정계획을 병용한다. 왜냐하면 계획의 프로세스가 복잡하여 방대한 량의 정보를 수작업에 의해 정리하는 것은 거의 불가능하기 때문이며, 혼합생산의 계획에는 ERP나 MRP 등의 IT활용이 불가결하다.

제3절 일정계획의 정보와 기법

1. 일정계획의 입출력 정보

1) 일정계획의 입안에 필요한 기본정보

일정계획에서는 제품의 제조와 조달 및 그 밖의 관련정보와의 사이에 아래의 관계가 성립한다.

생산 수량 = 조달지시 수량 + 제조지시 수량
　　　　　= 기준일정계획 + 수주량 - 발주량 - 보유재고

여기서, 조달지시 수량 : 무엇을 언제까지 몇 개 팔까?
제조지시 수량 : 무엇을 언제까지 몇 개 만들까?

따라서 일정계획에서는 이것들의 정보를 파악하고, 조달 또는 제조해야 하는 제품 수량을 나누어 생산을 행한다. 이를 위해 생산활동을 지원하는 정보시스템에 축적된 정보 또는 만들어진 여러 정보를 수집하고, 고객과 계약한 납기일에 계획한 비용으로 제품을 제공하기 위해 필요한 자재의 조달 및 제조 일정, 직원이나 생산설비의 소요량 등을 계획한다.

일정계획에 필요한 기본정보의 의미를 설명하면, 다음과 같다.

① 기준일정계획 : 무엇을 언제까지 몇 개 만들까?
② 수주량 정보 : 고객에게 무엇을 언제까지 몇 개 주문받을까?
③ 발주량 정보 : 외주로부터 언제까지 몇 개 납품받을까?
④ 보유재고 정보 : 현재, 몇 개 보유하고 있는가?

생산에 필요한 자재를 필요한 때에, 필요한 만큼, 조달 또는 제조하기 위해서는 지금 가지고 있는 제품재고가 몇 개(How many) 있으며, 언제(When)까지, 몇 개(How many) 입하하고, 지금의 조립예정에서는 언제(When), 몇 개(How many)를 사용하는가를 항상 알고 있지 않으면 안 된다.

그러므로 일정계획에서는 항상 유효재고를 파악하고, 여분의 제품 조달이나 제조를 회피할 필요가 있다.

2) 일정계획의 입력 정보

일정계획의 입력 정보로써 다음 그림에서 나타내는 ①수요(고객 요구사항 : 언제(When)까지 무엇(What)을 몇 개(How many) 원하는가)와 ②생산라인에 포함되는 설계, 공정, 구매, 재고, 품질 등의 여러 관리 프로세스에서 발생하는 정보, ③완성품의 품질정보 등을 수집한다.

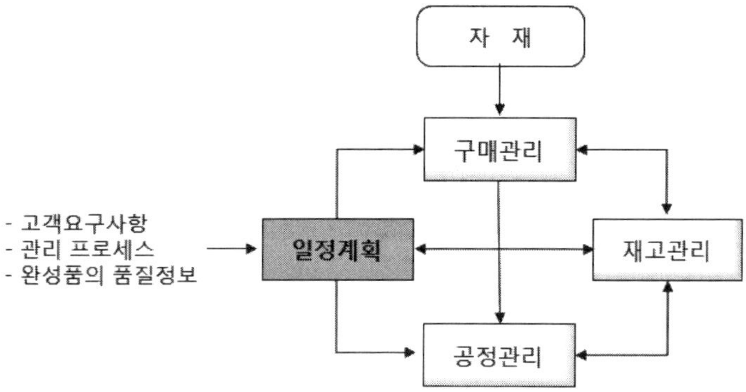

〈그림 12-8〉 일정계획의 흐름

구체적으로는 다음 <그림 12-9>의 예측생산의 일정계획에 나타낸 수요예측 정보, 보유재고 등 재고 정보, 제조장치 정보, 발주량, 직원 및 설비의 작업부하, 설계관리 프로세스의 출력인 제품별 자재명세서, 조달기간, 작업 배정, 공정 순서, 공정 작업량 등의 정보가 필요하다.

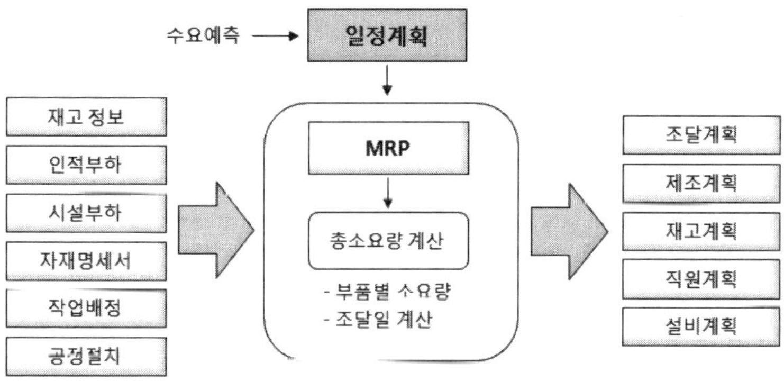

〈그림 12-9〉 예측생산의 생산계획

3) 일정계획의 출력 정보

일정계획의 출력은 제품의 조달계획, 제조계획, 재고계획, 직원작업량계획, 설비계획 등 가시화된 제품의 조달·제조, 재고, 직원 작업량, 설비, 자재의 소요량 등의 정보이다. 최종적으로는 이것들의 정보를 활용하고 제품의 조달·제조지시정보가 출력된다.

일정계획의 정밀도는 생산활동의 목표인 제품의 품질, 납기, 원가, 수익 등에 크게 영향을 준다.

① 조달계획 : 반제품이나 부품을 어디에서 언제까지 몇 개, 조달하는가의 계획

② 제조계획 : 반제품이나 부품을 언제까지 몇 개, 제조하는가의 계획
③ 재고계획 : 생산에 필요한 반제품이나 부품의 재고보유계획
④ 직원계획 :
- 생산활동에 필요한 직원 작업량의 계획
- 누구(Who)를 언제(When)까지 몇 사람(How many) 배치할까?
- 직원의 채용계획 + 육성계획 + 외주계획 (위탁·파견·청부(請負)
⑤ 설비계획 :
- 생산에 필요한 설비의 계획
- 무엇(What)을 언제(When)까지 몇 개(How many) 설치할까?
- 설비도입계획 + 기존설비의 보전계획 + 외주계획 (차용·구입)

2. 도표화 기법

1) 간트 차트

간트 차트(Gantt chart)는 이해하기가 쉬우며, 현재의 상황과 계획된 상황을 신속하게 파악할 수 있다. 과거에 일정계획기법으로 폭넓게 이용되었으며, 현재 대부분의 기업이 컴퓨터를 이용하는 일정계획기법을 채택하고 있음에도 불구하고, 계속해서 널리 이용되고 있다.

차트의 종류는 다음과 같다.

① **진도도표**(progress chart) : 계획의 진행정도를 표시
② **작업부하도표**(load chart) : 작업자나 기계에 부하된 작업량을 표시
③ **기록도표**(record chart) : 작업자나 기계의 실제작업시간과 지연상태를 기록하는데 이용

간트 차트는 총괄적인 일정계획이 설정되면, 주요 작업장의 부하량을 표시하는데 사용될 수도 있다.

2) 그 밖의 도시적 기법

오늘날과 같이 작업과 작업장의 수가 크게 증가하는 상황에서 이와 같은 간트 차트를 사용한다는 것이 어렵게 되어 많은 기계적이고 자기적인 도표와 판을 이용하여 이를 개량하고 있다.

① **상황판** : 한계시간의 크기에 따라 작은 홈들이 파여진 카드를 사용한다.

② **일정계획도표** : 일정계획된 시간과 같은 길이로 잘라서 보이는 유리 속에 넣은 채색된 카드를 이용한다.

③ **공정관리판** : 가시적인 카드에 작업의 진행정도를 통제하는 추적용 막대표와 코드를 덧붙인 장치이다.

3) 전산화된 일정계획시스템

컴퓨터도표(computer graphic)가 소형컴퓨터를 이용할 수 있게 됨으로써 간트 유형의 도표에 대한 새로운 인식이 나타나고 있다. 그리고 컴퓨터는 수 천 종류의 부품에 대한 재고를 파악하여 필요할 때마다 일정을 신속하게 수정내지 조정할 수 있게 함으로써, 결과적으로 나타나는 일정은 수작업을 통한 일정보다 항상 개선되어 있다.

3. 우선순위결정법칙

1) 단일기준법칙

단일기준법칙(single criterion rule)은 가장 단순하지만 때로는 매우 효과적인 우선순위법칙들인데, 단일기준을 작업의 근거로 작업에 할당하는 방법이다.

〈표 12-2〉 단일기준 우선순위법칙

우선순위법칙	설 명
FCFS(first come, first served)	먼저 들어온 작업을 먼저 수행
EDD(earliest due date)	가장 빠른 완성일을 갖는 작업을 먼저 수행
LS(least slack)	최소의 여유시간을 갖는 작업을 먼저 수행
SPT(shortest processing time)	최단작업시간을 갖는 작업을 먼저 수행
LPT(longest processing time)	최장작업시간을 갖는 작업을 먼저 수행
PCO(preferred customer order)	고객의 주문순위에 의한 작업의 수행
RS(random selection)	무작위 순위에 의한 작업의 수행

적절한 법칙을 선택하는 어려움 중의 하나는 먼저 그 기준을 결정하는데 있으며, 어느 것을 막론하고 모든 상황을 다 충족시킬 수는 없으나 우선순위 법칙들 가운데 어떤 것은 다른 것보다 상대적으로 우수할 수 있다.

2) 결합탐색법

결합탐색법(combined heuristic rule)은 단일기준법칙을 통합·조정하여 탄력성있게 활용하는 방법이다. 효과적인 결합탐색법은 예상되는 최단공정시간을 기준으로 하고 여기에 따른 두 가지 규칙을 통합하는 것으로, 다른 두 가지 규칙이란 애로공정에 직면하게 될지 모르는 제품과 남아있는 작업 중에서 가장 긴 공정시간을 갖는 작업에 최우선순위를 부여하는 방법이다.

다른 방법으로는 장애요인이 있는 기계나 설비에 각별한 주위를 기울여서 그들을 가능한 한 빨리 그리고 꾸준히 가동될 수 있도록 작업을 계획하는 것이다.

3) 존슨법

존슨법(Johnson's method)은 2개의 기계나 작업장(A와 B)을 통하여 연속적으로 n개의 제품을 생산할 때 총작업시간을 최소로 할 수 있다. 작업장의 일정계획문제를 탐색법으로 풀이하는 기초를 이루었다.

2대의 기계에 대한 각각의 작업순서가 동일하고 공정상의 재고가 작업의 우선순위에 따라 변하지 않는 상황에 잘 적용된다. 모든 작업이 열거되어 있고 각 작업이 각 기계에서 소요되는 시간이 알려져 있다는 것을 전제로 한다.

존슨법은 최소작업시간을 기준으로 하는 것으로 최소작업시간이 첫 번째 작업장에 있을 경우는 가능한 한 앞에 배열하며, 두 번째 작업장에 있을 경우는 가능한 한 뒤에 배열하는 방법이다.

그러므로 일정의 시작과 끝에 최단시간의 작업을 계획함으로써 양쪽 기계에서 동시에 일할 수 있는 작업시간이 극대화되며 결국 몇 개의 작업을 완성하는 총작업시간은 극소화된다.

예제 12-1

A기업은 2개의 작업장(부품 제조와 조립)을 통해서 연속적으로 진행되는 5단계의 작업(A, B, C, D, E)으로 완제품이 생산된다. 각 작업에 소요되는 시간은 다음과 같다.

5단계의 작업을 수행하는데 소요되는 총소요시간을 최소화하는 일정순서를 존슨법을 이용하여 결정하고, 그것을 간트 차트 형태로 나타내어라.

공정 \ 작업	작 업 시 간(분)				
	A	B	C	D	E
1. 부품 제조	4	5	7	6	9
2. 조립	7	9	6	2	8

풀이 ① 최소작업시간은 2시간으로 작업 D이다. 두 번째 공정에 위치하므로 가능한 한 늦게 착수한다.

				D

② 나머지 작업 가운데 최소작업시간은 작업 A이고. 첫 번째 공정이므로 가능한 한 빨리(왼쪽에 위치) 착수한다.

A				D

③ 나머지에서 최소작업시간은 5시간으로 작업 B이고, 첫 번째 공정에 위치하므로 작업 B를 가능한 앞(왼쪽)으로 배열한다. 그러므로 작업 A 다음에 놓는다.

A	B			D

④ 그 다음으로 최소작업시간은 6시간의 작업 C이며, 두 번째 공정에 위치하므로 가능한 오른쪽에 배열한다. 그러므로 작업 D의 앞에 놓는다.

A	B		C	D

⑤ 나머지 작업인 E를 빈곳에 배열한다.

A	B	E	C	D

따라서 연속적인 작업순서와 각각의 작업시간을 나타내면 다음과 같다.

작업순서	A	B	E	C	D
공정 1	4	5	9	7	6
공정 2	7	9	8	6	2

이 결과를 간트 차트(Gantt Chart)를 이용하여 다음과 같이 나타낼 수 있으며, 5단계의 작업을 수행하는데 소요되는 총소요시간은 36분이 소요된다.

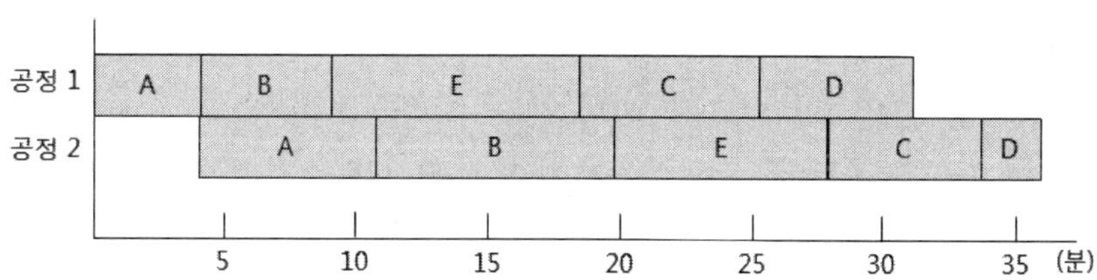

4) 긴급률법

긴급률법(critical ratio rule)은 잔여작업의 소요일수에 대한 남은작업일수의 비율로서 나타낸 우선순위지수를 이용한 작업배정법칙이다. 즉, 주문품의 일정에 맞게 선적될 수 있도록 가장 긴급을 요하는 작업에 우선순위를 주도록 일정을 짜는 것으로서 어떤 작업이 일정보다 늦어질 것 같으면 긴급률은 낮아지고, 반대로 일정보다 빠르게 되면 긴급률은 높아진다.

① 긴급률이 1.0보다 작은 작업 : 전체 일정보다 작업이 늦어진다.
② 긴급률이 1.0과 같은 작업 : 일정에 맞출 수 있다.
③ 긴급률이 1.0보다 큰 작업 : 전체 일정보다 작업이 빨리 끝낼 수 있어 약간의 여유를 가질 수 있다.

$$\text{긴급률}(CR) = \frac{\text{잔여 납기일수}}{\text{잔여작업 소요일수}}$$

$$\text{날짜가 정해진 상태에서의 긴급률} = \frac{\text{납기일} - \text{오늘 날짜}}{\text{잔여작업 소요일수}}$$

예제 12-2

작업을 시작하여 16일이 경과한 5개의 작업 진행 일정은 다음과 같다.

작 업	완 성 일	잔여작업 소요일수
A	18	4
B	20	4
C	22	5
D	24	4
E	30	5

각 작업의 긴급률에 의하여 작업의 우선순위를 결정하라.

풀이

$$\text{작업 } A\text{의 긴급률}(CR) = \frac{18-16}{4} = 0.5$$

$$\text{작업 } B\text{의 긴급률}(CR) = \frac{20-16}{4} = 1.0$$

작 업	잔여 납기일수(일)	잔여작업 소요일수	긴급률	우선순위
A	18-16=2	4	0.5	1
B	20-16=4	4	1.0	2
C	22-16=6	5	1.2	3
D	24-16=8	4	2.0	4
E	30-16=14	5	2.8	5

긴급률에 의한 작업의 우선순위는 작업 A, B, C, D, E의 순으로 배열된다. 작업 C, D, E는 약간의 여유를 가지고 있으며, 작업 A는 긴급률이 1보다 작으므로 서두르지 않는다면 제때에 납품하지 못할 것을 의미한다. 그리고 1의 긴급률을 가진 작업 B는 일정에 맞게 진행되고 있는 작업이다.

4. 할당문제

할당문제(assignment problem)는 비용, 수량, 시간 또는 효율과 같은 어떤 기준을 근거로 하여 기계나 작업장에 작업을 배정하거나 또는 직무에 작업자를 배정하는데 유용하다. 그러므로 한 번에 한 가지 기준을 적용할 수 있으며, 작업수와 작업자의 수가 같아야 하는 점을 가정으로 한다.

만약, 그 수가 다르면 가상적인 작업이나 작업자(dummy row or column)가 첨가되며, 그 계수는 0이 되고, 어떤 작업자나 기계의 할당이 현실적으로 불가능하다면 해당 계수는 전개과정에서 제외되거나 아주 큰 비용(big M)이 주어져 어떠한 작업할당도 이루어지지 않도록 한다.

할당문제는 작업장의 작업할당이나 중장비 사용의 일정계획을 위하여 그리고 비교적 정확한 비용, 이익 또는 시간기준이 이용될 수 있는 기타 산업분야에서 광범위하게 사용되었으며, 생산적인 노력이 점차 서비스 쪽으로 옮겨감에 따라 서비스 집약적 직무에 개별적인 할당을 위하여 이 기법의 사용이 확장될 것으로 기대된다.

보론 할당법

1. 할당법의 개념

할당문제(assignment problem)는 선형계획문제의 특수형태인 동시에 수송문제의 특수형태이다. 즉, 할당문제는 각 공급지의 공급량이 1이고, 각 수요지의 수요량이 1이며, 단위당 수송비용은 어떤 한 공급지(작업자)를 어떤 한 수요지(과업)에 할당하는 비용과 같다. 그러므로 할당문제(assignment problem)는 주어진 과업들을 종업원들에게 적절하게 배정하는 방법으로, 기업의 이익을 높이기 위한 과업배정기법이라 할 수 있다. 다음 예를 이용하여 할당문제를 선형계획모형으로 나타내 보자.

예제 12s-1

다음 할당문제표를 이용하여 4명의 작업자에게 4개의 과업 가운데 1개씩 배정하는데 최소비용을 얻을 수 있는 배정방법을 선형계획모형으로 나타내어라.

과업 / 작업자	I	II	III	IV
A	5	8	8	6
B	4	6	5	8
C	6	10	7	4
D	9	9	7	3

풀이 수송계획모형과 같이 작업자와 과업 사이의 수치는 특정 작업자가 그 과업을 맡음으로서 부과되는 비용을 나타낸다. 그리고 x_{ij}는 작업자 i가 과업 j를 맡을 경우 1이 되며, 맡지 않을 경우 0이 된다.

과업 / 작업자	I	II	III	IV	작업자수
A	5 x_{11}	8 x_{12}	8 x_{13}	6 x_{14}	1
B	4 x_{21}	6 x_{22}	5 x_{23}	8 x_{24}	1
C	6 x_{31}	10 x_{32}	7 x_{33}	4 x_{34}	1
D	9 x_{41}	9 x_{42}	7 x_{43}	3 x_{44}	1
과업수	1	1	1	1	4

할당문제는 다음과 같이 선형계획모형으로 전개할 수 있다.

$$\begin{aligned}
\text{Min} : Z = \; & 5x_{11} + 8x_{12} + 8x_{13} + 6x_{14} \\
& + 4x_{21} + 6x_{22} + 5x_{23} + 8x_{24} \\
& + 6x_{31} + 10x_{32} + 7x_{33} + 4x_{34} \\
& + 9x_{41} + 9x_{42} + 7x_{43} + 3x_{44}
\end{aligned}$$

$$\text{s.t.} : \left.\begin{aligned}
x_{11} + x_{12} + x_{13} + x_{14} = 1 \\
x_{21} + x_{22} + x_{23} + x_{24} = 1 \\
x_{31} + x_{32} + x_{33} + x_{34} = 1 \\
x_{41} + x_{42} + x_{43} + x_{44} = 1
\end{aligned}\right\} \text{작업자수에 대한 제약}$$

$$\left.\begin{aligned}
x_{11} + x_{21} + x_{31} + x_{41} = 1 \\
x_{12} + x_{22} + x_{32} + x_{42} = 1 \\
x_{13} + x_{23} + x_{33} + x_{43} = 1 \\
x_{14} + x_{24} + x_{34} + x_{44} = 1
\end{aligned}\right\} \text{과업수에 대한 제약}$$

$$x_{ij} = 0 \text{ 또는 } 1, \; (i = 1, 2, 3, 4 \quad j = 1, 2, 3, 4)$$

할당문제의 수리적 모형은 수송문제의 수리적 모형으로부터 다음과 같이 간단히 유도할 수 있다.

$$\text{Min} : Z = \sum_{i=1}^{m}\sum_{j=1}^{n} c_{ij}x_{ij}$$

$$\text{s.t.} : \sum_{j=1}^{n} x_{ij} = 1 \qquad (i = 1, 2, \cdots\cdots, n)$$

$$\sum_{i=1}^{m} x_{ij} = 1 \qquad (j = 1, 2, \cdots\cdots, m)$$

$$x_{ij} = 0 \text{ 또는 } 1$$

위의 모형에서 제약식의 수는 $2n$개이지만 기저변수의 수는 n개에 불과하므로 수송문제의 해법을 적용할 경우, $(n-1)$개의 기저변수가 0의 값을 갖는 퇴화현상이 발생하게 된다.

따라서 수송문제의 해법을 할당문제의 풀이에 적용하는 것은 비효율적이다. 할당문제의 수학적 구조를 이용한 해법으로는 분단탐색할당법(branch and bound assignment method)과 헝거리언법(Hungarian method)이 있다. 여기서는 헝거리언법을 다루도록 한다.

2. 헝거리언법

헝거리언법(Hungarian method)은 헝가리의 수학자 D.König에 의하여 고안된 할당문제의 특수해법이다. 이 방법은 기회비용의 개념을 이용하여 최적해를 구하는 방법이다. 즉, 기회비용이 0인 경우, 후회하지 않고 만족하기 때문이다. 기회비용은 각 행과 열에서 최소값을 찾아내어 그 열의 다른 값에서 이 최소값을 빼주면 구할 수 있다. 헝거리언법의 풀이과정은 다음과 같다.

단계 1 : 할당문제표의 작성
단계 2 : 기회비용행렬표의 작성
단계 3 : 최적해의 탐색
단계 4 : 기회비용행렬표의 수정
단계 5 : 최적해의 도출

1) 최소화문제

주어진 과업들을 종업원들에게 배정할 때, 발생하는 비용을 최소화하는 문제를 최소화문제라고 한다. 즉, 할당문제표의 값이 비용으로 나타나는 경우를 말한다. 다음 예제를 이용하여 풀이과정을 살펴보도록 한다.

예제 12s-2

S 버스회사는 A, B, C, D 4개의 도시에 종류가 다른 4대의 버스를 한 대씩을 배정하려고 한다. 도시의 지역적인 특성에 따른 버스 종류별 비용은 다음과 같다. 도시별 최적의 버스배정을 결정하라.

(단위 : 천원)

버스 도시	I	II	III	IV
A	15	11	13	12
B	14	13	15	10
C	12	12	11	13
D	13	9	16	14

풀이 1) 기회비용행렬표의 작성

① 버스의 비용최소값과의 차 : 각 行의 최소값에서 나머지 수값을 뺀다.

버스 / 도시	I	II	III	IV	u_i
A	4	0	2	1	11
B	4	3	5	0	10
C	1	1	0	2	11
D	4	0	7	5	9

② 도시의 기회비용과의 차 : 列의 최소값을 기준으로 나머지 수값을 뺀다.

버스 / 도시	I	II	III	IV	u_i
A	3	0	2	1	11
B	3	3	5	0	10
C	0	1	0	2	11
D	3	0	7	5	9
v_j	1	0	0	0	

2) 최적해의 탐색

직선의 수가 버스의 수와 일치할 때, 최적해가 된다. 그리고 직선을 긋는 방법은 다음과 같다.

① 0이 2개 있는 行과 列부터 우선적으로 긋는다.

② 0이 1개 있는 行과 列을 긋는다.

차량 / 도시	I	II	III	IV
A	3	0	2	1
B	3	3	5	0
C	0	1	0	2
D	3	0	7	5

위의 직선의 수가 3개이므로 최적해라 할 수 없으므로, 기회비용행렬표를 다음의 방법을 이용하여 수정한다.

3) 기회비용행렬표의 수정

수정방법은 다음과 같다.

① 직선이 통과하지 않은 값 가운데 최소값을 선택한다.

② 직선이 통과하지 않은 값에서 최소값을 뺀다.

③ 직선이 겹치는 곳은 최소값을 더한다.

④ 나머지는 그대로 둔다.

도시 \ 차량	I	II	III	IV
A	3→ 1	0	②→0	1
B	3→ 1	3	5→3	0
C	0	1→ 3	0	2→ 4
D	3→ 1	0	7→5	5

4) 최적해의 결정

도시 \ 차량	I	II	III	IV
A	1	0	0	1
B	1	3	3	0
C	0	3	0	4
D	1	0	5	5

직선의 수가 차량의 수와 같은 4개이므로 최적해라고 할 수 있다. 그러므로 최적배정은 A-Ⅲ, B-Ⅳ, C-Ⅰ, D-Ⅱ가 되며, 총비용은 44(= 13 + 10 + 12 + 9)가 된다.

2) 최대화문제

특정과업을 특정인에게 배정함으로써, 기업 전체의 이익을 최대로 하는 문제를 최대화문제라고 한다. 즉, 할당문제표의 값이 이익으로 나타나는 경우를 말한다. 최대화문제의 풀이는 최초의 할당문제표에서 각 행과 열의 수값 가운데 최대값(큰 이익)에서 나머지 수값들을 차감하여 기회비용행렬표를 만든다. 그 다음 단계는 최소화문제와 동일하다. 다음 예제를 이용하여 풀이과정을 살펴보도록 한다.

예제 12s-3

다음은 S사의 4명 작업자에게 4개의 과업이 배정될 때 발생하는 이익을 나타낸 것이다. 기업의 이익을 최대한으로 높이기 위해서는 각각의 작업자에게 과업을 배정하라.

작업자 \ 과업	가	나	다	라
A	22	13	18	6
B	7	8	14	13
C	5	10	9	8
D	15	6	13	11

풀이 1) 기회비용행렬표의 작성

① 판매원에 대한 능률 최대값과의 차 : 최소화문제와는 반대로 行이나 列의 최대값에서 나머지 수 값을 뺀다.

작업자 \ 과업	가	나	다	라	u_i
A	0	9	4	16	22
B	7	6	0	1	14
C	5	0	1	2	10
D	0	9	2	4	15

② 최소값과 列의 요소와의 차 : 列의 최소값을 기준으로 나머지 수값을 뺀다.

작업자 \ 과업	가	나	다	라	u_i
A	0	9	4	15	22
B	7	6	0	0	14
C	5	0	1	1	10
D	0	9	2	3	15
v_j	0	0	0	1	

2) 최적해의 탐색

직선의 수와 작업자의 수가 일치할 때, 최적해가 된다. 최소화문제와 마찬가지로 직선을 긋는 방법은 다음과 같다.

① 0이 2개 있는 行과 列부터 우선적으로 긋는다.

② 0이 1개 있는 行과 列을 긋는다.

작업자 \ 과업	가	나	다	라
A	0	9	4	15
B	7	6	0	0
C	5	0	1	1
D	0	9	2	3

3) 기회비용행렬표의 수정

수정방법도 최소화문제와 같다.

① 직선이 통과하지 않은 값 가운데 최소값을 선택한다.

② 직선이 통과하지 않은 값에서 최소값을 뺀다.

③ 직선이 겹치는 곳은 최소값을 더한다.

④ 나머지는 그대로 둔다.

작업자 \ 과업	가	나	다	라
A	0	7	2	13
B	9	6	0	0
C	7	0	1	1
D	0	7	0	1

4) 최적해의 도출

작업자 \ 과업	가	나	다	라
A	0	7	2	13
B	9	6	0	0
C	7	0	1	1
D	0	7	0	1

직선의 수가 4개이므로 여기서 구한 이익이 최대가 된다. 그러므로 과업의 배정은 A-가, B-라, C-나, D-다 가 되며, 이때 총이익은 58(= 22 + 13 + 10 + 13)이 된다.

연습문제

12-1 일정계획의 흐름을 설명하라.

12-2 자재소요계획과 능력소요계획을 설명하라.

12-3 동시계획에 대하여 설명하라.

12-4 예측생산의 일정계획에 대하여 설명하라.

12-5 주문생산의 일정계획에 대하여 설명하라.

12-6 단일기준 우선순위법칙에 대하여 설명하라.

12-7 P기업은 2개의 작업장을 통해서 연속적으로 진행되는 5단계의 작업(A, B, C, D, E)으로 완제품이 생산된다. 각 작업에 소요되는 시간은 다음과 같다.
5단계의 작업을 수행하는데 소요되는 총소요시간을 최소화하는 일정순서를 존슨법을 이용하여 결정하고, 그것을 간트의 차트 형태로 나타내어라.

작업 / 공정	작업 시 간(분)				
	A	B	C	D	E
공정 1	8	6	7	5	9
공정 1	5	9	6	4	8

12-8 작업을 시작하여 18 경과한 5개의 작업 진행 일정은 다음과 같다.

작 업	완 성 일	잔여 작업소요일수
A	21	5
B	19	4
C	20	6
D	23	3
E	26	4

각 작업의 긴급률에 의하여 작업의 우선순위를 결정하라.

12-9 A, B, C, D 네 명의 작업자를 작업 Ⅰ, Ⅱ, Ⅲ, Ⅳ에 할당할 때의 비용행렬이 다음과 같다.

작업자 \ 작업	Ⅰ	Ⅱ	Ⅲ	Ⅳ
A	24	38	60	40
B	32	67	52	47
C	40	36	80	43
D	57	45	52	40

1) 선형계획모형으로 나타내어라.

2) 비용이 최소화되도록 작업자를 배정하라.

12-10 A, B, C, D 네 명의 판매원을 지역 Ⅰ, Ⅱ, Ⅲ, Ⅳ에 할당할 때의 수익행렬이 다음과 같다.

판매원 \ 지역	Ⅰ	Ⅱ	Ⅲ	Ⅳ
A	130	240	80	170
B	50	150	270	95
C	100	250	260	100
D	75	95	120	150

1) 선형계획모형으로 나타내어라.

2) 이익이 최대화되도록 판매원을 배정하라.

12-11 다음 할당문제는 특정 강사가 특정 교과목을 맡을 때의 비용행렬을 나타낸 것이다. 4명의 강사에게 교과목을 가장 적절하게 배정하는 방법을 결정하라.

강사 \ 교과목	국사	세계사	사회	지리
갑	4	8	7	6
을	6	4	8	8
병	5	6	10	6
정	6	8	10	8

12-12 판매원 A, B, C, D가 판매지역 Ⅰ, Ⅱ, Ⅲ, Ⅳ에서 올리는 수익행렬이 다음과 같을 때, 최대 수익을 올리기 위한 할당방법을 구하라.

판매원 \ 판매지역	Ⅰ	Ⅱ	Ⅲ	Ⅳ
A	20	30	15	8
B	10	17	9	13
C	12	16	7	10
D	5	11	20	14

12-13 S사의 공정은 3가지로 구성되며, 4명의 작업자 가운데 3명에게 이 일을 맡기려고 한다. 각 작업자가 특정 공정을 맡을 때, 발생하는 이익은 다음과 같다.

작업자 \ 공정	Ⅰ	Ⅱ	Ⅲ
A	6	10	11
B	8	12	7
C	5	9	8
D	14	6	13

1) 선형계획모형으로 나타내어라.

2) 기업의 최대이익을 얻도록 작업자를 배정하라.

12-14 S사의 공정은 3가지로 구성되며, 4명의 작업자 가운데 3명에게 이 일을 맡기려고 한다. 각 작업자가 특정 공정을 맡을 때, 발생하는 비용은 다음과 같다. 기업 비용이 최소가 되도록 배정하라.

작업자 \ 공정	Ⅰ	Ⅱ	Ⅲ
A	10	12	13
B	8	11	14
C	9	10	8
D	7	9	6

Chapter 13

MRP와 ERP

제1절 MRP시스템

1. MRP의 의의

생산계획에서는 생산 전반에 걸쳐 다양하고 방대한 양의 정보를 수집하여 처리하고, 최적의 계획을 세워야 한다. 종래 이러한 계획은 사람 손으로 하는 것이 많았고, 노련한 관리자들의 경험과 판단능력에 의존하였지만, 생산계획의 정밀도의 향상에는 한계가 있었다. 더구나 고객 요구의 다양화에 의한 '혼합생산'으로 이행하는 흐름으로, 생산계획을 보다 정밀도가 높고, 효율적으로 세우는 것은 매우 어렵게 되었다.

그러나 생산계획을 지원하는 IT기술이 보급되어, 생산계획의 엔진으로 MRP시스템이 사용되어 왔지만, MRP를 적용하기 위해서는 우선적으로 MRP에 필요한 기초정보를 수집하여야 한다.

완제품을 구성하는 수많은 자재, 부품 및 구성품 등은 완제품을 생산할 경우에만 수요가 결정되기 때문에 종속수요 품목(dependent demand item)이라고 한다. 즉, 종속수요 품목들은 시장조건에 의하여 결정되지 않으며, 완제품의 수요에 따라 종속적으로 나타난다.

그러므로 종속수요 품목이 언제, 얼마나 필요하느냐는 것은 이들에 대하여 일일이 수요예측을 하는 것이 아니라 이들을 이용하여 생산되는 상위의 품목 또는 최종품목의 수에 의하여 결정된다.

따라서 MRP는 최종품목에 대한 수요예측을 토대로 그것을 생산하는데 필요한 종속수요 부품이나 조립품들이 언제, 얼마나 필요한지, 필요한 경우 언제 발주하며, 그 때의 발주량은 몇 개이며, 언제 수령하는가를 제시하도록 설계된 정보시스템이라고 할 수 있다. 즉, MRP는 일정계획의 지시를 받아 최종제품을 생산하는데 요구되는 자재소요의 상세계획을 작성하고 관리함으로써 일정계획이 원활히 운용될 수 있도록 지원하는 시스템이다.

2. MRP시스템의 투입정보

MRP시스템의 투입정보 가운데 가장 기본적인 것은 일정계획이며, 자재명세서와 재고기록철의 정보도 필요하다.

① **일정계획** : 일정계획이란 제품별, 계획기간별, 생산량에 대한 최종품목의 생산계획이다. MRP시스템은 최종품목의 일정계획을 기초로 각 구성부품의 기간별 소요량을 계산한다.

② **자재명세서** : 제품 1단위를 생산하는데 필요한 각종 원자재 및 부품들을 결정하기 위하여 자재명세서(BOM; Bill of Material)를 이용한다. 즉, 자재명세서란 최종제품을 구성하는 원자재 및 종속수요 부품들의 목록이며, 조립순서를 나타내 주는 핵심적인 자료이다.

③ **재고기록철** : 각 부품에 대한 정보는 일련의 재고기록철(inventory records file)의 데이터베이스에 저장된다.

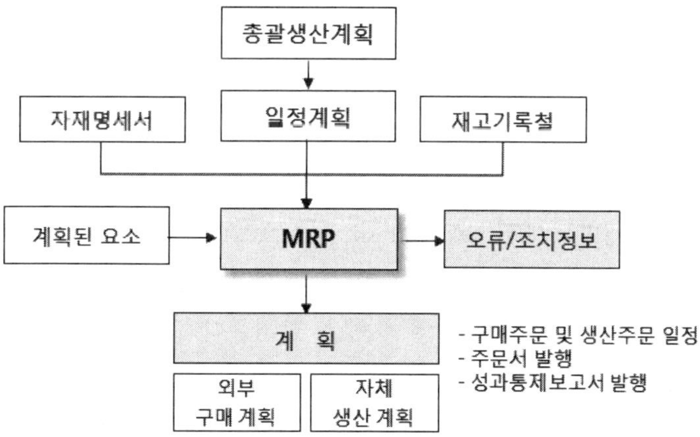

〈그림 13-1〉 MRP의 개념도

3. MRP 계산의 개념

MRP의 기본데이터 중 가장 정확도가 적게 요구되는 소요기간도 95% 이상의 정확도를 유지할 수 있어야 하며, MRP 작업주기는 1주 이내이어야 계획시스템으로서의 의미를 가진다.

사용되는 기간의 개념은 MRP계산표 등에서 이해를 돕기 위해 주(week)단위의 예가 많으나 실제 운영에서는 단위기간이 없거나 일(day)단위보다 적은 단위이어야 한다.

MRP에 사용되는 용어들의 개념을 정리하면 다음과 같다.

① **총소요량** : 각 기간 중에 예상되는 총생산량으로, 최종품목은 일정계획으로부터 얻고, 그 하위 부품은 상위 부품의 발주계획에 따라 계산된다.

② **수령량** : 발주계획이 해당 시점에 이르면 주문이 이루어지고, 이 주문이 조달기간 이후에 납품예정인 양

③ **순소요량** : 각 기간별 총소요량에서 전기말의 기말재고와 수령량의 합을 뺀 값, 즉 순소요량 = 총소요량 - (기말재고 + 수령량)

④ **기말재고** : 다음 기의 수요에 이용될 수 있는 각 기말의 재고량

⑤ **발주계획** : 주문이 이루어져야 할 시기로, 주문계획시기에서 조달기간을 빼주면 된다.

⑥ **발주량** : 주문이 이루어져야 할 시기에 발주계획에 따라 주문을 하게 되며, 발주량은 수령량과 같다.

자재소요계획(MRP; Material Requirements Planning)은 MRP-II와 ERP의 출발점이며 생산시스템의 핵심 모듈이다. 그러므로 일정계획을 만족시키기 위해 자재의 소요량과 일정을 산출하고, 이의 보충량과 일정을 수립하는 기능이 있다.

MRP의 계산과정은 다음의 3가지 논리에 근거하여 만들어졌다.

① 최종제품에 소요되는 자재를 계층화하면, 수요를 계산할 수 있다. 이를 위해서는 일정계획과 자재명세서(BOM; bill of materials)가 필요하며, 상위의 품목 조립 필요량, 소요기간 등을 포함하여야 한다. 자재명세서는 각 품목을 생산하는데 이용되는 특정 자재와 특정 자재의 수량을 밝혀준다. 그리고 재고기록철은 보유하거나 주문한 자재 수량 등의 자료를 포함한다.

② 현재 재고, 계획 및 할당된 자재의 수량, 안전재고 등을 알면 순소요량을 알 수 있고, 이의 주문정책으로 부족한 수량을 계산할 수 있다.

③ 수요의 변동 빈도와 폭을 고려한 주기적 계산이 필요하다.

예제 13-1

다음의 예제를 이용하여 MRP의 흐름을 살펴보도록 하자.

S기업은 삼륜 리어카 A를 생산하는 기업으로, 아래의 제품구조도에서 보는 바와

같이 삼륜 리어카 A에는 2개의 핸들 X와 1개의 바퀴모듈 Y, 그리고 기타 부품으로 구성된다.

바퀴모듈 Y는 소형바퀴 Y-1이 3개가 결합되어 구성된다. 핸들 X와 바퀴모듈 Y의 1회 적정주문량은 35개, 조달기간은 3주, 현재의 기말보유량은 25개이다. 그리고 소형바퀴 Y-1의 1회 적정주문량은 100개, 조달기간은 2주, 현재의 기말보유량은 30개이다.

2주, 5주, 9주차에 각각 '삼륜 리어카 A' 10대가 필요할 것으로 예상하고, 각 부품의 총소요량을 계산해 보자.

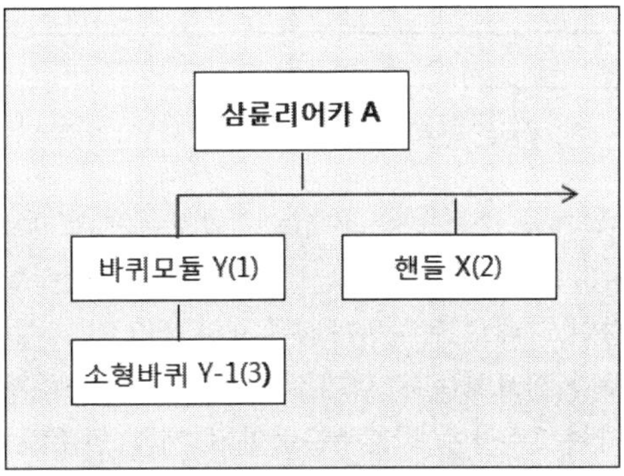

〈그림 13-2〉 삼륜 리어카 A의 제품구조도

풀이 삼륜 리어카 A의 제품구조도를 바탕으로 자재명세서를 작성하면, 다음과 같다.

〈표 13-1〉 삼륜 리어카 A의 자재명세서

삼륜 리어카 A의 부품 기호		다단계 자재명세서
기호	설 명	
A	완성된 삼륜 리어카	A
X	핸들	X(2)
Y	바퀴모듈	Y(1)
Y-1	소형바퀴	Y-1(3)

위의 자재명세서에서 완제품은 가장 왼쪽에 위치하며, 하위 단계로 내려감에 따라 오른쪽으로 한 칸씩 이동하게 된다. 그리고 각 부품별 소요량을 MRP시스템에 의하여 주별로 설명하면, 다음과 같다.

1) 핸들 X의 기간별 소요량

먼저 핸들 X에 대하여 다음과 같이 기간별로 총소요량을 나타낼 수 있다. '삼륜 리어카 A' 1대에는 2개의 '핸들 X'가 필요하다. 그러므로 2주, 5주, 9주차에 각각 '삼륜 리어카 A' 10대에 필요한 핸들 X는 2주, 5주, 9주차에 각각 20개(=2×10)이다. 이를 정리하면, 다음과 같다.

주 문 량 = 35개 조달기간 = 3주		기 간									
		1	2	3	4	5	6	7	8	9	10
총소요량			20			20				20	
수 령 량											
보 유 량	25										
발 주 량											

〈그림 13-3a〉 핸들 X의 MRP 계산과정 1

2주차에 필요한 총소요량 20개는 기말보유량 25개로 충당이 되어, 2주차의 보유량은 5개가 된다. 그리고 3주차와 4주차에는 소요량이 없으므로 2주차의 보유량이 그대로 유지된다. 5주차의 소요량 20개는 보유량 5개를 초과하므로 발주가 필요하며, 조달기간이 3주이므로, 5주차에 부족한 부품을 보충하기 위하여 2주차에 적정주문량인 35개를 발주하여야 한다.

따라서 발주되어 수령된 35개와 기존의 보유량 5개에서(40=35+5) 5주차에 필요한 20개를 제외하면, 보유량은 20개가 된다.

주 문 량 = 35개 조달기간 = 3주		기 간									
		1	2	3	4	5	6	7	8	9	10
총소요량			20			20				20	
수 령 량						35					
보 유 량	25	25	5	5	5	20	20	20	20	0	0
발 주 량			35								

〈그림 13-3b〉 핸들 X의 MRP 계산과정 2

그리고 9주차의 총소요량 20개는 보유량 20개로 충당한다. 그러나 MRP는 발주 전 상태의 계획만 만들어 줄 뿐, 이의 실행여부를 판단하지는 못하며, 모든 판단은 작업자가 하여야 한다.

그러므로 MRP시스템은 작업자가 판단해야 할 오류정보와 조치정보를 제공해 준다. 오류정보(error message)란 시스템 운영 절차와 로직에 맞지 않는 비정상적인 경우가 발견되었을 때, 이것을 정정하기 위한 정보이다. 그러나 이런 정보는 발생하지 않아야 하지만, 다양한 데이터를 취급하는 MRP시스템 내에서 데이터의 오류는 물론 시스템 오류도 발생할 수가 있다.

조치정보(action message)는 정상적인 절차에 의해 MRP가 제시하는 권장 정보이다. 예를 들면, 정상 주문을 하라든지, 과거의 구매주문에 대한 독촉 혹은 연기하라는 내용 등이다. 본 예제의 경우는 계획된 입고를 소요기간을 차감하여 2주차와 6주차에 각각 35개를 주문하라는 지시를 조치정보로 보내줄 것이다.

2) 바퀴모듈 Y의 기간별 소요량

'삼륜 리어카 A' 1대에는 1개의 '바퀴모듈 Y'가 필요하므로, 2주, 5주, 9주차에 각각 10개의 바퀴모듈 Y가 필요하다.

주 문 량 = 35개 조달기간 = 3주		기 간									
		1	2	3	4	5	6	7	8	9	10
총소요량			10			10				10	
수 령 량											
보 유 량	25										
발 주 량											

〈그림 13-3c〉 바퀴모듈 Y의 MRP 계산과정 1

2주차에 필요한 총소요량 10개는 기말보유량 25개로 충당하고, 2주차의 보유량은 15개가 된다. 그리고 3주차와 4주차에는 소요량이 없으므로 2주차의 보유량이 그대로 유지된다. 5주차의 소요량 10개는 4주차의 보유량으로 충당한다.

9주차에 총소요량 10개는 8주차의 보유량 5개를 초과하므로 발주가 필요하며, 조달기간이 3주이므로, 6주차에 적정주문량인 35개를 발주한다.

따라서 발주되어 수령된 35개와 기존의 보유량 5개에서(40-35+5) 5주차에 필요한 10개를 제외하면, 보유량은 30개(=35+5-10)가 된다.

주 문 량 = 35개 조달기간 = 3주		기 간									
		1	2	3	4	5	6	7	8	9	10
총소요량			10			10				10	
수 령 량										35	
보 유 량	25	25	15	15	15	5	5	5	5	30	30
발 주 량							35				

〈그림 13-3d〉 바퀴모듈 Y의 MRP 계산과정 2

3) 소형바퀴 Y-1의 기간별 소요량

'삼륜 리어카 A' 1대에는 1개의 '바퀴모듈 Y'가 필요하며, '바퀴모듈 Y'에는

'소형바퀴 Y-1'이 3개가 필요하다. 그런데 '바퀴모듈 Y'의 발주시기에 맞추어 '소형바퀴 Y-1'의 발주가 결정되므로, 이러한 관계를 그림으로 나타내면 다음과 같다.

제품 A

	기간									
	1	2	3	4	5	6	7	8	9	10
총소요량		10			10				10	

바퀴모듈 Y
주 문 량 = 35개
조달기간 = 3주

		기간									
		1	2	3	4	5	6	7	8	9	10
총소요량			10			10				10	
수 령 량										35	
보 유 량	25	25	15	15	15	5	5	5	5	30	30
발 주 량							35				

소형바퀴 Y-1
주 문 량 = 100개
조달기간 = 2주

		기간									
		1	2	3	4	5	6	7	8	9	10
총소요량							105				
수 령 량							100				
보 유 량	30	30	30	30	30	30	25	25	25	25	25
발 주 량					100						

〈그림 13-3e〉 소형바퀴 Y-1의 MRP 계산과정

소형바퀴 Y-1의 1회 적정주문량은 40개, 조달기간은 2주이며, 현재의 기말 보유량은 30개이므로, 6주차에 필요한 총소요량 35개를 맞추기 위하여 조달기간을 고려하여 4주차에 적정주문량 40개를 발주한다. 그리고 보유량 30개와 수령된 40개에서 6주차의 소요량 35개를 제외하면, 보유량은 35개(= 30 + 40 − 35)가 된다.

4. 다중 자재명세서

동일한 부품이 2개 이상의 제품에 사용될 수도 있다. 이러한 부품을 공용자재(common part)라고 하며, 다중 자재명세서(multiple BOM)가 구성된다.

다음 예제를 통하여 살펴보도록 하자.

예제 13-2

P기업은 기업방침에 따라 '삼륜 리어카 A'에 '제품 B'를 추가로 생산하게 되었다. '핸들 X'의 사용수량은 '삼륜 리어카 A'에는 대당 2개가 1주, 2주, 3주, 4주에 소요되며, '제품 B'에는 대당 1개가 6주, 7주, 8주, 9주에 소요된다. 다중 자재명세서로 나타내어라.

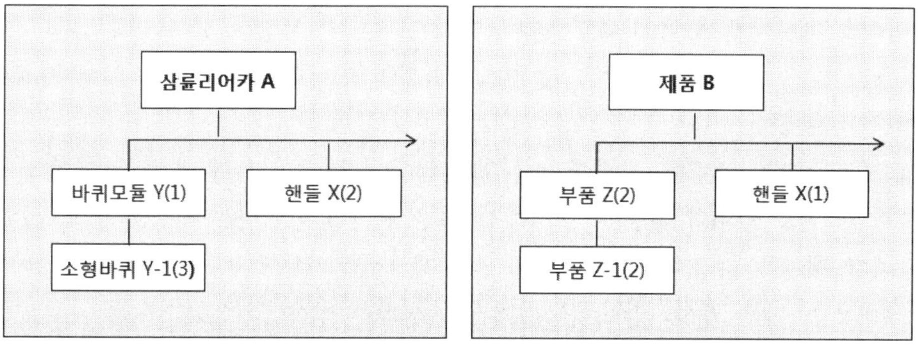

〈그림 13-4〉 P기업 제품들의 제품구조도

풀이 아래 그림은 P기업 제품들의 제품구조도를 기초로 다중 자재명세서를 나타낸 것으로, 동일한 '핸들 X'가 주별로 소요되며, 특정 제품과는 관계없이 '핸들 X'의 관점에서만 보이게 된다.

삼륜리어카 A

	기간									
	1	2	3	4	5	6	7	8	9	10
총소요량	10	10	10	10						

제품 B

	기간									
	1	2	3	4	5	6	7	8	9	10
총소요량						10	10	10	10	

핸들 X

	기간									
	1	2	3	4	5	6	7	8	9	10
총소요량	20	20	20	20		10	10	10	10	

〈그림 13-5〉 P기업 제품들의 다중 자재명세서

5. 제품구조도

제품의 사양이 좀 더 복잡한 경우를 가정해 보면, 구조적으로 매우 복잡해진다. 위의 예에서는 '핸들 X'의 하위 부품이 나타나지 않았지만, '핸들 X'도 여러 종류의 하위 부품으로 구성될 수 있다. 어떤 하위 부품은 상위 품목의 전개가 언제 완료될 지 알 수 없어 MRP계산표를 완성할 시점을 결정하기가 어렵다. 더욱이 하위 부품을 전개할 시기는 더더욱 그렇다.

현실적으로는 제품에 있어 대부분의 공용자재가 이런 복잡한 경우에 해당된다. 하나의 공용자재는 아래 그림과 같은 상이한 제품뿐만 아니라 동일제품의 다른 부품에도 다양하게 사용된다.

그러므로 MRP시스템이 전개한 총소요량의 합계를 어쩌면 전 부품의 전개가 끝날 때까지 기억하고 있어야 하든지, 불가능할 경우 변화가 일어나는 부품과 이의 하위 부품에 대한 계산을 수정해 주어야 한다. 이렇게 되면 가뜩이나 처리해야 할 데이터가 많은 MRP시스템은 계산시간에 큰 문제가 발생할 수밖에 없다.

다음 그림은 삼륜리어카 A와 제품 B에 대한 제품구조도에 대한 예를 나타낸 것이다. 각 제품에는 핸들 X의 부품이 포함되어 있음을 볼 수 있다.

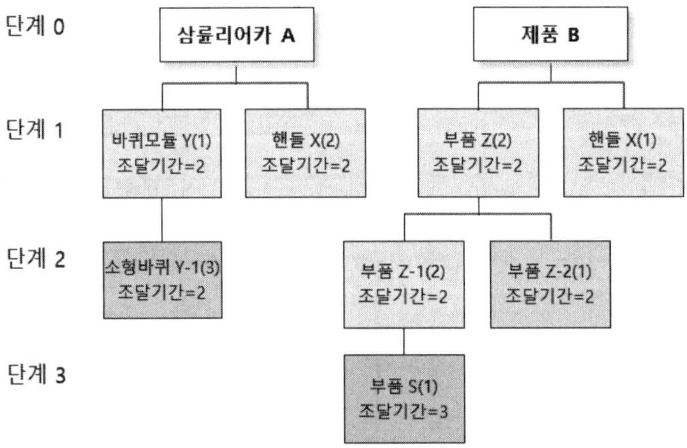

〈그림 13-6〉 P기업의 제품구조도

6. MRP시스템의 재계획

기업에서 MRP시스템을 적용하여 운영하는 과정에서 일정계획이나 다른 독립수요에 예상치 못한 변경사항들이 발생할 수 있다.

이미 운영 중인 MRP시스템에 대한 변경사항으로는 ①신규데이터 생성, ②부품구조 변경, ③총괄생산계획 등 계획변경, ④고객주문 변경, ⑤허용치 이상의 불량, ⑥불출, 입고, 재수정, ⑦공급자의 문제, ⑧생산의 문제 등이 있으며, 이러한 상황이 발생하면, 불가피하게 MRP의 재계획이 필요하다.

재계획 변경사유가 발생하면, MRP는 이들 변경사항을 자재명세서를 통해서 하부의 가장 낮은 단계에까지 반영하여야 한다. 먼저, 현재 진행 중인 주문을 우선적으로 점검하여야 한다. 이들 진행 중인 주문을 더 빨리 혹은 더 늦게 진행시키는 것이 수요-공급간 불균형을 해결할 수도 있다. 그렇지 않으면 아래로부터 상위로의 수량이나 완료 요구일(due date)의 재계산이 필요할 것이다. 아래로부터 위로 재계산할 때, 특정 수요와 공급이 서로 연결되어 계산되는 MRP시스템의 기능이 사용된다.

작업자는 어떤 주문이, 그리고 어떤 부품에 조치가 필요한지를 빨리 결정하기 위해, MRP가 제공하는 조치정보나 예외정보를 사용한다. 그리고 MRP는 매번 자동적으로 계획주문을 다시 계산한다.

그러나 예정입고와 확정 주문의 완료 요구일이나 수량은 재계산할 수 없다. 다만, MRP는 사용자에게 자재계획의 변경사항을 제시하기 위해 조치정보를 생성한다.

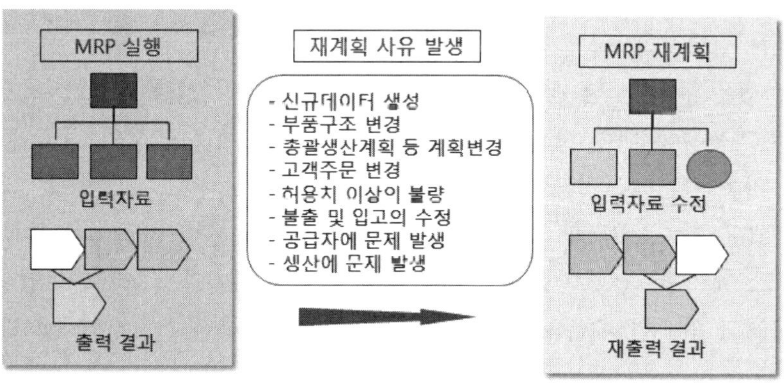

〈그림 13-7〉 MRP시스템의 재계획

7. MRP시스템의 효과

전통적인 재고관리 방식에 비하여 MRP시스템을 사용하면, 기업에는 다음과 같은 효과가 있다.

① 재고량의 감소

② 수요변화에 대한 신속한 대응

③ 생산준비비 및 유휴시간의 감소
④ 매출액의 증가

제2절 MRP-Ⅱ

MRP-Ⅱ(Manufacturing Resource Planning-Ⅱ)는 제조기업의 모든 자원의 효율적인 계획을 위한 방법으로 정의된다. 이것은 기업의 운영계획과 재무계획에 이상적인 결과를 제공하며, 폐쇄적 MRP의 확장으로 what-if의 질문을 위한 능력의 모의실험을 가능하게 한다. 그러면서도 MRP-Ⅱ는 소프트웨어 기능과 배타적이지 않고, 직원 숙련도와의 관계, 컴퓨터 자원과 데이터베이스의 정확성 등을 제공한다. 그러므로 MRP-Ⅱ는 보다 효율적으로 인적자원을 사용하기 위한 전사적 기업관리 시스템이다.

1. 주요 기능 및 특징

MRP-Ⅱ(Manufacturing Resource Planning-Ⅱ)는 제조자원계획이라고도 하며, 생산능력계획, 직원 임무계획, 물류계획까지 관리하는 시스템이다.

MRP시스템은 무엇을, 몇 개, 언제까지, 조달하고 제조할까?를 계획할 수 있지만, 이 계획의 실현가능성에 대한 보증은 없다. 왜냐하면 MRP에는 공장의 설비 공간형편이나 직원의 가동현황이 고려되어 있지 않기 때문이다.

그러나 MRP-Ⅱ는 MRP의 기능에 생산계획에 공장의 설비 가동예측이나 직원계획을 가미하고, 계획을 다시 확인하는 매우 유효한 시스템이다. 그리고 작업량의 산적, 붕괴 등 고객과 약속한 제품을 약속납기에 필요량만큼 생산하기 위한 생산능력의 조달을 행한다.

MRP-Ⅱ는 독점적인 소프트웨어 시스템이 아니므로 기업의 특성에 따라 다양한 형태를 가질 수 있다. 그리고 컴퓨터를 사용하지 않는 MRP-Ⅱ시스템을 보는 것은 불가능하며, MRP-Ⅱ시스템은 구매 라이센스에 기반한다.

MRP-Ⅱ시스템은 대부분의 제조기업에 적용되고 있으며, 특수한 약물이나 음식과 같은 규제된 제조를 하는 기업들에는 제조과정에 추적이 가능한 기능도 갖추고 있다.

그러나 2~3개의 자재를 사용하는 식탁산업에 관여하는 기업들은 복합적인 자재계획을 사용하지 않으므로, 요구되는 설비 능력을 무시할 수도 있다. 능력계획은 이러한 많은 기업들에 성공의 열쇠가 되지만, 이러한 기업들에는 MRP-Ⅱ가 적합지 않을 것이다.

2. MRP-Ⅱ의 기본 개념

자재소요계획(MRP; material requirements planning)과 MRP-Ⅱ(제조자원계획, manufacturing resource planning-Ⅱ)는 모두 정보를 통합관리하는 기업경영전략으로, 경영 자료와 정보를 저장하고 전달하는 중앙 데이터베이스와 연결하여 모듈 소프트웨어와 하드웨어를 사용하는 기법이다.

거의 대부분의 MRP-Ⅱ시스템은 건축물의 모듈과 같다. MRP-Ⅱ시스템의 기본 모듈은 일정계획, 자재명세서(BOM), 제조기술자료, 재고관리, 구매관리, 자재소요계획(MRP), 작업흐름관리, 능력소요계획(CRP), 원가관리 등이다. 그리고 동시에 보조시스템으로 경영계획, 계약관리, 공구관리, 기술 변환관리, 배치관리, 작업장 자료 수집, 판매분석 및 예측, 제한된 공간계획 등이 있다.

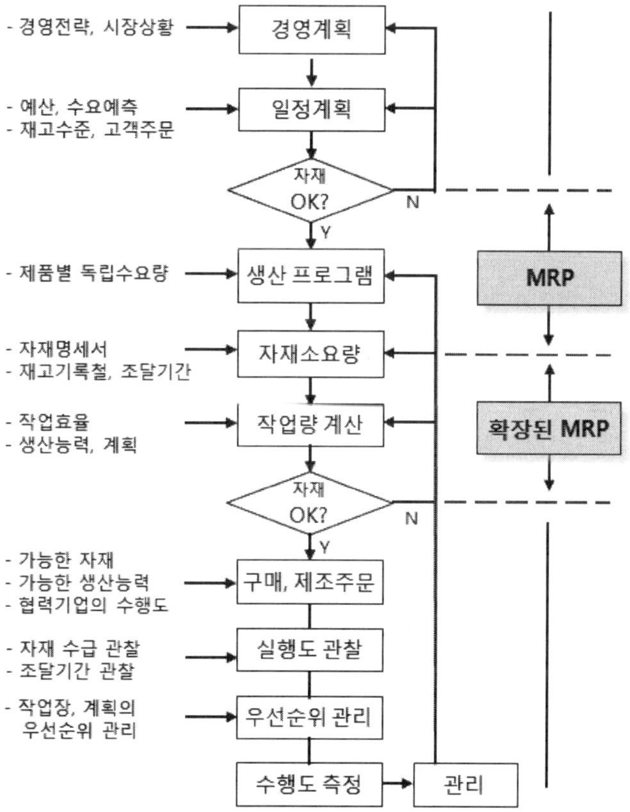

〈그림 13-8〉 MRP-Ⅱ의 기본 개념도[1)]

1) Wikimedia encyclopedia, 2012년 10월

MRP-Ⅱ시스템은 제조기업이 운영할 수 있도록 일반적인 자료를 사용하며, 쉽게 정보를 교체할 수 있도록, 이러한 모듈들을 함께 통합한다. 그러므로 개별적인 시스템들이 기업이 특정한 활동을 관리하거나 조정하고, 계획하도록 도와주는 최적해를 위한 접근이 MRP-Ⅱ시스템에서는 달라질 수 있다.

MRP-Ⅱ의 기본개념을 그림으로 나타내면, 위와 같다.

MRP는 기본적으로 제조상의 부품과 관련이 있는 반면에, MRP-Ⅱ는 부품, 재무, 인적관리 등 완전한 제조 공정의 조화에 관여한다.

그리고 MRP-Ⅱ는 판매와 마케팅 활동에서 수요예측의 자료를 제공하는 MRP에서 시작된다. 이러한 예측은 부품 수요를 결정하며, MRP와 MRP-Ⅱ는 각 제품에 대한 일정계획을 제시한다.

MRP는 원자재 구매를 위하여 이용되지만, MRP-Ⅱ에서 생산계획은 도착하는 부품에 따라 세워지고, 설비와 인적능력을 설명하는 상세한 생산계획의 전개를 손쉽게 한다.

그리고 MRP-Ⅱ의 출력물은 최종 설비 및 작업자의 일정이다. 또한, 기계가동시간, 노동시간, 사용된 자재, 최종 생산량 등을 포함한 생산비용에 관한 자료는 회계관리와 재무관리 측면에서 제공된다.

3. MRP-Ⅱ시스템의 이점

MRP-Ⅱ시스템은 다음과 같은 이점을 제공한다.

① 보다 효율적인 재고관리 및 재고비용 감소
② 향상된 일정계획
③ 공급업자와의 생산성 향상
④ 회계, 재무측면에서의 생산비용 자료 제공
⑤ 보다 나은 품질관리
⑥ 보다 빠른 조달에 의한 현금흐름 개선
⑦ 설비와 인적능력을 나타낸 생산계획 전개

제3절 ERP시스템

1. ERP의 정의

ERP(전사적 자원관리, enterprise resource planning)는 MRP-Ⅱ를 기반으로, 그래픽 사용자 인터페이스(GUI), 관계형 데이터베이스, 4세대 언어, 클라이언트 서버 아키텍처 등의 최신 정보기술을 활용하여, 고객 주문의 수주에서부터 제조, 출하, 그리고 회계처리에 필요한 전사적인 자원을 명확히 하고 계획하기 위한 회계지향의 정보시스템이다.

좁은 의미의 ERP시스템은 조직 내의 생산, 물류, 재무, 회계, 영업, 재고 등 기간업무 프로세스를 통합적으로 연계 관리해 주며, 주위에서 발생하는 정보들을 서로 공유하고 새로운 정보생성 및 빠른 의사결정을 도와주는 시스템이다. 즉, 기업 활동을 위해 쓰이고 있는 기업 내의 모든 인적, 물적 자원을 효율적으로 관리하여 궁극적으로 기업의 경쟁력을 강화시켜 주는 역할을 하게 되는 통합정보시스템이라고 할 수 있다.

보다 넓은 의미의 ERP시스템은 ERP의 정보기술을 이용하여 조직 전체의 경영자원을 통합관리하고, 경영활동을 지원하기 위한 경영혁신 방법론이라고 할 수 있다. 즉, ERP는 기업의 전 부문에 걸쳐있는 경영자원을 하나의 체계로 통합적 시스템을 재구축함으로써 생산성을 극대화 하려는 대표적인 기업 리엔지니어링 기법이다.

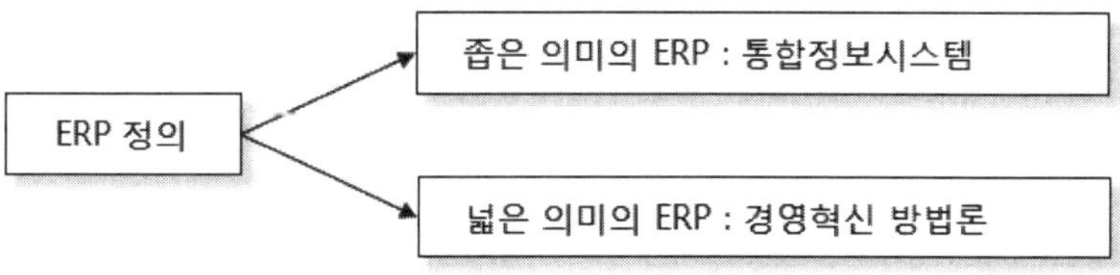

〈그림 13-9〉 ERP시스템의 정의

2. ERP시스템 구축의 필요성

ERP시스템은 판매나 제조, 물류, 재무, 관리회계 등의 기능을 MRP에 추가하고, 고객정보, 제품정보(자재명세서, 조달기간, 공정 절차, 공정 작업량 등), 인사정보, 발주처정보 등의 데이터베이스를 일원화하며, 각 하부시스템(회계, 구매, 재고, 판매, 생산관리)을 연계하여, 주문에서 생산, 출하, 판매까지의 관리전체를 통합화하고 있다.

또, ERP는 MRP를 실행시키기 위한 전제가 되는 수주량, 발주량, 재고, 할당 등의 여러 정보를 수집하고 축적한다.

그러므로 급변하는 국제환경하에서 기업은 경쟁력을 갖춘 체제로 변화하여야 하며, 종합적인 관리를 통한 경쟁력 있는 조직이 되기 위하여 현 시스템의 향상을 필요로 한다.

① **경영혁신 활동의 효과 극대화** : 과거에 수행된 혁신 활동은 정보시스템의 지원이 없었기 때문에 혁신 활동 종료 후 이전의 방식으로 회귀하는 경향이 강했음.

② **세계화에의 대응** : 무한 경쟁과 선진 경영을 실현하기 위해서 선진 기업들이 가장 많이 사용하고 있는 정보시스템의 도입이 필요함.

③ **혁신적인 업무 개선 필요** : 생산성 3배, 비용 50% 절감, 속도 2배의 목표를 달성하기 위해서는 혁신적인 업무 개선이 필요함.

④ **다양성의 요구와 다양한 특성** : 동일 기업 조직 내에서도 업무의 특성이 다양하다. 따라서 구축된 정보시스템이 타 시스템의 정보 요구를 충족시키지 못하는 경우가 많았음.

⑤ **부서간 정보연계 미흡** : 부서간 정보연계 미흡으로 통합적인 정보시스템의 집합이 필요함.

⑥ **정보시스템의 중복 개발** : 각 조직별로 정보시스템 개발 계획을 추진하여 Know-How가 축적되지 않고, 부문 최적 내지는 중복 투자가 이루어짐

⑦ **개발 요구** : 정보시스템이 사업단위 조직의 유동성/확장성을 반영하지 못하고 있기 때문에 개발 요구가 증폭됨.

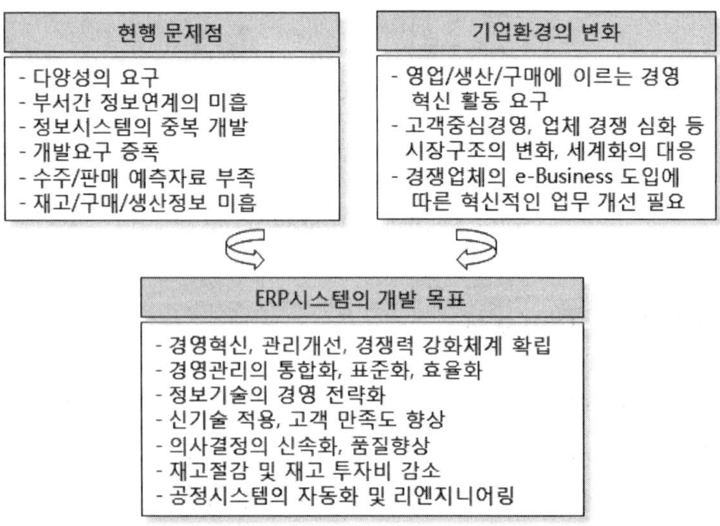

〈그림 13-10〉 ERP의 구축 필요성

3. 종래 시스템과 ERP시스템의 차이

대부분의 종래 시스템들은 사후처리에 중심을 두고 있으나 ERP는 일 처리과정 그 자체의 자동화에 중심을 두고 있다. 결국, 일하는 수단, 방법, 절차에 변화를 가져오게 되는데, 이로 인해 일 처리 과정을 합리화하기 위한 노력을 하게 된다.

종래시스템(MIS, MRP)		ERP시스템
업무 중심, 처리결과 정보화	핵심 목표	프로세스 자동화, 정보 자원화
종이문서로 사람이 수행	일하는 주체	IT 자원으로 수행
특정 부서 중심, 통합성 취약	부문간 연동	조직 전체를 횡적으로 통합
조직내부 상사에 보고	최종 지향점	모든 것을 고객관점으로
고유하게 자사 개발 중심	조달방법	패키지, 선진 모델 선택
기능 추가 및 수정의 어려움	변화 대응 가능성	변화에 능동적 대응 가능

〈그림 13-11〉 종래 시스템과 ERP시스템의 차이

종래 시스템은 경영관리상의 실행(Do)을 중심으로 시스템을 설계하는데, ERP시스템은 기업의 업무처리 단계에서 가장 먼저 수행되는 계획(Plan)부터 처리되도록 시스템을 설계된다.

따라서 도입 기관의 요구사항을 수용하는 관점, 즉 수요 기업의 요구사항을 반영하기 보다는 새로운 업무 패턴으로 대체하는 경향을 가지게 된다.

4. ERP시스템의 특징

1) 기술적 특징

ERP시스템은 대부분 클라이언트 수준에서 처리를 하게 되는 클라이언트 서버에 기반을 둔 대표적인 분산처리 형태에서 등장한 시스템이라고 할 수 있다.

거의 모든 ERP시스템은 관계형 데이터베이스(RDBMS; Relational Data Base Management System) 구조를 채택하고 있으며, 객체지향기술(Object Oriented Technology)의 특징을 지닌 수많은 모듈들의 집합체이다. 이런 ERP 패키지내의 각 모듈은 제각각 독립된 객체(Object)로서의 역할을 하게 된다.

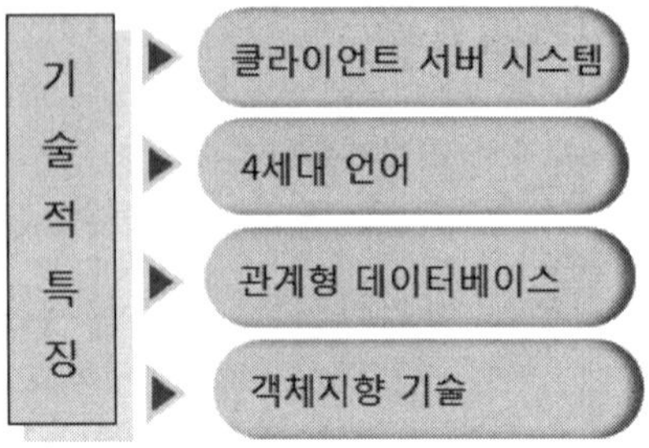

〈그림 13-12〉 ERP시스템의 기술적 특징

2) 기능적 특징

ERP시스템은 다음과 같은 기능적 특징을 갖고 있다.

① **통합 업무시스템** : 기업 내의 모든 단위업무가 상호 긴밀한 관계를 가지면서 실시간에 통합적으로 처리된다.

② **세계적인 표준 업무 프로세스** : ERP패키지에서 구현된 프로세스 자체가 세계적인 표준 업무 프로세스라고 할 수 있다.

③ **그룹웨어와 연동이 가능** : ERP시스템의 경우 패키지 자체 내에 그룹웨어 기능들을 내장하고 있다.

④ **대부분의 거래유형 관리** : ERP시스템은 해당 업무 프로세스와 관련하여 발생할 수 있는 대부분의 거래유형을 포함시켜 놓고 있다.

⑤ **확장 및 연계성이 뛰어난 개방형 시스템** : ERP시스템은 어떠한 운영체제 및 데이터베이스에서도 수행되게 설계되어 있다.

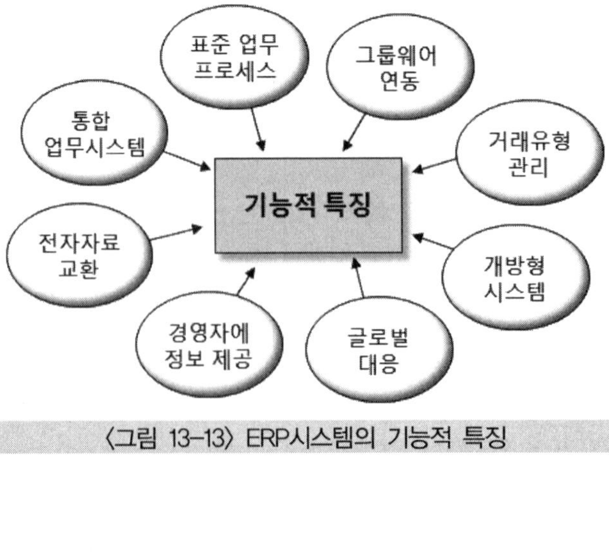

〈그림 13-13〉 ERP시스템의 기능적 특징

⑥ **글로벌 대응이 가능** : ERP시스템은 특정 국가의 특정 기업에 대한 표준 프로세스를 구현시켜 놓은 것이 아니다.

⑦ **경영자에게 정보 제공** : ERP시스템을 통하여 경영자들은 수시로 경영상황을 점검하고 분석할 수 있다.

⑧ **전자자료 교환 및 전자거래** : 기업 내에서 거래되고 발생되는 모든 활동은 기업 내에서만 그치는 것이 아니라 외부기업체와의 연계하여 전자적으로 이루어진다.

5. ERP시스템의 기대효과

기업에서 ERP시스템을 도입하게 되면, 업무 표준화로 인한 불합리한 업무가 배제되어 관리수준이 향상되고, 국제화에 따른 다국적 사업장관리 및 통합기능 보유가 가능해진다.

또, 전 현장의 실시간 경영정보를 파악할 수 있으며, 업무 프로세스 연계로 인한 부서간 정보가 공유되어, 경영환경에 신속, 유연한 대응이 가능해진다. 또한, 업무증가에 따른 현업부서 인원증가를 억제할 수 있다.

따라서 ERP시스템을 도입함으로써, ①기업의 업무생산성 향상, ②원가절감, ③품질향상, ④대외경쟁력 확보, ⑤고객 인지도 향상 등의 효과를 기대할 수 있다.

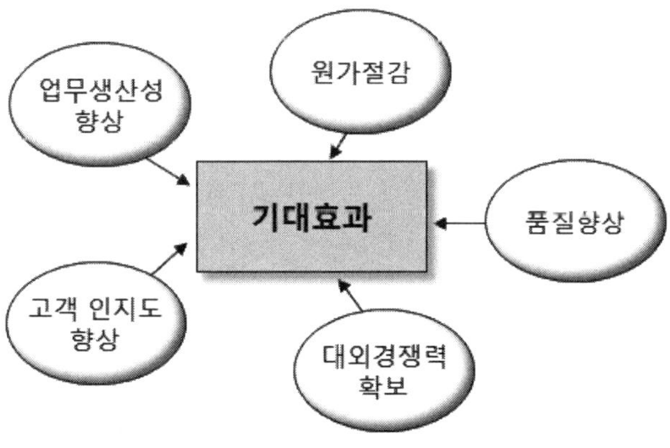

〈그림 13-14〉 ERP의 기대효과

ERP시스템의 효과분석 결과, '재고 감소'와 '주문 회전시간 감소'가 20~40%로 가장 높았고, '평균이익률 개선'이 20~30%로 그 다음으로 높았으며, '구매비용 절감', 업무생산성 향상 등의 순서로 나타났다.

〈그림 13-15〉 ERP시스템의 효과분석

6. ERP시스템 구축방법

1) ERP시스템 구축방법의 유형

ERP시스템의 구축방법에는 자체개발, 위탁개발, 패키지 구입 등의 유형이 있으나, 일반적인 ERP시스템 구축방법은 자체개발과 패키지 구입 후 조정하는 방법으로 양분된다.

이전에는 자체개발이 많았으나, 최근에는 패키지를 구입하여 조정하는 것이 보편화되고 있다. 그 이유는 자체개발된 시스템의 경우 정보기술의 변화를 신속히 수용하기가 힘들며, 유지 보수에 드는 노력이 크고, 개발비용이 상대적으로 많이 소요된다는 단점이 크기 때문이다. 또한, 개발에 소요되는 시간이 상대적으로 많이 필요한 것도 문제로 지적된다.

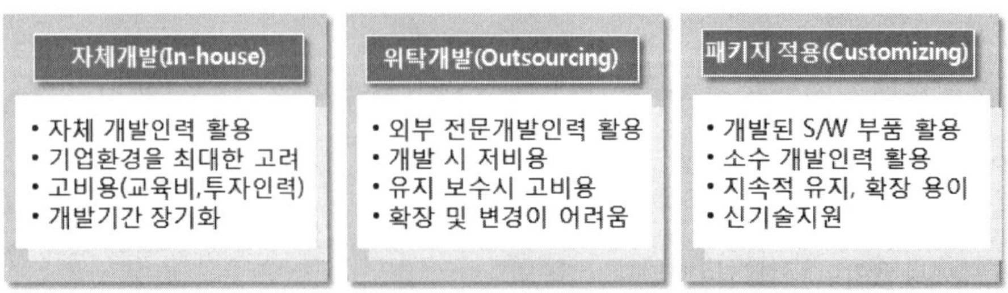

〈그림 13-16〉 ERP 구축방법론 유형

2) ERP시스템 구축방법의 비교

ERP시스템 구축방법에 있어서 패키지 구입과 자체개발 시의 장단점을 평가항목별로 비교하여 살펴보면, 다음과 같다.

〈표 13-2〉 ERP시스템 구축방법의 비교

	ERP 패키지 구입	자 체 개 발
개발기간 및 비용	• 개발기간 및 비용의 단축	• 전사통합정보시스템구축에는 총 개발 기간, 인력, 비용 과다 소요
사용자 요구충족	• 산업별로 특정 관행에 대한 요구사항의 충족 미흡 • 기존에는 수행하지 않았던 새로운 형태의 정보를 제공	• 자체 업무별 사용자의 욕구충족을 우선으로 함
선진업무 도입	• 선진업무 사례의 도입이 용이 • 업무의 투명성 보장	• 기존 업무에 대한 요구와 효율 개선에 중점을 두고 있음
통합성	• 실시간 데이터 공유에 의한 기간업무의 통합	• 개별적으로 개발된 시스템간의 인터페이스가 필요 • ERP 패키지 수준의 통합성은 현실적으로 구현이 불가능
안전성	• 세계적 기업에서 수년간에 걸친 검증 • 도입에 따른 위험 배제	• 급변하는 환경에 대응하는 통합 안전성 미흡 • 개발인력/사용자 경험의 제약으로 검증 미흡
정보기술	• ERP 패키지 개발업자의 연구개발 투자를 활용하여 최신의 정보기술과 프로세스 도입이 가능	• 개발기간의 장기화, 개발된 스팩의 동결에 따른 진부화 가능성이 높음
갱신	• 새로운 프로세스 및 정보기술 출현 시, 업그레이드가 용이	• 지속적인 기능/기술의 향상이 곤란 • 시간경과에 따른 진부화의 위험이 상존

기업사례

기업의 이미지 개선 전략

1. CI의 개념

소비자의 구매결정 기준이 시각적 요소와 심리적 요인에 의해 선택되는 시대가 되었다. CI(Corporate Indentity)와 BI(Brand Identity)는 기업(공공단체)과 제품의 이미지를 시각적, 감각적으로 동질성을 갖도록 체계화시키고 고객들에게 일관성 있는 이미지를 지속적으로 제공함으로써 기업과 제품에 있어서 경쟁사와는 다른 차별적 이미지를 구축하는 것이다.

2. CIP의 개념

CIP(Corporate Identity Program)는 '법인 조직', '단체의~'라는 의미의 corporate와 '주체성', '동일성'이라는 의미의 identity가 합쳐진 복합적인 개념을 갖고 있다. 정신분석학자 에릭슨은 identity를 발달단계에서 획득해가는 '자아동일성'이라고 정의하고 있기 때문에 CIP를 직역하면 '기업의 자아동일성'이라고 할 수 있다.

그러므로 CIP란 기업이나 공공단체가 갖고 있는 이미지를 시각적으로 체계화하고 단일화한 것이며, 기업의 실체를 확실하게 인식시키고 체계적이고 질서 있는 관리를 통해 합리적인 기업경영목적으로 하는 것을 말한다.

3. CI작업 사례

로위(R. Loew) 등의 디자이너에 의하여 1930년경에 제창된 CI(Corporate Identity)는 그동안 사회 환경의 변화에 따라 발전을 거듭하여 왔다. CI는 corporate design, design policy, visual identification, DECOMAS (design coordination as a management strategy) 등의 명칭으로도 불린다.

CI를 계획적인 경영활동의 일환으로 처음 도입한 기업은 1956년 미국의 IBM이다. 일본에서는 1967년경부터 도입하기 시작하였고, 우리나라의 경우에는 1973년 동양맥주를 선두로 하여 점차 대기업과 금융기관에까지 확대 실시하게 되었다.

오늘날 기업의 규모가 커지고 전문적이고 다양화되면서 점차 CI의 필요성이 강조되고 있다. 그러므로 어떤 일관성 있는 기업이미지의 정책이 절실하게 요구되고 있기 때문에, 정확한 CI의 인식과 도입 및 관리를 꾀하여 미래사회에 대처해 가는 것이 바람직하다. 기업이미지 변신작업은 1990년대에 들어서 수적으로 빠른 증가 추세를 나타내고 있다. 그러므로 CI(Corporate Identity : 기업이미지)를 위해 투입되는 비용 또한 매년 높아지고 있다.

그러나 기업이미지 변신작업이 성공적으로 이어지는 경우는 그다지 많지 않다. 기업이미지가 강한 업체는 CI를 이용하여 기업이미지가 바꾸기까지 위험부담과 엄청난 비용을 감수해야 한다. 기업들이 이런 위험부담을 감수하고 대기업을 필두로 하여 CI작업을 추진하는 기업이 늘어나고 있지만, 아직 CI도입의 필요성만큼 도입 이후의 성과에 대한 구체적인 결과수치는 나오지 않았다.

1) 쌍용

1989년 CIP(Corporate image Identity Program; 기업이미지 통합작업)를 마친 쌍용도 독일의 벤츠사로부터 클레임을 당하였다. 이유는 다름 아니라 '쌍용'의 영문 표기에서 '쌍용'의 '쌍'을 'SSANG'로 표기한 것이 문제였다. 독일에서 'SS'는 나치의 게슈타포를 연상케 하여 벤츠의 이미지가 크게 훼손된다는 것이다. 이로 인해 쌍용은 유럽에서 '쌍'을 'SANG'로 표기한다. 동양에서는 상서로운 동물인 용은 서양에서는 그렇지 못한 동물로 인식되어 의미해석도 기피되고 있다.

2) 선경그룹

CIP를 마무리한 선경그룹의 관계자는 "선경이란 이름은 국내에선 선경, 일본에선 센코, 중국에선 센진, 미국에선 선크영으로 부른다."고 설명하였다. 그리고 "유럽에선 쌍용과 발음이 비슷해 혼동하는 경우도 종종 있다. 글로벌 시대에 대비하려면 발음으로 쉽게 구분되어야 한다. 해외로 뻗어나려면, 쉽고 친근한 이름으로 바꾸는 것이 바람직하다."고 하였다. 선경이 CIP를 추진한 이유가 여기에 있는 것이다.

3) 한국화약그룹

한국화약그룹의 고위관계자가 1991년에 중국을 방문했을 때의 일이다. 중국 측은 방문자에 대한 호의와 관심으로 환영플래카드를 게양했다. 그러나 플래카드의 문구가 그룹의 관계자들을 경악시켰다고 한다. '그룹 한국화약'을 명칭 그대로 영문 'Korea Explosive Group'으로 표기하여 한국화약 그룹이 '한국 폭파집단'의 의미로 되어 버렸기 때문이었다. 이로 인한 '폭파 집단'의 오명을 씻기 위해 1991년 한국화약 그룹은 한화그룹으로 개명되었다.

4) 기아그룹

기아그룹은 창립 40주년을 맞아 그룹의 심벌마크 등을 새로 제정하여 전 그룹사가 사용하고 있다. 그룹의 심벌마크는 적색타원에 적색 영문자로 도안하여 그룹의 미래지향성과 회사고객·종업원의 삼위일체를 상징하고 있다.

이를 계기로 자동차 전문그룹인 기아는 자동차의 길을 가려면 최고이어야 한다는 슬로건을 내걸고, 국제적인 자동차 전문그룹에로의 도약에 총력을 기울이고 있다.

기아가 이 같은 작업을 마친 것은 다른 속사정도 있다. 이전에 쓰던 로고의 물결무늬가 상당한 거부감을 준 것이다. 처음 보면, '힘찬 물결의 도약'을 의미한다는 기아의 의도보다는 공장에서 나오는 연기를 연상시키는 측면도 있었기 때문이었다. 자동차에 붙은 로고를 보면 매연이 연상되어 결코 좋은 이미지는 아니라는 것이 일반적인 지적이었다.

환경문제가 세계적인 관심사로 부각되고 있는 상황에서 기아자동차가 세피아, 스포티지 등 독자모델로 독자로고를 갖고 미국과 유럽 등으로 완성차를 본격 수출하기 때문에 이전 이미지는 반드시 개선되어야 할 과제였다.

김명호. (2014). 『기업사례경영학』 개정2판. 도서출판 두남.

연습문제

13-1 MRP의 의의를 설명하라.

13-2 MRP시스템의 재계획을 설명하라.

13-3 MRP-Ⅱ의 주요 기능 및 특징을 설명하라.

13-4 ERP시스템의 정의를 설명하라.

13-5 ERP시스템 구축의 필요성을 설명하라.

13-6 종래 시스템과 ERP시스템의 차이를 설명하라.

13-7 ERP시스템의 기능적 특징을 설명하라.

13-8 ERP시스템 구축방법의 유형을 설명하라.

13-9 P기업은 제품 A를 생산하는 기업으로, 제품구조도에서 보는 바와 같이 제품 A에는 2개의 핸들 X와 2개의 바퀴모듈 Y, 그리고 기타 부품으로 구성되며, 바퀴모듈 Y는 소형바퀴 Y-1이 4개가 결합된다. 핸들 X와 바퀴모듈 Y의 1회 적정주문량은 40개, 조달기간은 2주, 현재의 기말보유량은 30개이다. 그리고 소형바퀴 Y-1의 1회 적정주문량은 40개, 조달기간은 2주, 현재의 기말보유량은 40개이다. 2주, 5주, 9주차에 각각 '삼륜 리어카 A' 15대가 필요할 것으로 예상하고, 다음 물음에 답하라.

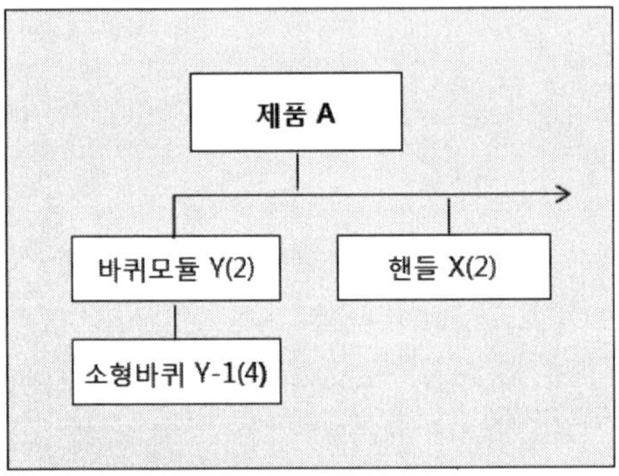

1) 제품구조도를 바탕으로 자재명세서를 작성하라.

2) 각 부품별 소요량을 MRP시스템에 의하여 주별로 설명하다.

13-10 P기업은 기업방침에 따라 '제품 A'에 '제품 B'를 추가로 생산하게 되었다. '핸들 X'의 사용수량은 '제품 A'에는 대당 2개가 2주, 3주, 4주에 소요되며, '제품 B'에는 대당 3개가 6주, 8주, 9주에 소요된다. 핸들 X에 대한 다중 자재명세서로 나타내어라.

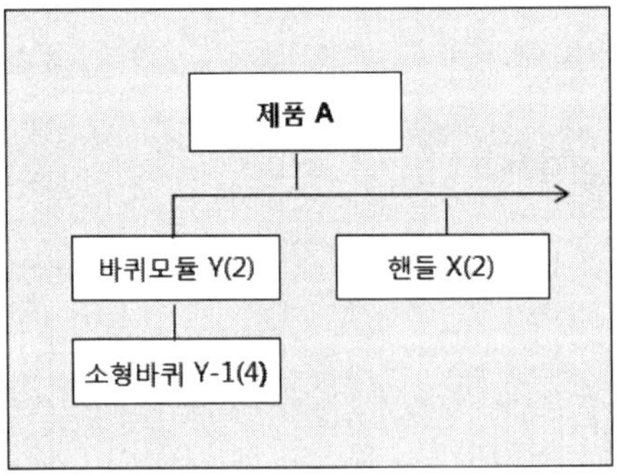

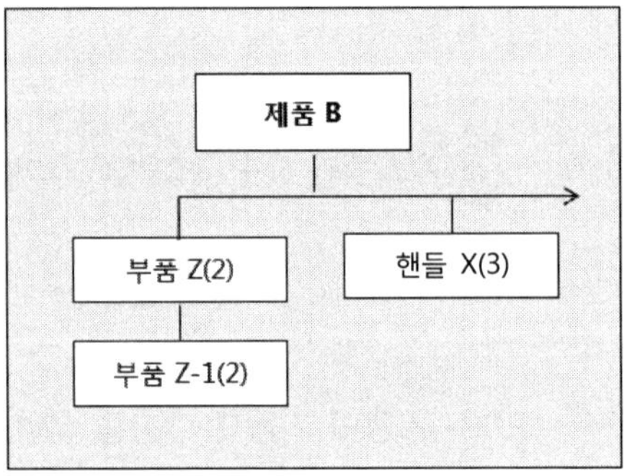

Chapter 14 재고관리

제1절 재고관리의 개념

1. 재고관리의 목표

재고관리의 주요 목표는 재고 투자를 최소화하고, 고객 서비스 수준을 최대화하며, 공장을 효율적으로 운영하는 것이다. 이들 목표와 관련된 각 부서의 이해관계는 일관성이 없고 서로 상충되므로, 기업의 전체이익을 고려하여 서로간의 균형을 통해 상충되는 문제들을 해결하여야 한다. 그러므로 다음 사항들을 재고를 유지하는 목표로 삼는다.

① **제조 및 구매의 효율 극대화** : 소비자에게 상품을 빠르게 배달하려는 것은 재고를 보유하려는 근본의 목표이나. 그러므로 투자 최소화, 최소의 안전재고, 최적의 주문량 등을 추구하여야 한다.

② **고객 서비스의 향상** : 고객과의 섭섬인 영업부서는 완벽한 고객 서비스의 향상을 지원히기 위해 정확한 시간에 배달, 불확실성에 대한 완충작용, 다양한 소비자 욕구 충족 등을 추구하여야 한다.

제조/구매의 효율 극대화	고객 서비스 향상
- 투자 최소화 - 최소의 안전재고 - 최적의 발주량	- 정확한 시간에 배달 - 불확실성에 대한 완충 - 다양한 욕구충족

〈그림 14-1〉 재고의 목표

따라서 재고관리에서는 고객과 약속한 납기에 맞도록 필요한 때에, 필요한 제품을, 고객 또는 생산라인에 공급한다. 한편, 재고를 많이 확보하면, 비용 요인이 되기 때문에 품절이 일어나지 않도록 하면서 재고를 가능한 적게 한다는 상반된 과제를 해결하는 것이 목표가 된다.

2. 재고관리의 정의

재고는 기업의 주요 자산이다. 업종에 따라 다르기는 하지만, 재고가 보통 기업자산의 25~75%를 차지한다. 그러므로 공장이나 설비와 함께 재고는 기업의 큰 자산을 이루고 있다.

그러므로 재고란 경제적 가치를 지닌 유휴자산이며, 재고품에는 보통 원자재, 재공품, 반제품, 완제품, 수리운영 부품 등이 포함된다.

① **원자재**(raw materials) : 기업이 제조를 목적으로 외부로부터 들여오는 자재(material)이다. 원자재의 raw의 의미는 광석, 석유, 나무 등과 같은 천연자원을 의미하지만, 기업에서의 원자재는 다른 회사의 제조된 제품도 포함한다. 원자재는 회사가 제품을 생산할 수 있는 능력 중 가장 중요한 요소이므로 생산을 중단하지 않고 특정 기간 동안 사용할 수 있는 충분한 양을 확보해야 한다. 그리고 구매나 운송의 경제성을 위해 필요보다 많은 양을 구매하기도 한다.

② **재공품**(work in process) : 제조과정 중이며, 생산 현장에 있는 재고를 말한다. 이는 창고에 저장하지 않음을 의미한다. 재공품의 양은 기업별로 어떤 제조공정에 의존하고 있는가에 따라 다르다. 대기시간과 처리시간이 긴 단속흐름 공정은 비교적 재공품의 양이 많으며, 자동화된 라인을 통한 연속흐름 공정에서는 재공품의 양이 적다.

③ **반제품**(semifinished assemblies) : 중간부품이나 조립품으로 후에 제조과정에 사용되기 위해서 일시적으로 창고에 보관되는 재고를 말한다. 이것이 원자재와 다른 점은 외부의 공급자로부터 직접 가져오는 것이 아니라는 것이며, 완제품과 다른 점은 완성품이 아니라는 것이다.

④ **완제품**(finished goods) : 완제품 재고는 최종 사용자나 유통센터에 전달되는 제품이다. 이는 최초 공장의 제품 창고에 저장되며, 이후에는 다양한 유통센터로 이동되고, 고객에게 전달되기 직전까지 소매점이나 대형 매장에 저장된다.

⑤ **수리운영 부품**(MRO; maintenance, repair, and operating supplies) : 유지(maintenance), 수리(repair), 운영(operating)에 필요한 부품들을 말한다. 사무나 관리비품, 부속품, 회사가 운영하는 식당의 재료 등을 예로 들 수 있으며, 종류는 다양하고, 각 품목의 수요는 독립적으로 발생하고, 수 또한 적으며, 값이 싼 것이 특징이다. 그

러므로 관리하자니 복잡하고, 가치도 적으며, 하지 않으려니 이 역시 회사의 자산이며, 없으면 생산에 차질을 주는 계륵과 같은 존재이다.

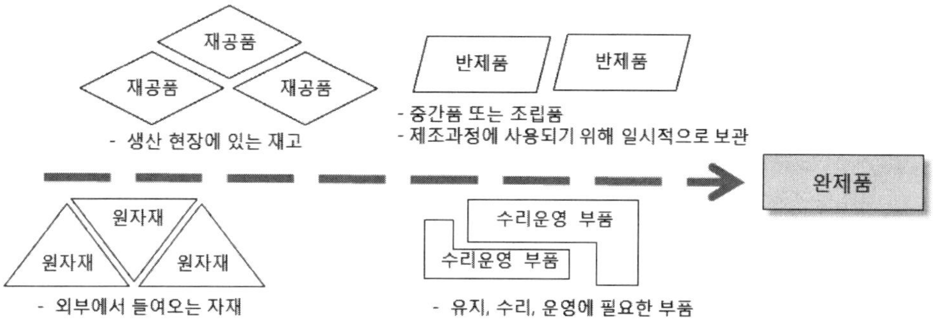

〈그림 14-2〉 재고의 의미

그리고 재고관리에는 협의의 재고관리와 광의의 재고관리가 있다.

1) 협의의 재고관리

보관·관리하는 재고에 대해 기능이나 품질의 저하와 그것에 수반되는 가치(가격)의 저하를 최소한의 비용으로 방지하고, 요구되는 반입·반출시의 량과 시간을 충분히 만족할 수 있는 상태로 유지하는 것이다.

2) 광의의 재고관리

협의의 재고관리에 더해져 항상 변동하는 수요(출고 수량)를 만족하도록 입고 수량을 확보한다. 그러므로 제조업에서는 공정관리와의 울타리가 한없이 낮아지고 있다.

3. 재고의 기능

재고의 기능으로는 다음과 같은 내용들이 있다.

① **안전재고**(safety stock) : 수요의 불확실성에 대비하여 여유분으로 보유하는 재고로 'buffer stock'이라고도 불린다. 그러나 안전재고는 원칙적으로 완제품에 적용되며, 하위부품은 적용하지 않는다. 단, 원자재 공급업체의 신뢰성 부족, 중간 조립품과 부품의 결함, 품질불량 등이 자주 발생할 경우에는 완제품이 아니어도 안전재고를 가져갈 수 있다.

② **주기재고**(cycle stock) : 로트의 크기로 인해 발생되는 재고를 말한다. 그리고 대

량 구매시 할인율을 적용받거나, 운송 등의 경제적 문제와 구매/생산의 물리적 제약으로 인해 필요량보다 많이 구매 혹은 생산함으로 인해 발생하는 재고이다.

③ **예상재고**(anticipation stock) : 기업 전략차원에서 보유하는 재고이다. 예를 들면, 계절성 상품을 비수기동안 재고를 축적해 놓는 것 등으로 특별한 상황이 아니면 발생될 미래상황을 대비하여 보유하는 재고를 말한다.

④ **헤징재고**(hedging stock) : 예상재고와 개념적으로 흡사하나 실제로 발생할지 안 할지 모르는 어떤 사건에 대비한 추측성 재고이기 때문에 '도박성재고'(gambling stock)라고도 불린다. 공급자의 노동파업이나 원자재의 급격한 가격상승이 예견되거나, 외국의 공급업체가 위치한 나라와의 분쟁, 매우 긴 조달기간을 갖는 품목에 적용된다.

⑤ **운송재고**(pipeline stock) : 운송중인 재고를 말한다. 예를 들면, 송유관을 통해 이동되고 있는 석유를 들 수 있다.

재고 유형	기능
안전재고	수요의 불확실성에 대비한 여유 재고
주기재고	롯트의 크기로 인해 발생하는 재고
예상재고	기업 전략차원에서 보유하는 재고
헤징재고	특정 사건에 대비한 추측성 재고
운송재고	운송중인 재고

〈그림 14-3〉 재고의 기능

제2절 재고관리의 프로세스

재고관리의 프로세스에서는 ①재고계획, ②재고의 관리, ③재고의 유지, ④재고의 적정화, ⑤공장내 물류의 5가지 사항이 있다.

1. 재고계획

고객의 요구에 대응해 가기 위해서는 필요한 재고의 상황을 가시화하여, 계획과 실적의 차이분석을 행하고, 지속적인 개선을 진행해 갈 필요가 있다.

더구나 IT의 발달로 재고관리 기능이 시스템화 되고 있으며, 그 대표적인 것이 ERP와 MRP이다. 또한, 재고관리 기능은 '생산계획'이나 '공정관리', '구매관리' 기능과의 연계 제휴가 전제이다.

재고계획은 판매나 생산에 필요한 제품이나 부품의 재고 보유의 계획이고, 생산계획으로 성립해서는 존재할 수 없다. 그러므로 현재 보유하고 있는 유효재고와 구매, 제조의 상황을 고려하여 결정할 필요가 있다.

2. 재고관리의 방법

1) 재고조사의 관리

(1) 순환 재고조사

일반적으로 항상 제품이 표준으로 정한 적량을 충족시키고 있는지 보기 위해 정기순환 재고조사를 행한다. 정기순환 재고조사는 사용하는 부품의 수량에도 의하지만, 일반적으로 2일에 1회라든가 1주간에 2회의 빈도로 재고조사의 기간을 결정하고 정기적으로 순차, 재고조사를 실시해 가는 방법이다. 그리고 부품이 표준으로 정해진 안전재고를 밑도는 경우에는 보충이 필요하고, '구매관리'에 부품의 조달을 지시한다.

(2) ABC분류법

ABC분류법(ABC classification)은 부품재고를 관리하는 경우에 관리대상을 품목별 연간 사용액에 따라 ①A급 품목, ②B급 품목, ③C급 품목의 3그룹으로 나누고, 각 그룹마다 관리방법을 바꾸어 효과적으로 관리하는 방법이다.

재고관리에서는 관리지표로서 부품의 연간 '거래금액'이나 '사용금액'이 사용되지만, '단위발주 비용', '재고 회전률', '발주 조달기간', '보관비용', '사용가능성', '품절 발생 시에 필요한 비용' 등도 있다. 또, '품절이 절대적으로 허락되지 않는 부품', 포장된 물건의 외형이 크고, 관리에 수고가 드는 부품' 등은 ABC분류법에 관계없이 인위적으로 A급 품목으로 분류한다.

2) 선반의 관리

C급 품목에 적용되는 간단한 관리방식으로, 2단 선반법과 3단 선반법이 있다.

(1) 2단 선반법

2단 선반법(two bin system)은 2개의 선반 또는 상자를 준비하여, 한쪽이 빌 때까지 사용하고, 빈 시점에서 일정량을 발주하고 보충하는 방법이다. 이 이후는 다른 쪽이 빌 때까지 2개의 선반을 서로 번갈아가며 사용한다.

(2) 3단 선반법

3단 선반법(three bin system)은 상하에 3단의 선반을 준비하고, 상단에는 안전재고량, 가운데 단에는 발주점 재고량을 뺀 잔량, 그리고 하단부터 사용하고 비면 일정량을 발주하는 방법이다.

C급 품목의 경우는 부품 보관 장소를 보기 쉬운 장소에 설치하고 관리하기 쉽게 한다. C급 품목 안에 나사 등의 규격부품은 유통업계에서 일반적으로 행해지는 납입 대행업자로부터 납입해 받는 경우도 있다. 공장 내나 근교에 창고를 갖고 간판방식으로 생산흐름 측면에로의 공급을 일괄하여 위탁하는 방법도 있다.

B·C급 품목으로 품절이 허락되지 않는 부품은 2단 선반법과 3단 선반법의 변형으로서 긴급시 용도로 별도, 부품을 갖는 방법을 취할 때도 있다.

3) JIT시스템

JIT(Just In Time)시스템은 토요다자동차에서 처음 적용한 방식으로 널리 보급되어, 1970년대부터 일본기업들이 적용하였으며, 1980년대 이후 미국을 비롯한 다른 나라에도 활발하게 도입되었다.

JIT시스템은 필요할 때, 필요한 것을, 필요한 만큼, 생산함으로 생산시간을 단축하고 재고를 최소화하여 기업의 낭비를 없애는 시스템으로 정의된다.

그러므로 JIT시스템은 기업의 낭비요소를 과잉생산, 대기, 운반, 불필요한 생산과정, 불필요한 재고, 불필요한 행동, 불량품의 생산 등 7가지 범주로 분류하고, 이러한 낭비요소들을 제거하면, 생산에 필요한 인력, 공간, 재고, 시간과 불량품 등이 최소화 된다는 개념으로, 린 생산시스템(lean production, 유연생산방식)이라고도 한다.

3. 발주방식의 선택

재고의 유지에는 부족한 재고의 보충이 중요하다. 적절한 발주방식의 활용에 의한 낭비 재고의 삭감은 가장 효과적인 제조원가의 개선으로 연결된다.

자재발주에서는 최적의 발주방식의 선택을 행할 필요가 있다. 일반적으로 자재의 발주방식은 ABC분류법에 의해 결정한다.

ABC분류법은 재고품목을 연간재고금액이 많은 순으로 나열하고, 중요도에 따라 차별적으로 관리하는 재고관리방식으로 연간재고 금액의 누계를 계산한다. 이 때, 아래에 나타낸 파레토 분석을 이용하면, 이해하기 쉬워지며, 다음과 같은 특징이 있다.

① 효율적인 층별 관리와 중점관리를 하기 위한 방법이다.

② 전 취급품목에 대하여 그 중요성, 금액, 수량, 관리의 복잡성 등 각각의 순서에 따라 누적비용의 곡선을 그린다.

③ 일반적으로 ABC의 3등급으로 분류하여 분석하고, 각 등급에 적합한 관리방법과 그 기준을 설정하여 관리한다.

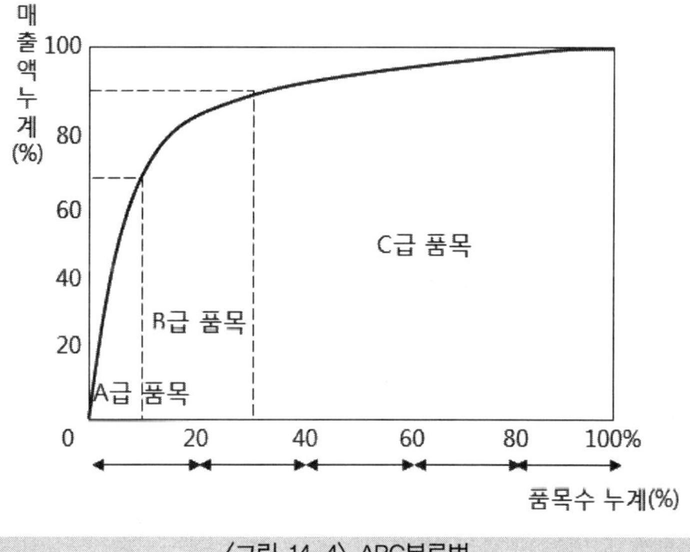

〈그림 14-4〉 ABC분류법

A급 품목은 연간 사용액의 70~80%를 차지하는 품목으로 기업의 매출기여도가 높은 중점품목이므로 관리비용이 높더라도 중점 관리하여야 한다. B급 품목은 연간 사용액의 10~20%를 차지하는 품목으로 매출의 기여도나 품목수가 모두 중간적인 성격을 띠고 있어 결코 소홀히 다루면 안 된다. 그리고 C급 품목은 나머지 10% 정도를 차지하는 품목으로 품목수가 많아도 매출기여도가 매우 낮으므로, 관리비를 들여서 중점적인 관리를 하더라도 기업이익에 큰 노움을 주지 못하고 관리비의 부담만 가중시킨다.

〈표 14-1〉 ABC분류법에 의한 구분

구분	매출기여도	품목수
A급 품목	연간 사용액의 70~80%	전체품목수 10~20%
B급 품목	연간 사용액의 10~20%	전체품목수 20% 정도
C급 품목	연간 사용액의 10% 정도	전체품목수 60~70%

1) A급 품목

A급 품목은 정기발주방식을 적용하고, 기간 내의 부품 소요량을 정확하게 파악하고 발주한다. 그리고 계획변경에 대해서는 소요계산의 횟수를 증가하고 신중하게 대응한다. 또, 고액의 부품 외에 보관 장소의 공간을 많이 차지하는 부품, 품절을 일으키면 라인이 정지되어 버리는 부품 등도 A급 품목으로 엄밀하게 관리를 행할 필요가 있다.

기간마다 소요량을 정확하게 파악하고 발주하기 위해 B·C급 품목보다도 재고조사를 빈번하게 행하고, 정확한 수량을 파악할 필요가 있다.

2) B급 품목

B급 품목은 정량발주방식을 적용하며, 부품재고가 안전재고 수준을 밑도는 시점에서 정량을 발주한다.

3) C급 품목

C급 품목은 관리비용이 들지 않는 현품관리 등의 간이관리방식을 적용한다.

따라서 A급 품목에 비해 B, C급 품목으로 갈수록 재고회전율과 이익 공헌도가 떨어진다. 그러므로 ABC의 그룹 구분을 행하면, 각 그룹에 의해 다음의 관리방식을 적용한다.

- A급 품목 : 가장 중요한 재고품이기 때문에 정기발주방식으로 관리한다.
- B급 품목 : 주로 정량발주방식으로 관리한다.
- C급 품목 : 중요도는 낮게, 정량발주방식이나 2단 선반법 등으로 관리한다.

A급 품목, B급 품목, 일부 C급 품목에 대해서는 MRP를 적용하지만, 일부 C급 품목에 대해서는 간판방식을 적용하는 기업도 있다.

〈표 14-2〉 ABC분류법에 의한 관리방법

품목	통제정도	통제시스템	안전재고	주문절차
A급 품목	엄격하게	정기발주방식	소량	주의깊고 정확하게 자주 검토
B급 품목	정상적으로	정량발주방식	보통	정상적으로 때로는 신속하게
C급 품목	약식으로	정량발주방식 2단 선반법	대량	주기적으로(1~2년)

제3절 경제적 발주량과 재고의 적정화

변화가 심한 사회에서 제품이나 서비스에 대한 수요를 제대로 만족시키기 위하여 미래 계획을 수립해야 하는 기업에서는 수요예측이 하나의 중요한 경영관리 기능이 되며, 수요예측의 핵심은 예측과 실제상황과의 오차를 줄여 예측의 정확도를 높이는데 있다.

1. 조달기간과 재고관련 비용

조달기간(lead time)은 발주에서 수분량이 도착하기까지의 시간을 말한다. 그러므로 조달기간이 길고 불확실성이 클수록 높은 수준의 재고가 필요하게 되며, 안전재고에 조달기간의 사용량을 더한 수준에서 재발주점이 결정되기 때문에 조달기간의 크기는 재발주점에 직접적인 영향을 미친다.

그리고 재고와 관련된 비용은 다음과 같다.

① **재고유지비용** : 재고를 실제로 유지시키고 보관하는데 드는 모든 비용을 말한다.

② **품절비용** : 재고가 부족하여 수요를 만족시키지 못하기 때문에 발생하는 비용을 말한다.

③ **생산비용** : 생산에 필요한 직접비용으로 부품, 원료, 노동력 등이 이에 속한다.

④ **발주비용** : 재료나 상품구입에 필요한 사무관련 비용 및 생산시스템의 경우, 설비가동에 필요한 비용과 같은 고정비를 말한다.

2. 경제적 발주량

재고관리에서는 품절에 의한 손실과 재고관리비용(보관비용과 발주비용)을 감안하여 최적의 발주를 행하지 않으면 안 된다.

재고량을 늘리면 품절 손실은 회피되지만, 한편에서 금리부담이나 상품 파손 등의 보관비용이 추가된다. 반대로 재고량의 삭감으로 관리비용은 개선되지만, 품절에 의한 손실로서 서비스의 저하, 발주비용의 증가 등이 발생한다.

그러므로 재고관리에서는 손실과 이익의 균형을 고려하고, 재고 총비용의 최소화를 실현하는 최적의 발주량을 결정하여야 한다.

1) 경제적 발주량

경제적 발주량(Economic Ordering Quantity : EOQ)이란 일정기간의 재고보관비용과 발주비용과의 합을 최소화하는 1회당 발주량으로, 재고문제의 유형에 따라 여러 가지가 있는데, 그 가운데 가장 기본적인 것이 확정적 모형으로 다음의 가정이 필요하다.

① 수요가 일정하여 확정적이어야 한다.
② 주문품의 도착시간이 고정되어 있어야 한다.
③ 주문품이 끊이지 않고 계속 공급받을 수 있어야 한다.

재고시스템은 발주량(Q)과 발주점(R)에 의하여 결정되며, 발주량(Q)은 조달기간(LT; lead time)이 끝나면 공급자로부터 받게 되고, 쌓인 재고품은 일정하게 소모되면서 재주문점의 수준에 이르게 된다. 여기서 조달기간이 끝날 때, 발주량이 도착될 것을 예상하고 발주량 Q를 주문한다.

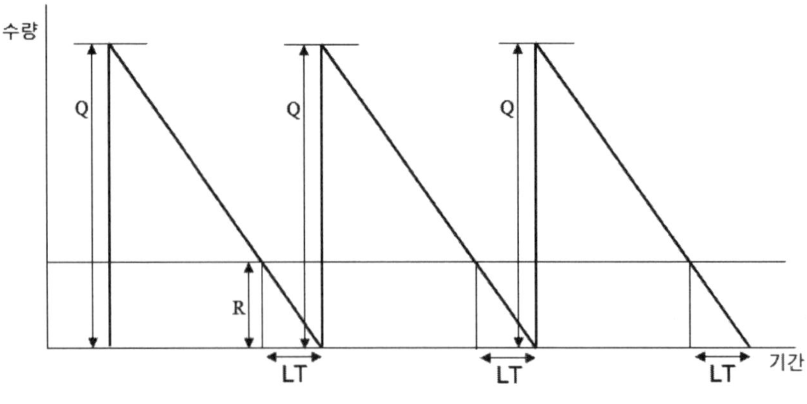

〈그림 14-5〉 경제적 발주량 Q

다음 그림에서 재고유지비용, 즉 보관비는 발주량이 늘어남에 따라 비례적으로 늘어나고, 발주비용은 반대로 줄어들게 된다. 이러한 현상은 발주량이 늘어날 때 일정 기간 동안은 톱니 수가 줄어들게 된다. 톱니 수가 줄어든다는 것은 곧 발주 횟수가 줄어들고, 결국 발주비용이 감소하게 된다. 한편, 톱니수가 줄어들면 톱니의 면적은 커지게 되고, 이는 곧 평균재고보유량이 늘어나게 됨을 의미하며 재고유지비용은 커지게 된다.

총비용과 관련된 내용을 그림으로 나타내면, 다음과 같다.

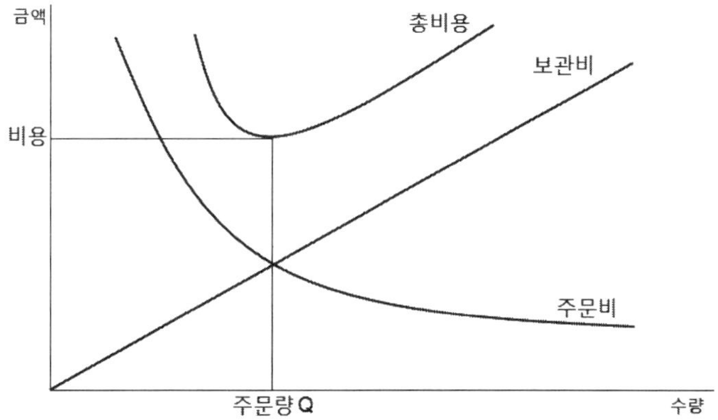

〈그림 14-6〉 발주량과 총비용의 관계

따라서 기업의 입장에서 재고로 인해 발생되는 총비용은 이들 두 비용을 합한 것이 되며, 총재고비용이 최소가 되는 발주량은 보관비용과 발주비용이 같아지는 점이 된다.

따라서 총비용 TC는 다음과 같은 수식으로 나타낼 수 있다.

$$TC = C_P \times \frac{D}{Q} + C_h \times \frac{Q}{2}$$

여기서, 년간수요량 : D

1회 발주비 : C_P

단위당 보관비 : C_h

경제적 발주량 : Q

평균재고량 : $\frac{Q}{2}$

경제적 발주량을 찾는 일반적인 방법으로는 미분을 이용하여 풀이하는 방법으로, 재고관련 비용을 최소화하는 Q값을 찾는 것이다.

$$\text{따라서 } Q = \sqrt{\frac{2D \times C_P}{C_h}}$$

예제 14-1

K자동차사는 어떤 조립부품을 매년 1,000단위씩 사용하며, 단위당 3만 원에 구입한다. 이 부품을 한번 발주하는데 2만원의 비용이 들고, 재고품은 연간 한 단위에 4,000원씩 비용을 들여 보관한다. 조립품을 한 번에 몇 단위씩 발주하여야 하며, 또 연간 몇 번이나 발주하여야 하겠는가?

풀이

$$\text{경제적 발주량} = \sqrt{\frac{2D \times C_p}{C_h}} = \sqrt{\frac{2(1{,}000)(20{,}000)}{4{,}000}} = 100\text{개}$$

$$\text{적정 발주횟수} = \frac{D}{Q} = \frac{1{,}000}{100} = 10\text{번}$$

2) 경제적 발주점

발주점이란 주문품을 발주할 때의 재고량의 수준을 나타낸다. 그리고 새로 발주량을 요청하여 받을 때까지의 기간을 조달기간이라 한다. 확정적인 재고시스템에서는 조달기간이 일정한 수요를 가지고 항상 알려져 있다. 그러므로 수요는 정확히 공급과 일치하여 조달기간이 끝날 때 재고량은 모자라지도 않고 남지도 않게 된다.

이와 같은 확정적 재고시스템에서는 경제적 발주점이 매일 사용되는 재고량을 정하여 다음과 같이 쉽게 구할 수 있다.

$$\text{경제적 발주점} = \text{조달기간(일수)} \times \text{1일 수요량}$$
$$R = L_T \times U_R$$

이와 같이 적정발주점(R)은 조달기간(L_T)동안의 수요량(U_R)과 같다. 즉, 조달기간 동안의 일수에 하루 수요량을 곱한 것이 셈이다.

예제 14-2

D=1,000, C_p=200원, C_h=40원, EOQ=100 그리고 L_T=5일이라고 할 때, 경제적 발주점은 얼마인가? 단, 연간 작업일수를 보통 250일로 한다.

풀이 먼저 일일 수요량을 구한다. 즉, 하루 수요량은 연간 수요량을 연간 작업일수로 나누면 된다.

$$\text{일일 수요량} = \frac{\text{연간 수요량}}{\text{연간 작업일수}} = \frac{1,000}{250} = 4\text{단위}$$

따라서 5일 동안에 매일 4단위씩 사용되므로 결국 조달기간 동안의 수요는 다음과 같다.

$$R = L_T \times U_R = 5 \times 4 = 20\text{단위}$$

3) 대량구입에 따른 할인

제조업자가 때로는 많은 양을 구매하는 고객에게 가격할인의 혜택을 주는 수가 있다. 이와 같이 제품을 다량으로 매입할 때 가격할인이 주어지는 경우에는 제품의 가격이 일정하지 않고 구매량에 따라서 변하게 될 것이다. 그러므로 이 경우에는 재고관련 총비용은 제품비용으로 제품가격을 포함하게 된다.

따라서 재고관련 총비용은 다음과 같이 표시될 수 있다.

$$TC = C_p \times \frac{D}{Q} + C_h \times \frac{Q}{2} + P \times D$$

여기서, P : 단위당 제품 가격
D : 수요량

이와 같이 구매량에 따라 각기 다른 구매가격이 적용되면, 가격은 구매량의 함수가 되어 결국 총비용함수는 <그림 14-7>과 같이 불연속적으로 나타난다.

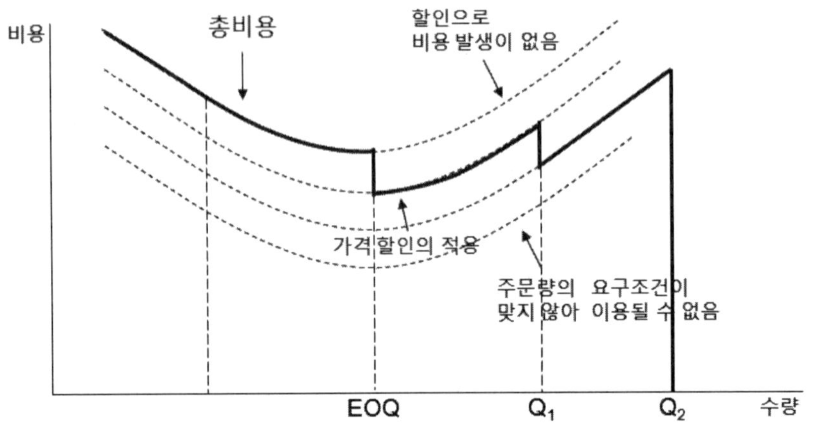

〈그림 14-7〉 가격할인이 있을 경우의 총비용

예제 14-3

S카메라 제조업자가 외국업자로부터 렌즈를 1개에 100,000원에 매입하고, 수요자는 연간 125개의 렌즈를 필요로 하며, 1회 발주비는 18,000원이다. 그리고 연간 1개당 보관비는 20,000원으로 추정된다.

S사는 수요자가 한 번에 렌즈를 50개 구입하면 6%, 100개 이상을 구입하면 8%씩의 가격할인을 각각 제공하고 있다. 최적발주량은 얼마로 하면 되겠는가? 단, 발주비와 보관비는 일정하다고 가정한다.

풀이 ① 먼저 가격할인이 없는 경우의 EOQ를 구한다.

$$EOQ = \sqrt{\frac{2 \times D \times C_p}{C_h}} = \sqrt{\frac{2(125)(18,000)}{20,000}} = 15\text{개}$$

② EOQ 15개를 발주할 때, 연간 총비용을 계산한다.

$$TC = C_p \times \frac{D}{Q} + \ C_h \times \frac{Q}{2} + \ P \times D$$

$$= 18,000 \ \times \left(\frac{125}{15}\right) + 20,000 \ \times \left(\frac{15}{2}\right) + 100,000 \times (125)$$

$$= 12,800,000\text{원}$$

③ 50개를 발주할 때의 연간 총비용을 계산한다. 구매비가 100,000원에서 6%(=6,000원) 절감되므로 94,000원이 된다.

$$TC = 18{,}000 \times (\frac{125}{50}) + 20{,}000 \times (\frac{50}{2}) + 94{,}000 \times (125) = 12{,}295{,}000\text{원}$$

④ 100개를 발주할 때에도 마찬가지로 총비용을 계산한다. 이때는 구매비가 100,000에서 8%(= 8,000원) 절감되므로 92,000원이 된다.

$$TC = 18{,}000\text{원} \times (\frac{125}{100}) + 20{,}000\text{원} \times (\frac{100}{2}) + 92{,}000\text{원} \times (125) = 12{,}522{,}500$$

50개를 발주할 때 연간 총비용이 최소가 된다. 그리고 100개를 발주하면, 개당 구매가격은 보다 적지만 보관비가 절감을 능가하게 된다.

발 주 량	발주비 + 보관비 + 구매비			총 비 용
15개	150,000원	150,000원	12,500,000원	12,800,000원
50개	45,000원	500,000원	11,750,000원	12,295,000원
100개	22,500원	1,000,000원	11,500,000원	12,522,500원

부품 발주비용은 발주비용, 수송비나 검수비용을 합계한 금액이다. 부품 보관비용은 부품납입장의 창고비용, 금리와 모델 변경에 의한 부품폐기 등의 비용 합계이다.

4) 안전재고와 발주

안전재고량은 과거의 출하실적의 변동범위 내에서 출하가 행해지고 있는 경우는 다음의 식을 적용한다.

안전재고량 = 1일당 최대출하 실적수 - 1일 평균출하 실적수

예를 들면, 과거의 평균출하 실적수가 150피스/일이고, 최대출하 실적수가 200피스이면, 안전재고는 50피스이다. 그러므로 특별한 출하수량의 변동이 없으면, 50피스는 재고로 유지된다.

실무상의 대책으로 발주에 대한 입하의 불확실성이나 상품의 계절변동, 신상품의 발매시점에서의 이상변동 등을 보완하기 위해서는 안전재고에 조금 더 여유를 주며, 특수한 상품군에 대해서만 그룹화하고 안전재고량을 개별 설정하는 것이 현실적이다.

3. 재고의 적정화

재고가 너무 많으면, 당연히 자금효율도 떨어지며, 불량재고·저회전 재고의 온상이 되기도 하여, 경영상의 큰 문제가 된다. 이처럼 재고는 기업 내부의 여러 악의 근원이므로, 재고의 적정화가 필수적이다.

1) 재고 일수

출하되고 있는 수량에 대해 어느 정도의 재고를 갖고 있는가를 재고 일수라고 말한다. 일반적으로는 월말의 재고수량을 그 달의 1일당 출하수량으로 나눈 수치로 나타낸다. 즉, 재고회전율을 다른 표현으로 나타냈다고도 할 수 있다. 회전이 나쁜 상품을 대량으로 구입하거나 출하수량을 무시한 생산을 하면, 바로 팽창된다.

(1) 재고 일수가 물류에 미치는 영향

기본적으로 물류센터 관리비용은 재고 일수에 비례하여 다음과 같이 변화한다.

① 재고 공간은 재고 일수에 비례한다.

② 재고 일수가 늘어나면, 당연히 창고 공간의 비용(예를 들면, 창고요금)도 비례적으로 증가한다.

③ 작업동선의 길이는 창고 공간에 비례한다. 따라서 작업 비용도 거의 비례관계가 된다.

④ 재고량이 늘어나면, 작업 오류도 가속도적으로 증가한다.

(2) 구입담당 부문(생산계획담당부문)의 책임

구입수량이나 생산지시 수량이 재고관리부문 이외에서 결정되고 있는 경우, 재고 일수의 관리는 재고관리부문에서 불가능하다.

대부분의 무능한 담당자가 결정한 재고 일수에 재고·물류비용이 휘둘리는 것은 이상한 이야기이다. 그러므로 재고과다에 의한 재고물류 비용을 정말로 낮추기 위해서는 무능한 구입담당자나 생산계획 담당자를 경질하는 쪽이 실효성이 있다.

2) 중도 재고의 삭감

중도 재고의 삭감, 즉 공정간 재고의 삭감에 의해 부품·재공품에 드는 자금을 줄이고 금리부담을 줄일 수 있다.

중도 재고 삭감의 진정한 목표는 부품, 재료를 가공·조립하여, 제품으로 판매하여, 현금화하기까지의 시간을 단축하는 것이므로, 효율적인 생산을 행할 필요가 있다. 이를 위해 쓸데없는 재료의 공정내 체류시간을 줄이는 것이다. 기말에 중도 재고 삭감을 행하는 공장이 있지만, 일시적인 재공품의 감축은 외견상 조금 수익개선에 기여하더라도 기업체질은 전혀 아무것도 바뀌지 않기 때문에 착수삭감에 들인 비용만 손실을 보는 것이 된다.

그리고 공정내 체류시간의 단축에 의해 소비자가 바라는 제품을 단기간으로 생산할 수 있다. 또, 부품, 재료, 재공품이나 제품재고를 줄이면, 소비자의 기호에 맞추어 제품을 모델변화를 할 때에 폐기하는 재공품의 위험이 줄어들게 된다.

무엇을 개선하면, 효율적으로 생산관리 수준을 올리고 비용을 삭감할 수 있을까? 문제점을 모르는 공장에서는 우선 부품·재공품을 줄이고, 문제점과 그 원인을 명확히 하고, 순서적으로 문제점을 해결하는 방법이 취해지는 경우도 있다.

일반적으로 문제점에는 생산계획이나 자재준비의 미비, 부품·재공품의 현품관리 미비, 재고관리 미비, 공정지연의 발생 등이 있다. 또, 설비고장에 대비하고, 책임회피 때문에 현장에서 적당히 공정간 재고를 갖는 등의 경우도 있다.

진정한 개선에는 생산계획이나 재고계획의 정교하고 치밀함, 공정 대체시간의 축소, 생산공정의 적정화, 가공시간의 단축 등이 필요하다. 비용 삭감 효과의 대체지표로서 부품·재공품의 재고 금액을 사용하는 경우도 있다.

4. 공장내 물류

공장물류관리는 '필요한 것을, 필요할 때에, 필요한 만큼' 운반하는 것이고, 중요한 것은 일의 순서와 계획성이다. 작업진척에 맞추어 필요할 때에 필요한 자재를 운반하지 않으면, 현장은 부품이나 재료의 산더미가 된다.

1) 공장내 물류의 개선

일반적으로 공장에는 한쪽 면이 외주로부터의 제품수납처가 되어 있어, 부품은 들어온 순서로 생산현장 또는 보관창고(또는 창고)에 옮겨진다.

- 8시간 조업의 경우, 납입시간은 적어도 1시간단위로 제시된다.
- 설비(크레인 등)의 제약이 있는 경우, 중량물의 신고 내리기는 기다리지 않도록 납입시간을 지정한다.
- 양이 많은 부품은 그 시간대 가운데를 분할하여 옮기는 것을 궁리한다.

• 계획납입은 생산계획으로 납기가 결정되고 있지만, 생산변동에 의해 부품의 소요량이 증감하기 때문에 실시간으로 진척을 파악하고, 공급업자에게 상세히 지시를 할 필요가 있다. 물론 경제적, 물리적인 한계도 있고, 쌍방이 납득할 수단을 결정하는 것이 가장 좋다.

2) 조직의 개선

일반적으로 공장내 물류 조직은 현장작업의 담당자에 속하는 쪽이 효과적인 기능을 발휘할 수 있다. 생산의 공정과 수순을 숙지하지 않으면, 적절하게 부품을 운반할 수 없다. 그러므로 사내 관련 부서와의 관계, 부품준비 등을 조정하는 경우도 있다.

3) 창고내 물류의 개선

작업자가 출하제품을 찾아 돌아다녀서는 효율이 극단적으로 저하하고 오류출하도 빈번하게 발생한다. 그러므로 업무에서 먼저 위치 설정과 검토를 행할 필요가 있다.

5 경제적 생산량의 결정

기업이 부품을 외부로부터 구입하지 않고, 자체 내에서 생산하여 조달하는 경우가 흔히 있다. 이러한 경우에도 재고관련 총비용을 극소화하기 위하여 EOQ모형과 같은 이론이 적용될 수 있으며, 경제적 생산량(EPQ; Economic Production Quantity)이라 한다.

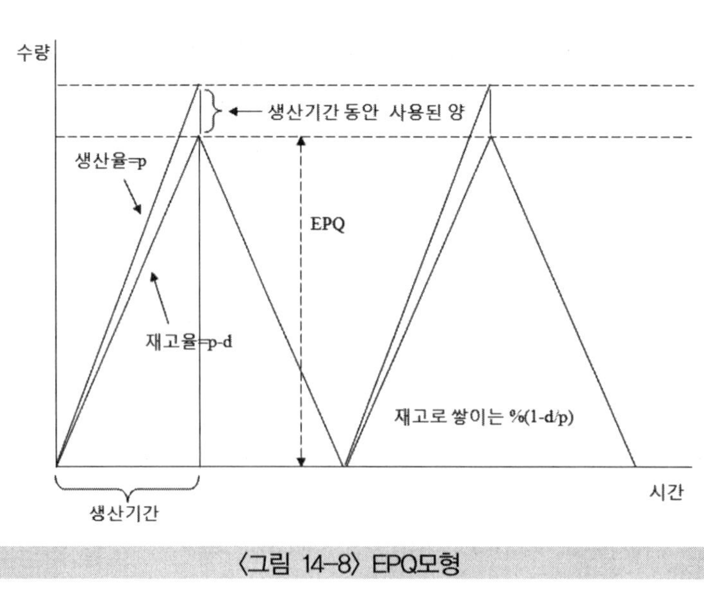

〈그림 14-8〉 EPQ모형

주문품을 자체 내에서 생산하는 데에는 시간이 걸릴 뿐만 아니라 생산과정에서 생산품의 일부는 이미 사용되거나 팔리고 나머지 일부만 재고로 쌓이게 되므로 EPQ모형은 다음과 같은 가정이 설정될 수 있다.

① 생산량은 즉시 채워지지 않고, 일정생산기간에 걸쳐 일정량씩 점진적으로 쌓인다.
② 생산량은 수요량을 초과한다.
③ 생산기간이 끝나면, 쌓였던 재고량은 일정량씩 없어지게 된다.
④ 재고가 모두 없어지면, 즉시 생산작업이 되풀이된다.

EPQ모형에서는 EOQ모형의 발주비가 제조준비비(setup cost)로 바뀐다. 준비비는 발주비와 같이 고정적인 성격을 띠는 것으로써 제품생산을 시작할 때 기계설치, 서류작업, 일정계획 등을 위한 일시적인 비용으로 나타난다.

1) 총비용의 산출

기본적인 EOQ모형에서는 모든 발주품이 들어오는 즉시 재고로 들어가서 단위시간당 요구되는 수요량 d만큼씩 이용된다. 그러므로 여기에는 보관비가 EOQ 전량에 부과된다.

주문품이 한 번에 즉시 공급되지 않고 있는 EPQ모형은 발주비 C_P(여기서는 준비비로 됨)나 총수요 D에는 영향을 주지 않고, 재고로 쌓이지 않는 생산량의 부분에 대해서는 보관비가 부과되지 않으므로 단지 보관비 C_H 만을 절감시킬 뿐이다. 1일 수요량을 d, 1일 생산량을 p라고 하면, d/p율은 매일의 수요량을 충족시키는 생산량을 나타내고, 1 - d/p는 재고로 쌓이는 생산량을 나타낸다. 이와 같은 재고량이 줄어들게 되므로 이에 대한 보관비도 그만큼씩 줄어들게 될 것이다.

그러므로 EPQ모형에서의 총비용은 EOQ모형의 총비용을 보관비의 절감만을 고려하여 다음과 같이 수정하여 산출된다.

$$TC = C_p \frac{D}{Q} + C_h \frac{Q}{2} \times \left(1 - \frac{d}{p}\right)$$

여기서, C_P : 1 회 준비비
C_h : 연간 단위당 보관비
D : 연간 수요량
p : 단위시간당 생산량

d : 단위시간당 수요량

여기서 총비용을 극소화시키는 경제적 생산량 Q는 다음과 같이 산출된다.

$$EPQ = \sqrt{\frac{2D\ C_p}{C_h(1-\frac{d}{p})}}$$

2) 재주문점 및 생산횟수의 결정

확정적 재고시스템에서 경제적 발주점을 찾는 것처럼, 확정적 생산시스템에서도 경제적 재생산점을 찾아야 한다. 여기서 재생산점이란 제품생산을 시작할 때의 재고수준(양)을 지칭한다. 이러한 재생산점을 찾기 위해서는 먼저 조달기간을 알아야 한다. 여기서 조달기간은 제품생산을 계획하고 준비하는 데 요구되는 시간이다. (재)생산시의 재고수준은 재고기간 동안의 수요를 충족시켜야 하므로 다음과 같이 산출된다.

경제적 재생산점 = 리이드 타임 × 단위시간당 수요량

R = LT × UR

이와 같이 조달기간(LT)에 단위시간당 수요량(UR)을 곱하면, 조달기간 동안의 수요를 제공한다.

다음은 연간 적정생산횟수를 알아야 한다. 연간 수요(D)를 충족할 만큼 충분한 생산작업이 있어야 할 것이므로, 매회 경제적 생산량(Q)이 산출된다면 적정생산횟수(NR)는 다음과 같다.

$$N_R = \frac{D}{Q}$$

이 식은 적정생산량을 알고 있다는 것을 전제로 한 것인데, 투입변수를 이용하여 직접 표시할 수도 있다. 즉, EPQ를 구하는 식을 이용하면, 생산횟수 NR은 다음과 같이 산출된다.

$$N_R = \frac{D}{\sqrt{\frac{2DC_P}{C_h(1-\frac{d}{p})}}}$$

$$N^2 = \frac{D^2 C_h\ (p-d)}{2C_P Dp}$$

$$N_R = \sqrt{\frac{DC_h(p-d)}{2C_P p}}$$

이와 같이 확정적 생산시스템에서도 EPQ모형을 이용하여 경제적 생산량과 (재)생산점 그리고 생산횟수 등을 구할 수 있다.

예제 14-4

S생산공장에서 자동차 조립에 쓰이는 부품을 하루 60개씩 제조하고 있다. 이를 위한 생산준비비가 40,000원, 연평균 보관비가 단위당 5,000원, 연간 수요량은 6,000개이다. 그리고 생산준비기간(lead time)은 4일이다. 단, 작업일수는 250일로 한다.

① 적정 생산량(Q), ② (재)생산점(R), ③ 생산횟수(NR)를 구하라.

풀이 먼저 수요량과 생산량이 똑같은 단위로 표시되어야 한다. 년간 작업일수는 250일이므로,

수요량 : 24단위/일, 6,000단위(연)

생산량 : 60단위/일, 15,000단위(연)

① 적정 생산량 : $Q = \sqrt{\frac{2DC_p}{C_h(1-\frac{d}{p})}} = \sqrt{\frac{2(40{,}000)(6{,}000)}{5{,}000\ (1-\frac{24}{60})}} = 400$단위

② 재생산점 : $R = L_T \times U_R = 4 \times 24 = 96$단위

③ 생산횟수 : $N_R = \frac{D}{Q} = \frac{6{,}000}{400} = 15$회

제4절 재고통제시스템

재고통제시스템은 통제되는 재고의 유형에 따라서 설계되어야 한다. 주문점이나 안전재고량에 초점을 맞추어 주문계획을 세우는 기법은 주문품의 정확한 도착시간이 요구되는 종속수요의 품목에 적합하지 못하다. 마찬가지로 창고나 도매상에서 분배목적으로 보유하는 재고품(주로 완제품)은 고객에게 적절한 서비스를 제공하기 위하여 확률적 수요를 파악하는 복잡한 기법을 필요로 한다.

1. 정량발주시스템

정량발주시스템(FOQ시스템; Fixed Order Quantity System)은 재고가 일정수준(발주점)을 하회하면, 정량발주하는 방식으로 발주점방식이라고도 한다. 즉, 재고량을 계속적으로 파악하면서 재고량이 발주점에 도달할 때마다 고정발주량(Q)을 발주하는 방법으로 Q시스템이라고도 부른다.

재고를 항상 계속적으로 파악하여 통제하는 이와 같은 Q시스템에서는 <그림 14-9>에서 보는 바와 같이 재고수준이 미리 결정된 발주점(s)에 도달할 때마다 일정량 Q가 발주되므로 발주량은 고정되어 있지만, 발주시기(매 발주 때마다의 발주시기)는 일정하지 않고, 수요의 확률적 성격에 따라 변한다.

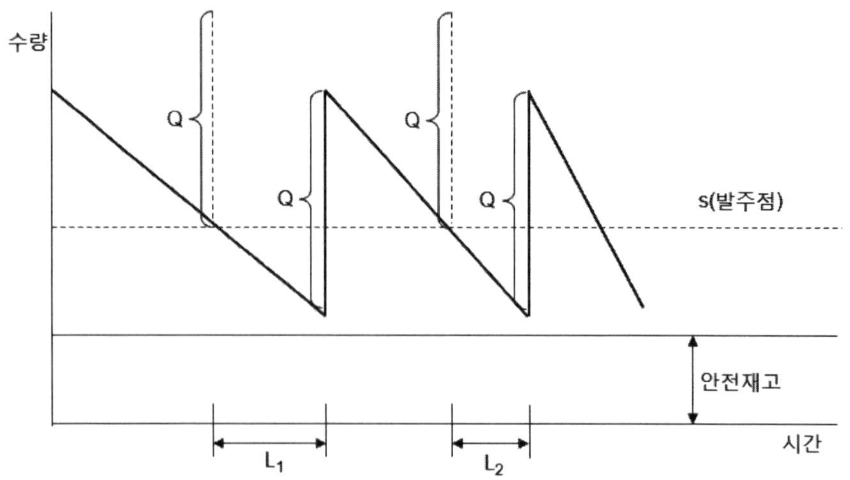

〈그림 14-9〉 정량발주시스템

정량발주시스템은 발주량(Q)과 발주점(s)이라는 두개의 변수에 의하여 결정되므로 EOQ분석을 통해 발주량을 결정할 수 있다. 그러므로 금액 및 중요도가 높지 않은 B급 품목에 적용되는 발주방식이다. 그리고 안전재고는 생산계획의 변경 시기와 생산개시까지의 기간의 길이와 부품 조달기간의 길이에 의해 결정된다.

여기서 안전재고란, 조달기간의 연장이나 수요증대 등의 우발 변동에 의한 재고품의 품절을 방지하기 위해, 추정되는 수요량보다도 계획적으로 많이 보유하는 재고량을 의미한다.

2. 정기발주시스템

정기발주시스템(FOP시스템; Fixed Order Period System)은 일정기간의 생산계획으로부터 필요량을 그때마다 산출하고, 그 기간의 필요량을 안전재고를 가미하면서 발주하는 방법으로 판매가 좋은 상품에 적합한 발주방식이다. 즉, 재고량을 계속적 또는 부정기적으로 필요한 발주량을 정기적으로 파악하여 발주한다고 하여, P시스템이라고도 부르며, 금액 및 중요도가 높은 A급 품목에 적용되는 발주방식이다.

P시스템에서는 정기적으로 재고수준이 최대 재고수준까지 이르도록 발주를 한다. 이때, 목표재고수준은 1회 발주 주기 동안의 수요를 충족시킬 수 있도록 설정된다. 그러므로 발주량은 현재의 재고수준을 목표재고수준까지 이르도록 하는데 필요한 량이 되는데 이것은 매기간 변동하게 된다.

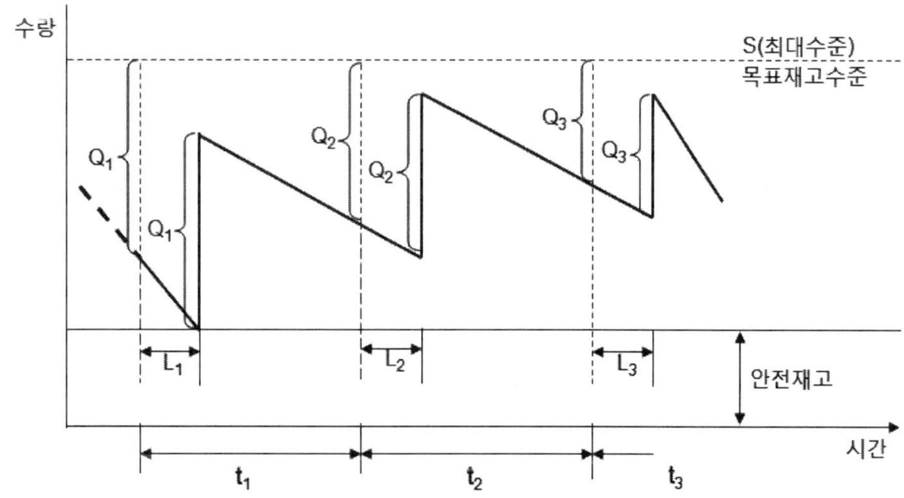

〈그림 14-10〉 정기발주시스템

<그림 14-10>에서 보는 바와 같이 재고수준이 불규칙적으로 떨어지면서 정기 검토 시기에 이르게 되고, 여기서 현재의 재고수준을 목표재고수준까지 끌어올릴수 있도록 발주를 한다. 그러면 발주품은 리드 타임이 끝난 다음 도착하여 사용하게 된다.

이 시스템은 자재를 일정하게 사용하여야 하는 공장 같은 곳에서 매우 유용하다.

뿐만 아니라 이 시스템은 수요에도 신속히 응할 수 있고, 여러 품목을 한 번에 발주하여 일정기간 동안 사용하여야 할 경우에 발주비용을 절감시킬 수 있다.

그러나 조달기간 동안만 안전재고를 보유하는 정량발주시스템에 비하여 안전재고를 발주주기 동안 보유하여야 하므로 안전재고수준이 높은 것이 P시스템의 단점이다.

간판방식이 평준화를 전제로 하고 있는 것처럼, 정량발주방식에서도 평준화가 필요하게 된다. 만일, 사용량이 크게 변동하면 안전재고가 예정보다 빨리 소멸하여 품절이 될 가능성이 있다. 그러므로 P시스템은 출하량의 변동이 적은 제품에 적용한다. 발주량은 연간 총재고비용을 최소로 하는 경제적발주량(최적발주량)이므로, 발주간격을 미리 설정할 필요는 없다.

<표 14-3>은 정량발주시스템(Q시스템)과 정기발주시스템(P시스템)을 비교하여, 두 시스템의 차이를 나타낸 것이다.

〈표 14-3〉 정량발주시스템과 정기발주시스템의 비교

구분 \ 시스템	정량발주시스템	정기발주시스템
개 요	• 재고가 발주점에 이르면 정량을 발주	• 정기적으로 소요량을 발주
발주시기	• 부정기(발주점)	• 정기
발 주 량	• 정량(경제적 발주량)	• 부정량(기간 중의 소요량)
수요정보	• 과거의 실적으로 예측	• 정도가 높은 정보가 필요
안전재고	• 조달기간 동안의 수요 변화에 대비	• 발주주기 동안의 수요 변화에 대비
안전재고 수준	• 낮다	• 높다
적용품목	• 금액 및 중요도가 높지 않은 B급 품목으로 수요변동의 기복이 작은 품목 • 금액 및 중요도가 낮은 (C급 품목)수요가 계속적인 물품	• 금액 및 중요도가 높은 A급 품목 • 계속 수요는 있지만 수요변동이 큰 물품

3. 결합시스템

전형적인 재고통제시스템인 정량발주시스템과 정기발주시스템의 특성을 결합한 여러 가지 결합시스템(s,S system)이 실제 독립수요의 재고관리를 위하여 널리 이용되고 있다.

결합시스템 가운데 대표적인 것으로는 기본재고량시스템(base stock system)이 있다. 이 시스템은 재고수준을 정기적으로 파악하지만 재고량이 사전에 결정된 특정수준 이하로 떨어질 때에만 발주하는 시스템이다. 즉, 정기발주시스템을 따르지만, 최소의 발주점과 최대의 재고수준을 정하여 놓고, 정기적으로 검토하여 재고수준이 최소수준(발주점) 이하로 떨어지면, 재고량이 최대수준에 이르도록 부족한 양만큼 발주하는 기법이다.

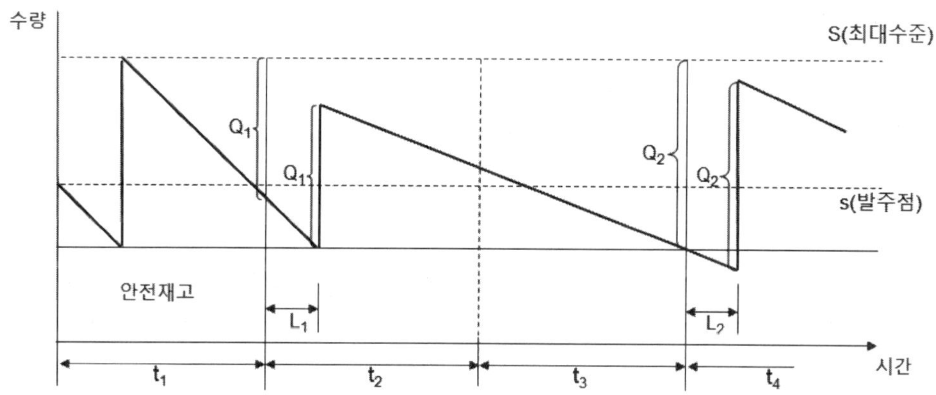

〈그림 14-11〉 s,S 결합시스템

따라서 이 시스템은 정량발주시스템과 정기발주시스템이 갖는 결점을 보완한 것으로 재고수준은 정기발주시스템에서와 같이 정기적으로 검토되지만, 발주량은 정량발주시스템에서와 같이 고정되어 있지 않고 변한다. 그러므로 이 시스템에서는 정기발주시스템의 경우보다 발주횟수는 줄어들고 발주량이 많아지는 결과를 낳는다.

4. 그때마다 발주하는 방식

금액이 높은 부품은 상비품으로서 재고를 갖지 않고 필요시에 그때마다 구입하는 방식을 말한다. 그러므로 '그때마다 발주방식'이라고 부르고 있다. MRP시스템은 그때마다 발주방식에서 발전한 것이라고 생각된다.

대부분의 부품은 생산계획의 작은 수정이 부득이 하게 되어, MRP나 간판방식이라도 안전재고를 가질 필요가 있다. 재고량이 발주점을 밑돌면, 그때마다 발주량을 계산하게 되는데, 수요변동이 예상되는 제품에는 적합하지 않다.

제5절 전자상거래 기업의 재고관리

전자상거래가 활성화되면서 가장 많이 활성화되고 알려진 기업들이 아마존, Dell, Buy.com 등이다. 이들 기업의 성공요인들 중의 하나가 이들 기업에 납품하는 기업들과의 재고 및 물류와 관련된 강력한 EDI 또는 웹기반 정보공유시스템이다.

1. 재고관리 체계도

가장 큰 변화의 흐름은 주문량이 극도로 소량화되어 가고 있다는 점이다. 이를 통해 유통업자는 재고부담을 줄일 수 있지만, 납품업체는 생산일정에 상당한 곤란을 겪게 된다. 그러므로 이것을 마치 하나의 기업처럼 움직일 수 있도록 하는 강력한 정보시스템의 구축과 상호 긴밀한 제휴를 통해 가능하게 만든다.

따라서 자사의 재고만을 재고로 관리하는 것이 아니라 납품업자의 생산라인과 배달업자의 운송중인 부품까지도 유통업체의 재고로서 인식하고 관리하여야 한다.

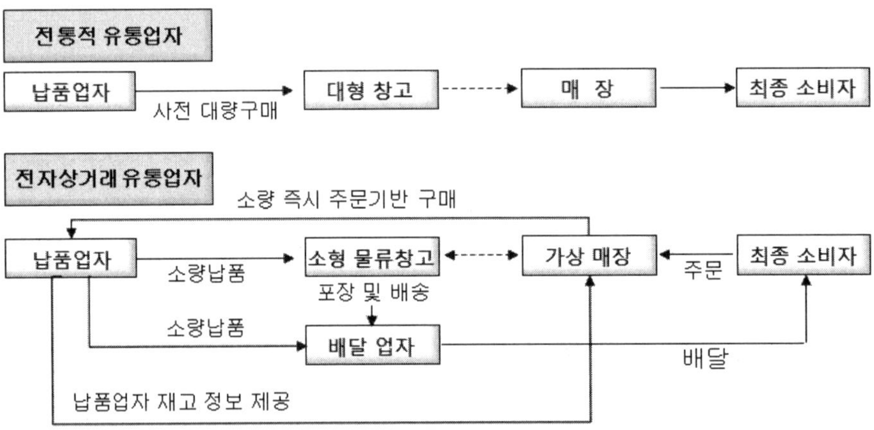

〈그림 14-12〉 전통적 및 전자상거래 재고관리 체계도

2. 전략적 재고관리의 협력 모형

두 업체 간의 제휴를 통해 주문과 관리를 동시에 수행하는 것이다. 그러므로 한 업체는 자신의 창고를 활용하여 배달물량을 확보할 수 있어 이익이 되고, 다른 업체는 따로 창고를 관리할 필요가 없기 때문에 이익이 역시 창출되게 하는 것이다.

이와 같이 현재는 서로에게 이익이 된다면 언제 어디서라도 상호 강력한 제휴 체제를 구축하게 되는데, 소위 이를 Win-Win 전략이라 할 수 있으며, 재고관리에 있어서도 그 대상에서 제외되지 않는다.

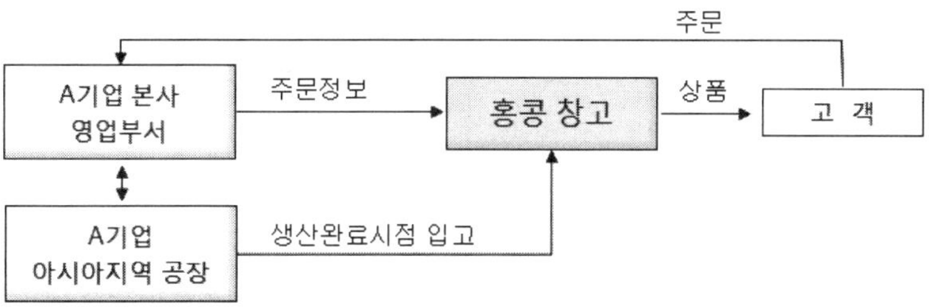

〈그림 14-13〉 전략적 재고관리의 협력 모형 관계도

기업사례

자연에서 배우는 경영기법

1. 닭에게서 배우는 경영기법

1) 계란을 한 바구니에 담지마라.

'계란을 한 바구니에 담지마라'의 의미는 계란을 한 바구니에 담아서 깨지게 되면 모두 깨지게 되므로, 다양한 포트폴리오 구성을 하라는 뜻이다. 여기서 계란은 재능일 수도, 시간일 수도, 가능성일 수도 있다. 계란을 여러 분야에 걸쳐 골고루 분산하듯, 일에 대한 적합한 배분과 시간의 투자를 다양화하는 것이 필요하다. 그리고 기술과 상품 개발에 있어 다양화·전문화가 필요한 시점이다.

닭이 매일 계란을 낳듯이 고정 수입과 운영비를 투자하여 씨암탉이 될 제품을 개발하여야 한다는 것이다.

2) 닭이 먼저냐 계란이 먼저냐?

닭이 먼저든 계란이 먼저든 결과가 중요한 법이다. 기업이 "제품을 잘 만들어야 잘 팔 수 있다"는 영업부는 "제품을 잘 팔아야 좋은 제품을 개발할 수 있다"는 개발팀과의 책임을 떠넘길 수 있다. 누구의 잘못이 먼저냐를 따지기 전에 왜 잘못된 것인가를 밝혀내기 위한 노력과 시간이 낭비되지 않도록 하여야 한다.

원인을 따지기에 앞서 과정 중에 충분히 협력을 했는지, 아니면 결과적으로 책임을 져야 할 사람이 누구인지를 생각해 봐야 한다. 결과가 좋으면, 논공행상을 하기 위해 원인을 따지지만, 문책을 위해 원인을 따져 봐야 이미 고객은 떠났고 시장은 문을 닫았다. 좋은 결과를 얻기 위해서 중요한 것은 누구의 잘못인지 책임 문제가 아니라 고객과 시장과의 반응이다.

3) 계륵

'닭의 갈비'라는 뜻으로 먹을 게 별로 없는데 버리기도 아깝다는 뜻이다. 삼국지에서 조조가 어떤 지역을 공격하여 땅을 빼앗을 것인가 후퇴할 것인가를 고민하다가, 저녁 요리로 닭 갈비가 나온 것을 보고, 조조가 "계륵이다"라고 외쳤다. 이 소리를 들은 부하 장군이 "조조는 퇴각할 것이다."라고 하였다. 결국, 조조는 퇴각했지만 퇴각할 것이라고 말했던 부하 장수는 참형을 당하게 된다. 군왕의 기밀을 너무 빨리 알아채 버렸기 때문이다.

어중간하게 필요한 사람이기 보다는 확실히 아까운 재목임을 보여주는 게 더욱 좋다. 기업에서도 버리기엔 아깝고 이익이 없는 사업과 제품이 있다. 과감한 결단과 행동으로 사업의 선택과 집중을 잘 해야 할 것이다. 잭 웰치가 GE에서 했던 방식처럼 '1등이 아니면, 매각하라!'는 방식을 생각해 볼 필요가 있다.

2. 공기의 구성

우주 공간의 공기 구성을 살펴보면, 약 3/4이 질소로 되어 있고, 그 나머지 약 1/4은 산소로 되어 있다. 질소는 불활성기체로서 다른 것의 변화를 막는 역할을 담당하기에 보수지향적이라고 하는 것이다.

나머지 1/4인 산소는 활성기체로서 무엇이나 태울 수 있다. 가장 안정적이면서도 변화에 능동적으로 적응하는 구조를 갖추려면 1/4은 개혁지향적이며, 3/4은 보수성을 유지할 수 있는 구조이어야 한다는 것을 자연이 인간에게 가르침을 주는 것이다. 공기 중에 질소가 100%라면 모든 생물은 질식사할 것이며, 역으로 산소가 3/4이라면 모든 것은 폭발해 버릴 것이다. 경영조직에서 영업, 생산 등과 같은 현상유지 부서도 중요하지만 적어도 1/4 이상은 기획, 조사, 연구개발과 같은 미래 지향적인 조직을 확보하여야 한다.

인간의 수명을 최대한 100년으로 볼 때, 사람에 따라 차이는 있지만 대부분의 사람은 1/4에 해당하는 25년을 미래를 준비하는 기간으로 보낸다. 그리고 1년중 1/4에 해당하는 시간은 기업을 위해서 봉사하고, 나머지 3/4은 현상유지를 위해 사용하고 있다.

그런데 가장 중요한 것은 경영자들이 실제로 미래를 위한 자기 시간이 너무 없다는 것이다. 1/4이란 황금율을 적용한다면, 경영자는 1년에 기업에 봉사하는 2,200시간의 1/4인 550시간, 즉 하루 90분은 자신을 위한 시간에 사용해야 한다.

경영상담회사 맥킨지가 발행한 『사장의 시간관리 질감전략』에 의하면, 세계 대다수의 경영자들이 "사장은 바쁘다. 새벽부터 밤늦게까지 열심히 뛰지만 항상 시간이 모자란다"고 지적하고 있다. 그 이유로는 구조적 원인도 있지만, 사장이 기본적으로 사장의 역할을 정확히 파악하지 못하고 부하가 할 일에 자신의 귀중한 시간을 허비하고 있음을 시사하고 있다.

우리가 수입금액 중에서 남으면 저축하는 것이 아니라 먼저 저축하고 남는 금액으로 빠듯하게 살림을 꾸려 가듯이, 먼저 미래를 위한 자기개발 시간을 확보해 두고, 나머지 시간으로 업무를 추진하는 시간관리제도의 확립이 필요하다. 경영혁신의 위대한 발상과 아이디어는 경영자의 고독한 사고에서 연유된다. 경영자가 자기개발 시간을 갖지 못하고 현상 유지에 급급하다면, 기업의 장래는 불을 보듯 명확하다.

따라서 최고경영자는 어떠한 희생이라도 감수하여 적어도 하루에 90분 이상, 자기 시간을 확보하여 미래를 준비해야 한다. 그래야 경영자 자신도 살고 기업도 살릴 수가 있는 것이다.

김명호. (2014). 『기업사례경영학』 개정2판. 도서출판 두남.

연습문제

14-1 재고관리의 목표를 설명하라.

14-2 재고의 기능을 설명하라.

14-3 C급 품목에 적용되는 선반의 관리를 설명하라.

14-4 ABC분류법을 설명하라.

14-5 경제적 발주량을 구하는 식을 유도하라.

14-6 정량발주시스템과 정기발주시스템의 비교 설명하라.

14-7 결합시스템을 설명하라.

14-8 전략적 재고관리의 협력 모형을 설명하라.

14-9 P자동차사는 부품 Y를 매년 1,500개씩 사용하는데, 단위당 2만 원에 구입한다. 한번 발주하는데 3만 원의 비용이 들고, 재고품은 년간 한 단위에 5,000원씩 비용을 들여 보관한다. 이 조립품을 한 번에 몇 단위씩 발주하여야 하며, 또 년간 몇 번 발주하는 것이 적합한가?

14-10 D=2,000, C_p=500원, C_h=100원, EOQ=500 그리고 L_T=4일이라고 할 때, 경제적 발주점은 얼마인가? 단, 연간 작업일수를 보통 250일로 한다.

14-11 K카메라 제조업자는 렌즈를 단위당 10만원에 수입하고, 국내 수요자는 연간 125개의 렌즈를 필요로 한다. 1회 발주비가 20만 원이며, 보관비는 연간 단위당 1만원으로 추정된다. K사는 수요자가 한 번에 렌즈를 50개 구입하면 3%, 100개 이상을 구입하면 6%의 가격할인을 각각 제공하고 있다.

최적발주량은 얼마로 하면 되겠는가? 단, 발주비와 보관비는 일정하다고 가정한다.

14-12 K기업은 가까운 거리의 공장으로부터 단위당 500원의 부품을 구입하기로 하였다. 이 부품은 연간 4,000개를 필요로 하며, 1회 주문비용은 3,000원, 단위당 연간 재고유지비용은 130원이다. 제조공장은 주문과 동시에 K기업에 부품인도가 가능하다.

1) K기업에 대한 경제적 주문량은?

2) 연간주문횟수는?

3) 경제적 주문량에 따른 연간 총비용은 얼마인가?

Chapter 15 품질관리

제1절 품질의 개념

1. 품질의 의의

품질(quality)이란 제품이 그 사용상의 목적을 달성하기 위해 갖추어야 할 성질(all nature), 형상(shape), 상태(state of things), 조건(condition) 등을 말한다. 그러나 현실적으로 품질은 보는 관점이나 논자에 따라 다양하게 표현되고 있지만, 현대적 품질관리의 개념은 고객의 요구나 기대를 충족시키는 것을 기본 개념으로 하고 있다.

2. 관점에 따른 품질의 정의

품질에 관한 정의는 ① 생산자·기업 관점, ② 소비자·사용자 관점, ③ 사회적 관점의 3가지 관점에서 제시될 수 있다.

1) 생산자·기업 관점

생산자 관점의 품질 정의를 주장한 대표적인 학자는 세게찌(H.D. Seghezzi)와 크로스비(P.B. Crosby)가 있다.

- **세게찌** : 시방과의 일치성, 즉 기업의 내부적 측면에서 시방과의 일치를 품질수준으로 정의
- **크로스비** : 요건에 대한 일치성, 즉 고급스러움, 화려함이 아니라 모든 요건에 맞으면, 품질수준에 맞는 제품이 된다고 주장

2) 소비자·사용자 관점

소비자 또는 사용자 관점에서 품질의 정의를 주장한 대표적 학자는 쥬란(J.M.

Juran), 파이겐바움(A.V. Feigenbaum), 그리나 2세(F.M. Gryna, Jr.)가 있다.

- **쥬란** : 용도의 적합성, 즉 제품의 필수적 요건은 그 제품을 사용하는 고객의 욕구를 충족시키는 것이라고 주장
- **파이겐바움** : 고객의 기대에 부응하는 특성, 즉 고객의 기대에 부응하는 마케팅, 기술 제조 및 보전에 관한 여러 가지 특성의 전체적인 구성이라고 정의
- **그리나 2세** : 품질은 고객만족, 여기서 고객만족은 쥬란의 품질정의인 '용도의 적합성'을 확대한 개념

3) 사회적 관점

사회적 관점에서 품질의 정의가 제기된 것은 품질의 영향력이 팽배해진 1980년대 중반 이후이다. 주요 기구들의 정의를 살펴보면, 다음과 같다.

- **국제표준화기구(ISO)** : 고유특성의 집합이 요구사항을 충족시키는 정도, 즉 제품을 비롯한 서비스, 시스템, 프로세스가 지니고 있는 일련의 고유특성들이 고객 및 이해관계자들의 요구사항을 충족시키는 정도라고 정의
- **KS** : 사용목적에 맞는 만족여부의 결정을 위하여 평가 대상이 되는 고유성질의 성능 전체를 말함
- **다구찌** : 제품이 출하된 이후, 사회에서 그로 인해 발생하는 손실을 회피하는 특성이라고 정의

3. 품질의 분류

품질의 분류는 크게 5가지로 나눌 수 있다.

① **목표품질** : 소비자의 기대품질로 당연히 있어야 할 품질로서 그 제품에 대한 소비자의 요구

② **설계품질** : 소비자의 요구를 충분히 조사한 후에 공장의 제조기술, 설비, 관리의 상태에 따라 경제성을 고려하여 제조가능한 수준으로서 정한 품질

③ **제조품질** : 생산된 제품의 품질이 설계품질에 일치하는 정도를 의미하며, 실제의 품질로서 평균치, 표준편차, 검사결과, 공정 내 품질불량건수 등으로 나타남

④ **시장품질** : 소비자에 의해 결정되는 품질로서 실제 사용상에서 평가되므로 설계품질의 결정에 중요한 정보

⑤ **서비스품질** : 제품을 취급하지 않는 기업도 자사가 제공하는 서비스의 품질, 운송, 통신, 정보 등을 사용자에게 제공하는 것으로, 제품의 품질과 기본적으로 동일

제2절 품질관리의 발전 단계

1. 품질관리 발전의 6단계

품질관리의 역사는 인간이 필요로 하는 물건을 만들면서 시작되었다. 파이겐바움(A.V. Feigenbaum)에 의하면, 품질관리는 20세기에 들어와서 20년을 주기로 발전하여 왔다고 한다. 그리고 그는 미국 산업계에서 품질관리의 발전단계를 다음과 같이 6단계로 제시하였다.

1) 작업자 품질관리

'과학적 관리법'이 시작된 19세기 말, 품질은 주로 생산에 참여한 작업자에 의하여 이루어졌다. 그러므로 한 작업자가 제품생산의 전 과정을 담당하고, 작업자 자신이 품질까지 책임을 졌다.

2) 직장 품질관리

20세기에 접어들어 공장규모가 커지고 분업생산이 이루어지면서 작업과 관리직능이 분화되었다. 그리고 분업의 시대에는 여러 작업자를 지휘, 감독하는 직장(職長)이 제품의 품질에 책임을 지게 되었다.

3) 검사 품질관리(QC) : Gate 문화[2], 양적관리 치중 시대

제1차 세계대전 중 생산시스템이 복잡해짐에 따라 증가된 작업자들을 직장(職長)이 다루기에 너무 벅차게 되었다. 즉, 공장규모가 커지고 분업생산으로 작업과 관리직능이 분화됨에 따라 검사자에 의한 품질관리가 전개되었다.

1920년대와 1930년대, 검사를 전담하는 검사자에 의한 품질관리가 전성기를 이루었다.

4) 통계적 품질관리(SQC)

1916년, 프레이지(C.N. Frazee)가 OC곡선(Operation Characteristic Curve)을 이용하여 여러 가지 샘플링 방식의 합격확률을 적용하는 통계적 방법이 품질검사에 처음 적

---

2) Gate 문화 : 한 공정이 지날 때마다 불량품을 제거해 나가는 방식

용되었다.

1924년, 슈하트(W.A. Shewhart)는 품질관리에 관리도(control chart)의 이용을 구상하였으며, 1931년 자신의 저서인 『제품품질의 통계적 관리』에서 통계적 방법인 관리도를 공정관리에 적용하였다. 이 방법은 공정을 관리하는 관리도에 이상원인이 발견되면 작업자가 관리하고, 우연원인이 발견되면 경영자와 관리자가 관리하도록 한다.

1925년, 샘플링 검사는 닷지(H.F. Dodge)와 로믹(H.G. Romig)에 의하여 공동 개발되었으며, 미 국방성에서 이를 채택함에 따라 샘플링 검사는 더욱 발전하게 되었다. 그리고 1941년, 닷지와 로믹은 샘플링검사표를 완성하였다.

5) 전사적 품질관리(TQC)

1956년, 통계적 품질관리의 한계점이 노출되면서 파이겐바움(A.V. Feigenbaum)이 전사적 품질관리(Total Quality Control; TQC)를 제창하였으며, 품질에 영향을 미치는 모든 부문의 노력을 모아 종합적으로 품질관리를 추진하자는 개념으로 발전하였다. 그러나 미국은 TQC에 소홀하였으며, 일본은 파이겐바움의 TQC를 받아들여 많은 발전을 보았다.

TQC는 마케팅, 기술, 생산 및 서비스가 가장 경제적으로 소비자를 만족시킬 수 있도록 품질개발, 품질유지 및 품질향상에 관한 조직 내 여러 그룹의 노력을 통합하는 효과적 시스템이다.

1960년대에 접어들면서 미사일 시스템의 발전으로 신뢰성 문제를 품질관리 분야에서 다루게 되었고, 전 구성원의 품질에 대한 동기부여의 중요성을 인식하게 되었다. 그리고 1962년, 미국의 Martin-Marietta사에서 시작한 ZD운동(무결점운동)에서 품질개선 활동에 전 종업원의 참여가 강조되었다. 이와 비슷한 시기에 일본에서는 QC서클 활동에 관심을 갖기 시작하였으며, 전사적 품질관리(Company Wide Quality Control; CWQC)의 도입을 모색하게 되었다. 이에 따라 1970년대, 일본 상품의 경쟁력이 강화되고 세계시장을 제패함에 따라 세계 각국의 관심은 일본적 TQC에 집중되었다.

6) 종합적 품질경영(TQM)

2차 오일쇼크 이후부터 고객의 욕구가 다양화되어 고객중심의 품질로 바뀌게 되었다. 그리고 1972년, 미국에서 '소비자제품 안전법'이 제정되면서 제품책임의 문제가 품질관리의 주요 문제로 등장하였다. 그러나 제품의 신뢰성, 품질보증, 제품책임문제 등은 생산현장이나 기술부서 또는 품질보증부서만의 국한된 문제는 아니다.

1987년, 선진국들이 중심이 되어 품질보증체제를 다지기 위해 ISO 9000시리즈를 제창하였으며, 여기에 일본의 전사적 품질관리 개념을 품질경영(Quality management; QM)으로 받아들이게 되었다. 즉, 품질경영(QM)은 품질관리의 개념을 제품 자체에서 조직시스템의 차원으로 전환해야 함을 강조하였다. 그리고 품질경영(QM)은 종래의 생산현장위주의 관리통제 중심에서 벗어나 최고경영자의 품질방침에 따라 국제적으로 경쟁력 있는 품질을 확보하는 것을 목표로, 현장작업자에서부터 최고경영층에 이르는 고객위주의 전사적인 품질향상 활동이며, 고객지향의 제품개발 및 품질보증체계의 확보를 중요시하였다.

1980년대 이후, 최고경영자와 전 구성원의 전사적이며, 종합적 경영활동인 종합적 품질경영(Total Quality management; TQM) 시대로 접어들었으며, 품질경영은 품질관리를 포함한 기업전반의 경영관리를 품질전략으로 실행하는 것이라고 할 수 있다.

이와 같은 품질관리의 발전 단계를 미국, 일본, 한국의 연대별 발전과정으로 나타내면, 다음과 같다.

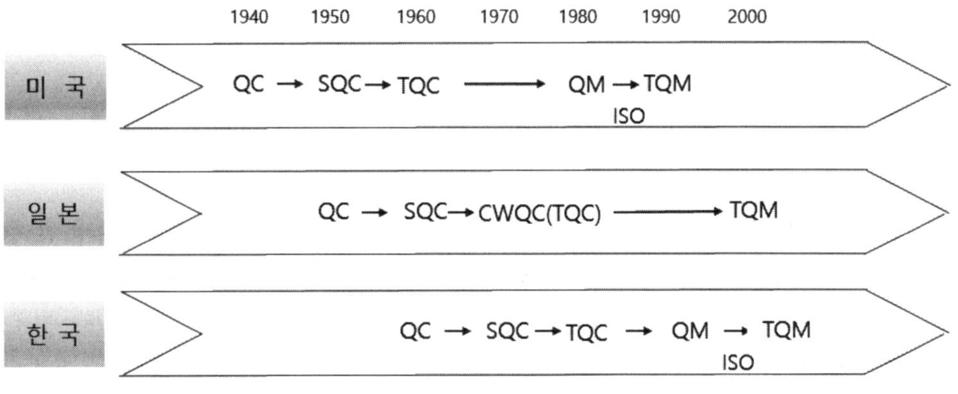

〈그림 15-1〉 미국, 일본, 한국의 TQM 발전과정

제3절 품질경영

1. 품질경영의 정의

초창기 품질관리의 핵심은 제품 및 생산과정에서의 불량품과 불량을 야기하는 요소를 제거하는 데 있었다. 그리고 점차 불량의 개념이 확대됨에 따라 문제점을 불러일으

킨 원인이 발생하는 영역이 넓어지게 되면서 품질관리는 기업 내의 모든 부서를 포함하는 품질경영으로 확대되었다. 결과적으로 품질은 상품의 품질뿐만 아니라 경영 프로세스 그 자체의 품질로 인식의 폭이 넓어지게 되었다.

그러므로 품질경영의 핵심은 소비자가 원하는 또는 소비자도 모르는 중요한 품질결정요소를 찾아내고, 이를 기업 내의 모든 조직구성원들이 각자의 부서에서 고민해야 하는 품질의 특성과 통합적으로 성취해야 하는 품질특성들을 구분하여 소비자의 기대를 넘어서는 품질의 상품과 서비스를 창출하는데 있다.

ISO는 품질경영은 최고경영자에 의해 공식적으로 표명된 품질에 관한 조직의 전반적인 의도 및 방향과 목표 및 책임을 결정하고, 또한 품질시스템 내에서 품질계획, 품질관리, 품질보증 및 품질개선과 같은 수단에 의해 이들을 수행하는 전반적인 경영기능의 모든 활동이라고 정의하고 있다.

2. 품질경영의 도입배경

공급자 위주의 품질관리(QC)는 2차 오일쇼크 이후부터 대내외적인 환경의 변화에 따라 고객 욕구가 다양화되었고, 이에 따라 고객만족의 개념으로 바뀌게 되었다. 여기에 생산시스템의 규격을 만드는 ISO 9000의 확산이 더해져서 품질경영(QM)이 도입되었다.

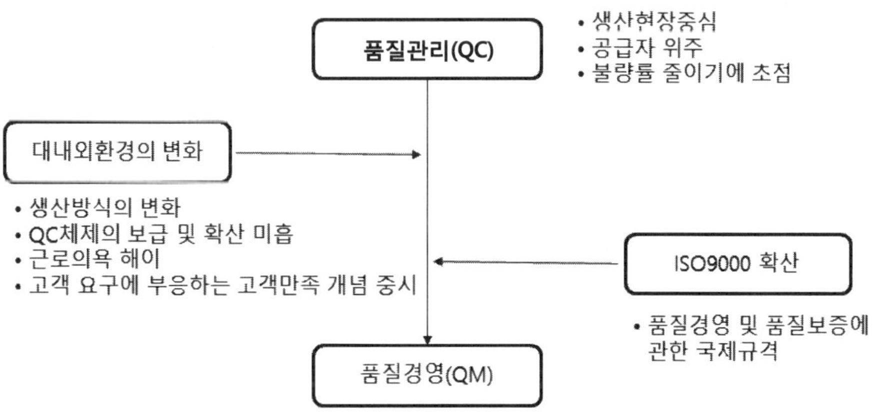

〈그림 15-2〉 품질경영의 도입배경

3. 품질경영의 구성요소

품질경영(QM)은 품질계획(quality policy & planning; QP), 품질관리(quality control; QC), 품질보증(quality assurance; QA), 품질개선(quality improvement; QI)을 모두 포함한다.

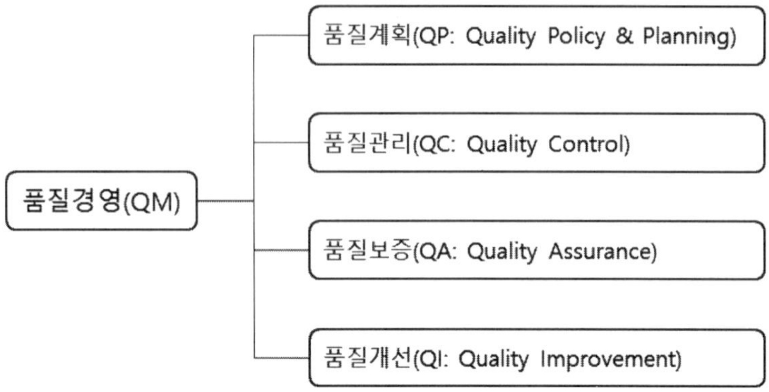

〈그림 15-3〉 품질경영의 구성요소

4. 품질경영의 8원칙

성공적인 품질경영의 원칙은 오랜 세월동안 품질경영의 실천과정에서 입증된 품질 선구자들의 사상과 철학에서 비롯되었으며, 품질경영의 8원칙은 ISO 9000의 근간이 되는 것으로, 그 내용을 열거하면 다음과 같다.

1) 고객중심 원칙

고객 없이 기업은 존재할 수 없으므로, 기업은 고객의 요구와 기대를 충족시키도록 노력하여야 한다. 그러므로 기업은 고객에 의존하여, 현재 및 미래의 고객욕구를 이해하고, 고객의 요구 사항을 충족시키며, 고객의 기대를 넘어서도록 노력을 하여야 한다.

고객의 요구나 기대를 충족하면서 그들에게 가치있는 것이어야 한다. 예를 들면, 고객들이 신발 구매시에 신발의 밑바닥을 가장 먼저 본다는 것에 착안하여, 나이키는 신발 밑바닥에도 색상을 칠하여 타사의 제품들과 차별화하였다.

2) 프로세스 접근의 원칙

관련된 모든 자원 및 활동이 하나의 프로세스로 관리될 때, 희망하는 결과가 보다 효율적으로 달성된다. 그리고 여러 활동의 집합이 프로세스이고, 프로세스는 성과지표가 1개 이상 만들어져야 하며, 성과지표는 기업의 전략, 방침, 목표를 고려하여 작성되어야 한다.

프로세스 개선에서 흔히 이용되는 접근방법으로 PDCA 사이클이 있으며, PDCA 사이클을 계속 돌리면 지속적인 개선에 이를 수 있다.

3) 전원참여의 원칙

모든 계층의 구성원들이 전원 참여하여 그들의 능력을 최대한 발휘할 때, 조직의 성과도 최대로 발휘될 수 있다. 왜냐하면 모든 구성원들의 활동이 품질에 영향을 미치기 때문이다.

그리고 기업 내의 구성원뿐만 아니라 자재를 납품하는 공급업자들도 함께 품질향상에 동참하여야 한다.

4) 리더십의 원칙

성공적인 기업 리더들의 공통점은 조직의 모든 수준이 사업결정에 기반이 되는 전략적 비전과 명확한 품질가치를 창출하고, 우수한 품질을 위해 리더십을 발휘한다. 그러므로 리더는 조직의 목적과 방향의 일관성을 확립하며, 직원들이 조직의 목표를 달성하는데 전적으로 참여할 수 있는 내부 환경을 조성하고 유지하여야 한다.

5) 사실에 의한 의사결정 원칙

여론이나 개인적 경험 등에 의해 문제를 해결하지 말라는 원칙이다. 그러므로 효과적인 의사결정은 데이터 및 정보의 논리적, 객관적인 분석에 근거하여야 한다. 그리고 데이터의 수집은 반드시 5W1H에 의하여 실시되어야 한다.

제품개발 프로젝트의 실패율은 20~95%에 이르는데, 그 이유를 살펴보면 고객이 실제로 무엇을 원하며, 얼마를 지불하며, 경쟁업체가 무엇을 하는지 등에 관한 데이터를 제대로 파악하지 못했기 때문이었다.

6) 공급자와 상호이익의 원칙

경영자와 종업원 다음으로, 공급자는 TQM과정에 통합되어야 하는 제3의 집단이다. 그러므로 기업의 부품 공급자는 상호 의존적이어야 하며, 상호 유익한 관계는 가치를 창조하기 위한 양쪽 모두의 능력을 증진시킨다.

7) 지속적 개선의 원칙

기술의 발전과 소비자들의 교육수준 향상 등으로 소비자들이 기대하는 품질수준은 나날이 높아지고, 경쟁기업들의 품질수준도 향상되므로 기업의 지속적인 개선 없이는 경쟁우위를 지킬 수가 없다. 그러므로 지속적인 개선은 기업의 영구적인 목표이며, 대상은 제품, 시스템, 프로세스 등이다.

8) 시스템 접근의 원칙

시스템이 조직의 목표 달성에 있어 조직의 유효성 및 효율성에 기여하여 상호 연계된 프로세스를 파악하고 관리하는 것이 시스템적 접근방법이다. 그러므로 품질경영에 대한 전사적인 노력을 통합·조정하고, 품질경영활동을 경영의 전체적 관점에서 전개한다. 그리고 장기적인 품질목표를 추구하기 위해 품질시스템을 구축하여 관리한다.

제4절 품질비용

1. 품질비용의 개념

품질비용은 미국 선도기업들의 성장에 주된 역할을 해온 개념으로, 그 기본개념은 간단하다. 즉, 무엇이든 제대로 하지 못하면, 비용과 직결된다는 것이다. 예를 들면, 페덱스(FedEx)의 1:10:100 법칙은 불량이 생겨 즉각 수리하면 1의 비용이 들지만, 문책이 두려워 불량품이 회사 문을 나가게 되면 이를 고치는데 10의 비용이 들고, 만약 소비자의 손에 들어가 문제가 생기면 100의 비용이 든다는 것이다.

2. 품질비용의 유형

1) 예방비용(prevention cost)

생산공정에서 발생하는 불량을 미연에 예방하고 제거하는 활동에 대한 비용을 의미한다.

예 품질계획 평가비용, 신제품 설계검토비용, 품질경영기법의 교육 훈련비, 협력업체 관리비용 등

2) 평가비용(appraisal cost)

시험제작한 모형의 평가, 원자재 및 부품의 품질검사, 생산공정의 통제, 완제품 검사 등 품질의 직접적인 통제 및 분석에 소요되는 비용으로, 관리도나 샘플링검사 등 통계

적 품질관리기법의 적용 및 운용에 관계되는 항목이라 할 수 있다.

예 수입·공정·제품 검사비, 시험비용, 시험 설비 보수비, 신뢰성 시험비용 등

3) 실패비용(failure cost)

생산된 제품의 품질이 설계규격에 미달하거나 소비자의 만족감을 충족시키지 못했을 때 발생하는 비용으로, 제조과정에서 발생하는 비용과 완제품이 소비자에게 인도된 후에 발생하는 비용으로 나누어 볼 수 있다. 즉, 기업 내부에서 발생하는 내적실패비용과 기업 외부에서 발생하는 외적실패비용으로 구분한다.

① **내적실패비용** : 제품을 고객에게 배달하기 전에 문제가 발견된 수정관련 비용으로, 주로 내부에서 발생한다.

예 폐기비용, 재작업 비용, 자재불량 비용, 재검사 비용, 장기 재고비용, 품질 미달로 인한 염가판매비, 설계변경 비용, 불량대책 비용 등

② **외적실패비용** : 제품이나 서비스가 고객배달 후 발견된 문제관련 비용으로, 주로 외부에서 발생한다.

예 고객반품비용, 무상수리비용, RECALL 비용, 고객불만 처리비용, 서비스 센터 운영비용, 제품책임비용 등

품질비용의 구성을 간략히게 표로 나타내면, 다음과 같다.

〈표 15-1〉 품질비용의 유형

분 류		내 용	비 고
예방비용		계획, 훈련, 설계 및 분석과 같이 예방활동에 관련된 비용	품질계획, 신제품검사, 공정관리, 품질감사, 공급자 품질평가, 교육훈련
평가비용		수입검사, 감사, 확인, 점검 및 최종검사 등과 같이 평가와 검사관련비용	수입검사 및 시험, 공정검사 및 시험, 최종검사 및 시험, 제품 품질평가, 시험설비의 정도관리, 검사재료 및 부대서비스
실패비용	내적실패	고객에게 전달되기 이전의 재작업과 수리	폐기, 재작업, 재검사 및 재시험
	외적실패	고객에게 전달된 후 수리, 교환, 환불	보증이행부담, 고객불평처리, 반품처리

다음 그림은 품질비용 간의 개념을 나타낸 것이다.

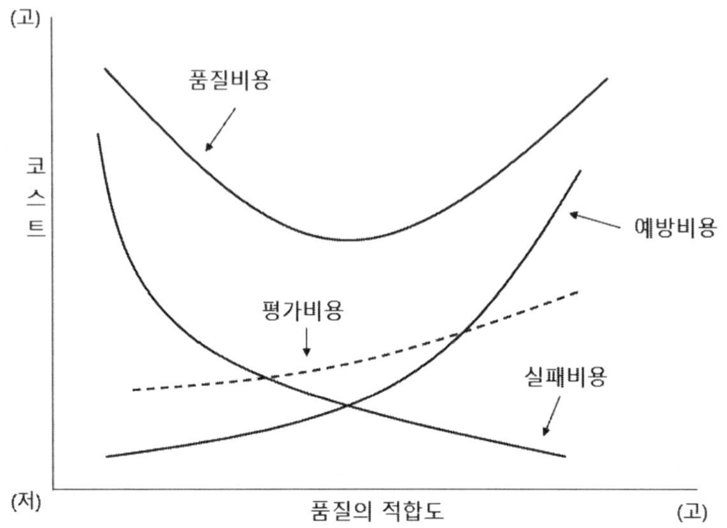

〈그림 15-4〉 품질비용 간의 개념도

4) 품질비용 간의 상호 관계

품질비용 간에는 다음과 같은 상호 관계가 있다.

- 예방비용과 평가비용은 품질결과인 실패비용에 영향을 준다.
- 예방비용과 평가비용은 실패비용과 반비례한다.
- 예방비용이 증가하면, 평가비용의 감소를 초래한다.
- 품질관리가 불완전하면, 예방활동으로만 불량억제로 많은 비용이 지출되며, 비경제적이다.

3. 품질비용의 전통적 견해와 현대적 견해

1) 전통적 견해

품질수준을 높이려면 예방비용과 평가비용을 늘림으로써 불량발생으로 인한 실패비용을 줄일 수 있고, 결국 예방비용과 실패비용 사이에는 상쇄관계가 성립한다는 것이 전통적 견해이다.

그리고 전통적 견해는 어느 정도의 불량률을 피할 수 없기 때문에 불량률을 최적수준 이상으로 더욱 줄이고자 하는 품질개선 노력은 오히려 총비용을 증가시킬 것이라는 쥬란(J.M. Juran)의 주장에 바탕을 두고 있다. 다시 말하면, 어느 정도의 불량품 생산을 경제적으로 정당화하는 것이 적합품질의 최적수준이라는 것이다. 그리고 실패비용은 품질이 완벽하게 되면, 0으로 떨어진다는 것이다.

그러나 이 모형의 문제점은 품질이 완전무결하게 될수록 통제비용이 무한대로 커진다는 통제비용곡선의 움직임에 있다. 현대적 견해의 무결점 주창자들은 이 점을 인정하지 않으며, 오히려 품질이 개선되면, 비용이 감소한다고 주장한다.

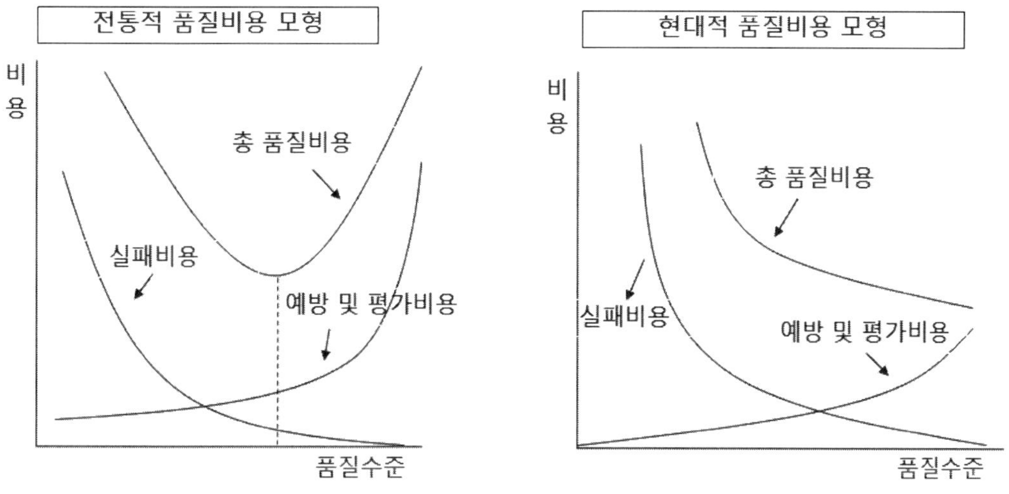

〈그림 15-5〉 전통적 품질비용과 현대적 품질비용의 비교

2) 현대적 견해

쥬란의 전통적 견해에 대하여 반론을 제기하면서 크로스비(P.B. Crosby)가 1979년 『Quality of Free』라는 저서를 발간하면서 논쟁이 진행되었다. 논쟁의 요지는 총품질비용과 제품의 품질수준, 즉 불량률과의 관계이다.

크로스비는 제품을 애초부터 좋게 만드는 데 따르는 비용감소를 주장하였다. 그는 노동시간과 기계시간의 증가, 빈번한 기계고장, 초과재고의 보유, 진부화된 재고의 보유, 고객에의 납기지연, 미래 판매의 상실, 이미지 상실 등과 같은 나쁜 품질의 제품생산과 관련한 숨겨진 비용을 강조하였다. 그리고 이러한 비용은 높은 품질을 달성하고자 하려는 환경을 조성하는데 필요한 기계, 자재, 훈련의 비용보다 훨씬 크다고 믿었다. 즉, 품질향상의 결과는 이에 필요한 비용을 상쇄하고도 남는다는 것이다. 그러므로 업무절차의 간소화, 작업내용의 표준화, 부품이나 재료의 공용화 등이 고품질을 실현하여 원가절감 및 품질향상을 동시에 수행하자고 주장하였다.

크로스비는 무결점 수준에서 품질은 무료(quality of free)이며, 이 수준에서 제품을 생산하는 총품질비용이 최소가 됨을 강조하였다. 그러므로 완전무결을 달성하는 가장 효과적인 방법은 처음에 올바르게 좋은 제품을 생산하는 것이다.

실제로 통제비용(예방비용, 검사비용)과 실패비용(내부실패비용, 외부실패비용)의 상충관계에서 총비용이 최소일 때가 적정 품질수준이 된다. 그리고 5ppm(parts per million) 수준이 되면, 품질수준이 올라가면서 비용도 적게 들게 된다.

3) 상호 비교

일반적으로 시스템의 생산성을 향상시키는 일은 품질을 높이고, 품질비용을 감소시키는 일과 밀접한 관련성이 있다. 다음은 전통적 견해와 현대적 견해에서 품질비용을 보는 관점을 상호 비교하여 나타낸 표이다.

〈표 15-2〉 품질비용의 전통적 견해와 현대적 견해 비교

전통적 견해	현대적 견해
• 대응형(reactive)	• 선행형(proactive), 예방형
• 검사중심	• 예방중심
• 합격품질(Acceptable Quality Level; AQL) 표준	• 무결점주의(Zero Defects; ZD)
• 품질과 비용에서 양자택일	• 품질과 비용 동시 추구
• 품질은 품질부문 문제	• 품질은 전 부문 문제
• 규격에 적합하면 그만	• 지속적 개선 요구
• 품질은 기술적 문제	• 품질은 경영의 문제

제5절 표준화와 품질경영시스템

1. 표준화의 개념

1) 의의

표준(standard)이란 관계되는 사람들의 이익이나 편리를 공정하게 도모할 수 있도록 물체·성능·능력·배치·상태·동작·순서·방법·절차·책임·권한·개념·구상 등을 통

일하거나 또는 규격화하여 설정한 것을 말한다. 그리고 표준화(standardization)란 표준을 정하고, 이를 활용하는 조직적 행위를 말한다.

2) 표준화의 목적과 원리

(1) 표준화의 목적

보다 현실적인 입장에서 현대의 표준화가 추구해야 될 목적을 구체적으로 제시한 ISO/STACO(International Standardization Organization/Standing Committee)에 따르면, 다음과 같이 정리할 수 있다.

① 무역장벽의 제거 : 합리적인 무역장벽의 제거는 표준화이다.
② 제품의 단순화와 인간생활에 있어서 행위의 단순화
③ 안전, 건강 및 생명의 보호
④ 전체적인 경제성의 향상
⑤ 관계자간의 의사소통

(2) 표준화의 원리

① 보편성의 원리
② 개정의 원리 : 기술의 발전에 따라 변경이 가능
③ 고정의 원리 : 표준은 일정기간 고정시켜야 함
④ 객관성의 원리
⑤ 관련자 합의의 원리 : 이해관계자와의 합의
⑥ 단순화의 원리
⑦ 다수이익의 원리

3) 사내표준화의 역할과 요건

(1) 사내표준화의 역할

기업의 구성원들이 담당하는 업무에 대한 판단기준이 같을 수가 없으므로, 각 개인의 역할이나 기술적인 표준을 명확히 규정하여 제조나 서비스의 생성에 필요한 규격, 표준, 시성 등을 사내에서 문서화하고, 이를 조직적으로 준수하여야 한다.

사내표준화로서 기대되는 중요한 역할을 열거하면, 다음과 같다.

① 경영방침의 구체화

② 기술의 보전 : 지식과 기술을 문서화하여 보존
③ 교육훈련의 용이성
④ 관리의 기준 : 경영활동의 목표치가 됨
⑤ 책임과 권한의 명확화
⑥ 업무의 효율화

(2) 사내표준의 요건

① 이해관계자의 합의에 의해 결정
② 필요한 때에 개정되어야 함
③ 구체적이고 객관적으로 규정하여 강제력을 가져야 함
④ 실행 가능한 것이어야 함
⑤ 준수되어야 함 : 지켜지지 않을 표준은 제정할 가치도 없음
⑥ 다른 표준과 서로 모순이 없어야 함

2. 종합적 품질경영

1) 개념

21세기의 품질문제는 전사적인 경영전략 차원에서 고객만족을 위한 품질목표와 방침을 수립하고, 이를 전사적으로 전개하는 종합적 품질경영(Total Quality Management; TQM) 체제로 풀어나가야 한다.

종합적 품질경영(TQM)은 1979년 크로스비에 의해 제시된 것이지만, 이를 미국기업에 뿌리내리게 한 직접적인 계기는 말콤볼드리지(MB)상의 제정이라고 할 수 있다.

종합적 품질경영(TQM)이 MB상과 ISO 9000시리즈에 의해 시스템으로 내실을 다질 수 있었던 것은 이를 실천한 일본형 전사적 품질관리(Total Quality Control; TQC)이다. TQM의 행동목표에서도 고객만족과 지속적 개선, 전원참가와 팀워크라는 TQC와 동일한 슬로건을 내걸고 있다.

2) 종합적 품질경영(TQM)의 실천원칙

TQM의 배경과 목표 그리고 사상들을 토대로 하여 TQM의 실천원칙을 제시하면, 다음과 같다.

① 고객에 중점을 둠

② 조직이 높은 품질가치를 창출할 수 있도록 리더십을 발휘
③ 시스템 접근으로 조직목표를 효과적으로 달성
④ 처음에 올바르게 행함
⑤ 결과뿐만 아니라 과정도 중시
⑥ 구성원의 참여를 토대로 그들의 창의력과 전문기술을 동원
⑦ 사실에 입각한 의사결정 수행
⑧ 지속적으로 개선을 추진
⑨ 조직 구성원들과 이익을 공유

3) 종합적 품질경영(TQM)의 목표와 구성요소

(1) 목표

TQM의 궁극적 목표는 고객만족이며, 이를 위해 조직의 모든 구성원과 자원들을 결집한 품질시스템으로 지속적인 품질개선 활동이 전개된다.

(2) 구성요소

고객만족을 위해서는 다음의 5가지 TQM 요소에 초점을 맞추어야 한다.
① **고객** : TQM의 실행결과인 동시에 목표임
② **종업원** : 종업원의 참여없이는 목표의 효과적 달성이 어려움
③ **공급자** : 원자재를 비롯한 자원들을 공급하는 공급자들은 품질수준에 영향을 주는 긴요한 조직 구성원
④ **경영자** : 조직과 구성원 그리고 사원들을 결집하고, 관리하며, 이끌어 나가는 배의 선장격인 경영자의 의지와 역량은 TQM의 성과를 좌우함
⑤ **프로세스** : 활동의 과정인 프로세스는 제품과 서비스의 품질, 납기, 원가에 결정적인 영향을 끼침

4) 종합적 품질경영(TQM)의 기본 틀

TQM의 구조에 대해서 통일된 견해는 없지만, 미국 말콤볼드리지상의 모델에서 TQM의 기본틀을 이해할 수 있다. 말콤볼드리지상의 평가기준은 ① 리더십, ② 전략계획, ③ 고객 및 시장 중시, ④ 정보 및 분석, ⑤ 인적자원관리, ⑥ 프로세스관리, ⑦ 경영성과의 7개 범주로 되어있다.

• ①, ②, ③ : 리더십의 추진요소
• ④ : 정보와 분석으로, 즉 상층부의 전략 및 실행계획과 7개 요소와의 연결을 비롯하여 이들 활동에서의 정보관리와 분석 및 정보교류를 수행
• ⑤, ⑥ : 업무의 핵심추진기관
• ⑦ : 경영성과로 TQM의 목표인 고객만족, 사업성과 등이 주요 평가지표가 됨

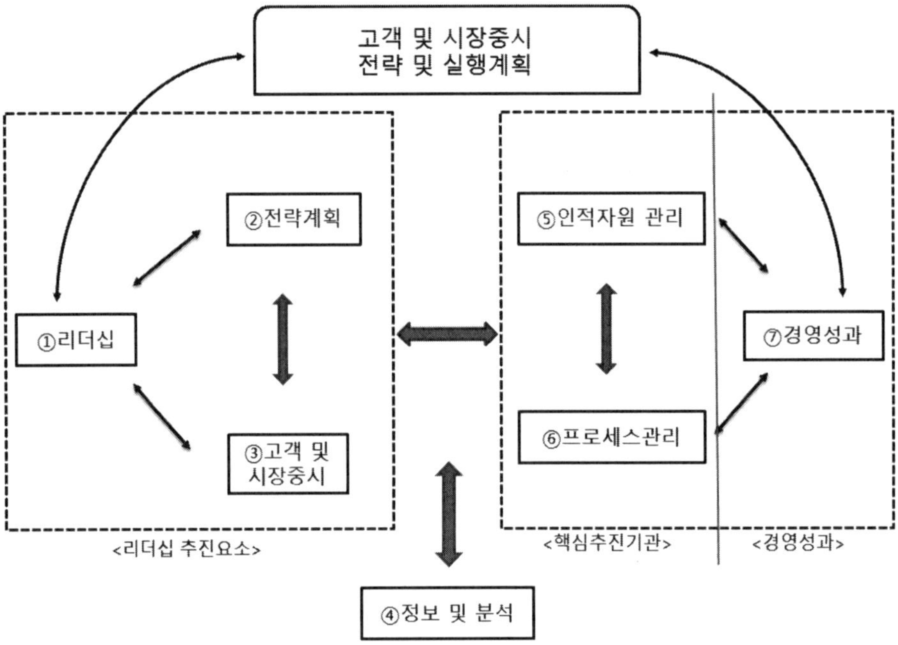

〈그림 15–6〉 말콤볼드리지상의 기본 틀

제6절 고객만족모델

1. 품질의 집

1) 개념

품질의 집(House of Quality; HOQ)은 '목적·수단 매트릭스'를 이용하여 ① 고객의 요구(목적), ② 기술적 특성(수단), ③ 경쟁력 평가를 품질표로 나타낸 것이다. 즉, HOQ는 고객의 요구조건이 무엇이며, 고객 요구조건에 대한 자사와 경쟁사의 기술 능

력과 수준은 어떠하며, 경쟁우위를 확보하기 위한 목표 수준은 어느 정도이고, 이러한 요구 조건을 만족시키기 위해 검토해야 할 요소들은 무엇인지를 체계적으로 분석하고 도출하기 위해 만든 표를 말한다.

그리고 품질의 집(HOQ)은 특성간의 상관관계를 나타내는데, 이는 어떤 특성이 다른 특성에 주는 영향을 알기 위한 것이다. 또한, 목표척도인 목표치는 최종제품에서 성취되어야 할 설계특성이 되는데, 이는 고객의 중요도, 곤란도, 비용 등에 입각하여 설정한다.

2) 품질의 집 구성요소

HOQ의 왼쪽 축에는 고객의 요구사항이 나열되고, 위쪽 축에는 설계의 요구사항이 되는 기술특성들이 나열된다. 이 두 축이 결합되면, 집의 중심이 되는 공간이 매트릭스 형태로 만들어 진다. 그리고 아래 축은 제품 특성들 중 중요도를 표시한다.

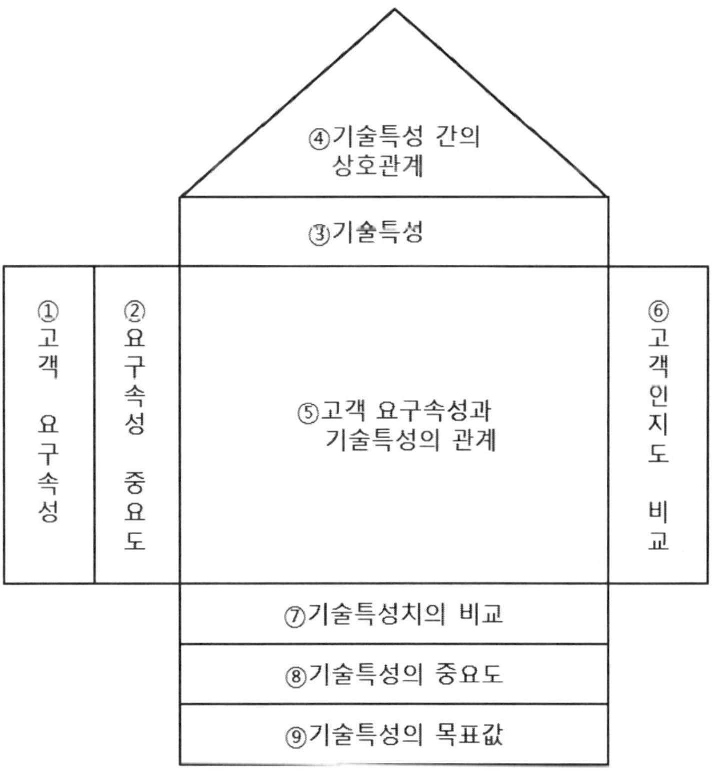

〈그림 15-7〉 품질의 집 구성요소

세부적으로 HOQ의 구성요소를 살펴보면, 다음과 같다.

① 고객 요구속성 분석
② 요구속성의 중요도 설정 : 목적인 고객의 요구를 중요도로 제시
③ 기술특성 분석 : 고객요구를 해결할 수단인 기술변수를 제시
④ 기술특성 간의 상호관계 조사 : 고객의 요구(목적)와 기술특성(수단) 간의 상관관계를 강도로서 나타냄
⑤ 고객 요구속성과 기술특성의 관계
⑥ 고객인지도 비교
⑦ 기술특성치의 비교
⑧ 기술특성의 중요도 설정
⑨ 기술특성의 목표값 설정 : 고객의 주관적 평가내용과 설계특성의 자체 평가내용과의 비교로서 나타냄

다음 그림은 품질의 집(HOQ)의 연속적인 확장을 나타낸 것으로, 일련의 HOQ에 의해 고객의 요구속성을 기술 및 생산요구사항과 연결시킴으로써, 신상품이 효율적이고 체계적으로 만들어질 수 있다. 즉, 고객의 소리가 생산활동과 제품에까지 전개된다.

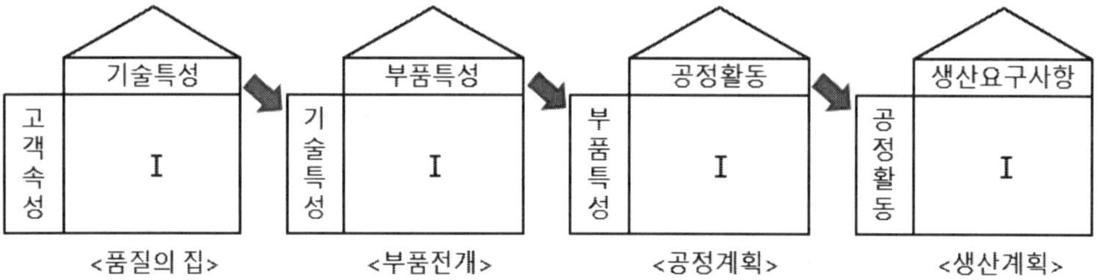

〈그림 15-8〉 HOQ의 연속적인 확장

2. 가노의 고객만족 모델

1) 의의

일본 과학기술연맹의 노리아끼 가노가 소비자 만족도 모델을 개발하였으며, 고객을 위한 제품 설계로써 기업이 수행해야 할 3가지 유형으로 ① 기본적 성과, ② 경쟁적 성과, ③ 혁신적 성과를 제시하였다.

2) 기업 수행의 3가지 유형

(1) 기본적 성과

- 기본적으로 갖추어야 할 기능으로, 결여될 경우 소비자의 불만족도는 기하급수적으로 증가
- 기본적 성과가 전부 만족해도 소비자 만족도는 상승한다고 할 수 없다.
- 경쟁 우위를 차지하기 위한 기업의 역할
- 경쟁사보다 높은 제품 및 서비스 품질수준의 확보
- 경쟁사보다 앞선 기술보유
- 쟁사보다 낮은 비용으로 제품생산이나 서비스 제공

(2) 경쟁적 성과

- 모든 제품들이 공통적으로 보유한 기능으로, 소비자 요구에 부합하게 설계되었는가 하는 것이 성과를 결정
- 경쟁적 성과는 성과가 클수록 소비자의 만족도가 비례적으로 증가
- 성과가 미흡하면, 소비자의 불만족도도 비례적으로 증가

(3) 혁신적 성과

- 고객을 놀라게 할 정도로 고객을 감동시키는 성과, 즉 고객들이 자신의 불편함을 느끼면서도 표현하지 못하는 것을 제품 설계자들이 미리 제품설계에 포함시킬 수 있는 성과
- 혁신적 성과가 클수록 고객만족도는 기하급수적으로 증대
- 기업은 계속하여 혁신적 성과를 이룰 수 있는 모델을 개발하여야 함

  예 자동차의 컵 받침대(포드에서 처음 실시), 동전 넣는 곳, 교통카드 보관장소

다음의 그림에서 높은 수준의 고객만족도는 기본 기대사항(1단계)과 시방 및 요구사항(2단계)의 충족은 말할 것도 없고, 고객의 잠재욕구를 충족시켜 고객에게 감동(3단계)을 주는 부가가치 창출에서 이루어진다.

이상의 3단계 기대수준을 일본의 가노는 고객이 기대하는 품질관점에서 지각품질을 다음 3가지 요소로 고찰하였다.

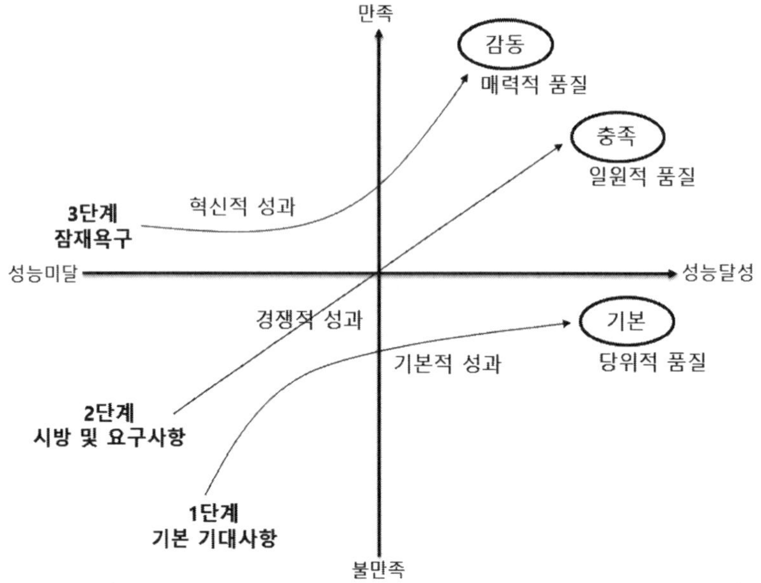

〈그림 15-9〉 가노의 고객만족 모델

① **당위적 품질요소** : 고객의 기본 기대사항으로 당연히 충족되어야 하며, 기본적 성과로 나타남

② **일원적 품질요소** : 고객의 시방 및 요구사항이 충족되면 고객에게 만족을 주지만, 충족이 되지 않으면 불만을 일으키는 품질요소로서, 경쟁적 성과로 나타남

③ **매력적 품질요소** : 설사 충족이 되지 않더라도 문제되지 않지만, 충족되면 고객이 감동을 하는 품질요소로서, 혁신적 성과로 나타남

이들 3가지 품질요소의 내용은 상대적이다. 즉, 협의의 품질관리에서는 기본 기대사항의 충족수준인 당위적 품질과 고객요구의 충족수준인 일원적 품질의 추구가 기본목표가 되지만, TQM에서는 고객의 감동 수준인 매력적 품질의 구축이 중심 과제가 된다.

제7절 통계적 품질관리

1. 통계적 품질관리의 원칙

통계적 품질관리(Statistical Quality Control; SQC)란 유용하고 시장성 있는 제품을 가장 경제적으로 생산할 수 있도록 생산의 모든 단계에 통계적 원리와 기법을 응용하는 것이다. 그리고 품질을 통계적으로 관리하려면, 다음의 원칙들이 지켜져야 한다.

① **목적 명확화의 원칙** : 데이터를 취하는 목적을 명확히 한다.
② **수량화의 원칙** : 객관적인 판단이 가능하도록 데이터를 수량화한다.
③ **확률화의 원칙** : 확률을 적용하여 랜덤하게 샘플링한다.
④ **등질화의 원칙** : 모집단의 내용이 같은 유형의 것으로 구분되도록 데이터를 층별한다.

2. 관리도

1) 의의

1924년, 벨전화연구소의 슈하트(W.A. Shewhart)에 의하여 처음 소개되었으며, 관리상태에서 품질특성치의 평균을 나타내는 중심선(center line)과 중심선 상하에 한 쌍의 관리한계선(control limits) 그리고 관리도에 공정의 상태를 나타내는 품질특성치로 구성된 그래프이다.

그러므로 관리도는 공정상태를 나타내는 품질 특성치를 이용하여 품질변동에 영향을 주는 원인을 우연원인이나 이상원인으로 신속히 판단하고, 발견된 원인에 대한 조치를 취함으로써 공정을 관리상태를 유지하게 한다.

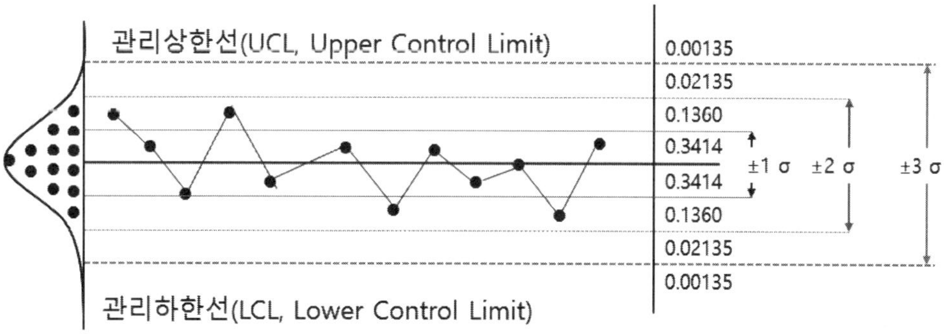

〈그림 15-10〉 관리도의 예

정규분포에서 $\pm 3\sigma$ 안에 99.97%가 들어가게 되므로, 정상적인 조업을 하였다면, 품질특성치가 $\pm 3\sigma$ 안에 들어가야 한다. 만약, $\pm 3\sigma$ 안에 들어있지 않을 경우, 4M(man, machine, material, method)에 변화가 있다는 것을 나타낸다.

따라서 관리도는 공정의 정상 또는 비정상을 따지는 품질관리 기법이지, 공정의 좋고 나쁨을 따지는 것은 아니다.

2) 사용목적

공정의 이상유무를 신속히 찾아내어 이상원인으로 인한 불량품이 대량으로 생산되기 전에 필요한 조치를 미리 취하고, 관리상태를 유지함으로써 최상의 제조품질을 달성하기 위해서 이다. 만약, 특정공정이 6개월간 지속적으로 공정의 안정상태가 유지되면, 특정 공정을 관리항목에서 생략한다. 이를 '생략화'라고 하며, 공수절감의 효과를 가져온다.

3) 관리도의 종류

관리도는 사용 용도에 따라 공정해석용 관리도와 공정관리용 관리도로 나누며, 관측된 측정치의 종류에 따라 계량치 관리도와 계수치 관리도로 구분한다.

(1) 사용 용도에 따른 관리도의 종류

(a) 프로세스 해석용(파선, – – –, 공정해석용)

프로세스의 규격 만족 여부, 규격의 설정에 필요한 정보, 생산 프로세스의 수정이나 보완, 검사절차 설정의 정보수집 등을 목적으로 하며, 표준치가 주어지지 않은 경우에 사용한다.

(b) 프로세스 관리용(일점쇄선, – · – · –, 공정관리용)

프로세스에 이상요인의 발생여부를 탐지하고, 필요한 조치를 취함으로서 관리상태 유지를 목적으로 하며, 표준치가 주어진 경우에 사용한다.

(2) 측정치에 따른 관리도의 종류

(a) 계량치 관리도(변량치 관리도)

길이, 온도, 무게, 성분, 수율 등 품질 특성치가 셀 수 없는 연속적인 데이터의 관리도이며, 정규분포를 이룬다.

① $\bar{x}$ 관리도(평균치 관리도) : 제조공정의 평균치의 변화를 관리하는데 이용

② R 관리도(범위관리도) : 범위(range)의 변화를 관리하는데 이용

- 중량, 시간 등과 같은 품질특성을 관리하는 데는 우선적으로 평균값이 사용되

지만, 평균값만으로는 공정의 품질특성을 충분히 알 수 없으므로, 평균값에 관한 관리도인 $\overline{x}$ 관리도는 공정의 변동에 관한 R 관리도와 함께 사용

③ $\overline{x}-R$ 관리도 : 평균치와 범위관리도로, 가장 많이 이용

④ $\overline{x}-\sigma$ 관리도 : 평균치와 표준편차관리도

〈표 15-3〉 관리도의 종류

데이터의 종류		관리도	확률분포
계량치 관리도	길이, 무게, 강도, 성분, 온도, 압력 등	$\overline{x}-R$ 관리도	정규분포
		$\overline{x}-\sigma$ 관리도	
		x 관리도	
계수치 관리도	불량율	p 관리도	이항분포
	불량개수	pn 관리도	
	결점수	c 관리도	포아송분포
	단위당 결점수	u 관리도	

(b) 계수치 관리도(속성치 관리도)

품질 특성치가 불량개수나 불량률일 때 적용되는 관리도, 즉 품질 특성치가 셀 수 있는 데이터이며, 이항분포나 포아송분포를 이룬다.

① p **관리도**(불량률관리도) : 이항분포를 하는 품질특성을 대상으로, 불량률(p)에 의하여 공성을 관리하기 위한 관리도로, 시험용 자료의 크기가 일정하지 않아도 사용 가능

② pn **관리도**(불량개수관리도) : 이항분포를 하는 품질특성을 대상으로, 불량개수(pn)에 의하여 공정을 관리하기 위한 관리도로, 시험용 자료의 크기가 일정할 때만 사용 가능

③ c **관리도**(결점수관리도) : 포아송분포를 하는 품질특성을 대상으로, 검사하려는 대상의 크기나 길이가 일정할 때, 그에 나타나는 결점수로 공정을 관리하기 위한 관리도

④ u **관리도**(결점률관리도) : 포아송분포를 하는 품질특성을 대상으로, 검사하려는 대상의 크기나 길이가 일정하지 않을 때, 결점률(단위 길이당 또는 단위 면적당

결점수)로 공정을 관리하기 위한 관리도

〈표 15-4〉 품질특성의 확률분포에 따른 분류

구 분		이항분포	포아송분포
자료의 크기(n)	가 변	p 관리도(불량률)	u 관리도(결점률)
	일 정	pn 관리도(불량개수)	c 관리도(결점개수)

4) 관리도의 작성 순서

여기서는 $\bar{x}-R$ 관리도의 작성 순서를 설명하고자 한다. 먼저 예비 관리한계를 계산하고, 자료들을 예비관리도에 타점하여 관리한계를 벗어난 자료들이 있으면 이들 가운데 관리한계를 벗어난 합당한 사유가 있는 자료들은 제외시키고, 다시 수정 관리한계를 계산하여 수정된 관리도를 작성하여야 한다. 다른 관리도의 작성 순서도 $\bar{x}-R$ 관리도와 유사하다.

① 관리도 작성을 위한 설계
- 관리대상이 되는 품질 특성의 성격이 계량치(변량치)인지 계수치(속성치)인지를 확인
- 사용할 관리도의 종류를 결정
- 공정상태를 알아볼 자료를 준비 : 표본의 크기, 표본 수, 표본검사기간 결정

② 데이터 수집
- 5W1H에 의하여 수집
- 표본 크기 4~5개 정도, 약 20~25개 표본군을 채취, 총 표본 수는 100개 정도

③ 각 군의 평균치 $\bar{x}$와 범위 R의 계산

④ 관리도 용지의 가로에 샘플군 번호를 기입하고, 세로에 $\bar{x}$(평균치)와 R(범위) 눈금을 작성

⑤ 예비 관리한계 계산 : 총평균, 관리상한, 관리하한의 계산, 관리한계 계수표를 이용하면 편리하다.

〈표 15-5〉 $\overline{x}-R$ 관리도의 관리한계 계수표

표본 크기	$\overline{x}$ 관리도의 계수치	R 관리도의 계수치	
n	A_2	하한(D_3)	상한(D_4)
2	1.88	0	3.27
3	1.02	0	2.57
4	0.73	0	2.08
5	0.58	0	2.11
6	0.48	0	2.00
7	0.42	0.08	1.92
8	0.37	0.14	1.86
9	0.34	0.18	1.82
10	0.31	0.22	1.78
11	0.29	0.26	1.74
12	0.27	0.28	1.72
13	0.25	0.31	1.69
14	0.24	0.33	1.67
15	0.22	0.35	1.65
16	0.21	0.36	1.64
17	0.20	0.38	1.62
18	0.19	0.39	1.61
19	0.19	0.40	1.60
20	0.18	0.42	1.59

- $\overline{x}$의 총평균, 관리한계선 계산

$$CL = \overline{\overline{x}} = \frac{\sum \overline{x}_i}{k}$$

$$UCL = \overline{\overline{x}} + A_2 \overline{R}$$

$$LCL = \overline{\overline{x}} - A_2 \overline{R}$$

- R의 평균치 $\overline{R}$, 관리한계선 계산

$$CL = \overline{R} = \frac{\sum \overline{R}_i}{k}$$

$$UCL = D_4 \overline{R}$$

$$LCL = D_3 \overline{R}$$

⑥ $\bar{x}$의 총평균($\bar{\bar{x}}$, 중심선), $\bar{R}$를 관리도 용지에 실선으로 기입

⑦ 관리상한선과 관리하한선을 점선으로 기입

⑧ 관리도상에 $\bar{x}$값과 R값을 타점

- 표본의 평균치를 관리도에 표시함 : 공정상태가 관리한계선 내에 있는지 확인

⑨ 수정 관리한계 계산 : 관리상한 및 관리하한을 벗어난 점 가운데 이상원인이 확인된 점들을 제외하고, 다시 수정된 관리한계를 계산한다.

- $\bar{x}$ 관리도의 중심선(CL)과 관리한계선 계산

  $CL = x_0$

  $UCL = x_0 + A_2R_0$

  $UCL = x_0 - A_2R_0$

- R 관리도의 중심선(CL)과 관리한계선 계산

  $CL = R_0$

  $UCL = D_4R_0$

  $LCL = D_3R_0$

⑩ 수정된 관리도상에 정상적인 $\bar{x}$값과 R값을 타점

⑪ 관리도에 의해 제조공정 관리상태를 판정하고 조처한다.

- 공정상태가 관리한계선 밖에 있을 때는 원인을 규명하고 조치를 취함

예제 15-1

다음 자료를 이용하여 $\bar{x}$ 관리도와 R 관리도를 작성하라. 단, 시료의 크기 $n = 5$라고 가정한다.

시료군번호	1	2	3	4	5	6	7	8	9	10
$\bar{x}_i$	95.72	95.24	95.18	95.44	95.46	95.32	95.40	95.47	95.08	95.50
R_i	1.0	0.9	0.8	0.4	0.5	1.1	0.9	0.3	0.2	0.6
시료군번호	11	12	13	14	15	16	17	18	19	20
$\bar{x}_i$	95.80	95.22	95.56	95.22	95.04	95.72	94.82	95.46	95.60	95.74
R_i	0.6	0.2	1.3	0.5	0.8	1.1	0.6	0.5	0.4	0.6

풀이 1) 예비 관리한계 계산

(a) $\bar{x}$ 관리도 :

$$CL = \overline{\overline{x}} = \frac{\sum \overline{x}_i}{k} = \frac{1907.99}{20} = 95.40$$

$$UCL = \overline{\overline{x}} + A_2\overline{R} = 95.40 + (0.58)(0.665) = 95.79$$

$$LCL = \overline{\overline{x}} - A_2\overline{R} = 95.40 - (0.58)(0.665) = 95.01$$

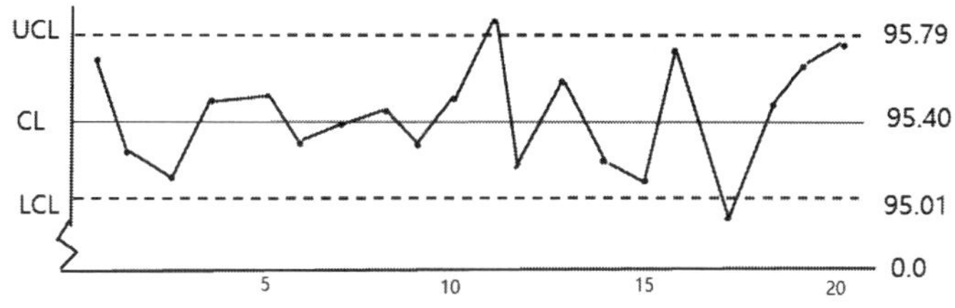

(b) R 관리도 :

$$CL = \overline{R} = \frac{\sum \overline{R}_i}{k} = \frac{13.3}{20} = 0.665$$

$$UCL = D_4\overline{R} = (2.11)(0.665) = 1.41$$

$$LCL = D_3\overline{R} = (0)(0.665) = 0$$

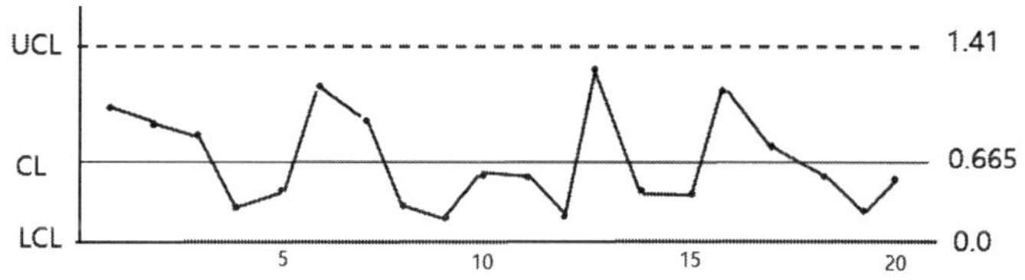

2) 수정 관리한계 계산

시료들을 예비 관리도에 도시하여 이들 자료가 관리상한선과 관리하한선 사이에 위치하고 있는가를 살펴보면, 시료번호 11번과 17번 자료가 관리한계선 밖에 위치하고 있음을 알 수 있다. 이들 자료를 계산에서 제외하고, $\overline{x}$ 관리도와 R 관리도의 수정관리한계를 다시 계산하면 다음과 같다.

(a) $\overline{x}$ 관리도 :

$$CL = x_0 = \frac{1907.99 - (95.8 + 94.82)}{20 - 2} = 95.41$$

$$UCL = x_0 + A_2R_0 = 95.41 + (0.58)(0.672) = 95.80$$

$$LCL = x_0 - A_2R_0 = 95.41 - (0.58)(0.672) = 95.02$$

(b) R 관리도 :

$$CL = R_0 = \frac{13.3 - (0.6 + 0.6)}{20 - 2} = 0.672$$

$$UCL = D_4R_o = (2.11)(0.672) = 1.42$$

$$LCL = D_3R_o = (0)(0.672) = 0$$

5) 관리도의 판정기준

(1) 관리도의 관리상태 판정기준

관리도를 일정기간 관찰하였을 때, 다음과 같은 현상이 발생하면 공정이 안정되었다고 하고, 이를 정상상태라고 한다.

① 연속 25점이 모두 관리한계선 안에 있을 때

② 연속 35점 중 34점 이상이 관리한계선 안에 있을 때

③ 연속 100점 중 98점이 관리한계선 안에 있을 때

④ 점들이 긴 런(run)이거나 경향성, 주기성과 같은 습관성이 없는 경우

(2) 관리도의 관리상태가 아닌 경우

관리도를 일정기간 관찰하였을 때, 다음과 같은 현상이 발생하면 관리상태가 정상적이 아닌 비정상상태라고 한다. 이 경우에는 공정상태의 점검이 필요하다.

① 중심선 한쪽에 점이 연속해서 나타나는 런(run)이 9점 이상인 경우

② 연속 6점 이상이 상승하거나 하강할 때

③ 중심선의 한쪽에 점이 연속해서 나타날 때

- 연속 11점 중 10점 이상
- 연속 14점 중 12점 이상
- 연속 17점 중 14점 이상
- 연속 20점 중 16점 이상

예제 15-2

다음의 관리도는 일정기간 관리상태에서 안정적으로 운영되고 있던 프로세스에서 도출한 것이다. 각 시점에서는 어떤 결론을 내려야 하는가를 설명하라.

(a)

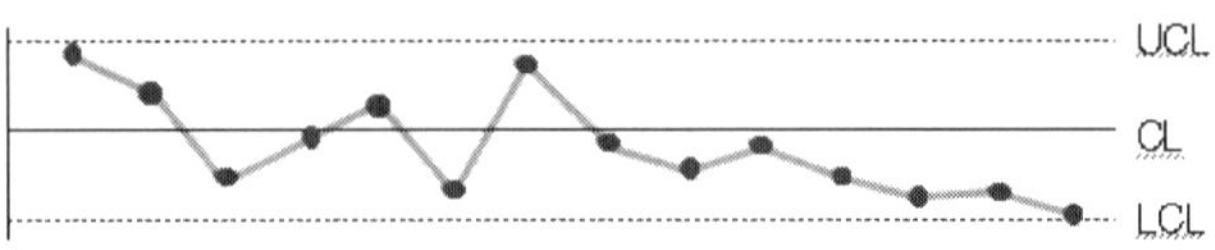

(b)

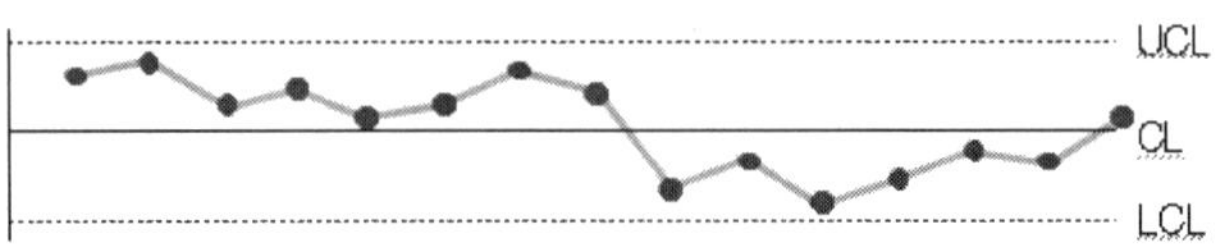

(c)

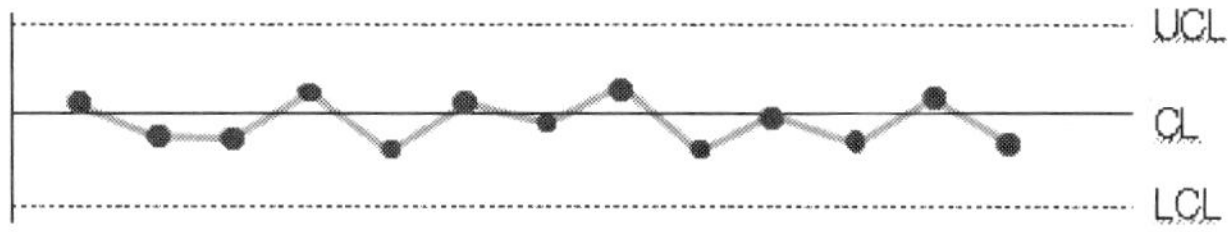

(d)

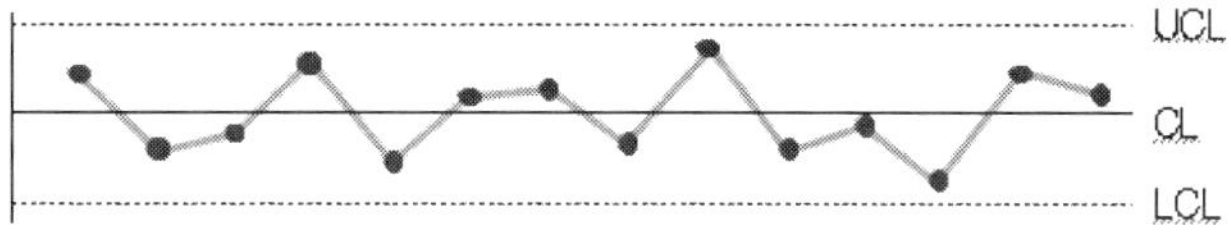

(e)

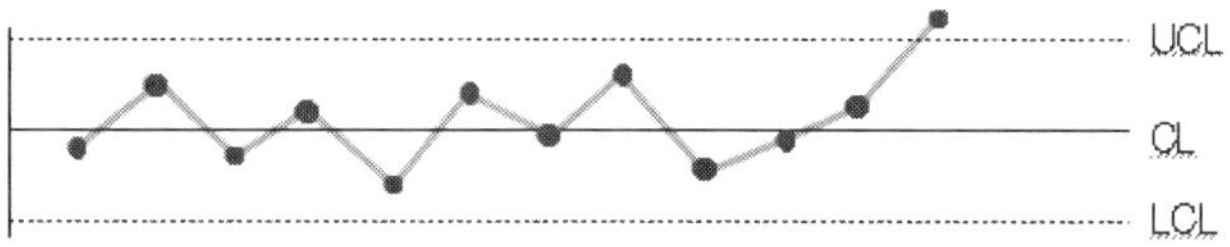

(f)

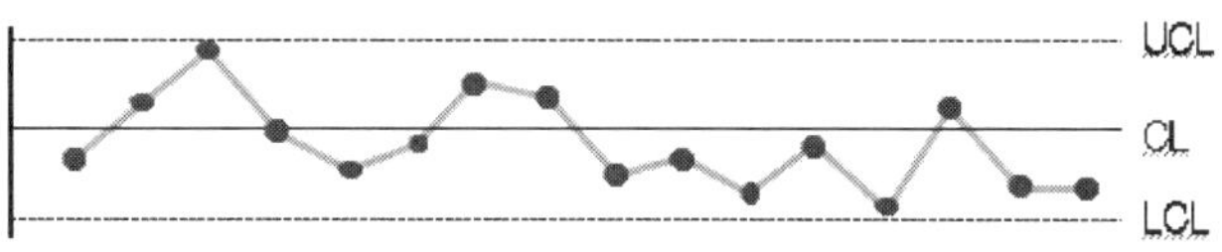

풀이

(a) 마지막 5개 중 4개의 점이 LCL 근처로 몰려 있으며, 조만간 LCL 이하로 떨어질 것 같은 경향이 확실하므로 전체적인 프로세스의 상향조정이 필요하다.

(b) 첫 8개의 점이 중심선 위에 위치하고 있어 무엇인가 관리상태에서 벗어난 것 같으며, 갑자기 중심선 이하로 떨어지다가 다시 중심선을 넘어가고 있는 것으로 보아, 중간에서 지나치게 하향 조절한 것으로 보인다.

(c) 지나치게 중심선 근처에 몰려 있는 것으로 보아, 여러 기계에서 수집된 자료라면 관리상태를 유지하고 있음을 보여주기 위해 다소 조작되었다는 느낌이 들기 때문에 프로세스 관련 자료의 조사가 필요하다.

(d) 정상적인 상태를 보여주고 있다.

(e) 마지막 점이 UCL 위에 위치하므로 관리상태를 벗어났다.

(f) 마지막 8개 중 7개가 중심선 밑에 위치하고 있어, 관리상태를 벗어난 것으로 판단된다.

예제 15-3

S공업사는 지난 2주간 20번의 시료검사를 실시한 결과, 다음과 같은 자료를 얻었다. 이 자료를 이용하여 p 관리도를 작성하라. 단, 각 시료의 크기는 100이라 가정한다.

시료번호	1	2	3	4	5	6	7	8	9	10
불량률	0.11	0.16	0.12	0.10	0.09	0.12	0.12	0.15	0.09	0.13
시료번호	11	12	13	14	15	16	17	18	19	20
불량률	0.16	0.23	0.15	0.12	0.11	0.11	0.14	0.16	0.10	0.13

풀이

$$CL = \bar{p} = \frac{\sum_{i=1}^{k} p_i}{k} = \frac{2.6}{20} = 0.13$$

$$UCL = \bar{p} + 3\sqrt{\frac{\bar{p}(1-\bar{p})}{n}} = 0.13 + (3)\sqrt{(0.13)(0.87)/30} = 0.314$$

$$LCL = \bar{p} - 3\sqrt{\frac{\bar{p}(1-\bar{p})}{n}} = 0.13 - (3)\sqrt{(0.13)(0.87)/30} = 0$$

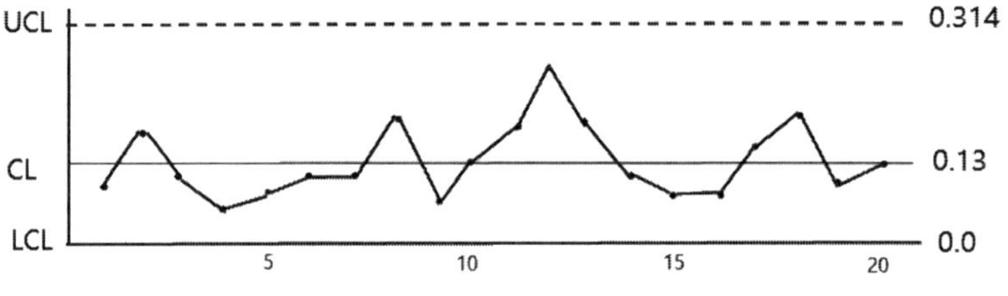

모든 관측치들이 관리한계선 안에 위치하고 있어, 공정은 안정적인 상태를 유지하고 있다고 할 수 있다.

기업사례

인터넷 시대의 고객만족경영

1. 더욱 강력해진 고객의 목소리

인터넷 시대인 오늘날, 고객만족경영이 묵은 논리로 여겨질 수도 있겠지만 반드시 그렇지는 않다. 오히려 인터넷 시대의 고객만족경영은 더욱 중요시된다. 왜냐하면, 인터넷 시대에서는 고객 입장의 코스트가 더 낮아지는 반면, 파워는 더욱 강해지기 때문이다.

우리나라 의류 중소기업인 모업체에서 회사의 웹사이트명에 3억 원의 경품을 걸고 공모하였는데, 무슨 연유가 있었는지 접수된 웹사이트명을 선택하지 않고, 하부 업체가 사용하는 웹사이트명을 사용하였다. 그러자 전 네티즌들이 아주 거센 항의를 하여, 결국 그 업체의 관리자가 사과하고, 경품으로 제시한 3억 원을 불우이웃돕기 성금으로 내었다. 인터넷 시대에는 얼굴 없는 고객들이 이렇게 동시에 나타난다.

일본의 경우, 토시바 서비스회사에서 직원 한 사람이 전화를 잘못 받아 계속 불만이 누적되었다. 그래서 토시바사는 자사의 사이트에서 토시바사에 불만이 있는 고객들의 접수를 받았더니 600만 명이 넘었다. 결국, 토시바사의 부사장이 공식적으로 사과를 하였다. 이처럼 인터넷 시대의 네티즌의 파워란 엄청난 것이다. 그렇기 때문에 기업입장에서는 코스트 업이 되기도 하고, 파워 다운이 되기도 한다. 인터넷 시대가 아닐 때에는 품질에 불만이 있으면 편지를 보냈다. 그리고 답신이 올 때까지 기다리는 것이 관행이었다.

그러나 인터넷 시대는 실시간으로 전부 입력되며, 잠시를 기다리지 않고 자꾸 보내어 기업은 견딜 수가 없게 된다. 그리하여 인터넷 시대에는 고객만족을 더욱 중시하게 된다. 야후, 아마존 등도 고객만족을 위해 엄청난 노력을 기울이지만, 아직까지 우리나라는 그렇지 않은 것 같다.

2. 더욱 철저해야 하는 고객만족경영

지난 선거 때에 네티즌의 파워를 실감하였을 것이다. 인터넷 시대에는 고객만족경영을 더 철저히 하여야 한다. 왜냐하면 전 정보를 실시간으로 주고받기 때문이다. 하부 정보가 중추 정보에 직접적으로 연결되고 그 속도와 심도가 대단히 빠르기 때문에, 이것을 소홀히 해서는 기업경영을 할 수 없다.

과거에는 말이나 편지로 했지만, 이제는 중추신경에 바로 연결된다. 그리고 과거에는 해당 부서에 편지가 왔지만, 지금은 그 조직의 CEO나 경영자에게 바로 온다. 중추신경이 마비되면 회사소식이 마비 될 만큼 강한 힘을 가지고 연결된다. 그러므로 적극적으로 고객 불만 해결시스템을 갖추어야 한다.

그리고 소비자 평가제도를 제공하는 사이트들이 많다. 우리 회사가 생산하고 있는 제품과 서비스를 시시각각으로 체크하는 소비자조직과 사이트들이 엄청나게 많다. 그러므로 모든 문제의 출발에서 마감까지 철저하게 고객만족경영을 하지 않고서는 앞으로 기업의 성장이나 경쟁력은 갖기 어렵다고 할 수 있다.

뉴스위크에서도 닷컴니즘은 21세기의 핵심 이념으로 자리 잡을 것이라며, 닷컴의 중요성을 강조했다.

김영호. (2014). 『기업사례경영학』 개정2판. 도서출판 두남.

연습문제

15-1 관점에 따른 품질의 정의를 설명하라.

15-2 품질관리 발전의 6단계를 설명하라.

15-3 품질경영의 8원칙을 설명하라.

15-4 품질비용의 유형을 설명하라.

15-5 전통적 품질비용과 현대적 품질비용을 비교설명하라.

15-6 표준과 표준화의 정의를 설명하라.

15-7 TQM의 실천원칙을 설명하라.

15-8 품질의 집 구성요소를 설명하라.

15-9 가노의 고객만족 모델을 설명하라.

15-10 다음 자료를 이용하여 $\bar{x}$ 관리도와 R 관리도를 작성하라. 단, 시료의 크기는 5개 이다.

시료군번호	1	2	3	4	5	6	7	8	9	10
$\overline{x_i}$	110.40	110.17	110.07	110.09	110.31	110.16	110.12	110.27	110.34	110.30
R_i	1.30	0.35	0.40	0.40	0.30	0.40	0.50	0.30	0.50	0.40
시료군번호	11	12	13	14	15	16	17	18	19	20
$\overline{x_i}$	110.05	110.14	110.28	110.40	110.36	110.29	110.42	109.96	110.22	110.38
R_i	0.85	0.70	0.80	0.40	0.55	0.00	0.70	1.00	0.80	0.40

15-11 (주)P음료사는 음료수를 제조하여 판매하는 기업이다. 음료수 캔 하나에 240ml가 들어가야 정상이며, 이를 유지하기 위해 관리도 기법을 적용하고 있다. 6개의 음료수 캔을 하나의 시료로 설정하여 지난 2주간 40개의 시료군을 검사한 결과, $\overline{\overline{x}}=243$ml, $\overline{R}=2$ml로 판명되었다.

(a) $\overline{x}$ 관리도와 R 관리도를 작성하라.

(b) 만약, $\overline{x_i}=239$인 시료가 추출되었다면, 생산라인이 정상으로 가동되고 있다고 볼 수 있는가?

(c) 만약, $R_i=2.8$인 시료가 추출되었다면, 생산라인이 정상으로 가동되고 있다고 볼 수 있는가?

15-12 다음은 자동차 도색작업 과정에서 발생한 흠집수를 정리한 자료이다. 이를 이용하여 c 관리도를 작성하고, 관리한계선을 벗어난 자료를 제거한 다음, 수정된 관리한계선을 다시 구하라.

제품번호	1	2	3	4	5	6	7	8	9	10	11	12	13
흠집수	7	6	6	3	22	8	6	1	0	5	14	3	1
제품번호	14	15	16	17	18	19	20	21	22	23	24	25	
흠집수	3	2	7	5	7	2	8	0	4	14	4	3	

15-13 다음 자료를 이용하여 $\overline{x}$ 관리도와 R 관리도를 작성하라. 단, 시료의 크기는 5개 이다.

시료군번호	1	2	3	4	5	6	7	8	9	10
$\overline{x_i}$	5.2	6.2	6.8	5.8	4.2	6.6	5.4	4.6	5.8	5.2
R_i	6	5	4	9	4	7	9	6	9	4
시료군번호	11	12	13	14	15	16	17	18	19	20
$\overline{x_i}$	6.6	7.0	4.4	5.2	7.8	6.0	5.4	7.0	5.2	6.0
R_i	6	4	9	6	5	7	6	4	5	8

15-14 S사는 지난 2주간 20번의 시료검사를 실시한 결과, 다음과 같은 자료를 얻었다. 이 자료를 이용하여 p 관리도를 작성하라. 단, 각 시료의 크기는 100이라고 가정한다.

시료번호	1	2	3	4	5	6	7	8	9	10
불량률	0.11	0.16	0.12	0.10	0.09	0.12	0.12	0.15	0.09	0.13
시료번호	11	12	13	14	15	16	17	18	19	20
불량률	0.16	0.23	0.15	0.12	0.11	0.11	0.14	0.16	0.10	0.13

Chapter 16 구매관리

제1절 구매관리의 개념

1. 구매관리의 의의

구매관리는 일정계획에서 생성된 자재소요계획을 근거로 거래처로부터 필요한 자재를 수급하는 업무를 말한다. 그러므로 구매관리는 재고관리, 공정관리 업무와 연계되어 전체 자재의 재고수준에 의하여 업무가 진행된다.

즉, 구매관리는 생산에 필요한 자재 및 각 부서에서 필요로 하는 물품들을 적기에 구매하여, 이를 보급하는 역할을 하는 기업의 기능으로써 물품 조달을 위한 견적 작업, 업체 선정 및 가격 책정, 구매발주, 발주 물품 접수 및 대금 지불 지원업무를 담당한다.

그리고 구매한 물품에 대한 입고 검사를 하여 구매품에 대한 품질관리의 역할을 담당하며, 공정관리와 연계하여 외주가공에 대한 업무를 담당한다.

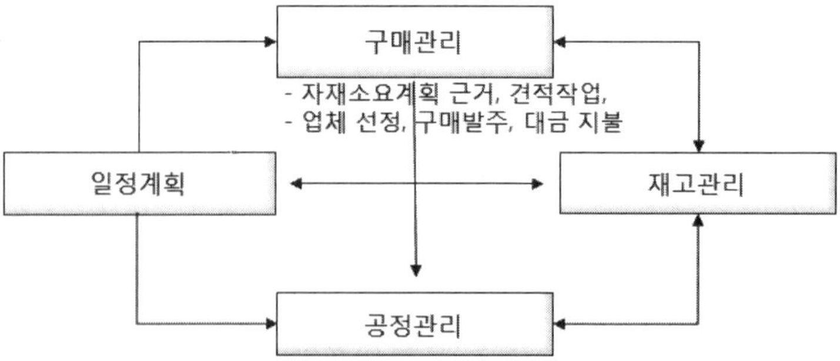

〈그림 16-1〉 구매관리의 전체프레임

따라서 구매관리의 목적은 '입력자원을 자금으로 하여, 구매 프로세스를 거쳐, 자재·설비·인력 등을 조달하는 것'이다.

이때의 제약조건은 품질, 비용, 납기, 환경, 안전, 구매윤리 등으로, 신중을 기할 필요가 있다.

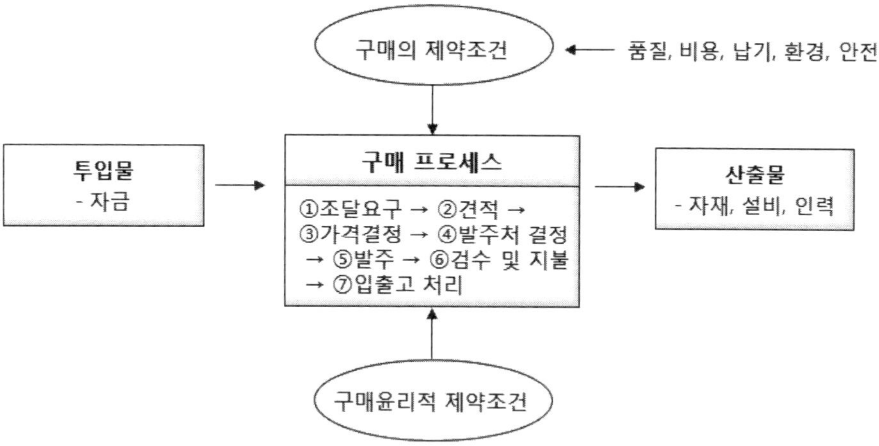

〈그림 16-2〉 구매관리의 개념

2. 구매관리의 중요성

<표 16-1>은 제조업의 구매비용의 구성을 나타낸 것이다. 기업의 재무회계에서 구매의 대부분을 차지하는 재료 외주비는 대단히 많으며, 판매의 약 30%에서 높은 기업에서는 70% 정도를 차지한다. 만약, 재료 외주비의 5%를 삭감하면, 손익계산서의 경영이익은 그대로 5%의 향상을 기대할 수 있다. 덧붙여서 기업의 인건비는 약 30%로, 그것과 비교하더라도 구매관리의 중요성을 알 수 있다.

〈표 16-1〉 재무회계에 차지하는 구매비용의 비율

	직접제조비						간접제조비	판매관리비	경상이익
	재료 외주비	인건비	감가 상각비	경비	보조 재료비	공통 경비			
비율	30~70	15~30	5~15	5~10	2~4	5~8	10~25	15~25	3~15

제2절 구매업무의 흐름

구매관리의 입력자료는 생산계획에서 나온 구매지시정보, 재고관리로부터의 지시, 외주의 여신정보, 거래처 외주 리스트, 실적정보 등이다.

구매의 출력자료는 조달제품의 품질, 납기의 실적, 가격 등이다. 그리고 구매의 대상은 재료 등의 자재, 설비, 전기, 수도 광열비, 물류 등의 임무, 사무용품 등 여러 유형에 걸쳐 있다.

<그림 16-3>은 구매업무의 흐름을 그림으로 나타낸 것이다.

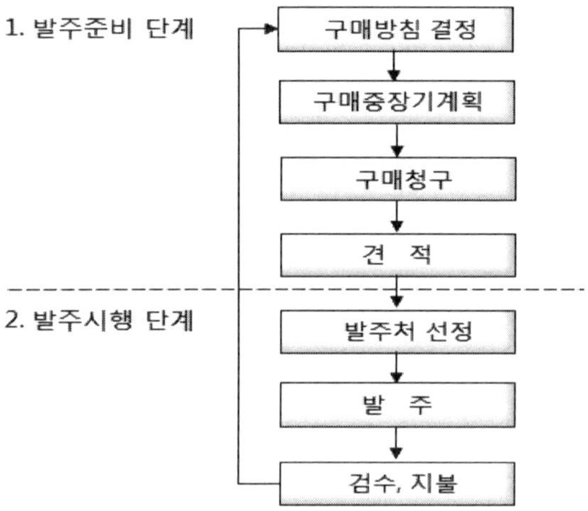

〈그림 16-3〉 구매업무의 흐름도

1. 발주준비 단계

발주준비 단계를 그림으로 나타내면, 다음과 같다.

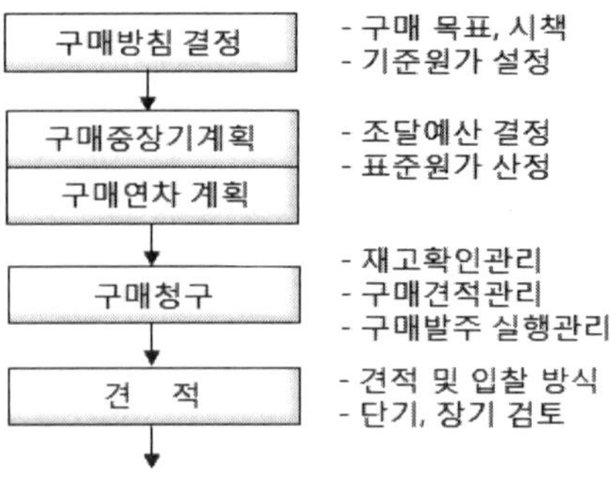

〈그림 16-4〉 발주준비 단계 흐름도

1) 구매방침의 결정

구매방침에는 달성해야하는 목표와 시책을 넣고, 각 조직기능으로 전개한다. 그리고 장기방침에서는 공정한 거래, 경쟁구매, 협동의 정신(파트너십), 집중구매, 개발구매 등 구매활동의 기본적, 원칙적 사항을 명확하게 한다.

또한, 연차계획의 책정에 있어 이익계획의 전제가 되는 기본원가의 설정을 행한다. 구매부문은 상황판단, 상품시장 동향, 환율 변동 등을 추정하고, 원재료, 보조재료, 부품 등의 기준조달가격을 설정한다.

2) 중장기 계획, 연차계획

연차계획, 중기계획을 책정하고, 구매대상별로 조달예산을 결정한다. 다음으로 예산을 각 비용 센터별로 배포하고 표준원가를 산정한다.

3) 구매청구

구매청구관리에는 ①재고확인관리 프로세스, ②구매견적관리 프로세스, ③구매발주 실행관리 프로세스가 포함된다.

먼저, 재고확인관리 프로세스는 구매발주를 하기 전에 현재의 재고 상태를 파악하기 위하여 외부시스템인 재고관리시스템에 재고확인 요청을 한다. 요청된 재고를 확인한 정보인 재고정보와 구매발주 요청정보를 처리하여 구매견적관리 프로세스로 재고상태 정보를 통보한다.

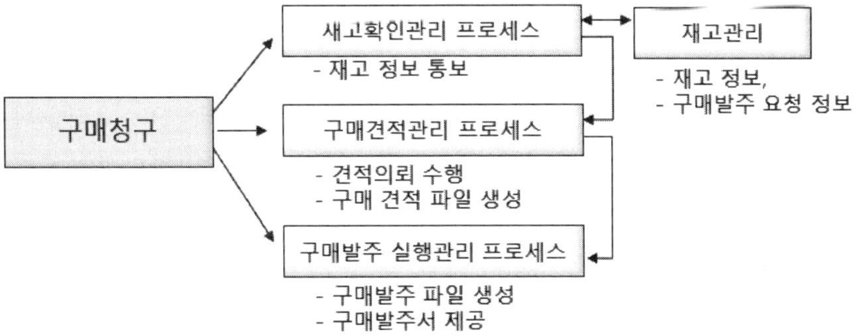

〈그림 16-5〉 구매청구관리의 흐름도

구매견적관리 프로세스는 입력받은 재고상태정보, 구매발주 요청정보 그리고 거래처 정보관리에서 생성한 거래처정보를 입력받아 거래처에 견적의뢰를 수행하고, 거래처로부터 견적자료를 받아 견적정보가 저장되는 구매견적 파일을 생성한다.

그리고 구매발주 실행관리 프로세스에서는 거래처정보와 견적정보를 입력받아 구매발주 정보가 저장되는 구매발주 파일을 생성하고, 해당 프로세스의 결과물인 구매발주서를 거래처에 제공한다.

구매청구서를 발행하고 구매담당부문에 구입을 의뢰한다. 구매시스템의 간소화를 위해 반복하여 구매품은 구매관리 시스템의 데이터베이스에 미리 단가와 발주처를 등록하고, 각 부서에서 직접 발주하도록 한다.

구매검수관리의 하위 프로세스는 구매발주관리 프로세스에서 처리된 구매발주와 관련된 물품인수관리와 결재관리가 포함된다.

물품인수관리 프로세스는 거래처 정보, 구매발주정보 그리고 거래처로부터 제공받는 납품자료를 근거로 납품정보를 반영하여 구매발주의 내용을 변경하고, 인수되는 물품의 입고정보를 외부시스템인 재고관리시스템에 전달한다.

결재관리 프로세스는 거래처 정보와 납품정보를 입력받아서 회계적인 처리를 수행하여 수행 결과인 지출결의서를 납품정보와 함께 외부시스템인 회계관리시스템에 전달한다.

등록품의 발주는 구매시스템을 토대로 하는 자동발주가 늘고 있다. 내부견제기능을 추가하여 회계 감사를 갖추고, 기업의 회계제도에 준하여 실행하는 것이 필요하다.

4) 견적

견적에서 중요한 것은 견적 수준을 명확히 하는 것이다. 그리고 단순히 싼 것을 구입하는 것을 피하고, 기능·품질중시의 선택을 행할 필요가 있다. 견적 시의 유의점을 나타내면 다음과 같다.

① 견적수준의 명확 : 품질수준, 검사수준, 수량, 납입수준, 지불조건 등
② 복수 견적 : 1개사의 견적을 받는 것이 아니라 2개사 이상으로부터 받는다.
③ 견적 명세 : 일괄 견적이 아니라 상세한 견적 명세를 요구한다.
④ 정가의 명시 : 견적 명세에 맞추어 정가를 명시한다.
⑤ 가격 교섭의 수행 : 기계적으로 정액을 할인하는 것이 많기 때문이다.
⑥ 동일품·등록품 : 정기적으로 다시 견적한다.

그리고 공장 건설, 생산설비의 설계·시공 등 대형 프로젝트에서는 입찰을 행한다. 입찰의 종류에는 <표 16-2>에 나타낸 것처럼 여러 방식이 있다.

〈표 16-2〉 입찰의 종류

	입 찰 방 식
일반경쟁 입찰	입찰항목의 개요를 공개하고 참가를 희망하는 모든 발주처로부터의 입찰을 행한다.
지명입찰	복수의 업자를 지명하고, 입찰하여 받는 방식
공모형 지명입찰	고도의 기술이 요구될 때, 입찰자를 공모하고 참가자를 선택하여 입찰
수의계약	최저 입찰자의 순으로 발주자와 입찰자와의 당사자 간에 개별적으로 절충하고 희망자와 계약
CM방식	발주자의 대리인으로서 품질관리, 공정관리, 비용관리를 진행한다.
DM방식	설계와 시공을 일괄하여 청부하는 일괄발주방식이다.
VE방식	입찰단계에서 시공방법 등의 VE제안을 조건으로 한다.

해당 기업은 수준과 조건을 제시하고, 복수의 기업으로부터 견적을 뽑고, 최저 또는 최적가격을 추구한다. 기업이 한쪽으로 치우치면, 기업끼리의 담합이 되기 쉽고 신규 기업을 더하는 등의 방법이 필요하다.

입찰에 있어서는 다음과 같은 점에 유의하여야 한다.

- 가격에 맞추어 발주처의 능력중시
- 수준내용의 정밀도에 따르지만, 가능한 제안을 구한다.
- 담합에 의한 경쟁원리의 왜곡화 방지

2. 발주시행 단계

발주시행 단계를 그림으로 나타내면, 나음과 같다.

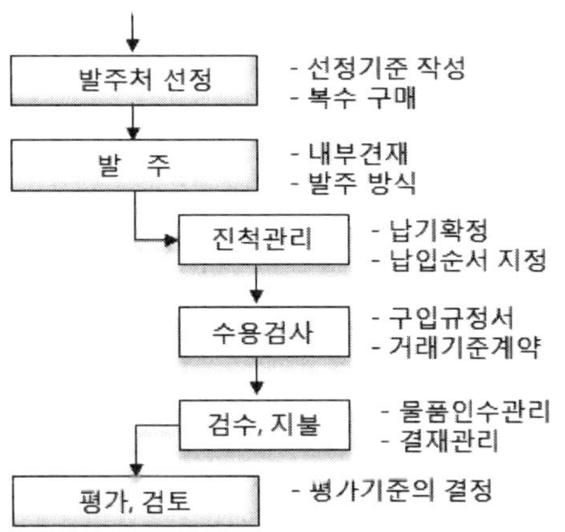

〈그림 16-6〉 발주시행 단계 흐름도

1) 발주처의 선정

발주처의 선정은 기업전략도 포함한 일정의 기준을 정해서 행한다.

(1) 선정기준

발주처에 대한 주요 선정기준을 들면, 다음과 같다.

- 납기, 품질, 비용면에서 충분한 대응이 가능한 기업
- 기밀유지상의 문제에서 안심할 수 있는 기업
- 환경경영의 측면에서 협력할 수 있는 기업
- 경영면에서 안정성이 있는 기업
- 다품종 소량생산의 체제가 취할 수 있는 기업
- 품질·환경면에서 자사의 ISO 등록기준을 갖춘 기업

(2) 복수구매

복수구매는 다음과 같은 면에서 중요하다.

- 가격이나 공급의 안정성
- 지진이나 화재 그 외 천재지변 등의 위험 회피

이것들을 가능하게 하기 위해서는 ①분할발주 가능한 충분한 수량, ②품질의 균일성 등의 제약조건을 만족할 필요가 있다. 더욱이 중요한 점은 단순한 가격경쟁이 아니라 장기적 전망을 토대로 하는 복수기업(파트너)의 육성계획과 순위매기기이다. 육성에 있어서는 계획적으로 어느 정도의 보호적 수단도 필요할 때가 있다. 그리고 경쟁을 위해 공헌도에 맞는 정당한 량의 배분도 필요하다.

2) 발주

(1) 내부견제

기업에 대해 '내부통제'나 '법령준수'가 강하게 요구되는 시대가 되고, 구매업무는 그 중요한 부분을 담당하고 있다. 가격결정이나 발주업자의 선택에 있어서는 결정의 과정에서 복수의 승인자를 경유하고 결제하는 조직구성이 필요한 경우가 있다. 그러므로 중요도의 기준을 마련하고, 다른 명령계통 결재권자의 경유도 필요하다.

(2) 발주방식

발주에서 IT를 활용한 자동발주가 늘고 있지만, 견적서나 주문서의 취급으로 법률이나 회계제도에 저촉하지 않도록 실시하는 것이 필요하다.

(3) MRP

IT의 발달로 구매관리가 시스템화 되고, 그 대표적인 것이 ERP와 MRP이다. MRP 활용의 유의점은 생산계획의 변화에 비교적 약한 점이고, 다이나믹하게 변화하는 생산현장의 변동에 대해 극히 세세한 추적조사가 필요하다.

(4) 발주 생산단위

발주 생산단위는 해당 공정의 생산능력, 품질, 조달기간 병행에 발주빈도로 결정된다. 일반적으로 상류로 감에 따라 큰 생산단위를 필요로 한다.

최근의 '다품종소량화', '제품의 짧은 수명화'를 생각하면, 가능한 '소단위 생산', '다회 납입'의 실현을 꾀하는 것이 중요하다.

3) 진척관리

(1) 납기확정

자재를 사용하는 직선의 적당한 시점을 결정하고, 물품구비를 확인한다. 물품구비는 품절시를 고려하여 원점으로 다시 되돌릴 수 있는 조달기간의 여유를 가지고 행한다.

(2) 납입순서이 지정

품절을 없애기 위해 사전에 착공순서를 지정할 때가 있다. 예를 들면, 한 주마다 다음 주의 납입순서를 지정한다.

(3) 통과 확정

필요한 물건을, 필요할 때, 필요한 만큼, 준비하기 위해 각 공정은 사용하는 자재·부품의 '물품구비'를 행하고, 품절의 확인을 행한다. 무엇보다 사용 시기에 맞춘 물품구매가 중요하다. 이를 위해서는 눈으로 보는 관리의 철저가 중요하고, 만약 통과 확인이 배치(batch)처리로 시간이 걸리면 의미가 없다.

4) 수용 검사

(1) 구입규정서

구입규정서에는 기능규정, 품질목표, 수용검사의 방식, 발취 방식, 검사기기 및 납품업자가 행하는 검사의 규정, 검사항목 등에 대해 명시한다. 그리고 검사성적서는 납입품과 항상 같이 보내도록 하고, 수용 검사의 합리화를 꾀한다.

(2) 거래 기존계약

일반적으로 구입규정서와 함께 거래의 대상, 하자 책임, 지불조건, 기밀유지 등을 포함하는 '거래기본계약'을 발주처와 교환한다.

5) 검수 및 지불

검수 및 지불은 구매발주 된 자재의 수량 및 품질을 검사하여 인수된 물품을 당사의 재고로 전환하는 업무를 말한다. 여기서 '검수'는 수입검사를 수행하여 발주된 자재의 수량, 품질, 납기일 등 인수와 관련된 내역을 관리하는 것이며, '지불'은 구매와 관련하여 발생한 지출과 관련된 (외상)매입금내역을 회계시스템에 연계한다.

그리고 '거래기본계약'의 내용이나 지불조건, 또 '중소기업 지불지연 방지법' 등의 법규에 준해 지체없이 검수와 지불을 행한다.

6) 평가

과거의 검수실적 데이터를 축적하고, 조달한 제품의 품질, 가격, 납기의 준수율 등, 제품제조업자(또는 원료 공급처)의 평가를 행하고, 발주처의 육성 등으로 활용한다.

제3절 구매의 비용 전략

1. 구매의 방법

1) 분산구매와 집중구매

구매에는 기업의 해당부서에서 발주처 및 단가를 결정하고, 직접 발주업무를 행하는

'분산구매방식'과 기업의 구매부서에서 일괄적으로 직접 관여하는 '집중구매방식', '간이구매방식'의 3가지 형태가 있다.

(1) 분산구매방식

자재·부품·공사 등의 공장 고유의 제품이 대상이고, 각각의 부문, 공장, 부(部), 과(課)가 직접 구매업무를 행한다.

분산구매의 장점을 열거하면 다음과 같다.

① 짧은 회전이 효과가 있고, 변화에 민감하게 대응할 수 있다.

② 현장의 비용 절감에로의 동기부여가 높다.

그 반면에 단점은 다음과 같다.

① 업자와의 유착에 의한 법령준수의 문제가 발생할 수 있다.

② 비용 삭감이 진행되기 어렵다.

(2) 집중구매방식

집중구매방식은 공통자재나 부품 등을 대상으로 구매하는 것으로, 중앙구매방식이라고도 한다. 실제로, 공구 등 1만점에 달하는 소모품을 '분산구매방식'에서 '집중구매방식'으로 변경한 결과, 납품업자 250사, 사내담당자 25인을 납품업자 15사에 집약하고, 사내의 담당자를 5분의 1 수준으로 삭삼이 가능했던 사례가 있다.

집중구매의 장점은 다음과 같다.

① 분산된 구매량을 정리하고, 가격 교섭력을 높인다.

② 구매 사무처리의 집약으로 관리비용을 삭감한다.

③ 개발 구매 등이 가능하게 된다.

④ 업자와의 가격 교섭력이 강해진다.

⑤ 기업전략으로서의 구매정책이 가능하게 된다.

그리고 집중구매를 성공시키기 위해서는 다음의 시책이 필요하다.

① 구매부문을 본사의 사장 직할 부문으로 자리매김 한다.

② 구매 회의 등을 통한 회사 전체 횡단적인 활동을 전개한다.

③ 구매부문 직원의 능력 향상을 꾀한다.

(3) 간이구매방식

간이구매방식은 가격이 싸고 중요도가 낮은 품목을 대상으로 하며, 구매관리상 지장이 없는 범위에서 절차를 간소화하는 것을 말한다. 예를 들면, '보관 재고 방식'이 하나의 예로, 일정기간 사용한 분량을 정리하고 검수하는 방식이다.

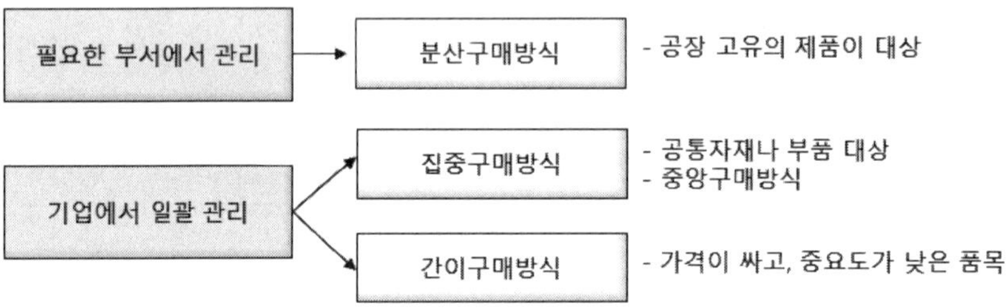

〈그림 16-7〉 구매의 방법

2) 개발구매

비용절감을 위하여 구매부문보다 앞서서 제품개발과 설계단계부터 관여하여, 보다 효율적인 자재의 조달관리를 향한 가격삭감을 진행한다.

개발구매에는 아래의 과제가 있다.

① 구매부문의 실력부족으로 개발부문의 족쇄가 된다.

② 구매부문의 요원부족

③ 구매부문의 구매지식부족

④ 개발단계의 노하우나 기밀누설 위험

⑤ 개발 파트너의 부족

⑥ 개발담당자와 업자의 유착

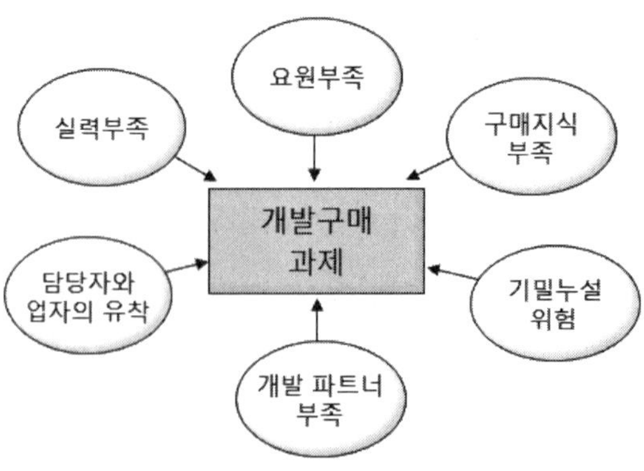

〈그림 16-8〉 개발구매의 과제

그리고 과제해결을 위해서는 아래의 시책이 필요하다.

- 개발구매에 관한 회사의 기본방침을 명확히 하고 전개한다.
- 필요한 능력을 가진 개발구매요원을 확보한다.
- 개발부문과 구매부문의 로테이션을 행한다.

2. 가치공학(VE)의 추진

1) VE의 개념

가치공학(VE; Value Engineering)은 1947년 미국 GE사의 구매담당이었던 L.D. Miles에 의하여 제창된 방법으로, 구매품의 비용절감을 위해 널리 구매활동으로 활용된다. 그 후 미국 국방성이 자재의 조달에 있어서 ① 필요 이외의 물건은 사지 않는다, ② 최소의 가격으로 구입한다, ③ 사용비용을 낮춘다. 등의 3개 방침을 주장하고, 조달처와 VE계약을 체결하는 시점에서 VE(Value Engineering)라고 불리게 되었다. 그리고 그것은 공급자뿐만이 아니라 구입자, 사용자의 모든 것에 대하여 낭비의 배제를 목표로 한다.

VE는 제품의 최저 순환주기비용(Life cycle cost, 제품의 비용을 조달·제조, 사용, 폐기의 단계를 총합하여 생각)으로 필요한 기능을 확실하게 다하는 제품이나 서비스의 기능적 연구에 쏟는 조직적 노력으로 정의되고 있다.

때때로 물건을 구입할 때, '싼 물건을 구입한다'는 발상에 치우치는 경향이 있다. VE에서는 물건을 기능으로 나타내고, '기능을 만족하는 물건을 싸게'라는 연역적 발상을 토대로 고정개념을 타파하고, 기능과 비용과의 밸런스로 대체품을 찾는다.

제품의 최저 순환주기비용은 ①제품의 가격, ②사용 비용, ③폐기 비용이 3가지로 구성되어 있다. 그리고 설계기능에 어느 정도의 무게감을 주고, 그것에 상응한 비용의 균형을 고려하여, 필요이상의 기능은 제품기획과 조정하여 배제한다.

2) VE의 평가기준

가치분석의 평가기준인 가치는 기능과 비용과의 관계를 나타낸 것으로, 다음과 같은 수식으로 간단히 표현할 수 있다.

$$\text{가치}(value) = \frac{\text{기능}(function)}{\text{비용}(\text{cost})}$$

위의 수식에서 ‘기능’에는 제품 및 서비스가 구체적으로 수행되어 나타나는 성과를 입력하고, ‘비용’에는 이 기능을 수행하는데 드는 비용을 화폐단위로 표시한다. 즉, 기업은 제품의 가치를 높이기 위해서 제품의 기능을 향상시키든지, 아니면 비용을 줄임으로서 그 목적을 달성할 수 있다.

미국 국방성 공문서의 ‘필요이외의 물건은 사지 않는다’의 ‘필요한 물건’이란 필요한 질·량·기능 등을 갖춘 것을 말한다. 즉, ‘기능을 만족하는 물건을 양적으로도 적게’라는 의미로 바꿀 수 있다. 그러므로 대체품의 탐구, 설계 다시보기 등으로 가치의 개념을 수치화하는 것은 비용절감의 지표로서의 커다란 의의가 있다.

다음의 가치분석 사례를 살펴보자. 몇 개 부분품의 결합으로 이루어지는 부품조립방법으로, 부품 ①과 같이 결합한 경우에는 1개당 3,500원의 제조비용이 들지만, 부품 ②와 같이 접합부위를 개선함으로써 제조비용은 1개당 2,500원으로, 그리고 지속적인 연구·개발을 통하여 최종적으로 부품 ⑤와 같이 개선함으로서 800원으로 제조비용을 줄일 수 있었다.

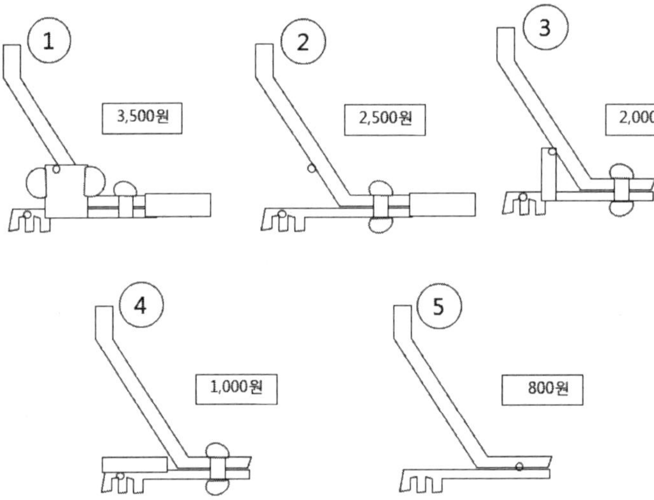

〈그림 16-9〉 가치분석의 사례

예제 16-1

S자동차사의 ST형 모델은 휘발유 1리터에 시내를 평균 12km 주행하며, 고속도로는 평균 16km를 주행한다. 1리터당 휘발유 가격을 2,100원이라고 한다면, ST형 모델의 시내 주행과 고속도로 주행의 가치를 분석하라.

풀이 ST형 모델에 대한 시내 주행과 고속도로 주행의 가치는 1원당 주행 거리를 산출함으로써 분석할 수 있다.

$$\text{시내 주행의 가치} = \frac{\text{기능}}{\text{비용}} = \frac{12Km}{2{,}100\text{원}} = 0.00571\ Km/\text{원}$$

$$\text{고속도로 주행의 가치} = \frac{\text{기능}}{\text{비용}} = \frac{16Km}{2{,}100\text{원}} = 0.00762\ Km/\text{원}$$

따라서 ST형 모델은 고속도로 주행에서 더 가치가 있다고 하겠다.

3) VE의 실시순서

가치분석은 기능을 중심으로 하는 문제해결방법으로, 불필요한 기능을 찾아내어 제거함으로써 불필요한 원가를 제거한다는 것이다.

일반적으로 VE는 다음 그림에 나타낸 ①기능정의, ②기능평가, ③대체안 작성의 3가지 기본단계와 상세단계로 진행된다.

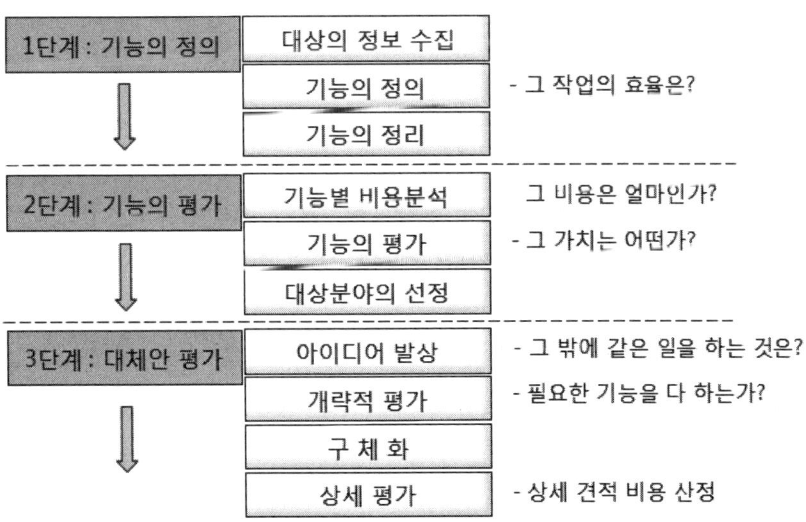

〈그림 16-10〉 VE의 실시순서

(1) 기본단계 1 : 기능의 정의

① **정보 수집** : 대상을 결정하고, 제품이 기획된 경위와 요구기능을 명확히 한다. 또,

기술, 생산, 조달, 판매 및 폐기에 관한 여러 제약조건을 명확히 한다.

② **기능의 정의** : 고객의 요구를 충족시키기 위한 기능을 명확히 한다. 이를 위해 하나의 주어와 하나의 동사로 간단하게 기능을 표현한다.

③ **기능의 정리** : 기존의 개념에서 벗어나 창조적으로 광범위한 발상이 가능하다. 그러므로 만들어진 많은 각각의 기능에 대한 정의의 상호관계를 보고, 목적 기능을 상위에, 수단으로서의 기능을 하위에 구별하여 전개하고, 계통도를 만들어 기능의 상호관계를 명확히 한다.

(2) 기본단계 2 : 기능의 평가

④ **기능별 비용 분석** : 기능을 유사기능에 묶는 것으로 몇 개의 기능분야로 나눌 수 있다. 다음으로 기능분야별로 걸리는 비용(C)을 명확히 하고, 중요도의 점수를 매긴다. 목표비용은 자의적이지만, 달성 가능한 값을 설정한다.

⑤ **기능의 평가** : 목표비용을 기능(F)의 중요도를 고려하고, 각 기능분야로 나누어 F/C계산에 의해 가치(V)를 구한다. 즉, $V = F/C$

⑥ **대상 분야의 선정** : V를 계산하면, 다음으로 V의 값이 낮게, 비용 삭감에로의 기여율이 큰 기능분야의 순위를 정한다. 효과가 큰 분야에서 실현가능성을 감안하여 VE의 대상을 결정한다.

(3) 기본단계 3 : 대체안의 작성

⑦ **아이디어 발상** : VE활동은 새로운 발상을 만들어내는 것을 중시한다. 이를 위해 제품제조업자를 포함하는 전원이 참가하고, 많은 전문가 또는 담당자의 의견을 받아들여, 창조적, 계속적, 계몽적인 가치의 공유화를 진행한다. 일반적으로 브레인스토밍(brain storming)기법을 이용한다.

⑧ **개략 평가** : 창조적 개선안의 개략적인 견적을 구하고, 목표에 대한 평가를 행한다.

⑨ **구체화** : 개략 평가로 개선목표가 달성이 가능하다고 예측되면, 구체화한다.

⑩ 상세 평가 : 최종적으로 기능(F)을 만족시키는지의 여부 확인과 상세 비용(C)견적을 구한다.

4) 가치분석의 요건

가치분석을 통하여 고객과의 관계가 개선되며, 조직 내 각 부서간의 의사소통과 협조체계가 강화되고, 종업원의 참여의식이 왕성해 진다. 그리고 부품, 제품, 서비스, 공정 등의 새로운 설계에 대한 종업원들의 비용절감의식이 고조된다.

가치분석이 제대로 진행되기 위해서는 다음과 같은 요건이 먼저 갖추어져야 한다.

① 최고경영자의 강력한 의지와 지원이 있어야 한다.

② 종업원의 적극적인 참여가 있어야 한다.

③ 가치분석 전문가에 의하여 추진되어야 한다.

3. SCM

1) SCM의 개념

1970년대 이래로, 품질경영은 전략적으로 중요한 기업의 초점이 되었다. 1980년대에는, 비용을 절감하고 탄력적인 제조와 JIT가 품질경영 환경에서 경쟁적 이점을 얻기 위한 기업의 전략이 되었다. 그러나 오늘날 세계화와 정보기술의 발달은 품질을 관리하고, 고객을 만족시키며, 경쟁적으로 남기 위한 기업의 전략적 방법으로 SCM(공급사슬경영, Supply Chain Management)에 대한 자극을 제공했다.

공급사슬(Supply Chain)은 원재료 단계와 관련된 정보 흐름뿐만 아니라 최종 사용자(고객)까지의 제품과 서비스의 흐름과 변화에 관련된 모든 활동들을 포함한다. 본질적으로 이것은 모두 '공급'을 제공하는 자산, 정보 그리고 과정이다. 그것은 많은 상호관계를 가진 일원으로 구성되어 있다. 그리고 원재료 공급자들로 시작하여 부품과 구성요소 공급자, 하위부품 공급자, 제품이나 서비스 생산자, 그리고 배달사를 포함하며, 최종 사용 고객들로 끝난다.

그러므로 SCM은 자재공급에서 판매에 이르는 정보를 실시간으로 공유하고, '경영 전체의 스피드나 효율을 높이면서 고객만족을 달성하는 것'으로, 경영의 컨셉이다.

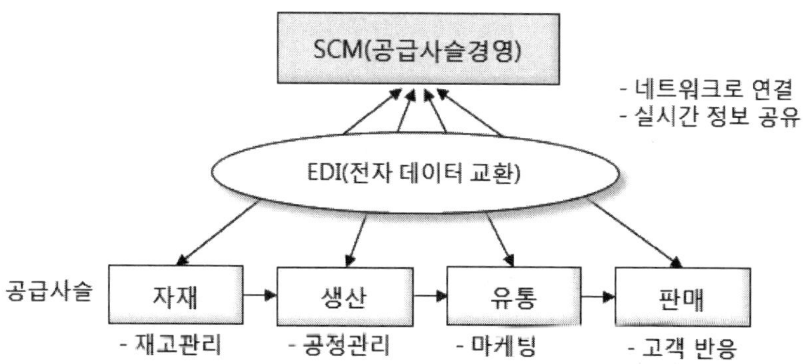

〈그림 16-11〉 SCM의 개념

<그림 16-11>에 나타낸 것처럼 사외를 포함한 ①자재, ②생산, ③유통, ④판매에 이르는 공급사슬(supply chain)을 네트워크로 연결하고, 판매정보나 수요정보 등을 부문간 또는 기업간에서 실시간으로 공유한다.

2) 구매관리에 있어서 SCM의 의의

공급사슬을 관리하면서 회사의 주요 목표 중 하나는 입고 자재, 부품, 하위부품 그리고 제품과 유통 등의 흐름과 함께 서비스의 상류 흐름을 동기화하는 것이다. 그래서 값비싼 초과재고의 발생이 없이 고객 수요에 대한 불확실성에 반응할 수 있다.

공급사슬에서 불확실성과 변화성에 이바지한 요소의 예는 부정확한 수요예측, 자주 변동할 수 있는 조달기간, 늦은 납품, 불완전한 선적, 품질 변화, 일괄 주문, 가격 변동과 할인 그리고 과장된 주문 등이다.

공급사슬의 불확실성과 변화성의 가장 주요한 부정적 효과는 지연과 불완전한 주문이다. 만약, 공급자로부터 배달이 늦거나 불완전하면, 궁극적으로 낮은 품질에 따른 고객서비스의 결과로 공급사슬을 통한 제품과 서비스의 흐름을 늦추게 된다.

그러므로 기업은 이러한 불확실성에 잘 대처하고, 그들의 재고 형태와 함께 지연을 피하려고 노력할 것이다.

다음 그림에 나타낸 것처럼, 고객 요구의 다양화에 의해 제품의 다품종소량화, 제품의 단명화, 제품의 단기 납기화가 요구되는 시대가 되었다.

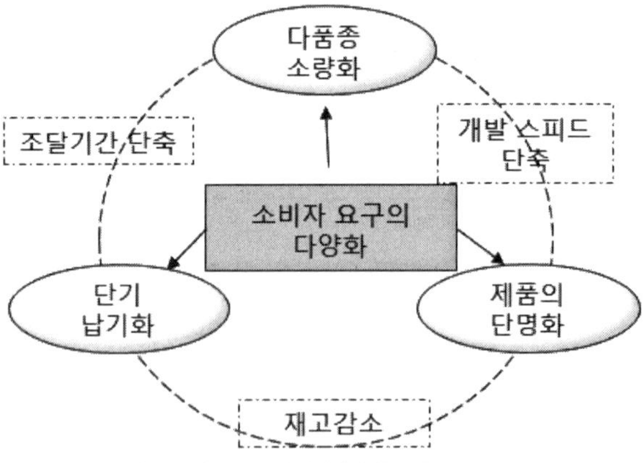

〈그림 16-12〉 소비자 요구 다양화의 영향

(1) 비용 삭감의 효과

SCM이 비용 삭감에 연결되는 요인으로서 다음의 내용을 생각할 수 있다.

- 조달기간 단축에 의한 재고량 삭감
- 다품종소량생산 대응에 의한 제조업자의 생산성 수준 향상
- 물류비용의 삭감

(2) 기업전략으로서의 조달기간 단축

신흥국이 초저가 제품으로 경쟁우위에 서는 시대에 대응하고, 앞으로는 기능·품질 면에서의 다양화에 맞추어 가격의 다단계화가 요구된다.

이와 같은 초단기 납기, 초다품종 그리고 초단명의 시대에 있어서 타사와의 차별화를 꾀하는 것이 조달기간의 단축이다. 조달기간의 단축은 다품종소량, 재고삭감, 저가격화 등 모든 과제에 대한 대응의 기본이다.

적절한 SCM시스템의 구축은 대폭적인 조달기간의 단축에 연결된다. 조달기간 단축 효과의 제1은 비용 삭감이다. 더욱이 그 효과가 크게 기대할 수 있는 것은 경쟁기업과의 차별화이다.

3) SCM 적용의 과제

SCM 적용에 대하여 해결해야할 일반적인 과제를 나타내면, 다음과 같다.

- 기업은 공급사슬을 위한 수요정보를 자회사나 발주처에 제공할 필요가 있다.
- 기업의 다품종소량생산체제가 필요하고, 제품제조업자와 협력제작이 중요하게 된다. 관련기법으로 주로 ERP를 활용하지만, 중소기업은 비용 면에서 인터넷 통신이나 FAX에 의하여 처리한다.
- 단납기에 대응하기 위해 생산의 조달기간 단축이 필요하다.
- 일반적으로 수주량과 납기는 크게 변동한다. 그러므로 다품종소량생산으로 변화에 대한 기민한 대응이 필요하다.

(1) 고객 요구의 다양화 주문에 대한 대응

고객 요구의 다양화 주문에 대하여 생산 공정에 공급할 자재의 다품종 다회공급이 필요하다. 그리고 단납기에는 재고가 필요하지만, 제품의 단명화 때문에 많은 재고를 갖는 것이 허락되지 않는다. 조달기간 단축에 의한 다품종 다회조달이 중요하게 된다.

(2) 비용삭감의 과제

SCM은 유통재고의 삭감이 목적이며, 수주예측 정밀도의 향상에 무게를 두고 있다.

그러나 문제의 본질적인 해결을 향하여 제품의 공급측면을 더한 개발단계로 부터 SCM체제의 구축이 바람직하다.

따라서 비용삭감을 위하여 다음 과제를 달성하여야 한다.

① 공급사슬의 병목현상을 개선하고, 부문 간의 전체 최적화를 진행한다.
② 제품제조업자와의 경영적 협력제작 체제를 확립한다.
③ 조달기간 단축을 위해 다품종소량생산 체제의 확립한다.
④ 제3자 물류의 활용 등 유통개혁에 의한 유통 직류화로 조달기간 단축 및 유통 비용을 삭감한다.

4. 구매관리와 환경문제

1) 기업의 '사회적 책임'과 지구환경문제

기업은 사회의 일원으로서 사회적 책임이 엄격하게 요구되는 시대가 되었다.

사회적 책임이란, 기업이 사회의 일원으로서 사회와 기업의 지속적인 발전을 목표로, 경영전략의 중핵에 자리매김하고, 여러 기업의 이해관계자와의 상호관계를 생각하여 '경제·환경·사회문제'에 대해 사회의 신뢰를 얻기 위해 완수해야 할 자주적 매매의 약정이다.

그러나 사회적 책임의 '경제·환경·사회문제'의 3항목은 각각 상충관계에 있다. 즉, "기업이 영원하기" 위해서는 기업이 "경제적 이익의 추구와 납세에 의해 사회에 공헌한다"는 지금까지의 생각에 더해, "사회의 일원으로서 환경과 사회적 문제를 경영의 중핵에 고정"시킬 필요가 있다.

2) 구매관리와 환경보전

기업이 앞으로 대응해야 할 지구환경문제를 <표 16-3>에 나타내었다. 기업은 천연자원의 사용을 줄이고, 소비와 폐기를 적게 하고, 생물의 모든 것이 미래에 계속 번영하도록 지구환경을 보전할 책무가 있다.

구매관리에도 환경문제는 다음의 관점에서 대단히 중요한 요소가 된다.

- 유해물질을 혼입시키지 않는다.
- 사용할 자재의 안정상의 특성을 명확히 한다.
- 화학물질의 사용량의 총량 관리를 시행한다.
- 사장 재고의 삭감, 포장·자재·부품의 삭감, 재이용·재활용 등 자원을 효과적으로 이용한다.

- 물류면의 에너지 절약과 지구환경보전으로 대응한다.
- ISO 14000의 추진과 RoHS 규제, WEEE 규제, LOHAS 규제 등 국제표준이나 법적으로 대응한다.

〈표 16-3〉 기업이 대응할 만한 환경문제

자원절약, 재활용	에너지 절약	지구온난화 방지	유해물질 배제
(순환형 사회형성법) • 절약 자원 설계 • 삭감, 재이용, 재활용 • 배출자 책임 • 생산자 확대 책임	(에너지 절약법) • 톱러너[3] 방식 • 에너지 절약 의무 • 물류업자의 책무 • 거액 짐주인 책무	(교토 의정서) • 온난화 가스 6% 삭감/1990년비 • 교토 메카니즘 • 녹색개발 메카니즘	(PRTR법) (RoHS 규제) (LOHAS 규제)
(용기·포장 재활용) • 소용량, 소용적 • 분별표시, 분해 용이화 • 생산자 회수비용분담 • 분별품질의 향상	(그린 물류) • ITS • TDM • 3PL 효율화 • 정맥 물류		

5. 구매의 위험관리

구매활동이 기업의 이익에 크게 영향을 주고, 기업의 존폐와 관련이 있기 때문에 위험관리의 중요성이 높아지고 있다.

1) 조달품질의 위험

안전, 안심이 문제시되는 오늘날, 특히 조달품질의 위험이 커지게 된다. 위험 회피의 방법을 정리하면 다음과 같다.

① 품질 규격의 명시
② 품질보증 계약에 의한 공정품질 보증의 상세 결정
③ 검사방법, 검사기준, 수용 검사기준의 명시
④ 하자 책임의 명시

3) top runner : 릴레이 경기의 제1주자. 그 분야의 제일선에서 활약하고 있는 사람. 톱런너 방식이란 에너지 절약을 토대로 하는 기기의 에너지 소비효율기준의 책정방법.

근래 법률에서 규제된 규격·기준, 업계 표준, 자사 기준, 제조관리 기준 등 많은 규격치와 기준치가 있다. 그것들을 명확히 자리매김하고, 보증 책임의 범위와 그 값의 근거를 엄격하게 다시 물어볼 필요가 있다.

기업에서 제품제조업자의 자발적인 검사를 믿고 구입하는 경향도 있지만, 구매관리의 기능 가운데 '관문소'로서의 역할도 필요한 시대가 되었다.

2) 천재지변과 안정공급의 위험

지진, 화재, 천재이변에 관한 위험 회피도 중요하다. 그러므로 분산구매, 생산거점의 분산, 물류경로의 분산 등의 위험을 줄이는 방법이 많이 강조되고 있다.

추가로 중요한 것은 만에 하나 피해를 받았을 때의 복구체제이다. 생산 면에서는 다품종소량생산으로 조기복구를 명심해야 하고, 제품제조업자의 생산제제도 중요하고 그것에 준한 능력이 필요하게 된다.

안정공급에 중요한 특별한 측면은 개발시점에서 공급가능한 원재료가 생산중지가 되는 경우이다. 특히, 첨가제 등은 그 대상이 되기 쉽고, 제품개발단계에서 복수의 대체품을 준비하는 등이 필요하다.

3) 환경 위험

RoHS 규제, REACH 규제, MSDS(Material Safety Data Sheet)에로의 대응 등 기업에는 엄격한 규제가 부과되어 있고, 한번 잘못하면 기업에 치명적인 것이 된다. 따라서 구매관리에는 그 관문소로서의 기능이 요구된다.

기업사례

뚜껑에 날개를 단 락&락

1. 락&락의 비상

밀폐 용기 락&락 신화의 산실 아산 공장, 이곳에서 연간 1억 개, 약 300억 원 상당의 제품이 생산되고 있다. 단, 6년 만에 종업원이 500명도 안되는 중소기업에서 이룬 성과다.

김준일 회장이 밀폐 용기 사업에 뛰어들 1997년 당시, 생활용품 시장은 외국 제품 일색이었고, 밀폐 용기도 예외는 아니었다. 상류층은 값비싼 외국제품을 선호했고, 서민들은 조악한 품질에도 값이 싸다는 이유로 국산 제품을 쓰는 실정이었다.

락&락이 자기 브랜드를 고집할 수 있었던 것은, 그들만이 가지고 있었던 독보적인 기술력 때문이었다. 그 기술의 핵심은 흐름차단공 기술인데, 금형에 부설물을 설치해서 수지의 흐름을 바꾸어 힌지(hinge)의 내구성을 높여주는 기술이다. 지금, 이 기술은 세계 20여 개국에서 특허를 받는 어느 누구도 모방할 수 없는 독보적인 기술이 되었다.

1999년, 락&락을 할인점에 첫 출시했을 때, 소비자들의 반응은 냉담했다. 한달 매출액이 고작 3,000만 원 정도였다. 판매율이 낮은 이유는 국내 소비자들에게 있어서 락&락이 생소한 제품이었기 때문이었다.

2. 뚜껑에 날개를 달아라

그 농안 600여 가지의 플라스틱 가정용품을 생산하며 업계에서 인정을 받아왔던 락&락의 김준일 회장은 특별한 변화가 없는 회사에 새로운 활로를 개척하고자 했다.

그 때부터 락&락은 세계시장에서 팔리고 있는 기존 밀폐용기의 장단점을 분석하기 시작했다. 기존 제품들은 뚜껑에 몸체와는 다른 부드러운 재질을 사용하여 닫으면 뚜껑이 벗겨지지 않게 하는 밀착방식을 쓰고 있었다. 우리나라의 중소기업 제품들은 2면 결착식 조립 제품이었다. 이러한 기존 제품에서 21가지의 단점들이 발견되었다. 김 회장은 몸체와 뚜껑을 하나로 하는, 즉 뚜껑에 날개를 달자는 방법을 제안한다. 모두가 반신반의하는 가운데 추진된 신제품 개발의 핵심은 뚜껑의 본체와 날개를 연결하는 힌지에 있었다.

힌시의 개발을 위하여 제품 원료를 230℃ 고온에서 액체 상태로 만들어 금형에 넣어 제품화하는 시험생산에 돌입했다. 첫 번째 시도로 사출의 조건인 온도와 압력, 속도의 모든 수치를 힌지의 0.1mm에 맞췄다. 결과는 예상대로 참담했다. 원인 분석에 들어간 기술팀은 힌지의 두께를 조절하자는 의견을 냈다. 그래서 힌지의 두께를 0.6mm로 조정하고, 금형을 새로 시작했다. 금형 제작에는 별 어려움이 없었으나 사출을 했더니 힌지가 너무 두꺼워져 잠금장치가 빽빽해지고, 제품 표면의 색깔이 변하는 문제가 생겼다. 230℃나 되는 고온의 수지가 흘러가면서 가스가 발생하였는데, 이것은 가스를 빼내는 공기 배출구의 위치가 잘못된 것이 원인이었다.

이번엔 0.4mm로 해보기로 했다. 금형 구조를 바꾸지 않고도 공기 배출구를 충분히 확보할 수 있는 묘안도 떠올랐다. 마침내 성형이 되어 나온 제품엔 가스가 뭉치거나 기포가 생긴 흔적이 없었다. 곧바로 기술진은 힌지의 강도 테스트에 들어갔다. 목표치의 강도는 70kg이지만, 제품의 강도 수치가 100kg을 넘자 일제히 환호성이 터졌다.

1999년 3월, 내구성이 뛰어난 밀폐용 뚜껑을 개발해 냄으로써 새로운 개념의 밀폐 용기를 탄생시킨 락&락은 잇따른 실패를 딛고 2년에 걸친 연구를 통해 유연하면서도 쉽게 부러지지 않는 최적의 두께인 0.4mm의 힌지 개발에 성공한 것이다. 그리고 힌지 측정수치가 80만 번이 넘는다고 한다. 이 수치는 이 밀폐용기를 주부들이 수십만 번 열었다 닫았다 해도 전혀 끄떡없다는 것을 의미한다. 락&락의 기술개발은 여기서 멈추지 않았다.

밀폐 용기를 완성시키려면 이 뚜껑과 몸체를 결합시켜야 하는데, 그러기 위해서는 이 뚜껑에 고무 패킹이 필요하다. 패킹에 필요한 실리콘은, 공기와 국물이 안팎으로 새지 않도록 하는 역할을 한다. 그래서 락&락은 밀폐력이 거의 100%에 육박하는, 안이 비어있는 새로운 형태의 중공형 실리콘을 개발하였다.

제품 개발초기부터 수출을 염두에 둔 락&락 제품이 완성되자, 미국 공인기관의 테스트를 받았다. 국내외 밀폐 용기와 비교 실험을 해본 결과, 밀착식보다는 최고 200배, 중공식보다도 100배 이상 좋다는 결과가 나왔다.

약 1년에 걸친 연구 기간과 잇따른 실패를 딛고, 개발팀은 유연하면서도 쉽게 부러지지 않는 힌지의 두께 0.4mm의 최적치를 찾아내었고, 락&락은 비상하기 시작했다.

3. 미국시장 개척

밀폐용기 사업에 뛰어든 이후 쉴 새 없이 기술을 발전시켜 온 락&락은 2000년 4월 홍콩 전시회에서 그 뛰어난 기술력에 대한 홍보를 시작하였다. 그러나 한 나절이 지나도록 락&락 부스를 찾는 사람은 단 한 명도 없었다. 영업측 담당자들은 관심을 끌 생각으로, 락&락의 새지 않는 최대 장점을 보여주기 위해 제품에 물을 넣고 힘껏 흔들었다. 그런데 그것이 지나가던 바이어의 눈을 사로잡았다. 그것이 락

&락이 세계 진출의 기회를 갖게 한 캐나다인 가티언과의 첫 만남이었다.

6개월 뒤, 한국을 직접 방문한 가티언이 미국 최대 홈쇼핑인 QVC 방송용 홍보물을 자기 돈을 투자하여 만들겠다는 파격적인 제안을 하였다. 모든 것이 순조롭게 진행되는 듯했다. 그런데 중국산 락&락 복제품이 떠돌자, 순식간에 세계시장 진출의 꿈이 물거품이 될 상황이었다.

그러나 중국산 락&락 복제품이 오히려 전화위복으로 락&락의 미국진출 첫 무대가 되었고, 미국 최대 홈쇼핑 QVC에 락&락은 언제나 대환영을 받는 업체가 되었다.

2003년 1월, 미국 QVC에서 획기적인 제안을 했다. TSV(Today's Special Value : 하루종일 특정 회사의 제품만 방송)를 하자는 것이었다. QVC에서 한 번 방송하는 것도 하늘의 별따기인데, TSV를 하는 것은 제조업체 최고의 기회였다. 기쁨을 즐길 여유도 없이 아산 공장엔 초비상이 걸렸다. 기한 내에 6만 세트를 만드는 것은 결코 쉽지 않은 일로 철야 작업에 돌입했다.

그런데 강행군 끝에 만든 6만 세트를 부산항에 보낸 상태에서 QVC의 제품 테스트 기준이 바뀌어 품질검사 불합격 통보를 받게 되었다. 바이어를 찾아가 사정을 해봤지만, 바이어는 락&락은 물론 자신의 경력에도 치명타가 된다는 이유로 어떤 일이 있어도 납품기일을 지키라는 말 뿐이었다. 그 때부터 락&락은 운송기간을 단축시킬 수 있는 방법을 여러모로 강구했다. 그 하나가 운송방법이었다.

LA까지 배로 운송하여 철도로 대륙을 횡단하면 총 20일이 걸리지만, 시카고에서 선로가 바뀌기 때문에 납기일을 지키기 어렵다. 반면에 LA까지 배로 이동하고, 그 이후에 쉬지 않고 대륙을 횡단하는 트럭을 이용하면 QVC가 있는 필라델피아까지 16일이 걸린다. 선택의 여지가 없이 후자를 통해 락&락은 운송되었다.

그 결과, 하루 종일 락&락은 특공 방송이 되었고, 6만 세트 모두 매진이라는 기록을 세웠으며, 다시 한 번 QVC와 두터운 신뢰를 쌓는 계기가 되었다.

김명호. (2014). 『기업사례경영학』 개정2판. 도서출판 두남.

연습문제

16-1 구매관리의 의의를 설명하라.

16-2 구매업무의 흐름을 설명하라.

16-3 구매청구관리의 흐름을 설명하라.

16-4 구매의 방법을 설명하라.

16-5 VE의 개념을 설명하라.

16-6 VE의 실시순서를 설명하라.

16-7 SCM의 개념을 설명하라.

16-8 SCM 적용의 과제를 설명하라.

16-9 구매관리와 환경문제를 설명하라.

16-10 구매의 위험관리를 설명하라.

부록 1 정규분포표

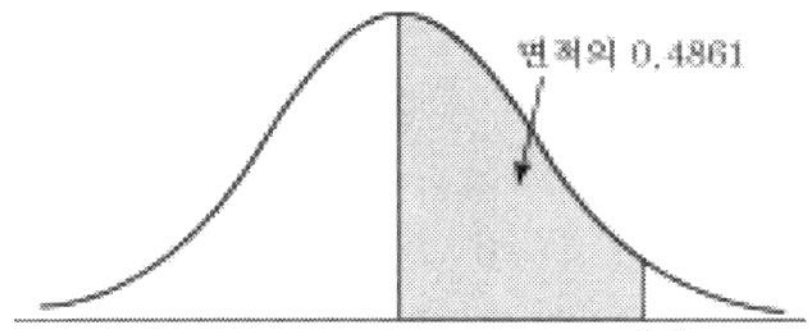

z	.00	.01	.02	.03	.04	.05	.06	.07	.08	.09
0.0	.0000	.0040	.0080	.0120	.0160	.0199	.0239	.0279	.0319	.0359
0.1	.0398	.0438	.0478	.0517	.0557	.0596	.0636	.0675	.0714	.0753
0.2	.0793	.0832	.0871	.0910	.0948	.0987	.1026	.1064	.1103	.1141
0.3	.1179	.1217	.1255	.1293	.1331	.1368	.1406	.1443	.1480	.1517
0.4	.1554	.1591	.1628	.1664	.1700	.1736	.1772	.1808	.1844	.1879
0.5	.1915	.1950	.1985	.2019	.2054	.2088	.2123	.2157	.2190	.2224
0.6	.2257	.2291	.2324	.2357	.2389	.2422	.2454	.2486	.2518	.2549
0.7	.2580	.2612	.2642	.2673	.2704	.2734	.2764	.2794	.2823	.2852
0.8	.2881	.2910	.2939	.2967	.2995	.3023	.3051	.3078	.3106	.3133
0.9	.3159	.3186	.3212	.3238	.3264	.3289	.3315	.3340	.3365	.3389
1.0	.3413	.3438	.3461	.3435	.3508	.3531	.3554	.3577	.3599	.3621
1.1	.3643	.3665	.3686	.3708	.3729	.3749	.3770	.3790	.3810	.3830
1.2	.3849	.3869	.3888	.3907	.3925	.3944	3962	.3980	.3997	.4015
1.3	.4032	.4049	.4066	.4082	.4099	.4115	.4131	.4147	.4162	.4177
1.4	.4192	.4207	.4222	.4236	.4251	.4265	.4279	.4292	.4306	.4319
1.5	.4332	.4345	.4357	.4370	.4382	.4394	.4406	.4418	.4429	.4441
1.6	.4452	.4463	.4474	.4484	.4495	.4505	.4515	.4525	.4535	.4545
1.7	.4554	.4564	.4573	.4582	.4591	.4599	.4608	.4616	.4625	.4633
1.8	.4641	.4649	.4656	.4664	.4671	.4678	.4686	.4693	.4699	.4706
1.9	.4713	.4719	.4726	.4732	.4738	.4744	.4750	.4756	.4761	.4767
2.0	.4772	.4778	.4783	.4788	.4793	.4798	.4803	.4808	.4812	.4817
2.1	.4821	.4826	.4830	.4834	.4838	.4842	.4846	.4850	.4854	.4857
2.2	.4861	.4864	.4868	.4871	.4875	.4878	.4881	.4884	.4887	.4890
2.3	.4893	.4896	.4898	.4901	.4904	.4906	.4909	.4911	.4913	.4916
2.4	.4918	.4920	.4922	.4925	.4927	.4929	.4931	.4932	.4934	.4936
2.5	.4938	.4940	.4941	.4943	.4945	.4946	.4948	.4949	.4951	.4952
2.6	.4953	.4955	.4956	.4957	.4959	.4960	.4961	.4962	.4963	.4964
2.7	.4965	.4966	.4967	.4968	.4969	.4970	.4971	.4972	.4973	.4974
2.8	.4974	.4975	.4976	.4977	.4977	.4978	.4979	.4979	.4980	.4981
2.9	.4981	.4982	.4982	.4983	.4984	.4985	.4985	.4985	.4986	.4986
3.0	.4986	.4987	.4987	.4988	.4988	.4984	.4989	.4989	.4990	.4990

부록 2 연습문제 답안

제4장 의사결정

4-4. 1) A_3, 2) A_3, 3) A_2, 4) A_3, 5) A_3

4-5. 1) A_3, 2) A_1, 3) A_2, 4) A_3, 5) A_2

4-6. 1) A_1, 2) A_5, 3) A_2, 4) A_5, 5) A_3, 6) A_3, A_5

4-7. X_3의 30송이를 준비할 때, EMV= 3,400원

4-8. 최적대안 : 납품받아 생산하는 것으로 175만 원의 이익

4-9. 피자전문점(A1) 선택

제5장 제품 및 서비스의 설계

5-9. 빵 $\frac{120}{7}$단위, 케이크 $\frac{270}{7}$단위를 생산할 때, 최대이익 $\frac{28.800}{7}$원(4,114원)

5-10. 당근 2단위, 시금치 1단위에 17원의 비용 소요

5-11. $x_2 = 26$, $x_3 = 12$일 때, $Z = 204$

5-12. $x_2 = 10$, $x_3 = 12$, $s_2 = 8$일 때, $Z = 146$

5-13. $x_3 = 10$, $s_1 = 6$일 때, $Z = 10$

5-14. $x_1 = 10$, $x_3 = 10$일 때, $Z = 80$

제7장 생산능력의 계획

7-7. ① 20,000km, ② 각 대안별 65,000,000원, ③ 새트럭 구입 결정

7-8. ① 선반 15개, ② 각 대안별 45만원, ③ 제조시 27만원 소요, 구입시 18만원 소요,
결론 : 구입을 선택

7-9. 6,666개 이하의 경우 : A대안 선택,
6,667개 이상의 경우 : B대안 선택

제8장 시설입지와 설비배치

8-5. A가 최적 시설입지

8-6. C 가 최적입지

8-7. 효율 : 55%, 유휴시간 : 36분

8-8. 각 시별 소요되는 비용을 계산하면, X시 : 21,413,000, Y시 : 21,531,000, Z시 : 21,174,000 이므로 최소의 비용이 소요되는 Z시에 공장을 신설하는 것이 바람직하다.

8-9.

부서	A	B	C	D	E	F
관련부서	4	5	4	3	6	4

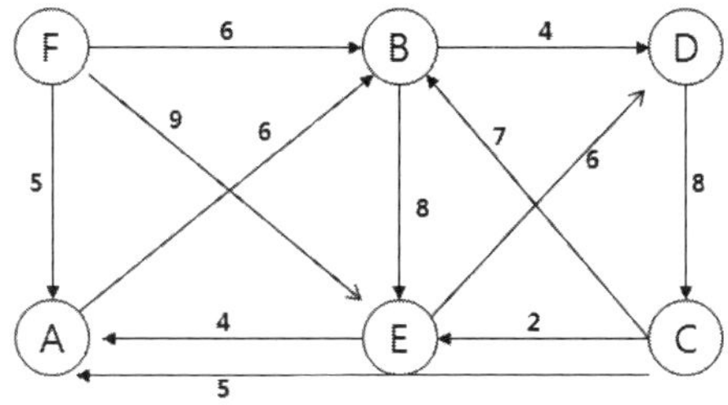

8-10.

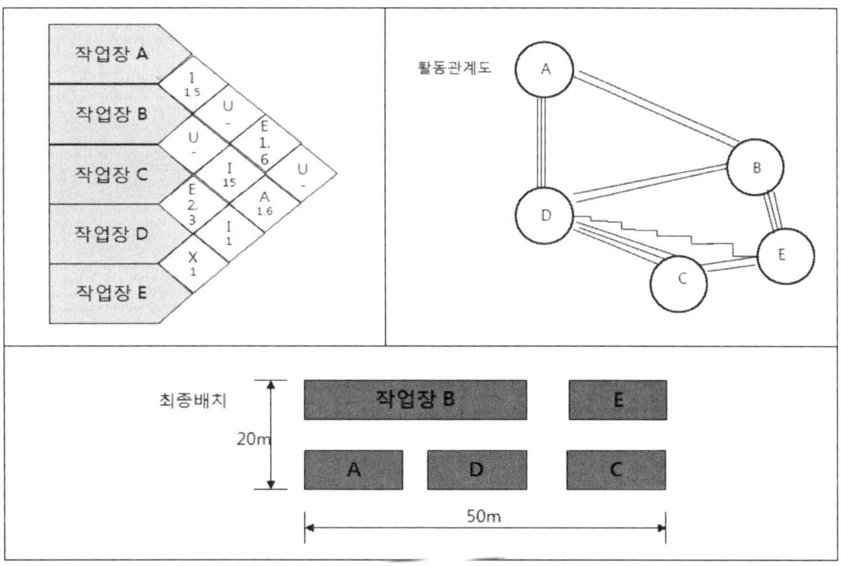

8-11. 총수송비 = 663원

발전소 \ 변전소	B_1	B_2	B_3	공급량
A_1	5			5
A_2		2	6	8
A_3		7		7
A_4	2		8	10
수요량	7	9	14	30

8-12. 총수송비 = 2,160원

공장 \ 수요지	B_1	B_2	B_3	B_4	공급량
A_1		10	40	20	70
A_2		70			70
A_3	20		40		60
수요량	20	80	80	20	200

8-13. 총수송비 = 1,601원

공장 \ 수요지	B_1	B_2	B_3	B_4	공급량
A_1	50	40			90
A_2		30		70	100
A_3			80	30	110
수요량	50	70	80	100	300

제9장 작업측정과 표준시간 설정

9-7. 42.445회

9-8. 1.008분

9-9. 0.969분

9-10. 가동율 : 88.8%, 유휴율 : 11.2%

9-11. 831.917388시간

제10장 수요예측

10-5.

월	판매량	3개월 단순이동평균		5개월 단순이동평균	
		합 계	평 균	합 계	평 균
1	850				
2	810	2,490	830		
3	830	2,500	833	4,220	844
4	860	2,560	853	4,250	850
5	870	2,610	870	4,250	850
6	880	2,560	853	4,325	865
7	810	2,595	865	4,345	869
8	905	2,885	962	4,375	875
9	880	2,595	865	4,405	881
10	900	2,690	897	4,485	897
11	910	2,700	900		
12	890				

10-6. 897

10-7. 675

10-8. $\hat{Y} = 51.857 + 0.941X$

10-9. $\hat{Y} = 2.874 + 2.175X$

10-10. 0.364

10-11. 1) $\hat{Y} = 8.64 + 15.871X$, 2) 결정계수 = 0.848, 상관계수 = 0.921

10-12. 1) 0.64, 2) 0.8

제11장 총괄생산계획

11-5.

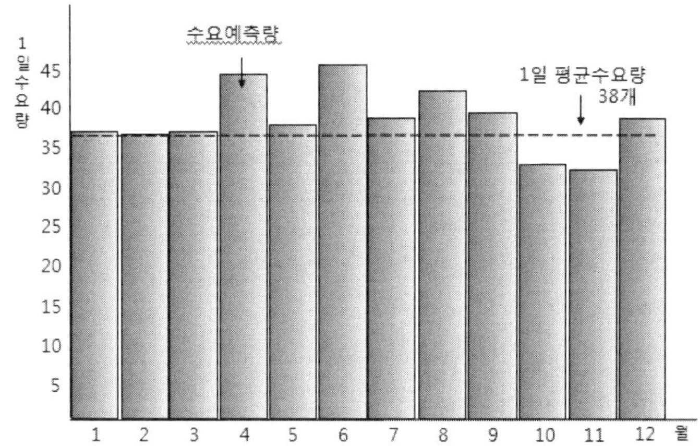

11-6.

수요 생산	1월	2월	3월	4월	4월	공급량
4월	50 60	55 40	63	M	M	100
5월	M	52 30	58 65	67	M	95
6월	M	M	55 15	63 75	75	90
7월	M	M	M	60 45	70 40	85
8월	M	M	M	M	63 80	80
dummy	0	0	0	0	0 10	10
수요량	60	70	80	120	130	460

11-7. 1)

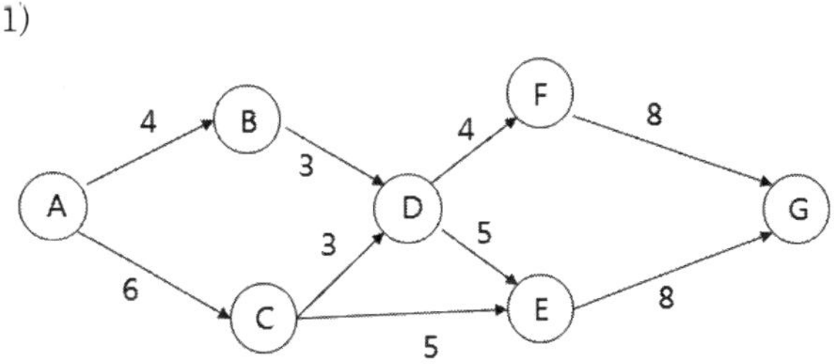

2) Ⓐ → Ⓒ → Ⓓ → Ⓔ → Ⓖ, 3) 27주 소요

11-8. 1) 주공정로 : 0 → ① → ③ → ⑦, 2) 소요시간 : 26주(=8+7+11)

11-9. 주공정로 : ① → ② → ⑤ → ⑥ → ⑦, 20주 소요

11-10. 1) 18주, 2) ① → ② → ④ → ⑥ → ⑧, 3) 0.667

제12장 일정계획 및 통제

12-7. 총소요시간 = 40분

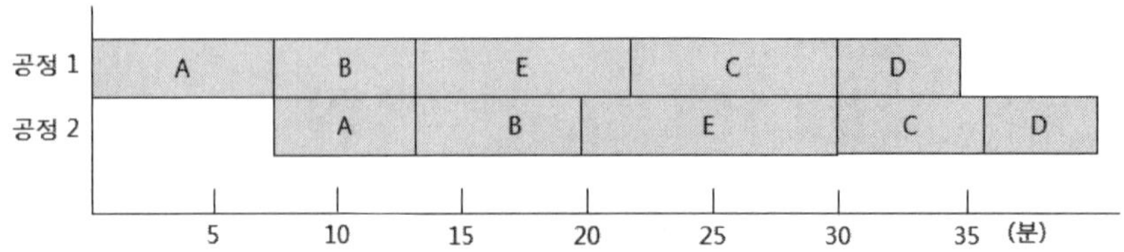

12-8. B(0,25), C(0.33), A(0.6), D(1.67), E(2)

12-9. 1) Min : $Z = 24x_{11} + 38x_{12} + 60x_{13} + 40x_{14} + 32x_{21} + 67x_{22} + 52x_{23} + 47x_{24} + 40x_{31} + 36x_{32} + 80x_{33} + 43x_{34} + 57x_{41} + 45x_{42} + 52x_{43} + 40x_{44}$

s.t. :

$$\left.\begin{array}{l} x_{11}+x_{12}+x_{13}+x_{14}=1 \\ x_{21}+x_{22}+x_{23}+x_{24}=1 \\ x_{31}+x_{32}+x_{33}+x_{34}=1 \\ x_{41}+x_{42}+x_{43}+x_{44}=1 \end{array}\right\} \text{작업자수에 대한 제약}$$

$$\left.\begin{array}{l} x_{11}+x_{21}+x_{31}+x_{41}=1 \\ x_{12}+x_{22}+x_{32}+x_{42}=1 \\ x_{13}+x_{23}+x_{33}+x_{43}=1 \\ x_{14}+x_{24}+x_{34}+x_{44}=1 \end{array}\right\} \text{과업수에 대한 제약}$$

x_{ij} =0 또는 1, $(i = 1,2,3,4 \quad j = 1,2,3,4)$

2) A-Ⅰ, B-Ⅲ, C-Ⅱ, D-Ⅳ으로 152의 비용 발생

12-10. 1) Min : $Z = 130x_{11} + 240x_{12} + 80x_{13} + 170x_{14} + 50x_{21} + 150x_{22} + 270x_{23} + 95x_{24} + 100x_{31} + 250x_{32} + 260x_{33} + 100x_{34} + 75x_{41} + 95x_{42} + 120x_{43} + 150x_{44}$

s.t. :

$$\left.\begin{array}{l} x_{11}+x_{12}+x_{13}+x_{14}=1 \\ x_{21}+x_{22}+x_{23}+x_{24}=1 \\ x_{31}+x_{32}+x_{33}+x_{34}=1 \\ x_{41}+x_{42}+x_{43}+x_{44}=1 \end{array}\right\} \text{작업자수에 대한 제약}$$

$$\left.\begin{array}{l} x_{11}+x_{21}+x_{31}+x_{41}=1 \\ x_{12}+x_{22}+x_{32}+x_{42}=1 \\ x_{13}+x_{23}+x_{33}+x_{43}=1 \\ x_{14}+x_{24}+x_{34}+x_{44}=1 \end{array}\right\} \text{과업수에 대한 제약}$$

x_{ij} =0 또는 1, $(i = 1,2,3,4 \quad j = 1,2,3,4)$

2) A-Ⅰ, B-Ⅲ, C-Ⅱ, D-Ⅳ으로 800의 비용 발생

12-11. 갑-사회, 을-세계사, 병-지리, 정-국사를 담당하며, 23의 비용 발생

12-12. A-Ⅱ, B-Ⅳ, C-Ⅰ, D-Ⅲ으로 75의 이익 발생

12-13. 1) Max : $Z = 6x_{11} + 10x_{12} + 11x_{13} + 8x_{21} + 12x_{22} + 7x_{23} + 5x_{31} + 9x_{32} + 8x_{33} + 14x_{41} + 6x_{42} + 13x_{43}$

s.t. : $x_{11} + x_{12} + x_{13} = 1$

$x_{21} + x_{22} + x_{23} = 1$

$x_{31} + x_{32} + x_{33} = 1$

$x_{41} + x_{42} + x_{43} = 1$

$x_{11} + x_{21} + x_{31} + x_{41} = 1$

$x_{12} + x_{22} + x_{32} + x_{42} = 1$

$x_{13} + x_{23} + x_{33} + x_{43} = 1$

$x_{ij} = 0$ 또는 1, $(i = 1, 2, 3, 4 \quad j = 1, 2, 3)$

2) A-Ⅲ, B-Ⅱ, D-Ⅰ으로 37의 이익 발생

12-14. A-Ⅱ, B-Ⅰ, D-Ⅲ으로 24의 비용 발생

제13장 MRP와 ERP

13-9. 1)

삼륜 리어카 A의 부품 기호		다단계 자재명세서
기호	설 명	
A	완성된 삼륜 리어카	A
X	핸들	X(2)
Y	바퀴모듈	Y(2)
Y-1	소형바퀴	Y-1(4)

2) (1) 핸들 X의 기간별 수요량

주 문 량 = 40개 조달기간 = 2주		기 간									
		1	2	3	4	5	6	7	8	9	10
총소요량			30			30				30	
수 령 량						40				40	
보 유 량	30	30	0	0	0	10	10	10	10	20	20
발 주 량				40				40			

(2) 바퀴모듈 Y의 기간별 소요량

주 문 량 = 40개 조달기간 = 2주		기간									
		1	2	3	4	5	6	7	8	9	10
총소요량			30			30				30	
수 령 량						40				40	
보 유 량	30	30	0	0	0	10	10	10	10	20	20
발 주 량				40				40			

(3) 소형바퀴 Y-1의 기간별 소요량

소형바퀴 Y-1 주 문 량 = 30개 조달기간 = 3주		기간									
		1	2	3	4	5	6	7	8	9	10
총소요량						30				30	
수 령 량										30	
보 유 량	40	40	40	40	40	10	10	10	10	10	10
발 주 량								30			

13-10.

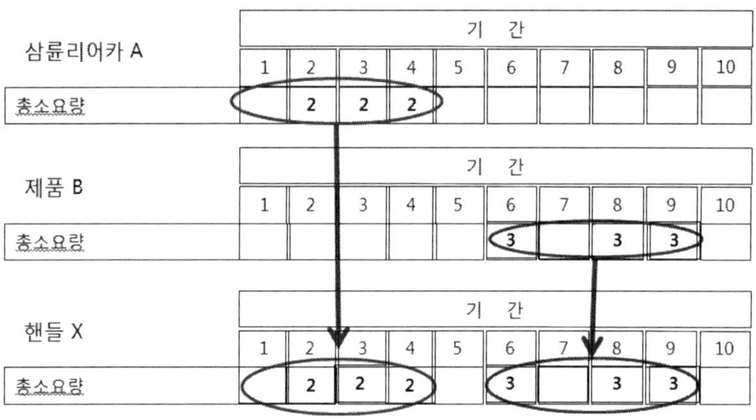

제14장 재고관리

14-9. 134개, 11번

14-10. 32단위

14-11. 100개 발주

발 주 량	발주비 + 보관비 + 구매비			총 비 용
50개	500,000원	250,000원	12,125,000원	12,875,000원
70개	357,142원	350,000원	12,500,000원	13,207,142원
100개	250,000원	500,000원	11,750,000원	12,500,000원

14-12. 1) 429개, 2) 9회, 3) 55,857원

제15장 품질관리

15-10. 1) 예비 관리한계 계산

(a) $\bar{x}$ 관리도 :

$$CL = \bar{\bar{x}} = \frac{\sum \bar{x}_i}{k} = \frac{2,204.73}{20} = 110.24$$

$$UCL = \bar{\bar{x}} + A_2 \bar{R} = 110.24 + (0.58)(0.58) = 110.58$$

$$UCL = \bar{\bar{x}} - A_2 \bar{R} = 110.24 - (0.58)(0.58) = 109.90$$

(b) R 관리도 :

$$CL = \bar{R} = \frac{\sum \bar{R}_i}{k} = \frac{11.65}{20} = 0.58$$

$$UCL = D_4 \bar{R} = (2.11)(0.58) = 1.22$$

$$LCL = D_3 \bar{R} = (0)(0.58) = 0$$

2) 수정 관리한계 계산

시료들을 예비 관리도에 도시하여 이들 자료가 관리상하한선 안에 위치하고 있는가를 살펴보면, 시료번호 11번과 17번 자료가 관리한계선 밖에 위치하고 있음을 알 수 있다. 이들 자료를 계산에서 제외하고, $\bar{x}$ 관리도와 R 관리도의 수정관리한계를 다시 계산하면 다음과 같다.

(a) $\bar{x}$ 관리도 :

$$CL = x_0 = \frac{1907.99 - (95.8 + 94.82)}{20 - 2} = 95.41$$

$$UCL = x_0 + A_2 R_0 = 95.41 + (0.58)(0.672) = 95.80$$

$$LCL = x_0 - A_2 R_0 = 95.41 - (0.58)(0.672) = 95.02$$

(b) R 관리도 :

$$CL = R_0 = \frac{13.3 - (0.6 + 0.6)}{20 - 2} = 0.672$$

$$UCL = D_4 R_o = (2.115)(0.672) = 1.42$$

$$LCL = D_3 R_o = (0)(0.672) = 0$$

15-11. (a) $\bar{x}$ 관리도와 R 관리도 작성

$\bar{x}$ 관리도 : $CL = \bar{\bar{x}} = 243$

$$UCL = x + A_2 R = 243 + (0.48)(2) = 243.96$$

$$LCL = x - A_2 R = 243 - (0.48)(2) = 242.02$$

R 관리도 : $CL = \bar{R} = 2$

$$UCL = D_4 \bar{R} = (2.00)(2) = 4.00$$

$$LCL = D_3 \bar{R} = (0)(2) = 0$$

(b) 관리한계선을 벗어나므로 공정은 불안정하다고 할 수 있다.

(c) 상한과 하한의 관리한계선 사이에 있으므로 공정은 안정적이다고 할 수 있다.

15-12. 1) 예비 관리한계 계산

$$CL = \bar{c} = \frac{\sum_{i=1}^{k} c_i}{k} = \frac{141}{25} = 5.64$$

$$UCL = 5.64 + 3\sqrt{5.64} = 12.76$$

$$UCL = 5.64 - 3\sqrt{5.64} = 0$$

2) 수정 관리한계 계산

관리한계선을 벗어난 제품번호 5, 11, 23의 자료를 제외하고, 관리한계선을 다시 계산하면 다음과 같다.

$$CL = c_0 = \frac{141 - (22 + 14 + 14)}{25 - 3} = 4.136$$

$$UCL = c_0 + 3\sqrt{c_o} = 10.237$$

$$LCL = c_0 - 3\sqrt{c_o} = 0$$

15-13. 1) 예비 관리한계 계산

(a) $\bar{x}$ 관리도 :

$$CL = \bar{\bar{x}} = \frac{\sum \bar{x}_i}{k} = \frac{116.4}{20} = 5.82$$

$$UCL = \bar{\bar{x}} + A_2 \bar{R} = 5.82 + (0.58)(6.15) = 9.39$$

$$UCL = \bar{\bar{x}} - A_2 \bar{R} = 5.82 - (0.58)(6.15) = 2.25$$

(b) R 관리도 :

$$CL = \bar{R} = \frac{\sum \bar{R}_i}{k} = \frac{123}{20} = 6.15$$

$$UCL = D_4 \bar{R} = (2.11)(6.15) = 12.98$$

$$LCL = D_3 \bar{R} = (0)(6.15) = 0$$

2) 수정 관리한계 계산

모든 관측치들이 관리한계선 안에 위치하고 있어, 공정은 안정상태를 유지하고 있다고 볼 수 있다. 그러므로 수정 관리한계는 예비 관리한계와 동일하다.

15-14. 1) 예비 관리한계 계산

$$CL = \bar{p} = \frac{\sum_{i=1}^{k} p_i}{k} = \frac{2.6}{20} = 0.13$$

$$UCL = \bar{p} + 3\sqrt{\frac{\bar{p}(1-\bar{p})}{n}} = 0.13 + (3)\sqrt{(0.13)(0.87)/30} = 0.3142$$

$$LCL = \bar{p} - 3\sqrt{\frac{\bar{p}(1-\bar{p})}{n}} = 0.13 - (3)\sqrt{(0.13)(0.87)/30} = 0$$

2) 수정 관리한계 계산

모든 관측치들이 관리한계선 안에 위치하고 있어, 공정은 안정상태를 유지하고 있다고 볼 수 있다. 그러므로 수정 관리한계는 예비 관리한계와 동일하다.

참고문헌

강금식. (2011). 『품질경영』. 서울: 박영사.

_____·정우석. (2011). 『알기 쉬운 생산운영관리』. 서울: 오래.

곽수일. (2013). 『현대 생산관리』. 서울: 박영사.

김명호. (2014). 『기업사례경영학』 개정2판. 서울: 도서출판 두남.

김인구·오성환·조상위·이원동. (2010). 『생산운영관리』. 서울: 두남.

김태웅. (2015). 『품질경영의 이해』. 서울: 신영사.

김형준·김혜정. (2010). 『혁신 생산관리』. 서울: 형설출판사.

김홍준·김진수·전철호. (2010). 『생산운영관리』. 서울: 문예미디어.

박우동·김명호. (2003). 『기업과 경영의 이해』. 서울: 법문사.

_____·백준상. (2003). 『생산운영관리』. 서울: 세영사.

박정민·이규상·이기채·양종곤·나상균. (2011). 『21세기 생산운영관리』. 대전: 대경.

신용백·신경민. (2010). 『실무 생산시스템관리』. 서울: 범한.

심현철. (2010). 『공급망 관점의 생산운영관리』. 형지사.

안서규·김홍유. (2012). 『글로벌 시대 초일류기업을 위한 생산운영관리』. 서울: 형설출판사.

이명호·유지수. (2010). 『조직자원관점의 생산관리』. 서울: 박영사.

이상문. (2010). 『글로벌 시대의 초일류 기업을 위한 생산관리』. 서울: 형설출판사.

이상범. (2012). 『현대 생산운영관리』. 4판. 명경사.

이순룡. (2012). 『제품 서비스 생산관리론』. 수정판. 서울: 법문사.

_____. (2005). 『생산관리론』. 서울: 법문사.

_____. (2012). 『현대품질경영』. 서울: 법문사.

이영찬. (2006). 『현대 생산관리 : 중소기업을 위한 생산관리』. 서울: 홍릉과학출판사.

이왕돈·윤영선. (2011). 『생산운영관리』. 개정판. 서울: 박영사.

임재석·최원용·최근영. (2012). 『생산운영관리』. 서울: 형설출판사.

장성기. (2012). 『현대생산운영관리』. 서울: 두남.

정충영. (2007). 『생산관리』. 2판. 서울: 무역경영사.

함용석·김태영. (2010). 『알기쉬운 생산운영관리 : 생산이론부터 ERP 실무지식까지』. 서울: 두남.

Heizer, J. and Render, B. (1990). 『Production and Operations Management』. 2ed. Allyn and Bacon.

Jacobs, F. R. and RICHARD B. C. (2011). 김연성·심재복·유식천 옮김. 『생산운영관리』. 2ed. 서울: 한경사.

Kolli, Sai. (2000). 『Production and Operations Management』. Research & Education Association.

Krajewski, L. J. (2012). 『Operations Management : Processes and Supply Chains』. 10ed. Prentice Hall.

Slack, N. and Chambers, S. and Johnston, R. (2008). 『Operations and Process Management : Principles and Practice for Strategic Impact』. Pearson Further Education.

Starr, Martin. (2006). 『Foundations of Production and Operations Management』. Atomic Dog Publishing.

Tabbush, V. C. and Trueman, B. and Levine, D. (2011). 『Production and Operations Management』. 3.0 Printed Access Card. Self-study 3 PSC ed.

William, J. S. 강종열·김정섭·김태호 옮김. (2012). 『생산운영관리』. 10판. New York: McGraw-Hill.

加藤治彦. (2009). 『生産管理がわかる本』. NAM.

_______. (2012). 『生産管理の基礎』. NAM.

公益社団法人 日本技術士会 経営工学部会生産研究所. (2012). 『これならわかる生産管理』. 技報堂出版.

菅間正二. (2009). 『生産管理の仕事がわかる本』. 同文館出版.

_______. (2009). 『生産管理の仕事がわかる本』. 同文館出版.

根本孝·茂垣広志 監修. (2007). 『14 生産管理』. 学文社.

____________ 監修. (2010). 『生産管理用語辞典』. 日本経営工学会編. 日本規格協会.

大野勝久. (2002). 『生産管理システム』. 朝倉書店.

冨士明良. (2002). 『生産管理工学 理論と実際』. 東京電機大学出版局.

西尾篤人. (2002). 『生産管理論』. 創成社.

西沢和夫. (2010). 『生産管理ハンドブック』. かんき出版.

石川和幸. (2010). 『図解 生産管理のすべてがわかる本』. 日本実業出版者.

設計部門担当者編. (2009). 『生産管理実務』. SANNO.

水野智子·五十嵐博一·山口正浩. (2009). 『生産管理 運營管理』. 同友館.

新堀克美. (2010). 『生産管理のしごと』. 日本能率協会マネジメントセンター. NAM.

田島悟·木村博光. (2010). 『生産管理の基礎知識が面白いほどわかる本』. 中経出版.

田中一成. (2009). 『生産管理入門 現場の流れがよくわかる』. 日本能率協會マネジメントセンター.

_______. (2006). 『図解 生産管理 - 基本の基本からSCM·ERPまで』. NAM.

_______. (2009). 『生産管理の入門 - 現場の流れがよくわかる』. NAM.

田村隆善·大野勝久·中島健一·小島貢利. (2012). 『生産管理システム』. 朝倉書店.

製造部門担当者編. (2006). 『生産管理実務』. 産業能率大学出版部刊.

鳥島朗廣. (2011). 『運營管理-生産管理』. 同友館.

中央職業能力開發協會. (2001). 『生産管理』分野 最新版. 中央職業能力開.

坂本碩也. (2004). 『生産管理入門』. 理工學社.

찾아보기

(ㅇ)

저자약력

김 명 호

한양대학교에서 생산관리 전공으로 경영학박사 학위 취득
성균관대학교에서 산업공학 전공으로 공학박사 학위 취득
현재, 국립 강릉원주대학교 경영학과 교수로 재직

|강의경력|

한양대학교, 동국대학교, 서울시립대학교 강의
미국 몬타나주립대학교 산업공학과 객원교수 역임

|주요 보직|

강릉대학교 사회과학대학 학장
강릉대학교 경영정책과학대학원 원장
강릉대학교 전자상거래지원센터(ECRC) 소장
강릉대학교 통일문제연구소 소장
국무총리 산하 '6·25전쟁 납북피해 진상규명위원회' 위원

|연구업적|

『기업사례경영학』, 『논문 작성의 이해와 실제』, 『경영과학』, 『기초통계학』 등 다수의 저서와 논문 발표

|수상|

2002년, 2006년, 강릉대학교 '학술상' 수상
2005년, 대한민국 창업대전 '동상' 수상
2010년, 대한민국 인권상 '근정포장' 수상
2016년, 한맥문학 신인상 '수필부문' 수상
2017년, 통일부장관 표창 수상

생산운영관리 – 개정판

초 판 1쇄 발행 — 2013년 2월 28일
초 판 2쇄 발행 — 2013년 8월 25일
개정판 1쇄 발행 — 2017년 8월 25일
개정판 2쇄 발행 — 2018년 3월 5일
개정판 3쇄 발행 — 2018년 8월 30일
개정판 4쇄 발행 — 2020년 1월 25일
지은이 — 김 명 호
펴낸이 — 전 두 표
펴낸곳 — 도서출판 두남
서울시 강동구 성내로6길 34-16 두남빌딩
신 고 : 제25100-1988-9호
TEL : 02) 478-2065~7, 2311
FAX : 02) 478-2068
E-mail : dunam1@unitel.co.kr
http://www.dunam.co.kr

정가 31,000원

ISBN 978-89-6414-759-7 93320